イラスト・クライミング

増補改訂新版

阿部亮樹●著

東京新聞

冬時間になる頃、日没も早くなる
地面は冷め、最後の風が岩をゆっくりと登る
冷めた、乾いた大気に体が舞い、指が止まる
やっと、風の色が見えてくる

カバー、表紙デザイン	周東良次（ノートン）
イラスト、本文デザイン	阿部亮樹

はじめに

　本書は、岩を登るのに必要な装備とシステムや手順を解説したものです。すでに多くの技術書などで紹介された内容の反復で、目新しいものはありません。ただ、文字を少なくし、視覚で理解できるイラストを中心に構成しました。
　増補改訂新版の大きな変更点は次のとおりです。
　第1章で旧版以降に登場した新しい装備類を追加、第2章で結びの追加と変更、第3章でシステム構成を変更しました。またカラーページを増やし、文字だけの説明で終わっていた部分をイラスト化。索引も曖昧な文章表現を減らしてイラストを多く使っています。

　登山の技術、とりわけクライミング技術は人によってさまざまな考え方や手法があります。本書でも、ひとつの項目について幾通りかの手順を示しています。初心者の方はどれがよいか戸惑うかもしれませんが、あれこれ迷い、悩みながら実践のなかでクライミングシステムを検証していき、最善の方法を見出していくことこそ、たしかな知識と技術を習得していくうえで大切な作業です。「正しい技術」はいつもひとつではありません。クライミングの進化や新しい装備の誕生とともに変化、発展していきます。それらを見極め、選択していくのは、あなた自身です。

　岩は世界中にあります。そしてそこには、その国、地域のクライミングの発展の歴史と大きくかかわったクライミング文化が育っています。それらを体感しながら、より未知なるものを求めるクライミングを堪能していくのは楽しいことです。

　本書が、クライミングに手を染めた方々への手助けになれば幸いです。

増補改訂新版変更例

改訂前　文字だけ
取付前の平らな場所で、ギア、テーピングなど準備をします。取付まで悪い個所を上がりすぎないように、どこでハーネスを着けるかなど準備場所を判断できることもポイントです。

増補改訂新版　イラスト化

文字だけだった部分のイラスト化

←システム構成の変更

●本書の利用法

　本書はクライミング上達法のマニュアルではありません。クライミングは岩を攀じ登るという単純な行為でありながら、そこにはさまざまな用具（ギア）が介在し、それらの使い方の無知やミスが大きな危険をもたらす点において、あるいは実際に登りはじめてから終了までの過程に複雑なロープシステムが存在する点において、学ばなければならないことはたくさんあります。本書はそこに焦点を当て、主に各種の用具を使用してのクライミングのさまざまな手順（システム）をイラストで紹介したものです。

　クライミング未経験者が本書だけを見て岩場に行くのは、「運転の仕方」というテキストを読みながら高速道路でハンドルを握るようなもので、かなりの危険がともないます。だれもがまず教習所で車の構造と運転の基本を習うのと同じように、クライミングも経験者のもとで実践を積んでいくことが大切です。その際、ただ教えてくれるのを受動的に待っているのではなく、自ら各種のテキストで知識を仕入れ、実際のクライミングのなかで疑問に思ったことを検証していけば理解が早まります。そういう意味で、岩場に行く前の予習、帰ってからの復習に利用することが本書の有効な活用法といえます。

　クライミング用語は人によってさまざまです。同じ結びが3つも4つもの名称で呼ばれているのが実情で、本書では併記のかたちをとっています。名称を統一していないのは、言葉は文化であり、クライミング用語もさまざまな歴史や文化に彩られているのであって、ただ効率のためにそれらを抹殺するのを避けたいからです。知らない用語が出てきたら、「索引」の用語解説を参照してください。

　また本書では、原理、規則、文法的に間違っていても、現在使用されている言葉なら文化としてそれを使用し、「その表現は間違い」という記載はしていません。

例
　インクノット：原理はノットではなくヒッチ。
　スポーツクライミング：和製英語。英語圏のクライマーにじかに接した、あるいは英語の文献などを読んだクライマーからは「スポーツクライミングは間違いで、スポートクライミングが正しい」との声がありますが、「サッカーは楽しいスポートだ！」とはいわないように、「スポート」は日本語として定着していないので本書ではスポーツクライミングと表記しています。

3システムのページ凡例

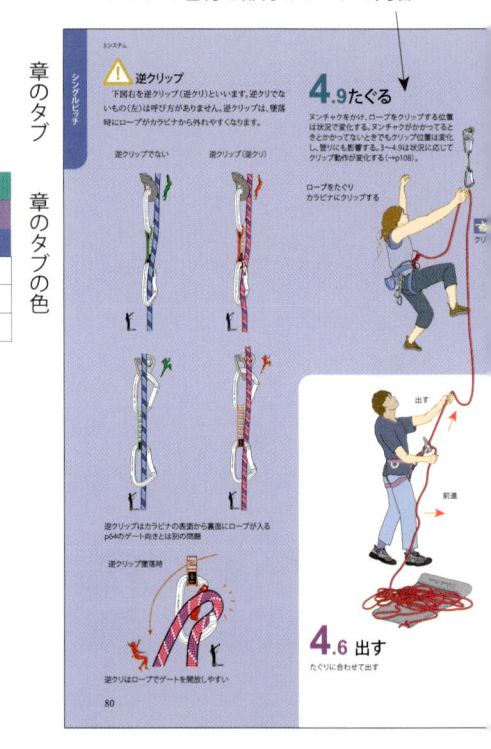

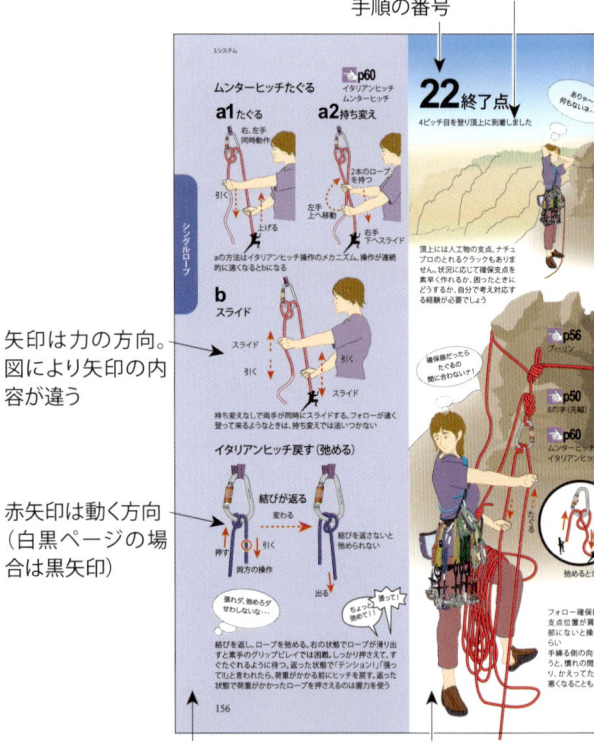

バックの色付き部分はリードの内容

章のタブ
章のタブの色
1章
2章
3章
4章
5章
索引

手順の概要など
手順の番号

矢印は力の方向。図により矢印の内容が違う

赤矢印は動く方向（白黒ページの場合は黒矢印）

色付き部分は注意事項、詳細内容など　　白の部分は手順など

本書の利用法

記号凡例

⚠️ 注意事項
注意、考慮しなければ
けが、事故を発生させる

↑死亡に直結するような危険な手法のみを×と記載しています。

● 図の説明の記号

力、移動方向など

変化している部分などの印

動作の方向など　　擦れる、傷むなど

ルート図中など破線の形、色で示す内容が変化

● ページ参照の記号

↓参照ページ
章のカラー→ 👉 p120
終了点
↑詳細、関連事項

内容の重複を省くため、関連する内容については参照するページなどを記号で表しています。

せりふ

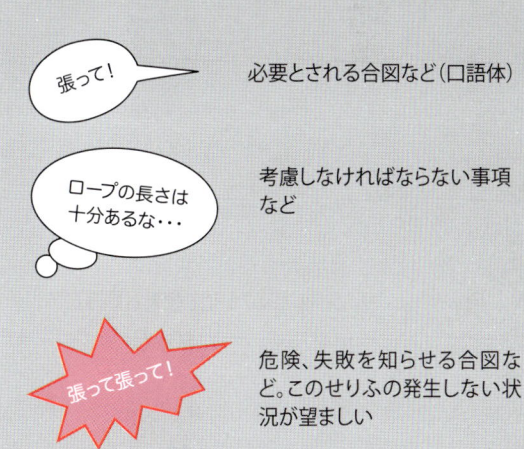

張って！　　必要とされる合図など（口語体）

ロープの長さは十分あるな…　　考慮しなければならない事項など

張って張って！　　危険、失敗を知らせる合図など。このせりふの発生しない状況が望ましい

イラスト中の吹き出し（人のせりふ）は形により内容が違います。また実際に使われることが多いせりふを使用していますが、言葉には方言があるように登る人により違ったものになります。

注意事項

章のタブ

ポイントとなる個所など

バックの色
3-1
3-2
3-3
3-4
3-5

3システムだけは5つに分かれている

バック白部分は確保者の内容

せりふ
吹き出しの形で内容に相違

関連事項参照ページ

概念把握のため背景が描かれているものもある

本書の範囲

本書の範囲

対象	岩 氷 雪	ロッククライミング アイスクライミング 名称なし
装備	確保手段に使用する 使用しない	ルート ボルダー
手段	前進手段に装備を使用しない 前進手段に装備を使用する	フリークライミング エイドクライミング、人工登攀

上の表の赤字部分を満たすものが本書の範囲。ロッククライミングのルートとなります。本書は、クライミングの中のごく一部の登りを対象にしています。ロッククライミングのルートといっても、その範囲は非常に広く、4つの相違点で内容が大きく変化します(「6索引」ロッククライミング参照)。

目的の相違

↑ラップボルト

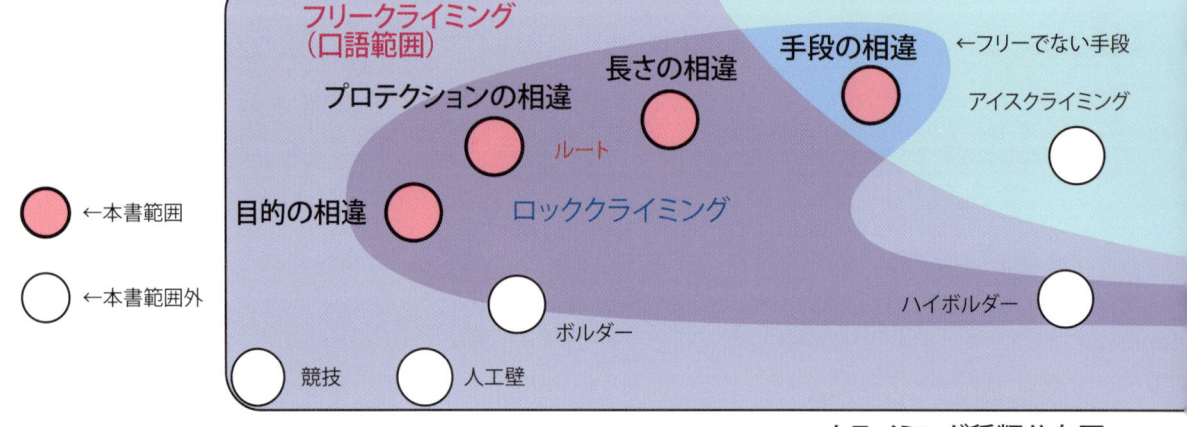

○ ←本書範囲

○ ←本書範囲外

フリークライミング（口語範囲）
プロテクションの相違
長さの相違
手段の相違 ←フリーでない手段
ルート
目的の相違
ロッククライミング
アイスクライミング
ボルダー
ハイボルダー
競技　人工壁

クライミング種類分布図

本書の範囲外のクライミングの種類1
● 競技（コンペ）、人工壁（ジム）
● ボルダー（人工壁、自然の岩）

ボルダー

確保手段に装備を使用しない。ボルダーも自然の岩なら、ロッククライミングの1つの種類。フリーソロもスタイルはボルダーだが口語ではボルダーに含まれない

人工壁、ジム、インドアクライミング　　落ちることの危険性は高くない↓　　落ちることの危険性は高い↓

ボルダー

ハイボルダー

本書の範囲

ルート＆ロッククライミング

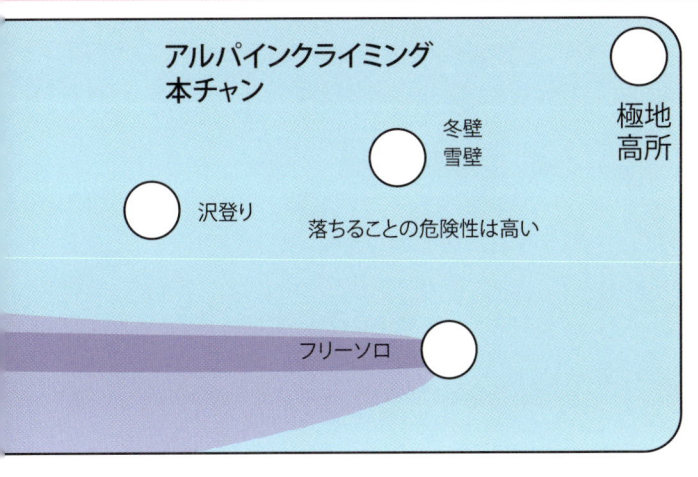

プロテクションの相違
↑ナチュラルプロテクション

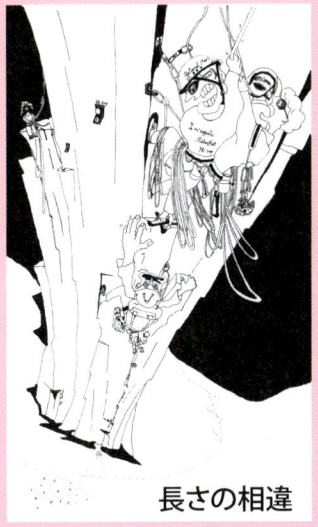

長さの相違
↑マルチピッチ

手段の相違
↑フリーでない手段（エイド、人工）
登るための手段に用具も使用する登り

アルパインクライミング
本チャン

沢登り
冬壁
雪壁
極地
高所

落ちることの危険性は高い

フリーソロ

本書の範囲外のクライミングの種類2
● 冬期の装備を使用するもの
● 沢登りなど

沢登り

↓雪壁、クーロアール
自然の弱点とされる部分をスピーディーに登る。登りの原点であるためか登りの種類的名称がない

アイス、ミックスクライミング
（アックスクライミング）

冬壁（日本語）
冬の壁を登ること。登るのは岩だけではなく、雪、氷も含まれる

アイスクライミング

冬壁

目次

はじめに	*1*
本書の利用法	*2*
本書の範囲	*4*

目次	*6*
イラスト目次	
1　装備	*10*
2　結び	*12*
3-1　シングルピッチ	*14*
3-2　シングルロープ	*16*
3-3　バックロープ	*18*
3-4　ダブルロープ	*20*
3-5　その他（荷上げ、ソロ）	*21*
4　動作	*22*

1　装備　*23*

1-1　ハーネス
　ハーネスの種類　*24*

1-2　シューズ
　シューズの種類　*26*

1-3　ロープ
　ロープの種類　*27*

1-4　カラビナ
　カラビナの種類　*28*
　カラビナの弱点、強度表示、チェック　*29*

1-5　ランナー
　ランナーの種類　*30*
　ヌンチャク　*30*
　スリング　*31*

1-6　確保・下降器
　種類　*32*
　確保・下降器の原理　*32*
　リードのロープセット　*33*
　フォロー、懸垂のロープセット　*34*
　カラビナ確保、懸垂　*35*
　懸垂始めとロープ末端付近の相違　*35*

1-7　プロテクション
　プロテクションの種類　*36*
　プロテクション、手、足は三位一体　*38*
　カム構造の相違　*40*
　カムの回収　*42*
　カムの設置　*43*
　パッシブプロテクションの設置、回収　*44*
　メンテナンス　*45*
　その他のプロテクション　*46*

1-8　その他
　登高器、あぶみ、フック、滑車　*47*
　チョーク、チョークバッグ　*48*
　テーピングテープ、ヘルメット
　ロープバッグ、ギアラック
　医薬品

2 結び （結び名リスト）   *49*

2-1 固定（ハーネス）

8の字/エイトノット後輪 （ハーネスに結ぶ）	*50*
8の字先輪（終了点結び直し）	*50*
ブーリン（ハーネスに結ぶ）	*52*
末端処理/エバンス後輪（ゆるみ止め）	*52*
変形ブーリン（ハーネスに結ぶ）	*52*

2-2 固定（自己確保など）

クローブヒッチ/マスト結び先、後輪 （自己確保など）	*54*
ブーリン、エバンス後輪（支点を作るとき）	*56*
タイオフ/カウヒッチ後輪 （ランナーを取るとき）	*57*
エバンス先輪（フィックスするとき）	*57*

2-3 連結（懸垂下降、スリング）

8の字（懸垂下降するとき）	*58*
ダブルフィッシャーマン （懸垂下降、ロープスリングを作る）	*59*
オーバーハンド（懸垂下降するとき）	*59*
テープ結び/リングベント （テープスリングを作る）	*59*

2-4 半固定（確保、懸垂、登り返し）

ムンターヒッチ/イタリアンヒッチ （カラビナで確保、懸垂）	*60*
ガーダヒッチ（荷上げ、確保）	
プルージック （懸垂バックアップ、登り返し）	*62*
クレムハイスト/フレンチ （懸垂バックアップ、登り返し）	*62*
オートブロック/マッシャー （荷上げ、懸垂バックアップ）	*63*
バックマン/バッハマン（登り返し）	*63*

2-5 巻く、縛る

ロープを巻く、振り分け（収納時）	*64*
ロープを巻く、リング（移動、背負子）	*65*
ロープを縛る（収納時）	*66*
ロープを担ぐ（背負って移動）	*66*
スリングを縛る	*66*
オーバーハンドノット/チェーンノット	

3 システム   *67*

システム概要	*68*

3-1 シングルピッチ

	設定、装備	*69*
	ルート図	*70*
	登る前に	*72*
	アプローチ	*73*
	取付	*74*

リード＆確保

1	確認	*76*
2	登る/見る（スポット）	*77*
3	かける（ゲート向き）	*78*
4	掴む	*79*
4.9	たぐる（逆クリップ）/出す	*80*
5.1	クリップ	*81*
5.3	登る（トップロープ状態）	*82*
5.5	登る	*83*
6	登る（2本目まで）	*84*
7	2本目クリップ	*85*
	8以前の墜落	*86*
8	リード	*88*
9	終了点	*89*
9'	ゲートの向き、クリップの方向	*90*

ロアーダウン

10/11	張って/張る	*91*
12/13	下ろして/下ろすよ！	*92*
14/15	ハーイ！/ゆっくり荷重を抜く	*93*
16	壁を歩く	*94*
17	下ろす	*95*
18/19	着地、ほどく/解除	*96*
20	抜く（ロープを回収）	*97*

確保（手の操作）	*98*
回収	*100*
ロアーダウン不可	*102*
墜落（テンション）	*104*
墜落	*106*

		クリップ（3つの方法）	*108*
		クリップの仕方、向き、返る、流れ	*110*
		体の動きを使った確保	*111*
		さまざまな終了点	*112*
		終了点結び直し	*114*
		荷重のある回収	*118*

トラバース、ハングの回収

	1	ロープに振られ止め	*120*
	2	「止めて」	*121*
3～6		セルフのかけ替え	*122*
	7	ヌンチャク回収	*124*
	8	スイング	*124*
	9	移動	*125*
	10	セルフ	*125*
11～12		ロープかけ替え	*126*
	13	セルフ解除	*127*
	14	セルフ	*127*
	15	解除	*128*
	16	1本目回収、登る	*128*
	17	2本目回収	*129*
	18	スイング	*129*

		今そこにある危険	*130*

3-2　シングルロープ

		設定（対象者、ルート）	*132*
		装備	*133*
		（ランナー、自己確保物、プロテクション）	
		ルート図	*134*

マルチピッチ、つるべでない、下降路

	1	出発	*136*
	2	アプローチ	*136*
	3	準備	*137*
	4	ギアの選択	*138*
	5	カムのセット	*139*
	6	支点を作る	*140*
	7	自己確保	*141*
	8	確保	*142*
	9	最初のプロテクション	*143*
	10	プロテクションと流れ	*144*
	11	確保点着	*145*

	12	ビレイ解除	*146*
	13	確保支点を作る	*147*
	14	ロープ引き上げ	*148*
	15	フォローの確保	*149*
	16	フォロー(ナッツの回収)	*150*
	17	フォロー(カムの回収)	*151*
	18	セルフをとる	*152*
	19	ギアの受け渡し	*153*
	20	確保	*153*
	21	セカンドピッチ	*154*
	22	終了点	*156*
	23	下降路	*157*

3-3　バックロープ

		設定（対象者、ルート）	*158*
		ルート図	*159*
		装備	*159*

マルチピッチ、つるべ、懸垂

	1	準備	*160*
	2	確保	*161*
	3	ロープ引き上げ、確保	*162*
	4	フォロー	*162*
	5	つるべ	*163*
	6	フォローがバックロープ	*163*
	7	トラバース	*164*
	8	終了点	*165*
	9	下降点移動＆ロープセット	*166*
		懸垂の支点を作る、ロープのセット	*167*
	10	ロープを投げる	*168*
		ロープを投げる前の考慮	*168*
	11	下降器セット	*170*
	12	懸垂下降	*171*
	13	自己確保	*172*
	14	解除	*172*
	15	回収確認、合図	*172*
	16	後続下降	*173*
	17	着	*173*
	18	回収	*174*

3-4　ダブルロープ

	設定（対象者、ルート）	*175*
	装備（ハンマー、ハーケン、ボルトなど）	*176*
	概念図	*177*
	ダブルとシングル、ダブルとツインの相違	*178*

マルチピッチ、3人、エイド/人工

1	結ぶ	*180*
2	登る	*180*
3	1本目のクリップ	*181*
	（1本目のクリップの考え方）	
4	クリップ	*182*
4'	ダブルロープの確保	*183*
5	確保点を考える1	*184*
	確保点を考える2	*185*
	（確保システムの相違）	
	確保点を考える3	*186*
	（確保の型の相違）	
6	解除	*188*
7	ビレイオン	*188*
8	リードの交代	*189*

登攀の手段

9	フィックス	*190*
10	登り返し（ユマーリング）	*191*
11	3人で登る	*192*
12	ハーケンを打つ、フッキング	*194*
13	岩を掘る	*195*
	（ボルトの穴、フッキングの穴など）	

3-5　その他

	荷上げ	*196*
	ソロ	*197*

4　動作　*199*

4-1　クラック

	手、足	*200*
	動作	*202*
	ワイドクラック	*203*

4-2　フェース

	ホールド、手の動き、スタンス、体勢	*204*
	動作	*206*

5　ヒント　*207*

ヒント1　アプローチ		*208*
（危険個所の対応）		
ヒント2　トップロープ		*210*
（リードに無理があるとき）		
ヒント3　人工手段1		*214*
（1本目クリップができないとき）		
ヒント4　ハングドッグ		*215*
（フリーで登れないとき）		
ヒント5　人工手段2		*216*
（フリーで登れないとき）		
ヒント6　懸垂下降		*218*
（懸垂下降に不安があるとき、バックアップ）		
ヒント7　ギア不足		*219*
（スライド、かけ替え、回収）		
ヒント8　敗退1		*220*
（ボルトルートで抜けられないとき）		
ヒント9　敗退2		*220*
（けがによる敗退）		
ヒント10　敗退3		*222*
（ダブルロープでピッチが抜けられないとき）		
ヒント11　応答なし		*223*
（マルチピッチで応答なし）		
ヒント12　テーピング		*224*
（ジャミング用のテーピング）		

6　索引　*225*

あとがき　*237*

イラスト目次

1 装備

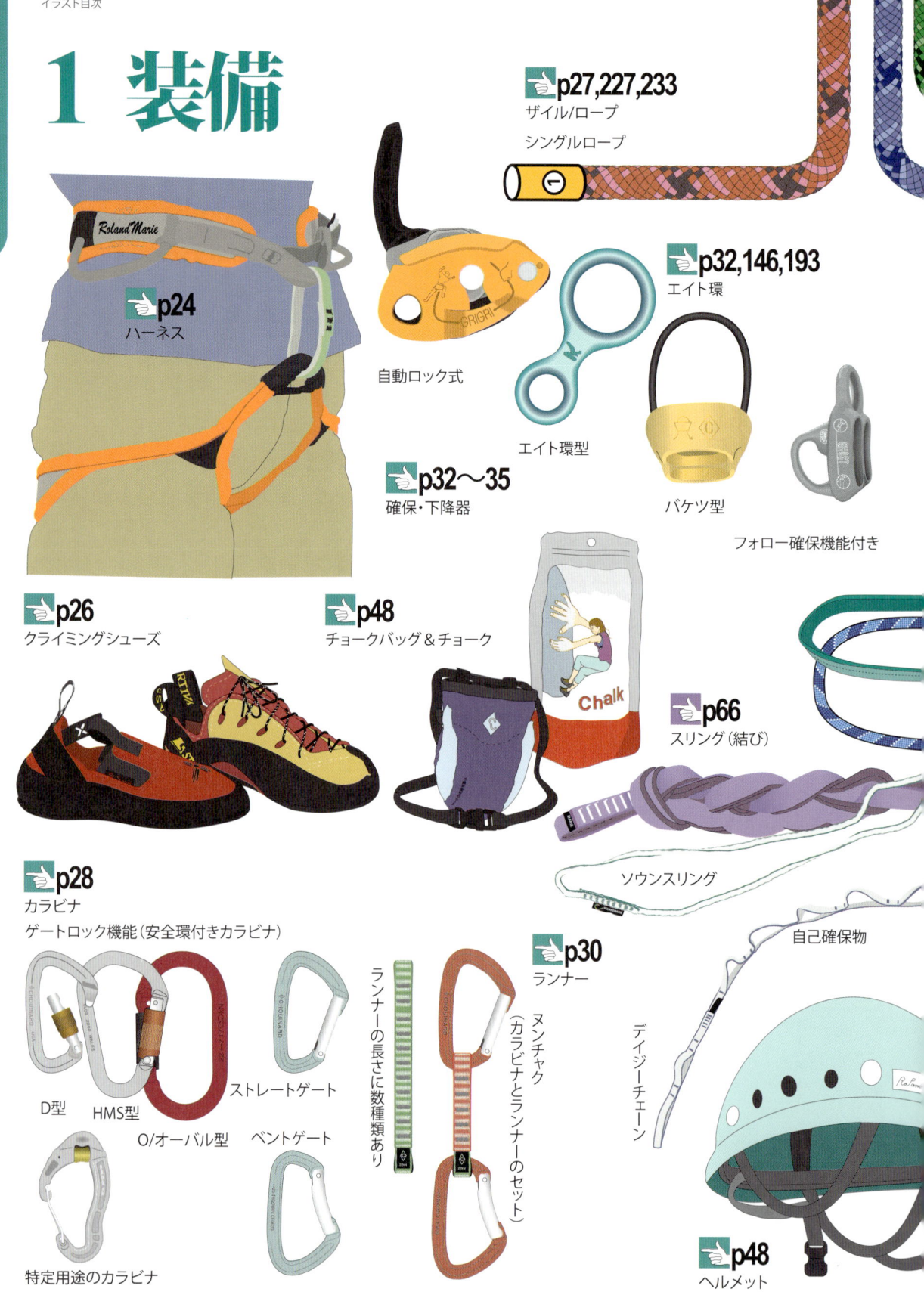

👉 p27,227,233
ザイル/ロープ
シングルロープ

👉 p24
ハーネス

自動ロック式

👉 p32,146,193
エイト環

エイト環型

👉 p32〜35
確保・下降器

バケツ型

フォロー確保機能付き

👉 p26
クライミングシューズ

👉 p48
チョークバッグ＆チョーク

👉 p66
スリング（結び）

ソウンスリング

👉 p28
カラビナ
ゲートロック機能（安全環付きカラビナ）

D型　HMS型　O/オーバル型　ストレートゲート　ベントゲート

ランナーの長さに数種類あり

👉 p30
ランナー
ヌンチャク
（カラビナとランナーのセット）

自己確保物

デイジーチェーン

👉 p48
ヘルメット

特定用途のカラビナ

スポーツ、ボルトルート（3-1のような岩場）のみなら、左ページだけの装備

イラスト目次

装備

ツインロープ

ダブルロープ
（ハーフロープ）

ナチュラルプロテクション

☞ p36〜45,138,表紙(実寸)
カムデバイス

☞ p48,132
ギアラック

☞ p48,137,224
テーピング

☞ p31
ランナー

テープスリング

ロープスリング

☞ p59
スリング（結び）

☞ p36,44,143,150,表紙(実寸)
パッシブプロテクション

エイド/人工装備など

ジャンピング

☞ p47,194,217
あぶみ

ハンマー

☞ p46
その他のプロテクション

ハーケン類

ビット

ハンガー

☞ p47,196
登高器

アングル

ナイフブレード

バガブー

ラープ

ナット

ボルト類

アンカー

ボルト

☞ p47,196
滑車

スポーツ以外の登りを行う場合（3-2、3-3、3-4のような岩場）右ページの装備も必要になる

11

イラスト目次

2 結び

結びの名称に「結び」、「ノット」がつくものは省略している。ヒッチ、ベントのみ記載

結びの用語

ヒッチ、ひっかけ（→p231参照）
対象がないと形が残らないもの

ノット、結び（→p231参照）
対象がなくても形が残るもの

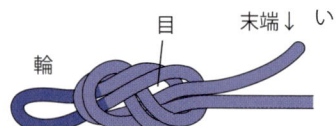

輪　目　末端↓

先輪と後輪

後輪、先輪どちらも結果は同じだが、結びの手順が違う。多くの結びに後輪と先輪の結び手順があり、先輪の手順の場合、ひっかけられることに限定される。後輪の方が結びが難しくなることが多い

8の字（後輪）p50
結ぶ個所のループが最初にできていないものを後輪

結び始め　完成

8の字（先輪）p50
結ぶ個所のループが最初にできているものを先輪

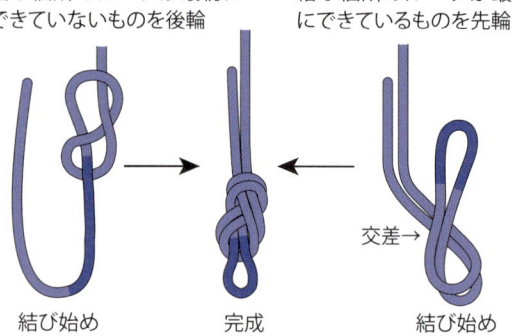

交差→　結び始め

2-1　固定（ハーネスに結ぶ）　⚠ 競技の場では8の字に限定されている

8の字（後輪）p50
👉 p76
3-1での結び

ブーリン+エバンス p52

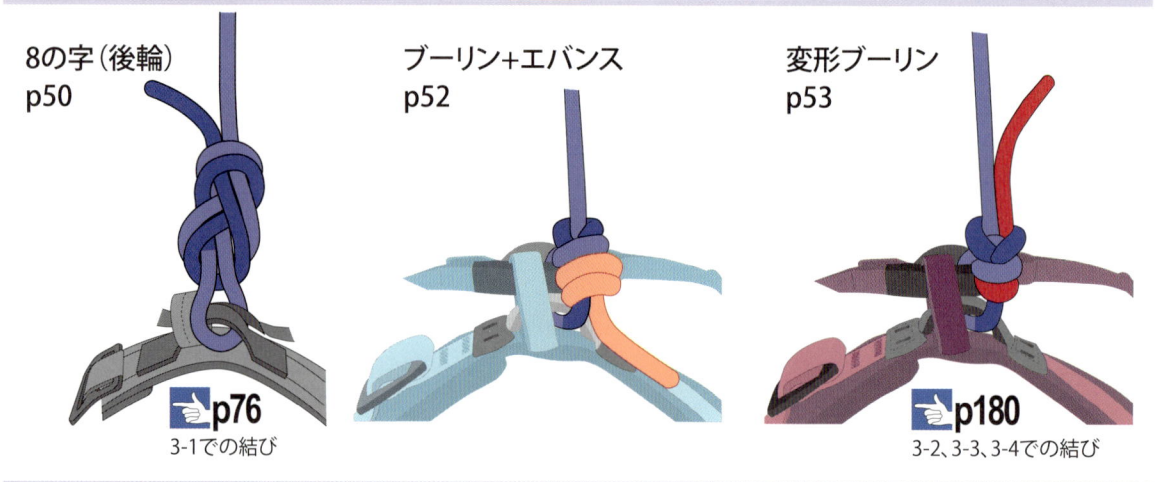

変形ブーリン p53
👉 p180
3-2、3-3、3-4での結び

2-2　固定（セルフ、支点など）　⚠ エバンスは結びの末端側を間違うとほどける危険があるということで記載しているテキストは少ない

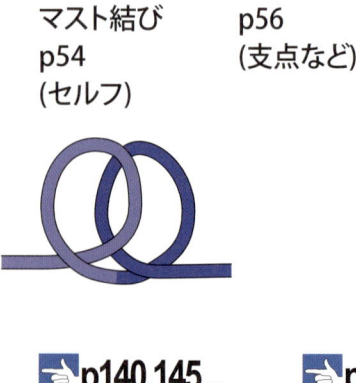

クローブヒッチ マスト結び p54（セルフ）
👉 p140,145...
自己確保

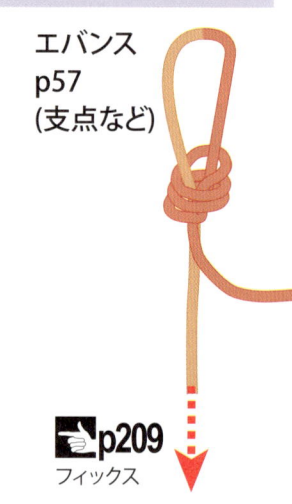

ブーリン p56（支点など）  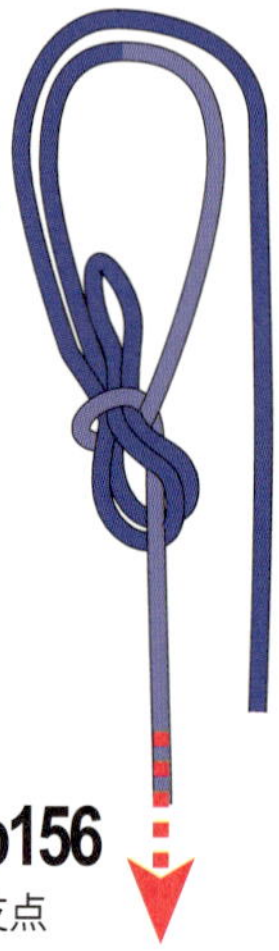
👉 p156
確保支点

タイオフ カウヒッチ p57（ランナーの支点）
👉 p139,194
デイジー、ランナー

エバンス p57（支点など）
👉 p209
フィックス

12

2-3 連結(懸垂下降、スリングなど)

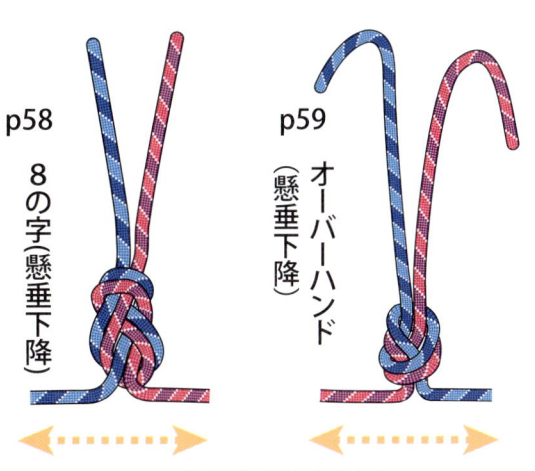

p58
8の字(懸垂下降)

← ロープ回収時の引かれる方向 →

p59
オーバーハンド(懸垂下降)

ダブルフィッシャーマン
p59(ロープスリング、懸垂下降)

👉 p166
下降ロープセット

この部分がひっかかる

← ロープ回収時の引かれる方向 →

ダブルフィッシャーマンのロープスリング例

テープ結び
リングベント
p59(テープスリング)

テープスリング例

⚠️ 又割れ状態(結びの端が同じ個所から出る)の結びは、懸垂下降回収時結びのコブが立つので、岩角、クラックなどに引っかかりにくい。どちらも結びが緩い、末端の長さが短い、変形を加えているなどにより、懸垂下降事故が発生しているので、しっかり結ぶことが重要!

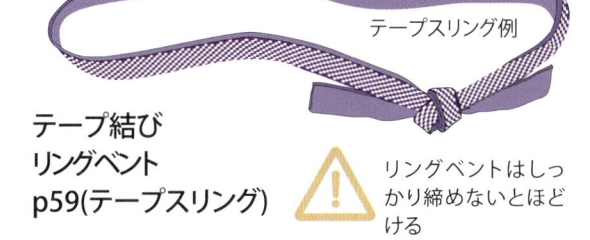

⚠️ リングベントはしっかり締めないとほどける

2-4 半固定(確保、懸垂下降、登り返し、荷上げ、懸垂下降バックアップなど)

ムンターヒッチ
イタリアンヒッチ
p60
(確保、懸垂下降)

ガーダヒッチ
ガルダーヒッチ
p60
(確保、荷上げ)

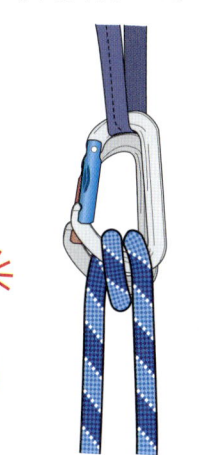

フリクションヒッチp62(懸垂下降、登り返し)

プルージック

オートブロック
マッシャー

クレムハイスト
フレンチ

バックマン
バッハマン

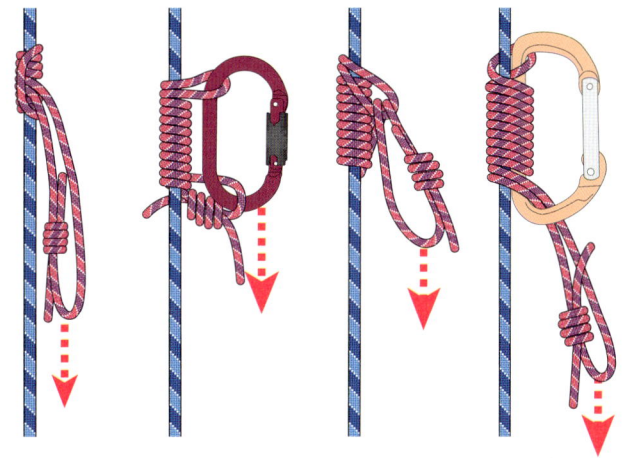

👉 p156 確保   👉 p170 懸垂下降

👉 p190,196,218
登り返し、荷上げ、懸垂下降バックアップ

👉 p190
登り返し

結び

イラスト目次

3 システム

3-1 シングルピッチ（リード＆確保、ロアーダウン、回収）

- p72　登る前に
- p73　アプローチ
- p74　取付
- p76　リードの手順1〜9
- p91　ロアーダウンの手順10〜20
- p98　確保（手の操作）
- p100　回収（壁にあるヌンチャクを取り外す作業）
- p102　ロアーダウン不可
- p104　テンション、墜落

- p108　クリップ（3つの方法）
- p110　クリップの仕方、ロープの流れ、体の動きを使った確保
- p114　終了点結び直し
- p118　荷重のある回収
- p120　トラバース、ハングの回収手順1〜18

2本目の中間支点→

p84 **6**登る

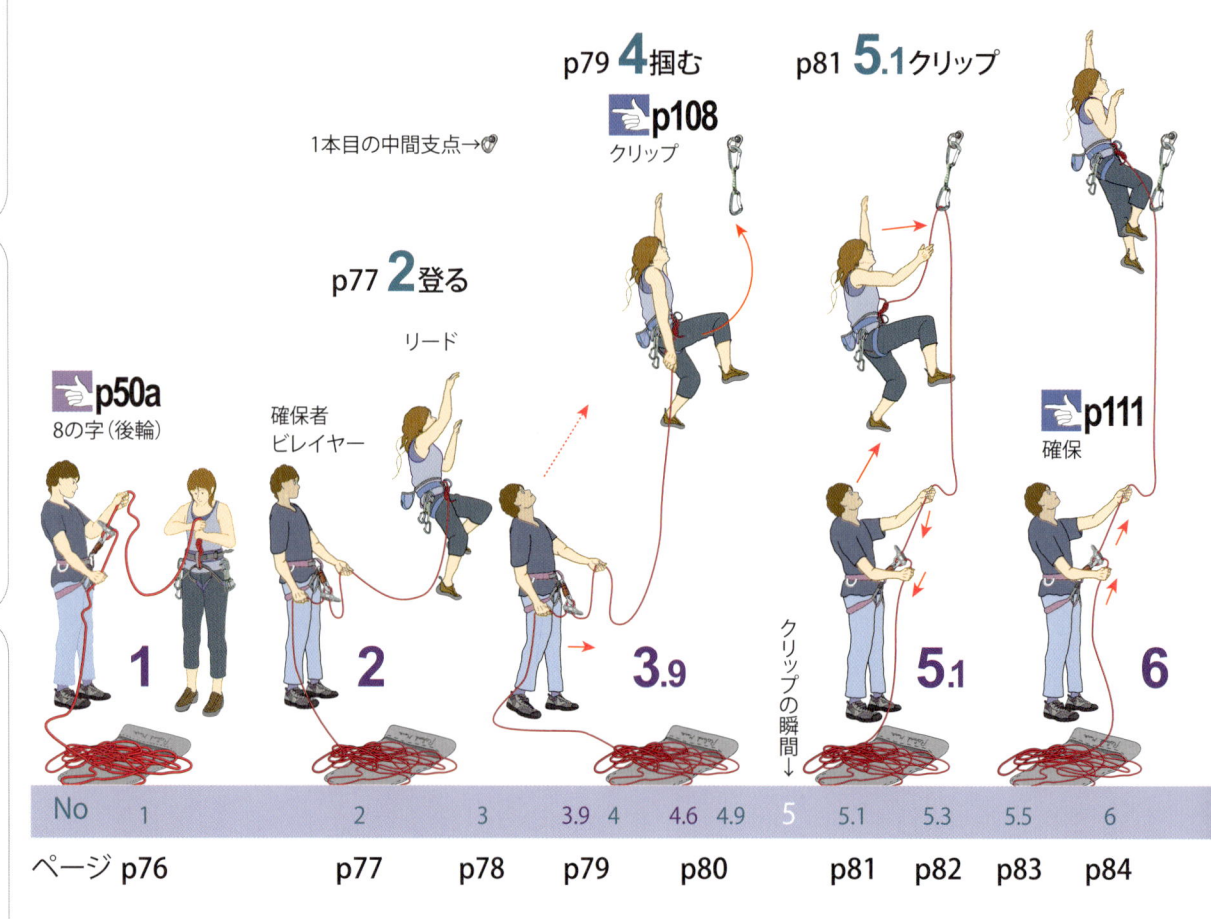

p79 **4**掴む　　p81 **5.1**クリップ

👉p108
クリップ

1本目の中間支点→

p77 **2**登る

リード

👉**p50a**
8の字（後輪）

確保者
ビレイヤー

👉**p111**
確保

クリップの瞬間→

| 1 | 2 | 3.9 | | 5.1 | 6 |

No	1	2	3	3.9	4	4.6	4.9	5	5.1	5.3	5.5	6
ページ	p76	p77	p78	p79		p80			p81	p82	p83	p84

シングルピッチ／シングルロープ／バックロープ／ダブルロープ／その他

14

イラスト目次

p89 **9** 終了点
👉 **p112**
さまざまな終了点
👉 **p50b**
8の字（先輪）
👉 **p114**
終了点結び直し

p91 **10〜20** ロアーダウン
👉 **p100**
回収a、b
👉 **p118**
荷重のある回収
👉 **p120**
トラバース、ハング回収

p88 **8** リード

←3本目クリップ

👉 **p110**
流れ

p85 **7** 2本目クリップ
👉 **p86**
8以前の墜落

| 7 | ←8以前の墜落 | 8 | 9 | 10〜20 |

7	8	9	10〜20
p85	p86　　p88	p89〜90	p91〜97

シングルピッチ

シングルロープ

バックロープ

ダブルロープ

その他

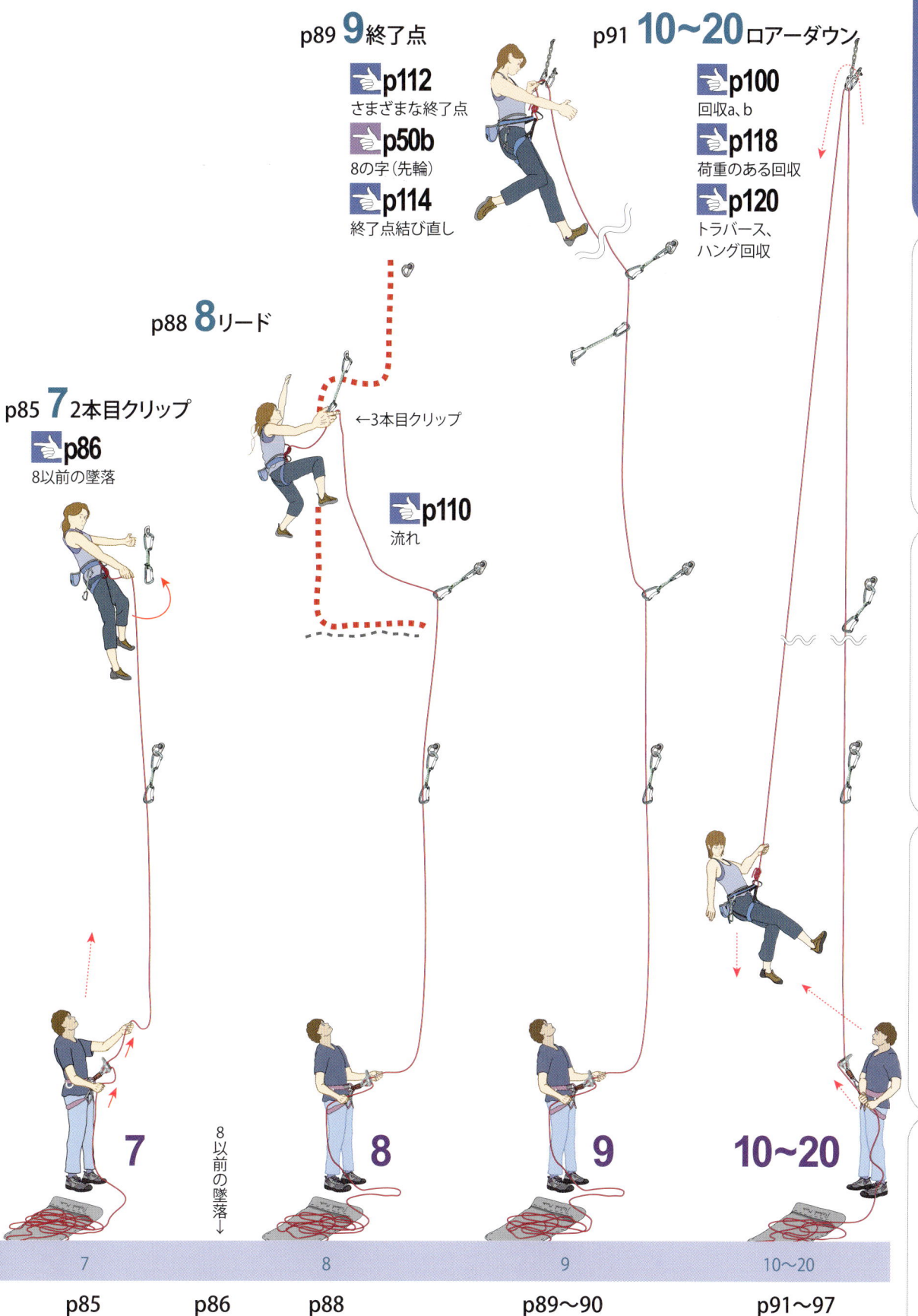

15

3-2 シングルロープ（マルチピッチ、つるべでない、下降路）

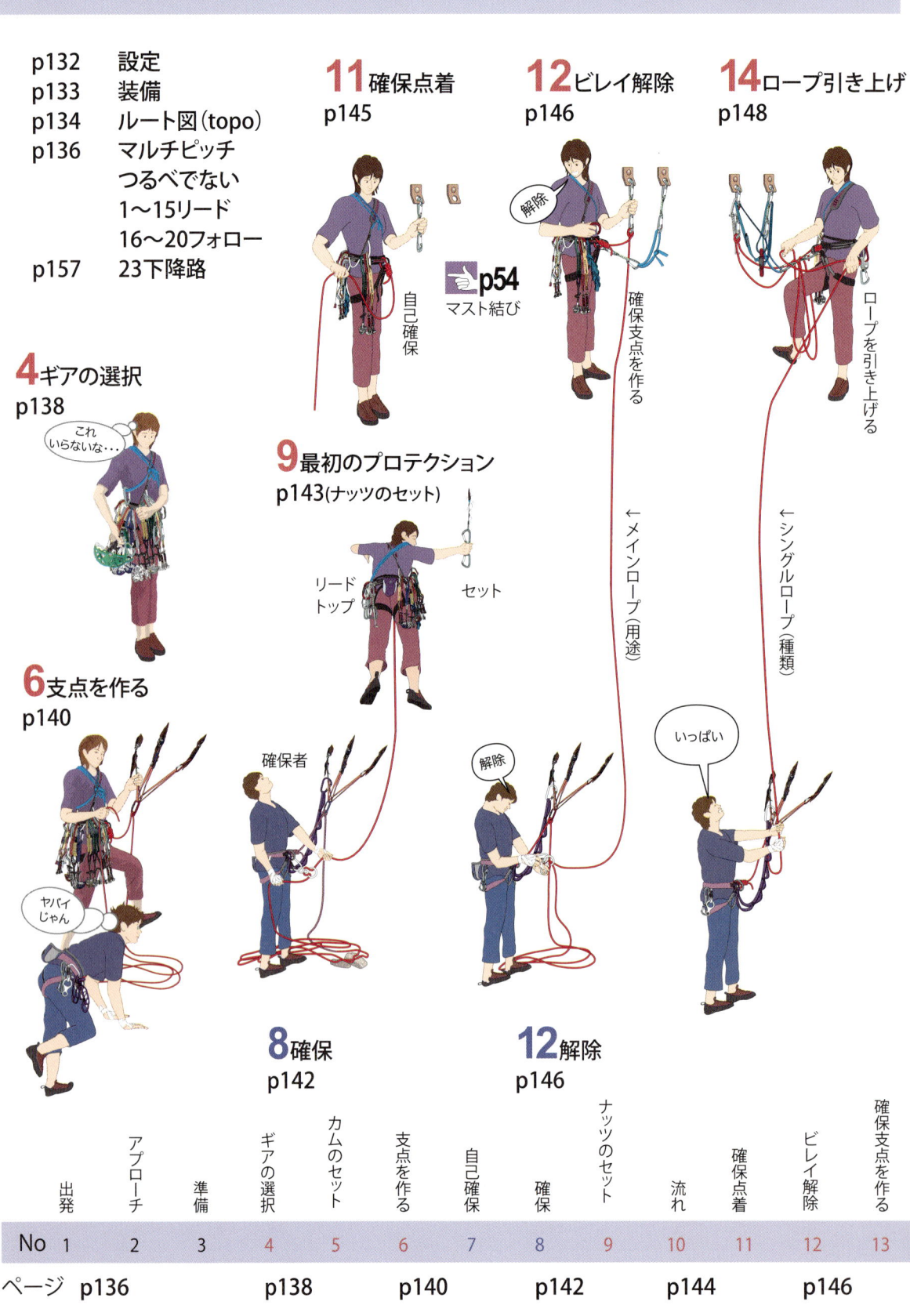

- p132　設定
- p133　装備
- p134　ルート図（topo）
- p136　マルチピッチ
　　　　つるべでない
　　　　1〜15リード
　　　　16〜20フォロー
- p157　23下降路

11 確保点着　p145

12 ビレイ解除　p146

14 ロープ引き上げ　p148

👉 p54 マスト結び

自己確保

解除

確保支点を作る

ロープを引き上げる

4 ギアの選択　p138

これいらないな…

9 最初のプロテクション　p143（ナッツのセット）

リードトップ　セット

←メインロープ（用途）

←シングルロープ（種類）

6 支点を作る　p140

確保者

解除

いっぱい

ヤバイじゃん

8 確保　p142

12 解除　p146

	出発	アプローチ	準備	ギアの選択	カムのセット	支点を作る	自己確保	確保	ナッツのセット	流れ	確保点着	ビレイ解除	確保支点を作る
No	1	2	3	4	5	6	7	8	9	10	11	12	13
ページ	p136			p138		p140		p142		p144		p146	

イラスト目次

👉 **p27, 227, 233**
ロープ、カーマントル、縒り、落下試験

👉 **p36〜43, 138, 231**
カムデバイス
フリクショナルアンカー

👉 **p44, 138, 229**
パッシブプロテクション
チョック

15 フォローの確保
p149

確保者

フォローの確保

回収
フォロー
セカンド

16-17 フォロー
p150 (ナッツの回収)

19 ギア受け渡し
p153

つるべでないスタイル
全ピッチリード↓

確保者の交代

↑フォロー後
リードの確保

↑確保後
リードの準備

20 確保
p153

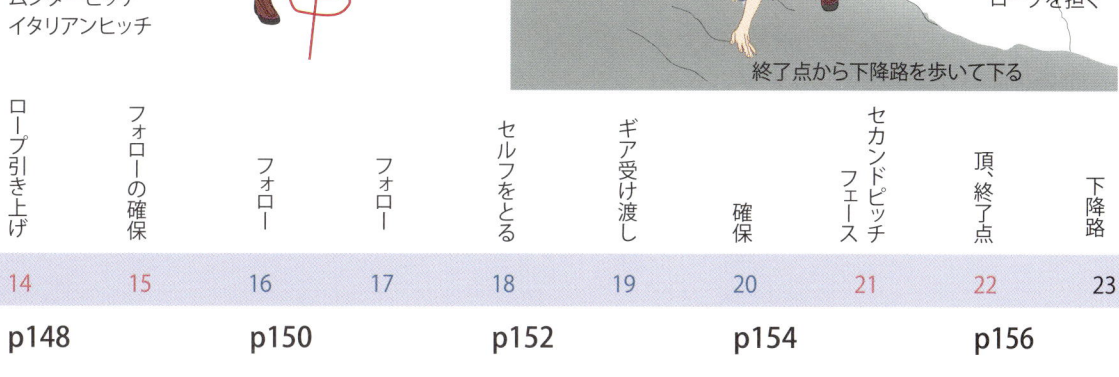

21 セカンドピッチ
p154

フェース

→2ピッチ目再びリード

22 終了点
p156

終了点

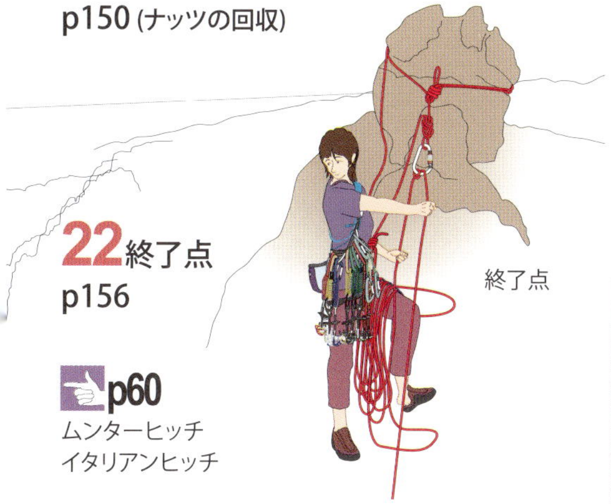

👉 **p60**
ムンターヒッチ
イタリアンヒッチ

下降路

23 下降路
p157

落ちたら
アウト
だからね！

👉 **p66**
ロープを担ぐ

終了点から下降路を歩いて下る

ロープ引き上げ	フォローの確保	フォロー	フォロー	セルフをとる	ギア受け渡し	確保	セカンドピッチフェース	頂、終了点	下降路
14	15	16	17	18	19	20	21	22	23
p148		p150		p152		p154		p156	

シングルピッチ
シングルロープ
バックロープ
ダブルロープ
その他

17

3-3 バックロープ（マルチピッチ、つるべ、懸垂下降）

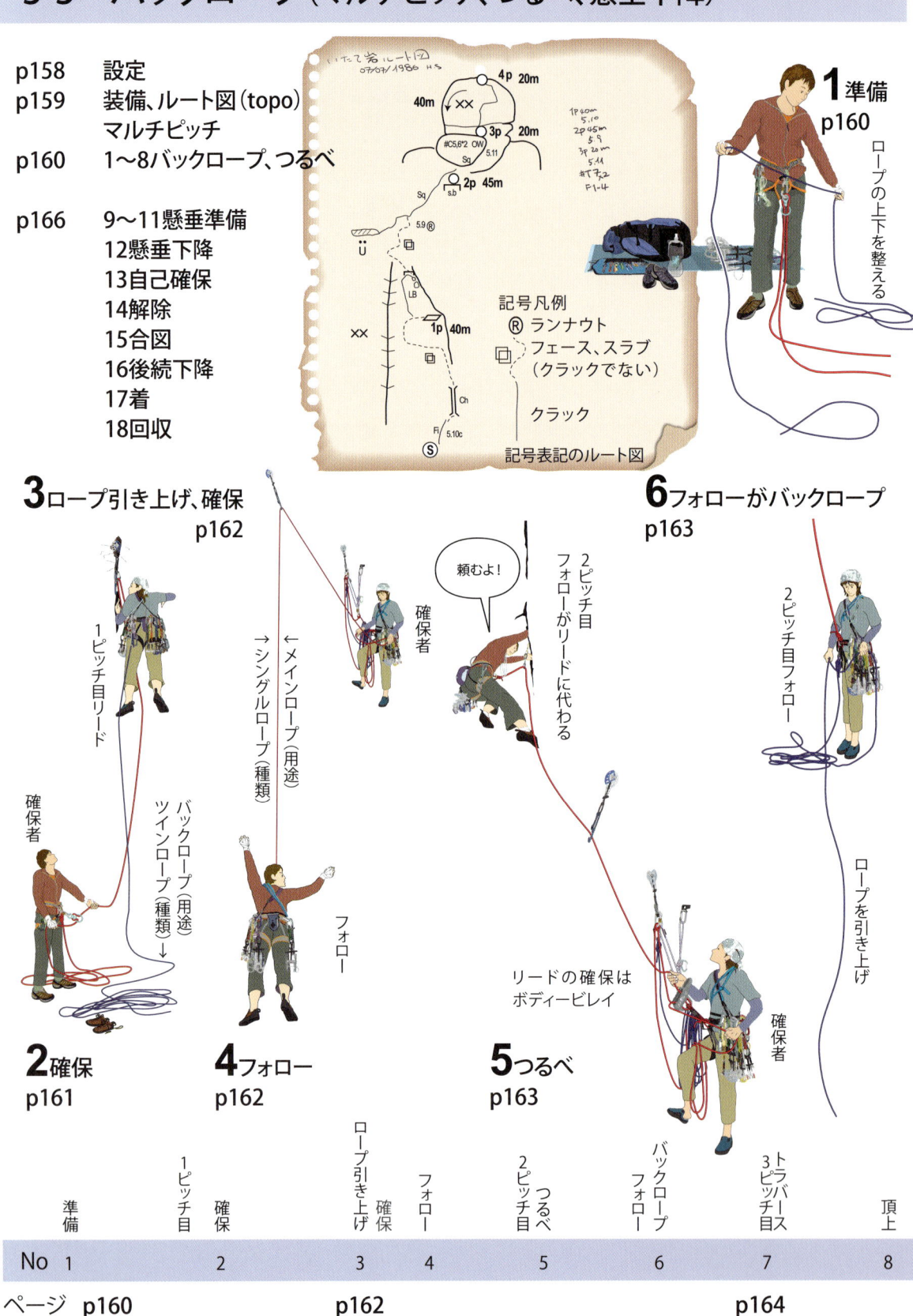

- p158 設定
- p159 装備、ルート図（topo）
  マルチピッチ
- p160 1〜8 バックロープ、つるべ

- p166 9〜11 懸垂準備
  12 懸垂下降
  13 自己確保
  14 解除
  15 合図
  16 後続下降
  17 着
  18 回収

記号凡例
- Ⓡ ランナウト
- ▭ フェース、スラブ（クラックでない）
- クラック

記号表記のルート図

1 準備 p160
ロープの上下を整える

3 ロープ引き上げ、確保 p162
1ピッチ目リード
←メインロープ（用途）
→シングルロープ（種類）
バックロープ（用途）ツインロープ（種類）→
確保者

2 確保 p161

4 フォロー p162
フォロー

5 つるべ p163
頼むよ！
2ピッチ目フォローがリードに代わる
リードの確保はボディービレイ
バックロープフォロー
確保者

6 フォローがバックロープ p163
2ピッチ目フォロー
ロープを引き上げ

No	1	2	3	4	5	6	7	8
	準備	1ピッチ目	ロープ引き上げ 確保	フォロー	2ピッチ目 つるべ	バックロープ フォロー	3ピッチ目 トラバース	頂上
ページ	p160		p162			p164		

イラスト目次

9 下降点移動 ロープセット p166

10 ロープを投げる p168

11 下降器セット p170

12 懸垂下降 p171

👉 **p58** 連結

16 後続下降 p173

13 自己確保 p172

15 合図 p172

確認　戻す

17 着 p173

ロープセット	ロープを投げる	下降器セット	懸垂下降	自己確保	解除	合図	後続下降	着	回収
9	10	11	12	13	14	15	16	17	18
p166	p168	p170		p172					p174

シングルピッチ / シングルロープ / バックロープ / ダブルロープ / その他

19

3-4　ダブルロープ（マルチピッチ、3人、エイド/人工）

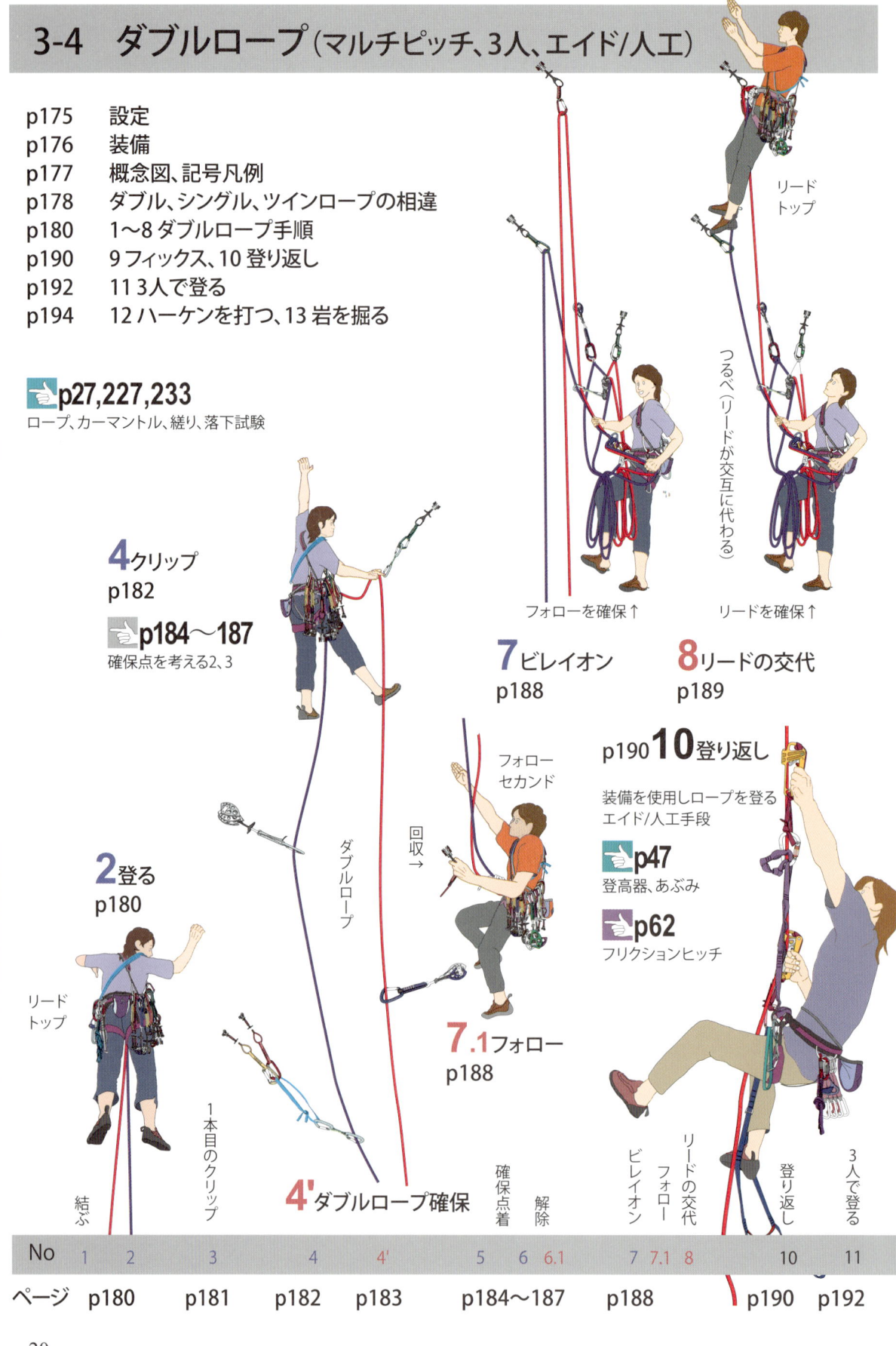

- p175　設定
- p176　装備
- p177　概念図、記号凡例
- p178　ダブル、シングル、ツインロープの相違
- p180　1～8 ダブルロープ手順
- p190　9 フィックス、10 登り返し
- p192　11 3人で登る
- p194　12 ハーケンを打つ、13 岩を掘る

👉 **p27, 227, 233**
ロープ、カーマントル、縒り、落下試験

4 クリップ
p182

👉 **p184～187**
確保点を考える2、3

7 ビレイオン
p188

8 リードの交代
p189

リードトップ

つるべ（リードが交互に代わる）

フォローを確保↑　　リードを確保↑

2 登る
p180

リードトップ

ダブルロープ

回収→

フォローセカンド

7.1 フォロー
p188

p190 **10** 登り返し

装備を使用しロープを登る
エイド/人工手段

👉 **p47**
登高器、あぶみ

👉 **p62**
フリクションヒッチ

結ぶ　1本目のクリップ　**4'** ダブルロープ確保　確保点着　解除　リードの交代 フォロー ビレイオン　登り返し　3人で登る

No	1	2	3	4	4'	5	6	6.1	7	7.1	8	10	11
ページ	p180		p181	p182	p183	p184～187			p188			p190	p192

20

イラスト目次

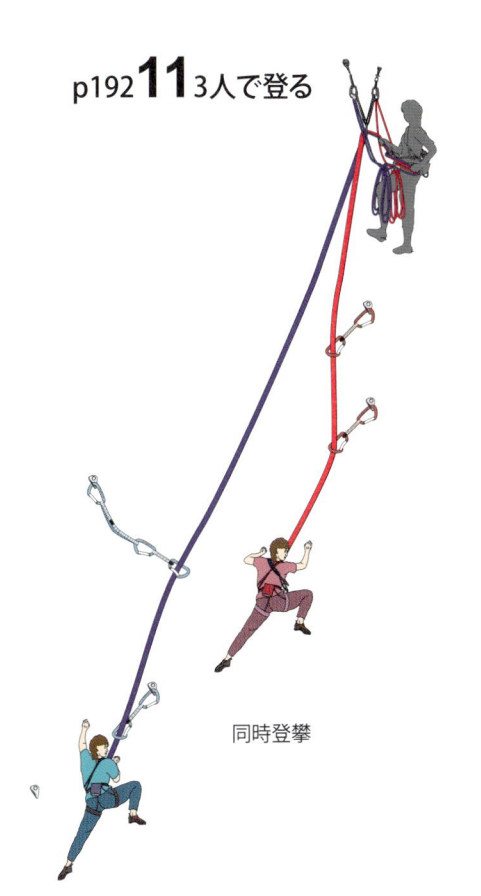

p192 **11** 3人で登る

p194 **12** ハーケンを打つ
フリーでない手段（エイド/人工）

👉 p47, 194
フック

👉 p46, 194
ハーケン

p195 **13** 岩を掘る

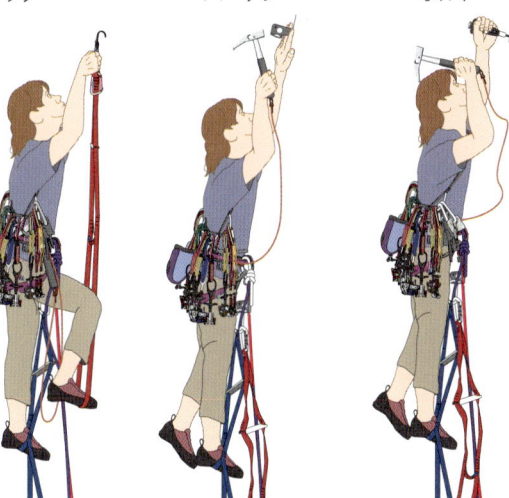

👉 p46, 195
ボルト

ハーケン、ボルトをプロテクションとして設置することがエイド、人工ではない。ハーケン、ボルトを設置しながらフリーで登ることもある。ハーケン、ボルトはプロテクションの種類。フリー、エイドは登りの手法。

同時登攀

3-5　その他（荷上げ、ソロ）

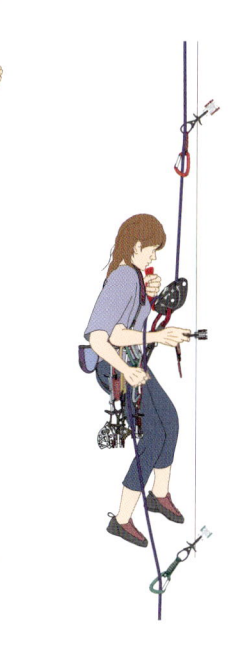

荷上げ
p196

👉 p47
登高器、あぶみ、滑車

👉 p62
フリクションヒッチ

p197 **ソロ**

👉 p33
確保・下降器

3

4 プロテクション

5 回収、登り返し

シングルピッチ
シングルロープ
バックロープ
ダブルロープ
その他

21

イラスト目次

4 動作

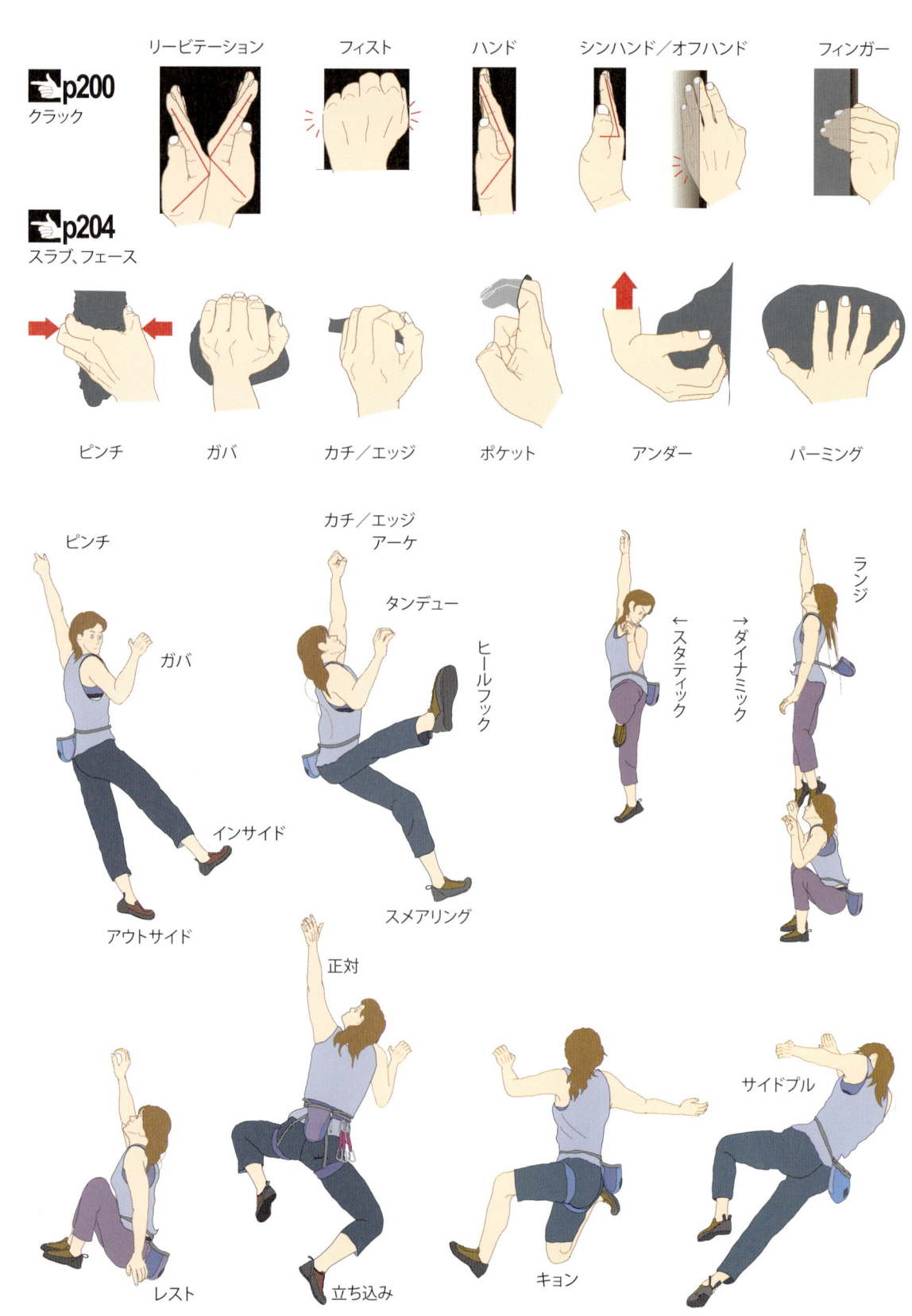

動作

📖p200
クラック

リービテーション　フィスト　ハンド　シンハンド／オフハンド　フィンガー

📖p204
スラブ、フェース

ピンチ　ガバ　カチ／エッジ　ポケット　アンダー　パーミング

ピンチ
ガバ
インサイド
アウトサイド

カチ／エッジ
アーケ
タンデュー
ヒールフック
スメアリング

←スタティック
→ダイナミック
ランジ

レスト　正対　立ち込み　キョン　サイドプル

1 装備

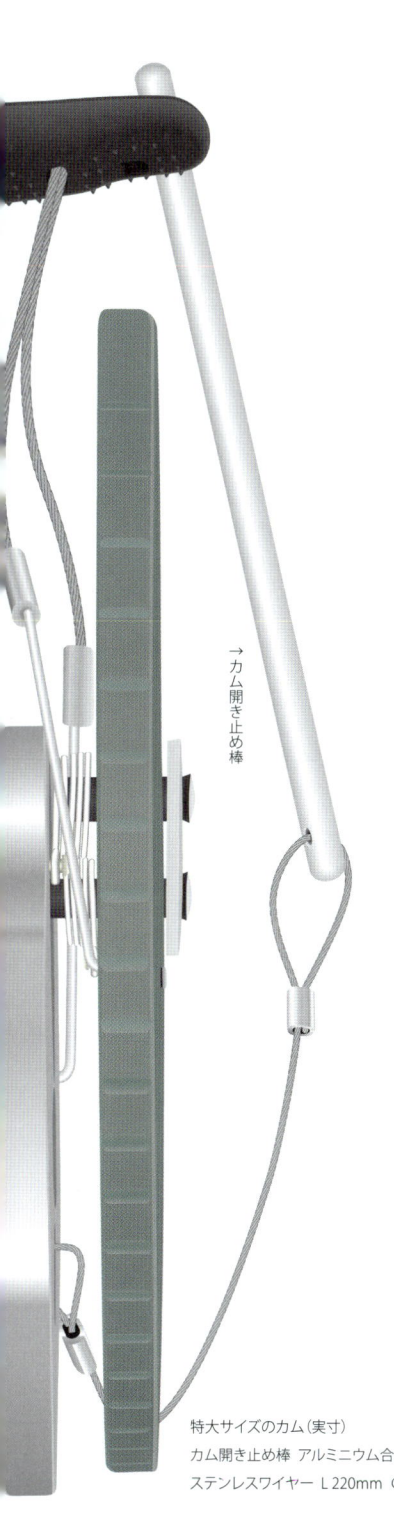

1-1 ハーネス　　p24
　ハーネスの種類、サイズ、ポイント

1-2 シューズ　　p26
　シューズの種類、材質

1-3 ロープ　　p27
　ロープの種類
　ダブルロープとツインロープの相違
　メンテナンス

1-4 カラビナ　　p28
　カラビナの種類
　弱点、強度表示、チェック

1-5 ランナー　　p30
　種類
　ヌンチャク
　スリング、自己確保物

1-6 確保・下降器　　p32
　種類
　使用方法
　原理

1-7 プロテクション　　p36
　種類
　ナチュラルプロテクション
　その他のプロテクション

1-8 その他　　p47
　登高器
　あぶみ/エイダー
　フック類
　滑車/プーリー
　チョーク、チョークバッグ
　テーピングテープ、ヘルメット、ロープバッグ
　医薬品

→カム開き止め棒

特大サイズのカム（実寸）
カム開き止め棒　アルミニウム合金　L 110mm　Φ5mm　穴Φ2mm
ステンレスワイヤー　L 220mm　Φ1mm　ワイヤー強度30kg

1-1 ハーネス

●ハーネス

現在は一部のハーネスを除き[※1]ほとんどのハーネスがレッグループ式のハーネスが使用されてます。

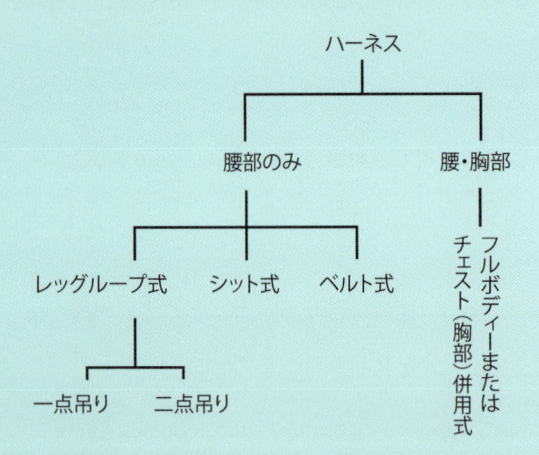

```
              ハーネス
          ┌──────┴──────┐
       腰部のみ          腰・胸部
   ┌─────┼─────┐         │
レッグループ式 シット式 ベルト式  フルボディーまたは
   │                   チェスト（胸部）併用式
 ┌─┴─┐
一点吊り 二点吊り
```

レッグループ式のハーネスには、ロープを結ぶ個所、用途に応じてのレッグループ部の開放、調整機能、ギアラックの量、ウエストベルトの幅、厚みなどに相違がある。

用途に応じての複数のハーネスの使い分けが無難。冬山の衣類を着用した場合、スポーツクライミングと同じサイズのハーネスでは着用できないこともある。

レッグループ式ハーネス

レッグループ式ハーネスにも各種あり、ロープの結ぶ個所の相違もある。主流は2点吊り

一点吊り

サイズS 280g

二点吊り

↑長すぎるバンドはカットした方が使いやすいが、素材など十分に注意。ナイロン製以外は切断面を熱で固められない

機能に応じて重量も大きく変化する。ウエスト部分がしっかりしたものの方が腰部の負担は少ないが、製品のバランス、体形のフィットによる部分も大きく一概には言い切れない。スポーツ用と記載されたものでもマルチピッチの使用は可能

ウエストベルト（背面）
ヒップベルト調整、バックロープ用ラックなど製品により各種機能が付加されているものもある。付加機能と重量では機能は反比例。ハーネスでの100gの差は大きな相違である

ハーネス各部名称

ウエストベルト
用途に応じて幅、内部のクッションに相違あり

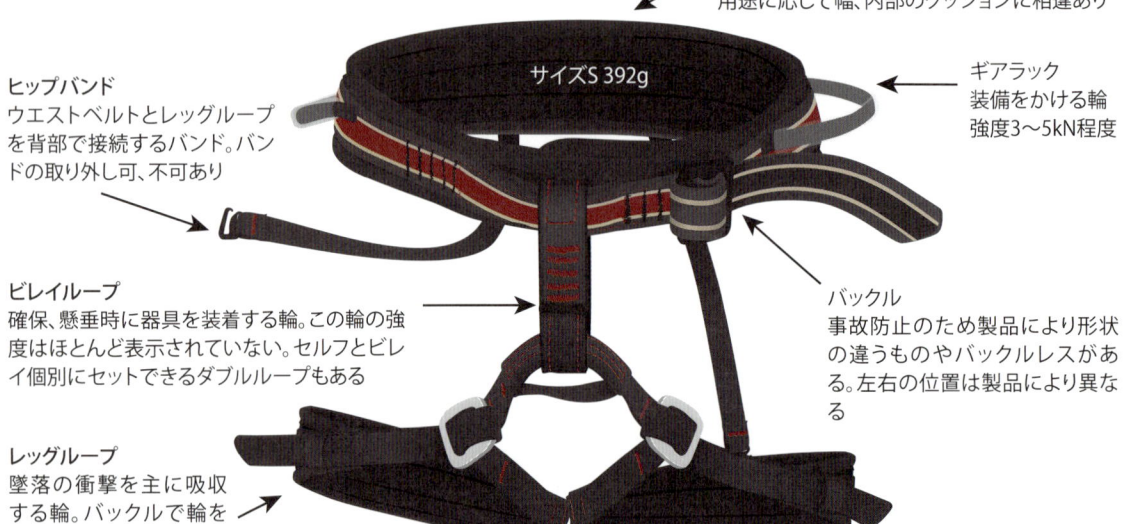

サイズS 392g

ギアラック
装備をかける輪
強度3〜5kN程度

ヒップバンド
ウエストベルトとレッグループを背部で接続するバンド。バンドの取り外し可、不可あり

ビレイループ
確保、懸垂時に器具を装着する輪。この輪の強度はほとんど表示されていない。セルフとビレイ個別にセットできるダブルループもある

バックル
事故防止のため製品により形状の違うものやバックルレスがある。左右の位置は製品により異なる

レッグループ
墜落の衝撃を主に吸収する輪。バックルで輪を開放できるものもある

※1）一部のハーネスを除き
頭部の重心が高い子供用、長時間のぶら下がり作業用などにはフルボディー式がある。またベルト式（墜落時腰部への衝撃は高い）などは作業現場で主に使用されている。垂直での墜落、ぶら下がりの少ない沢登りでは機能性を生かしてシットハーネス式のものも使用されているが、現在入手困難

ハーネスのサイズ

ウエストサイズ、大腿部サイズ、股下サイズの3点を考慮。
サイズの表示はXL、L、M、S、XSなど。各製造元でサイズは違い、同じ製造元の製品でも種類が違うとサイズに違いがある。初めての製品の購入は必ず試着し、体に合うかチェックした方がよい。股下サイズは表示なく着用しないと合うか判断できない

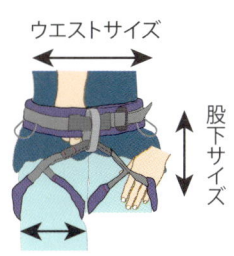

ウエストサイズ / **股下サイズ** / **レッグループサイズ**

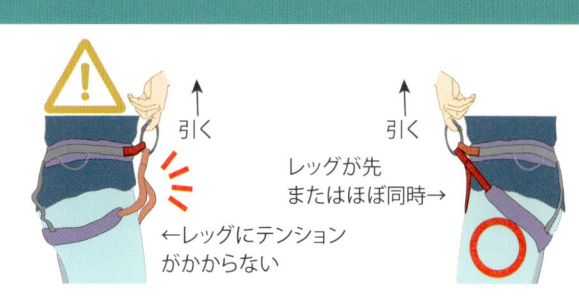

引く ←レッグにテンションがかからない

引く レッグが先またはほぼ同時→

ウエストベルト
腹を凹ましてバックルを締める。締めたときに拳が簡単に入るようでは緩い

レッグループ
手の平が入る程度の余裕。余裕がまったくないと動きにくい。緩すぎると墜落時、ウエスト部にかかる荷重が大きくなる。股下サイズは装着してみないとわからない重要なポイント

ハーネス装着のポイント

バックルの折り返し

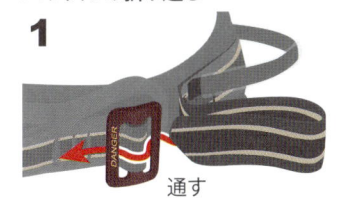

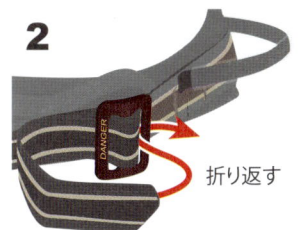

1 通す

2 折り返す
2を行わないと外れる可能性あり

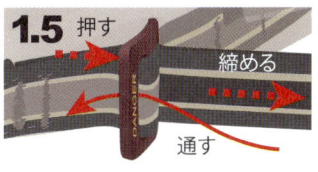

1.5 押す / 締める / 通す
ベルトを締めるときはお腹を凹ます。先端を入れるときは、バックルを押すと緩みにくい

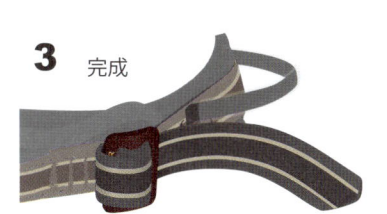

3 完成

ハーネスのねじれ
←ねじれ

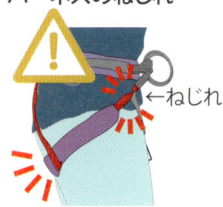

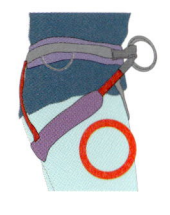

←バックルの折り返し忘れ防止のために使用されるようになったバックル。2枚目を通さないときは一枚バックルよりも致命的なので、装着時、登り始めるときなどバックル確認を習慣づけるように！

ロープを通す

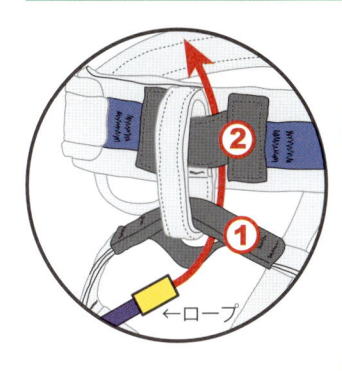

① ②　←ロープ

レッグにしか結ばない ✕

ウエストにしか結ばない ✕

ハーネスにより結ぶ個所に違うものがあるので、製品取扱書を参照のこと

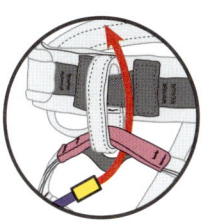

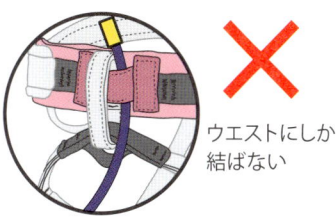

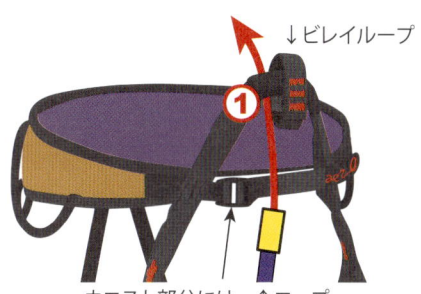

↓ビレイループ
①
ウエスト部分には通さない　↑ロープ

ハーネスの形状によっては通す場所、個所に相違があるので、製品説明書を参照すること

1.装備

1-2 シューズ

●シューズ

　自分の足形に合う履きやすいクライミングシューズを見つけられるまでに何足かダメ元で購入するしかないでしょう。

　購入の際には必ず履いてみることが重要です。同じサイズでも製品によりばらつきがもあるので、サイズがわからないうちは何足も試してみることです。素足で履いてややきつめが目安です（履き具合の好み、痛みを耐えられる度合による）。登るルートが短い場合はきつめ、長いルートの場合はややゆるめなど、ルートなどによっても履き分ける必要もあります。

　クライミングシューズは、毎週クライミンを行った場合には3カ月〜半年程度で爪先部分のゴムがなくなります。穴の空く前に張り替えると経済的で、自分で張り替えるには道具（専用工具でなく代用品でも可）と経験が必要です。専門店では張り替えを受け付けています。

シューズの種類

タイプ

- スリッパタイプ　皮 伸びやすい
- ベルクロ　合皮 皮より伸びにくい
- 紐締め

締め具合：弱 ↔ 強

ラウンド　ソール

形状

- ダウントウ　つま先が下がる
- フラット
- ターンイン　つま先が内側に入る

エッジング：大（難）／ スメアリング：小（容）

- ハイカット
- ロウカット

自由度：弱↔大／防御度：大↔弱

材質

ラウンド　ソール　ヒール

　岩の形状（前傾壁、スラブ、クラック）にあわせたクライミングシューズを選ぶことが重要です。ダウントウ、ターンインが強いものは前傾壁向き、ハイカットはクラック、特にワイドクラック向きです

　ソールの材質はクライミングシューズの要で性能を大きく左右します。一時は一社独占の感がありましたが、最近は各社新しい材質を揃え、性能の差はなくなってきています。履き慣れたシューズに好みのソールを張り替える人もいます

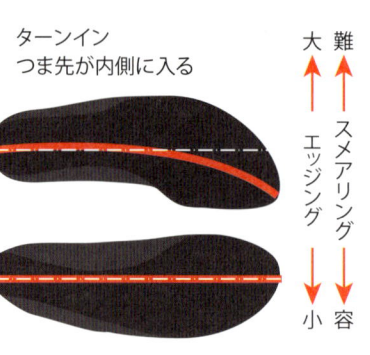

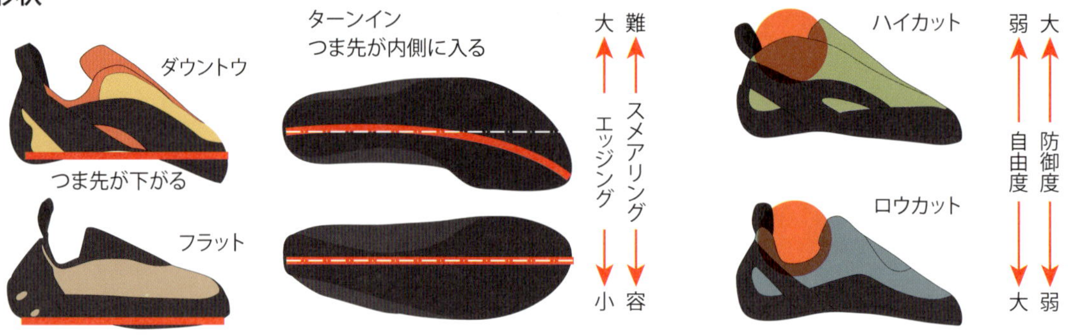

シューズの痛みから解放される方法はあるのか?!
最初の一足からジャストフィットを探し出すのは厳しい

1-3 ロープ

ダブルロープとツインロープの相違

1/2 ダブルロープ

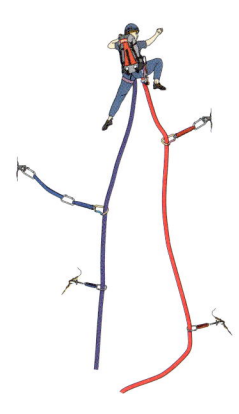

利点：ツインより流れがよい
　　　3人で登ることが可能
欠点：ツインより重い
用途：マルチピッチなど

2本を分散して使用できるので、シングル、ツインロープより真っすぐなロープの流れを作りやすい。シングルロープでも2本で登ることは可能だが、ロープが重い。また墜落時の伸びが少ないのでダブルロープよりショックが高い可能性がある

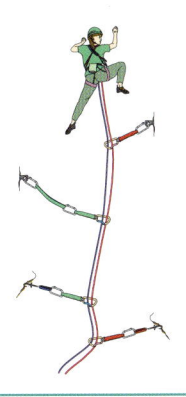

ツインロープ

利点：ダブルロープより軽量
欠点：ロープの流れに制限大
用途：アイスクライミングなど

2本を1本のロープとして使用。シングルロープでは長さが足りなくて下降できないときなど。ロープが細いので、確保器との相性も確認。氷では岩角で擦れるようなことはないが、細いので岩角にはより注意が必要。本書ではバックロープとして使用している

●ロープ ザイル

ロープの種類にはクライミング用（ナイロン製）とそれ以外用のものがあります。クライミング用ではないスタティックロープ（規格、試験方法が違う）は、荷重がかかった際の伸びが少なく、墜落時の衝撃が強くなり、リードでの登攀には適していないとされています。

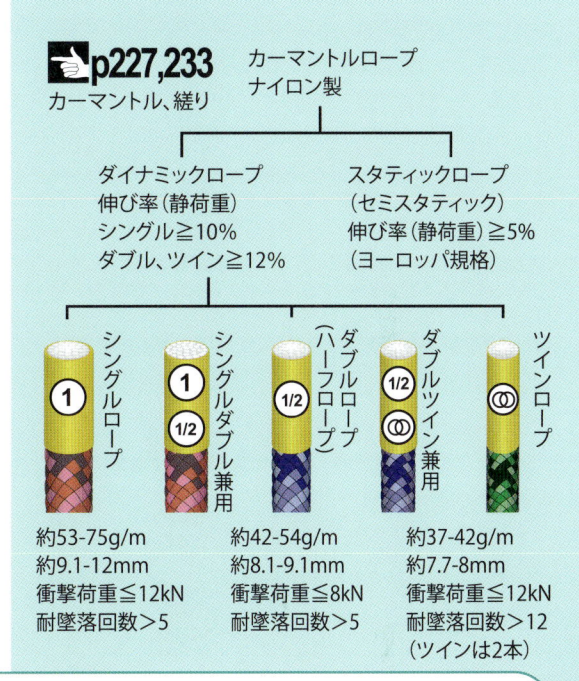

☞ p227, 233
カーマントル、縫い

カーマントルロープ
ナイロン製

- ダイナミックロープ
  伸び率（静荷重）
  シングル≧10%
  ダブル、ツイン≧12%

- スタティックロープ
  （セミスタティック）
  伸び率（静荷重）≧5%
  （ヨーロッパ規格）

シングルロープ
約53-75g/m
約9.1-12mm
衝撃荷重≦12kN
耐墜落回数＞5

シングルダブル兼用
約42-54g/m
約8.1-9.1mm
衝撃荷重≦8kN
耐墜落回数＞5

ダブルロープ（ハーフロープ）

ダブルツイン兼用

ツインロープ
約37-42g/m
約7.7-8mm
衝撃荷重≦12kN
耐墜落回数＞12
（ツインは2本）

ロープの洗濯

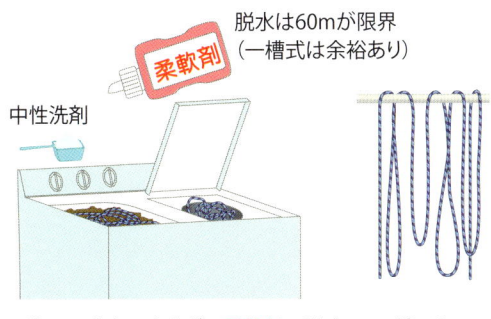

中性洗剤　柔軟剤　脱水は60mが限界
（一槽式は余裕あり）
陰干し

洗い→脱水→すすぎ→柔軟剤→脱水

ある程度汚れ水がなくなるまで繰り返す

3日程度で乾く

激しく汚れたロープは洗濯機で洗い、柔軟剤で仕上げれば、使いやすさがある程度復活する。泥が詰まったロープは操作性が落ち、確保器、カラビナ、ロープ自身の劣化を早める

ロープのカット

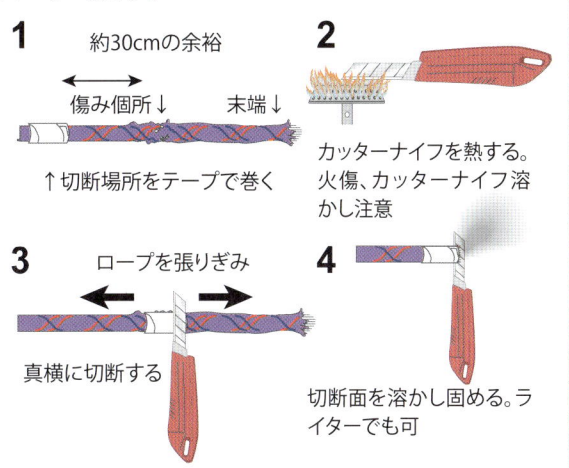

1 約30cmの余裕
傷み個所↓　末端↓
↑切断場所をテープで巻く

2 カッターナイフを熱する。
火傷、カッターナイフ溶かし注意

3 ロープを張りぎみ
真横に切断する

4 切断面を溶かし固める。ライターでも可

ロープの傷み具合は常に点検すること。スポーツの墜落では最後の支点付近（末端から2〜3m付近）のロープが激しく傷みやすい。ロープカット時期の目安は各個人の判断によるところが大きい。傷んだところを雑巾を絞るように捻ったときに表皮が裂けるようならカット時期

1-4 カラビナ

●カラビナの種類

主に中間支点とロープを接続するためのものと、確保に使用されるものがあります。

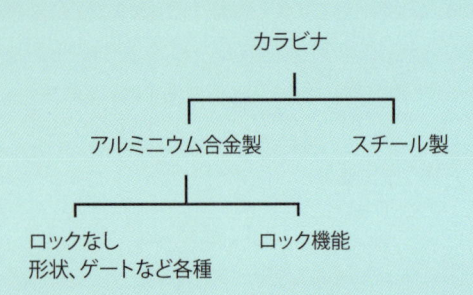

```
                カラビナ
                   │
        ┌──────────┴──────────┐
   アルミニウム合金製           スチール製
        │
   ┌────┴────┐
ロックなし   ロック機能
形状、ゲートなど各種
```

カラビナの選択は、ゲートの種類や扱いやすさなど個人の好みのよるところが大きいと思われるが、メーカー、色、価格などだけでなく、機能をじっくり考慮した選択が重要です。実際に手にとって、大きさ、ゲートの開閉感覚、ピン、ゲートなどに引っかかりがないかなどを確かめること。同じ製品でも大量生産品なのでロットによってばらつきがあるので、一つひとつチェックすることが大切。

カラビナはホットホージ(熱鍛造)の技術力の高いメーカーのものほど、小型、軽量が進んでいます。カラビナの価格差はそのような技術力も反映されてのことでしょう。

カラビナは規格では「コネクター」という総称で扱われ、カラビナ以外にもロープを接続できるものが含まれる。

形状、ゲートの相違

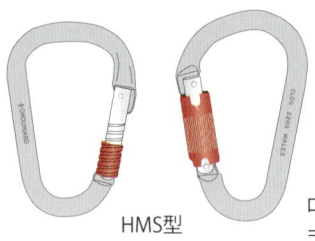

HMS型
ネジ式　バネ式
ロック機能
＝安全環付きカラビナ
●用途　確保、確保支点など

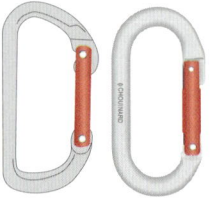

D型　O型/オーバル
ストレートゲート
使いやすさ、強度、用途で形状が進化

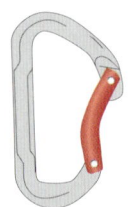

ベントゲート
●用途　ロープクリップ用
●利点　クリップしやすい
●欠点　ストレートゲートより外れやすい

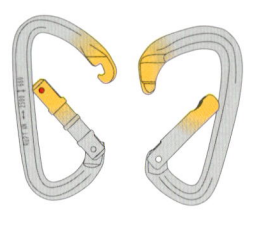

ピンゲート　キーロックゲート　ワイヤーゲート

キーロック
●利点
ゲートがひっかかりにくい
●欠点
雪,泥が詰まると完全に締まらず、凍ると開放しない

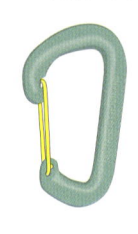

ワイヤーゲート
●利点
ウィップラッシュ現象が発生しにくい。凍りにくい
●欠点
スリングに使用したときゲートをロープで開放しやすい

その他の形状

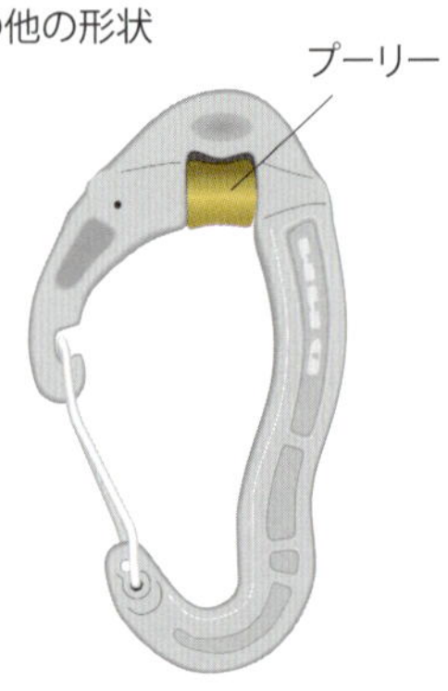

プーリー

プーリー内蔵
プーリーによりロープの摩擦抵抗を軽減させる。屈曲、大重量のかかる場合に有効

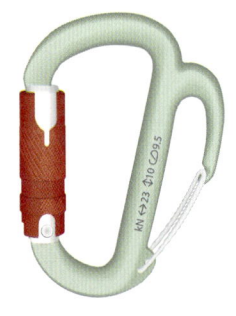

フック付き
確保に使用、フックにロープを折り返すことで制動を増加させられる

特別なロック式
2枚の板が交互に重なり開閉する。重いが環式のロックより確実

マイロン　シャックル
ネジ式
マイロンはコネクターの規格に含まれるが、シャックルは含まれない

カラビナの弱点

カラビナは縦方向以外の荷重がかかったときに破断しやすくなります。
墜落時にカラビナが回る、岩、ボルトにあたるなども縦方向以外の力が発生するので強度は下がります。
10kN程度の強度では墜落時に破断、破損する可能性があります。

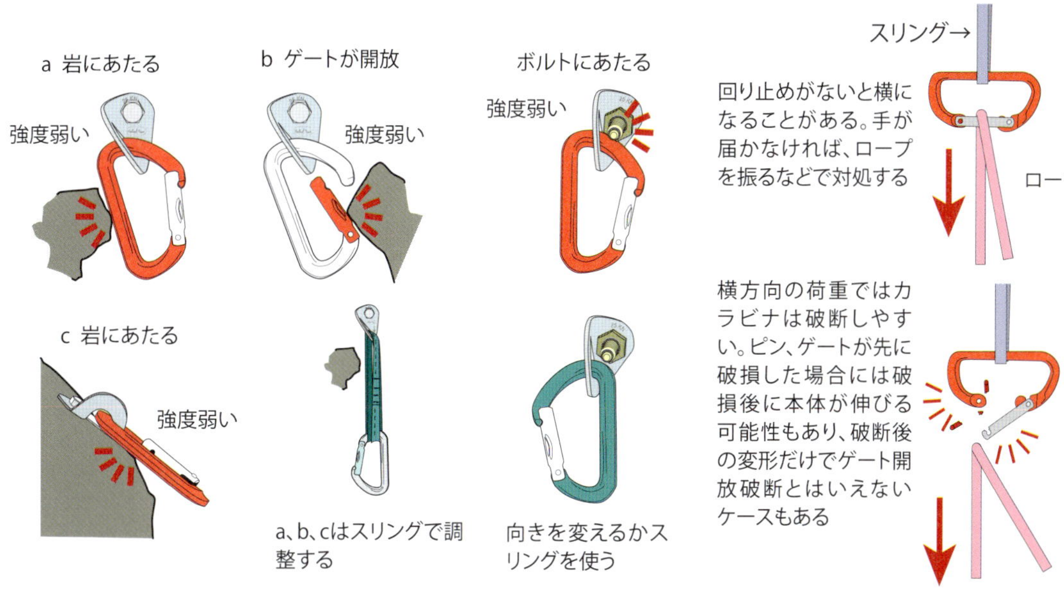

a 岩にあたる　強度弱い

b ゲートが開放　強度弱い

ボルトにあたる　強度弱い

c 岩にあたる　強度弱い

a、b、cはスリングで調整する

向きを変えるかスリングを使う

スリング→
回り止めがないと横になることがある。手が届かなければ、ロープを振るなどで処置する
ロープ

横方向の荷重ではカラビナは破断しやすい。ピン、ゲートが先に破損した場合には破損後に本体が伸びる可能性もあり、破断後の変形だけでゲート開放破断とはいえないケースもある

強度表示

カラビナには、垂直方向、横方向、ゲート開放時の強度、3種類の強度表示が規格化されています。横軸方向（マイナーアクシス）は10kN程度までの強度なので、墜落などの衝撃でカラビナが破断することがあります。カラビナを選択するときの一つの目安として、ゲート開放時の強度（最も弱い）を考慮してみるのもよい。

キロニュートン（→p227）
記号　↔24 ↕7 ◯8kN CE

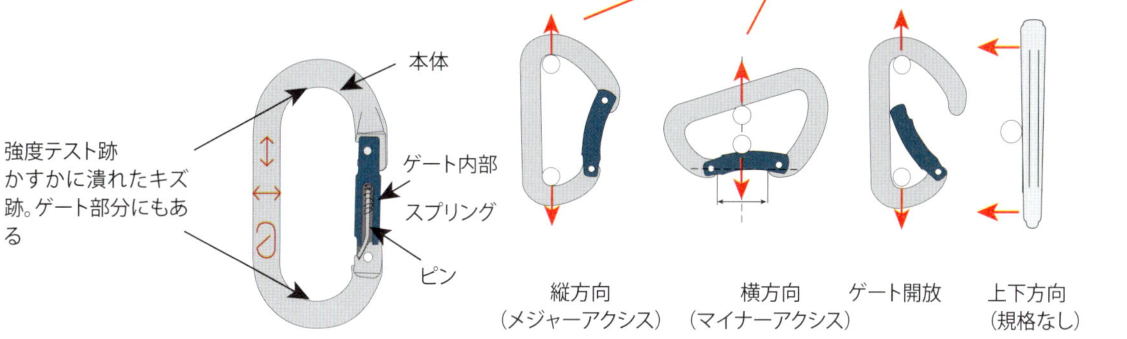

本体
強度テスト跡　かすかに潰れたキズ跡。ゲート部分にもある
ゲート内部
スプリング
ピン

縦方向（メジャーアクシス）　横方向（マイナーアクシス）　ゲート開放　上下方向（規格なし）

チェック

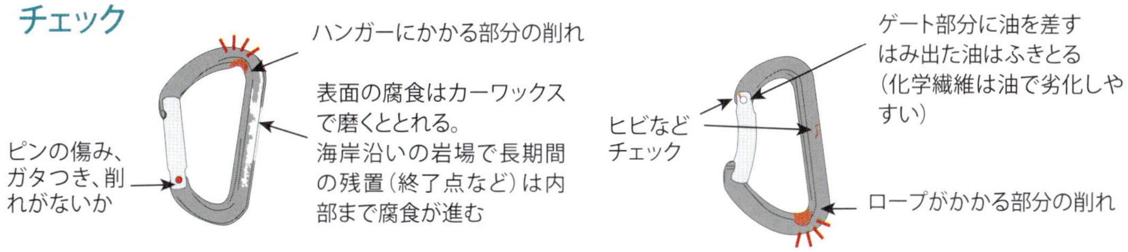

ハンガーにかかる部分の削れ
表面の腐食はカーワックスで磨くととれる。海岸沿いの岩場で長期間の残置（終了点など）は内部まで腐食が進む
ピンの傷み、ガタつき、削れがないか

ゲート部分に油を差す　はみ出た油はふきとる（化学繊維は油で劣化しやすい）
ヒビなどチェック
ロープがかかる部分の削れ

1.装備

1-5 ランナー

●ランナー
確保支点、ロープの流れの調節など、さまざまに使用する侮れない重要な装備。素材の変化で軽量、小型化が著しく発達。

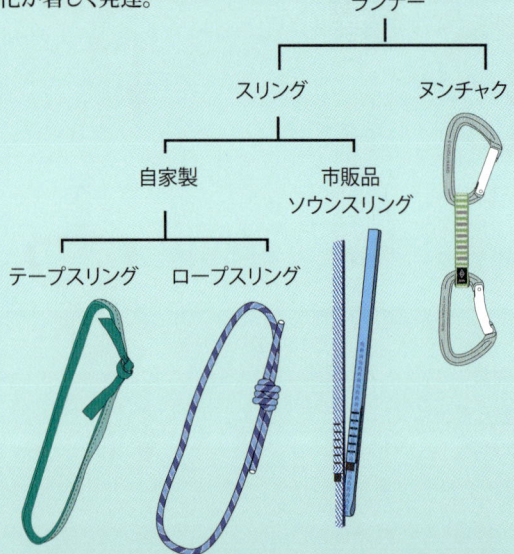

```
          ランナー
         ／     ＼
      スリング   ヌンチャク
     ／    ＼
   自家製   市販品
           ソウンスリング
   ／   ＼
テープスリング ロープスリング
```

近年、スーパー繊維と呼ばれる新素材が登場しました。ロープが麻からナイロン製になってクライミングが飛躍的に進歩したように、ナイロンより強度が高いとされるこの新素材もスリングなどの性能を高めています。しかし、結び目があるなどの条件によっては強度が落ち、強い衝撃で切れる恐れもあります。また熱に弱い素材のものはフリクションヒッチには不適です。それぞれの素材の特徴を十分に把握して使用することが重要です。滑りやすい素材のものはほどけやすいので、切り売りはされていません。

ヌンチャク

●アンカー側のカラビナ
アンカー側はベントゲートでないもの

●ランナー
ヌンチャク用ソウンスリング
長さ：10〜25cm程度

ダイニーマ製
ナイロン製に比較して細く軽い。幅が細いため掴みにくい

ナイロン製
幅が太いため掴みやすい

回り止め内蔵

●ロープ側のカラビナ
ロープ側はロープのクリップしやすいベントゲート、ワイヤーゲートを使用するのが一般的。ゲート向きをアンカー側のカラビナと揃えるか、逆にするかは、特定の場所以外は、個人の使いやすさに依存することが多い

周り止め装着手順

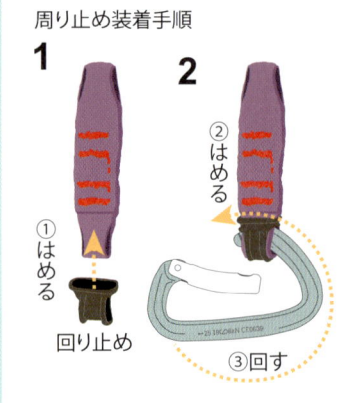

1 ①はめる　回り止め
2 ②はめる　③回す

●回り止めのゴム
テープ幅に合わせたサイズあり。ランナーに内蔵されてるものもある。ロープの動きなどでカラビナが横に回らないように押さえる物。テーピングを巻くなどで代用可能。回り止めの装着は手首を固定するようなものなので、ランナーとしてのしなやかな動きは奪われる

長さ可変スリングヌンチャク（アルパインヌンチャク）

1/3の長さを切り替えることができる。スリングの長さにより組み立てはバリエーションあり

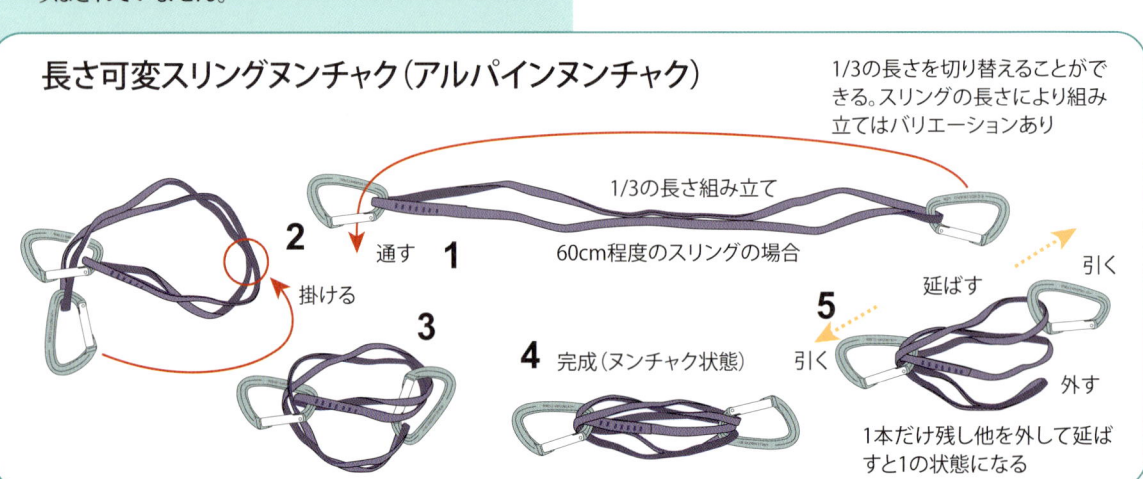

1 通す　1/3の長さ組み立て　60cm程度のスリングの場合
2 掛ける
3
4 完成（ヌンチャク状態）
5 延ばす　引く　外す

1本だけ残し他を外して延ばすと1の状態になる

スリング

ソウンスリングを1/2折りオーバーハンド
15mm幅120cmナイロン

👍 **p66** オーバーハンド

1/3折りオーバーハンド
5m幅120cmダイニーマ

素材の差で大きさ、重量が大きく変化し、携帯方法も変わる

特別なスリング

↓自己確保専用スリング

↑デイジーチェーン

衝撃に対して強度のあるものと、ないものがある。使用する物の強度を理解して使用することが重要

自己確保物の強度比較

種類	強度
リング式	約各リング18kN
デイジーチェーン	末端約11〜22kN
	中間部約1.3〜3kN
バックル調節式	約1.3kN
ロープ	約ロープ強度

強度のばらつきは、テープ幅、素材、製造元測定の相違によるもの

スリング強度の比較

種類	重量(g/m)	強度(kN)
ナイロンロープ		
5mm	15〜16	5〜5.6kN
6mm	21〜23	7〜9.8kN
7mm	27〜31	9.6〜13.4kN
8mm	39〜40	12.5〜14.8kN
ケブラーロープ		
5.5mm	23	18kN
ダイニーマテープ		
6mm	26	22kdaN
10mm	33	22kdaN
ナイロンテープ		
16mm	dataなし	1350kg
19mm	dataなし	16kN
25mm	dataなし	15kN

自家製スリング長さ

👍 **p59** テープ結び ダブルフィッシャーマン

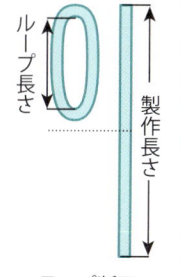

自家製スリング	ループ長さ(cm)	製作長さ(cm)
テープ19mm幅	45	130
テープ19mm幅	60	160
6mmロープ	45	130
6mmロープ	60	150
8mmロープ	40	140
8mmロープ	60	160

テープ断面：普通のテープ／チューブラーテープ

ループの長さと製作長さは目安。結び目に必要な長さはテープの種類、テープ幅、厚み、末端の長さで変化。ループ長さ45cmは、たすきがけには苦しい。自分の好みのサイズを見いだそう。購入時にその長さで切ってもらえば効率的

スリング材質の比較

品名	メーカー	素材	強さ 強度g/D	重さ 比重	耐熱 融点(℃)	伸び 伸び率(%)	滑り	曲げ	特徴
ナイロン	数社	ポリアミド	弱 7〜9.7	中 1.13〜1.16	中 215〜267	大 16〜27	小	強	結びが入った場合スーパー繊維より強いことがある
ダイニーマ（スーパー繊維）	東洋紡績	超高分子ポリエチレン	大 30	軽 0.97〜0.98	低 140〜155	中 3-4	大	弱	水に浮き熱に弱い／曲げ弱いケブラーより強い
ケブラー（スーパー繊維）	東レ、デュポン	アラミド	大 26	重 1.44	高 480〜570	小 1.5-4.5	大	弱	熱に強い、曲げ弱い
テクノーラ（スーパー繊維）	帝人		26	1.39	500炭化	4		弱	ケブラーより曲げに強い
ベクトラン（スーパー繊維）	クラレ	ポリアリレート	大 26	重 1.40〜1.41	高 400	小 2.7-3.8		弱	熱に強い／ケブラーより曲げに強い

ナイロンに対してスーパー繊維の比較表、強弱、大小などで表現。スーパー繊維はまだ歴史が浅く、品名や素材で表記されることがあり、どちらでも知っているとわかりやすい。透湿性素材の出始めのように、スーパー繊維もまだ過度期であろう。テープ状のスーパー繊維の切り売りはない

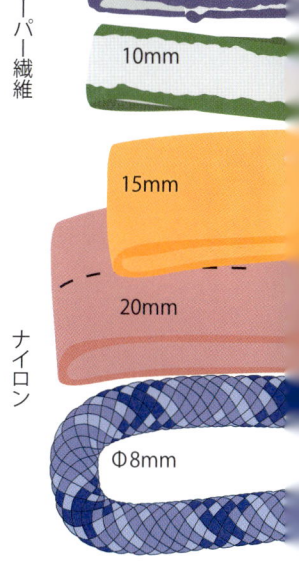

スーパー繊維：5mm、10mm
ナイロン：15mm、20mm、Φ8mm

1.装備

1-6 確保・下降器

●確保・下降器

確保・下降器は年々改良が進み、さまざまな機種が販売されていますが、この道具は慣れによる使いこなしが重要な部分を占めています。とくにロープの製造技術の向上にともない細くてよく伸びるロープ(規格の変化)が使われるようになり、ロープ径に合ったデバイスでないと使いづらくなっている。

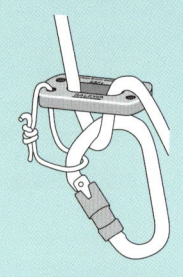

輸入代理店によっては、下降器であって確保器ではないとしている製品もありますが(製造元への直接の確認ではない)、ここではクライマー(使用者側)に確保・下降器として使用されているものとして記載します。

バケツ型の原型

種類

確保・下降器の種類はエイト環型、バケツ型、フォロー確保機能付き、ロック機能付きのものがあります(エイト環は下降器と限定しているメーカーもある)。

フォロー確保機能付きはバケツ型に付属した機能なので、フォローの確保以外は使用方法は同じです。

ロック型はロープをフィックスしての下降に限定されます。2本のロープで懸垂することはできません。登高器の代用、ソロの確保にも使用されています(ただし仕様範囲外)。

種類

エイト環型

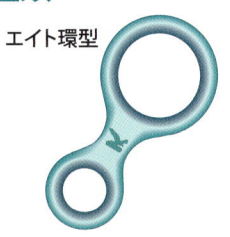

●利点
他機能の備わった物に比べ、その機能には劣るものの万能
懸垂時の仮固定が容易

●欠点
ロープがキンクする。3人で登ったときの確保に難あり

バケツ型 抵抗小 ↕ 抵抗大

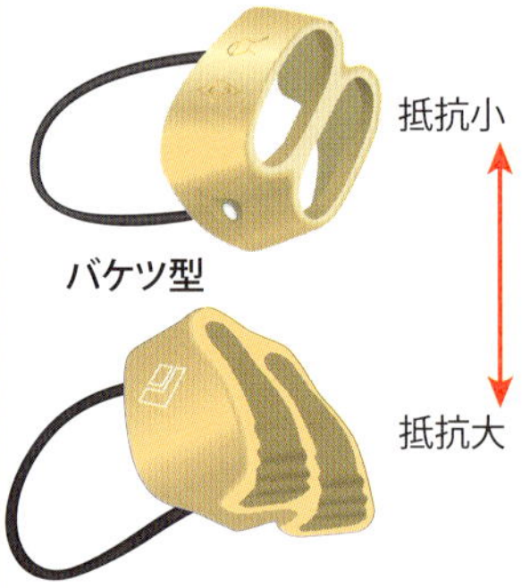

●利点
ダブルロープを使用したときの操作性がよい

●欠点
制動を効かせるバリエーションがない
ロープ径が限定的

フォロー確保機能付き

●利点
フォローの確保が楽になる

●欠点
フォロー確保機能分大きく、重い。高価なものが多い

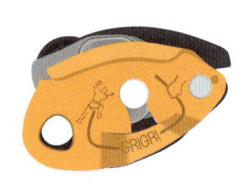

ロック機能付き

●利点
激しく墜落する確保などに安心感が高い

●欠点
高価、重い、大きい。ロープとの相性など使用慣れが不可欠。ロープ2本の懸垂はできない

下降・確保器の原理1

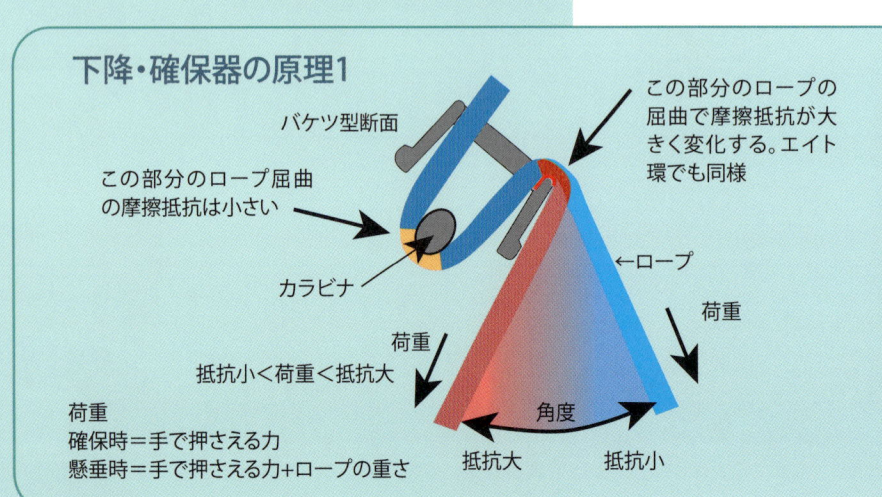

バケツ型断面
この部分のロープ屈曲の摩擦抵抗は小さい
カラビナ
この部分のロープの屈曲で摩擦抵抗が大きく変化する。エイト環でも同様
←ロープ
荷重
荷重
抵抗小＜荷重＜抵抗大
角度
抵抗大　抵抗小

荷重
確保時＝手で押さえる力
懸垂時＝手で押さえる力+ロープの重さ

装備の原理を理解していれば自身で判断して応用することが可能になるでしょう。角度で抵抗が大きく変化することを理解していれば、フォローの確保の際に、確保器を使用してのグリップビレーに近い状態を注意するし、荷重により抵抗が変化することを理解していれば、懸垂下降ではロープ末端付近には最大の注意を図るはずだ

確保(リード)のロープセット

a エイト環型

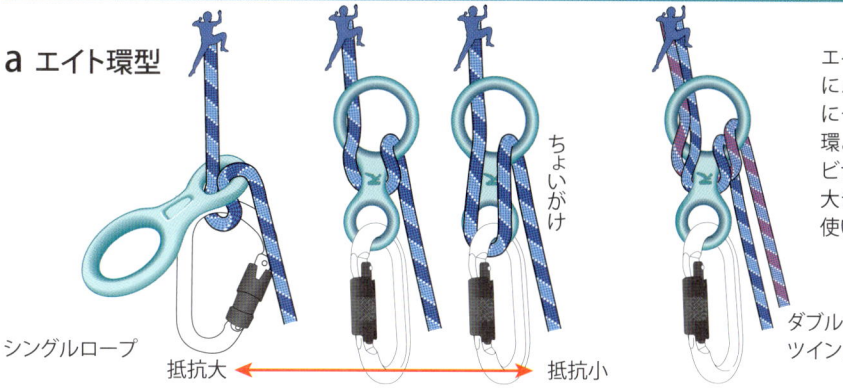

シングルロープ 抵抗大 ←→ 抵抗小 ちょいがけ ダブルロープ ツインロープ

エイト環とGiGi以外はロープセットにバリエーションがないので正確にセットできれば問題ない。エイト環とGiGiの場合にはロープとカラビナのセットの仕方で摩擦抵抗が大きく変化するため、バケツ型より使い慣れが必要とされる

b バケツ型、フォロー確保機能付き

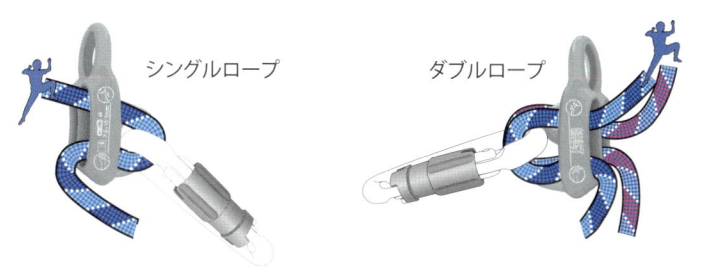

シングルロープ　　ダブルロープ

ダブルロープでは、リード、フォローともにエイト環に比べ操作性がよい

ロープ経の変化に伴いバケツ型も形状やロープを通す穴のサイズが変化している。バケツ型の確保器を購入する場合は、使用するロープの太さにあったものの選択が重要。記載されてる使用ロープ径も目安程度。実際にある程度の期間使用している人の話を参考にした方がよい。小型のものは軽量化というよりも比較的ロープ径の細いもの用と考えた方がよい。細いロープ1本の懸垂時は特に注意！

c ロック機能付き

ロープセットの方向が逆なため、間違いやすい
違う機種の併用や、貸し借りは避けた方が無難

ロック機能付きは、取り扱い説明書に記載されたロープの太さだけで使用ロープを判断できない。滑りやすさ、軟らかさなどが大きく関係し、確保器自体の操作慣れ以外にロープを判断できる目も必要。確保器の中で最も慣れが必要だが、慣れた場合には墜落を絶えず止めるような確保には安心感あり。普段使用しないロープでの確保は十分に注意。後続の確保器は欠点など改良されたものもあるが、ロープのセットが逆方向など使用方法が違うので、混ぜ合わせての使用は注意！

下降・確保器の原理2

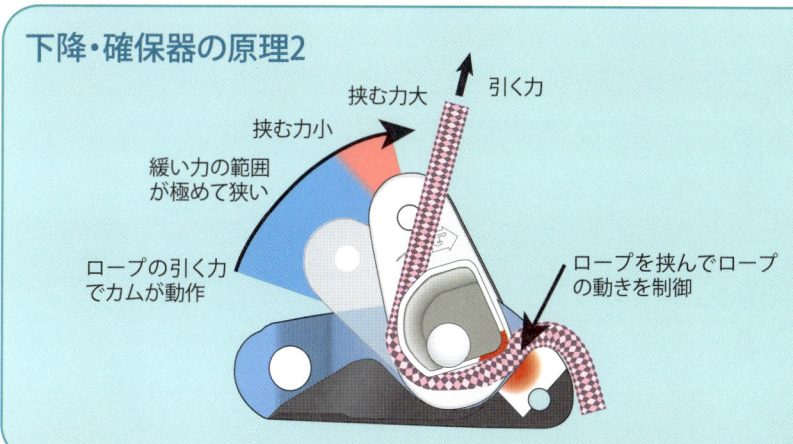

引く力
挟む力大
挟む力小
緩い力の範囲が極めて狭い
ロープの引く力でカムが動作
ロープを挟んでロープの動きを制御

ロック機能付きは他の確保器と原理が違う。他の確保器はロープの屈曲による摩擦抵抗でロープの動きを制御する。それに対して、ロック機能付きはロープを挟むことでロープの動きを制御する。またロープ直径、ロープ表面の滑りやすさ、軟らかさによって、挟んでロープを抑える力に非常に大きな差が出る。そのためロープの流れのコントロールは止めるか動かすかのデジタル的制御になりがちになってしまう

1.装備

確保(フォロー)のロープセット

a U型

グリップビレイ　　確保器を使用してのグリップビレイ

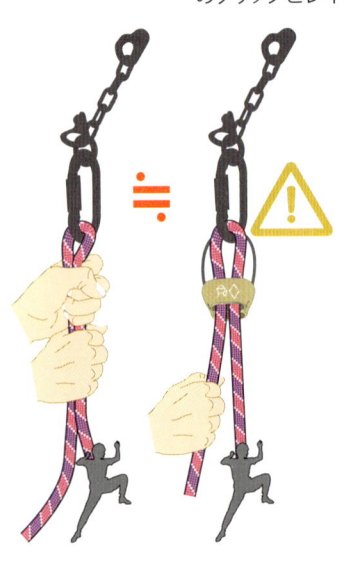

静荷重では止めることは可能だが、ロープが滑り出したら止まらない

b Z型

確保支点で折り返して確保する

確保支点

確保の一例。フォローの確保の仕方は、支点の位置など状況により変化する

c フォロー確保機能付き

安全環付きカラビナ2枚

確保支点

←肩くらいの高さ　低い位置では操作しづらい

荷重がかかると上側のロープが下側を押さえる。ロープを握る手の力の軽減になる

懸垂のロープセット

a バケツ型

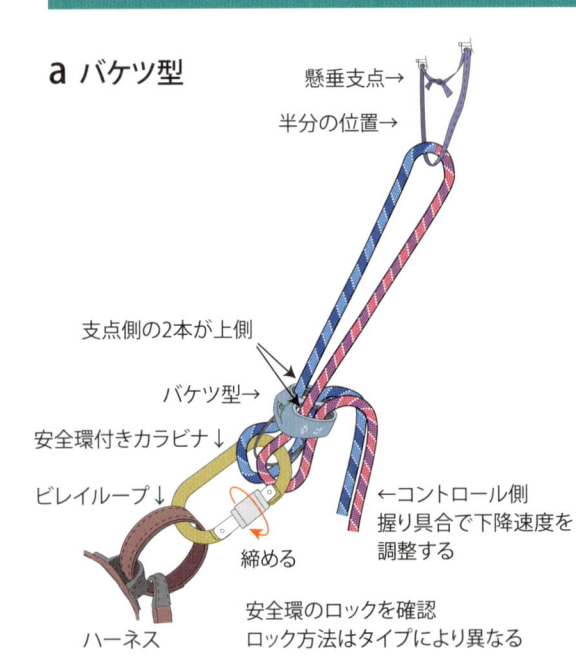

懸垂支点→
半分の位置→

支点側の2本が上側
バケツ型→
安全環付きカラビナ↓
ビレイループ↓
ハーネス

←コントロール側　握り具合で下降速度を調整する

締める

安全環のロックを確認　ロック方法はタイプにより異なる

バケツ型の場合は、エイト環のようにロープのかけ方で制動力を変化させることができない。細いロープ、滑りやすいロープのときには、ロープに合った下降器が必要。事前にロープとの相性を確認しておくこと

b エイト環型

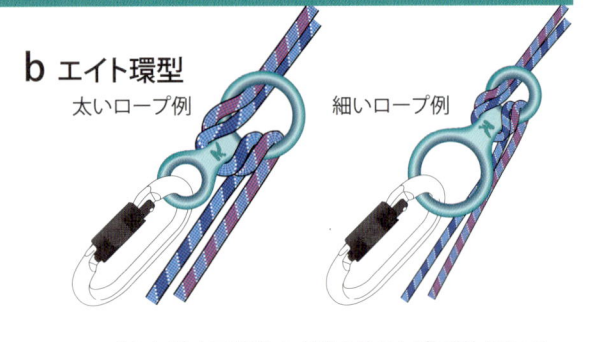

太いロープ例　　細いロープ例

ロープのかけ方で制動力を変えることが可能。細いロープ、新しいロープや、滑りやすいロープのときに対応できる。特にフィックス(1本)の細いロープに有効

懸垂中の仮固定(エイト環)

矢印の方へ移動

完全なロックではないので注意。下降器より下のロープの重さで絞めているだけなので、末端付近では効果が薄い

カラビナでの確保、懸垂

登攀には確保・下降器がなくても確保、懸垂できる技術を覚える

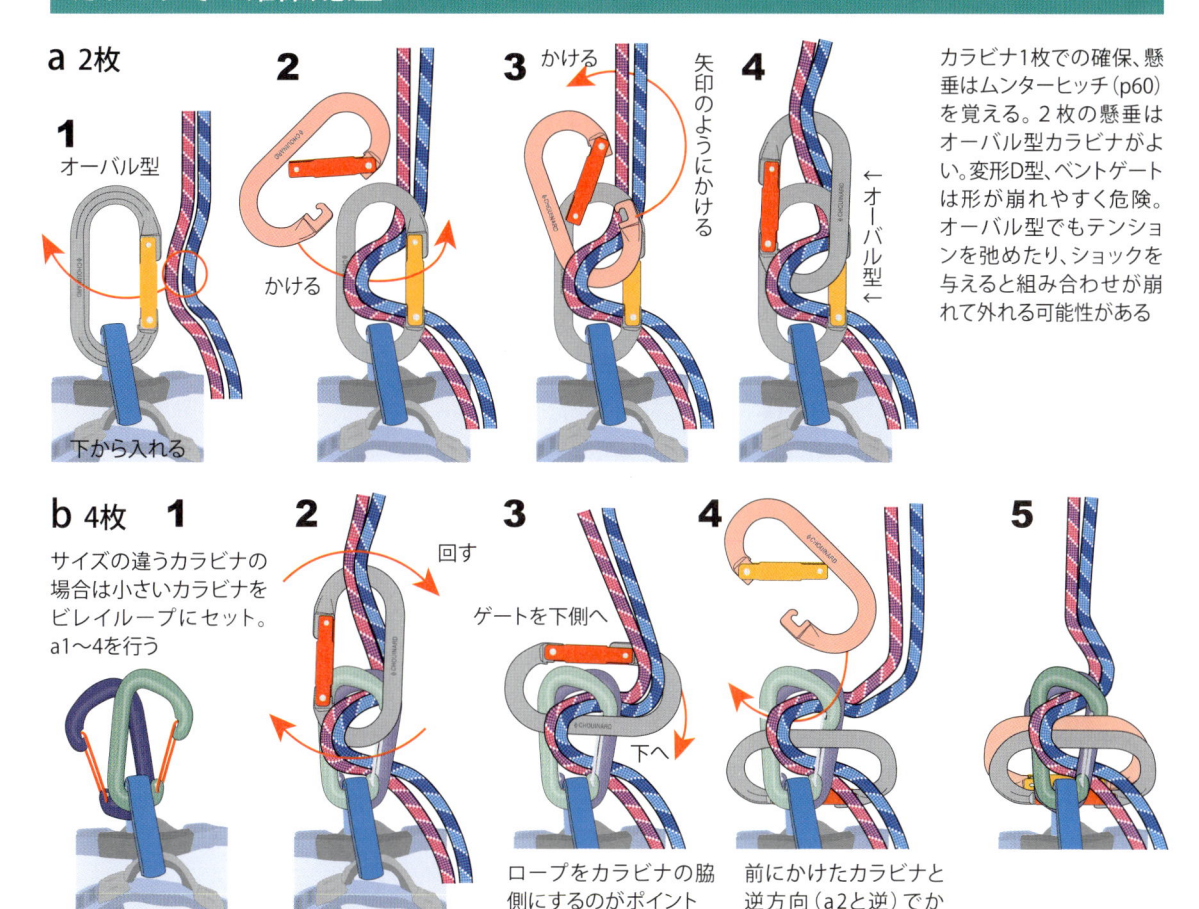

a 2枚

1 オーバル型／下から入れる

2 かける

3 かける／矢印のようにかける

4 ←オーバル型←

カラビナ1枚での確保、懸垂はムンターヒッチ（p60）を覚える。2枚の懸垂はオーバル型カラビナがよい。変形D型、ベントゲートは形が崩れやすく危険。オーバル型でもテンションを弛めたり、ショックを与えると組み合わせが崩れて外れる可能性がある

b 4枚

1 サイズの違うカラビナの場合は小さいカラビナをビレイループにセット。a1〜4を行う

2 回す

3 ゲートを下側へ／下へ／ロープをカラビナの脇側にするのがポイント

4 前にかけたカラビナと逆方向（a2と逆）でかけ、同じことを行う

5

懸垂始めとロープ末端付近の相違（末端スッポ抜け墜落の落とし穴）

末端スッポ抜けによる墜落事故。原因はロープの末端に結びをつくっていなかったからなどと考える前に、ロープ末端付近での下降器の状況を理解しておくことが重要だろう。ロープ末端付近では、落下エネルギーが加わった自身の体重を固定するだけの力は確保器にない！

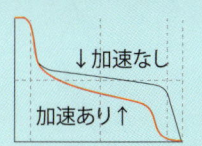

↓加速なし／加速あり↑

末端付近で懸垂の加速があると下降器の抵抗では止まらない

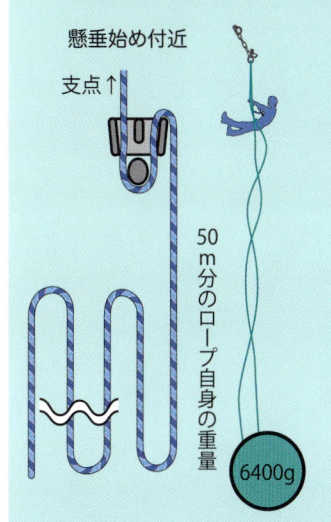

懸垂始め付近　支点↑　50m分のロープ自身の重量　6400g

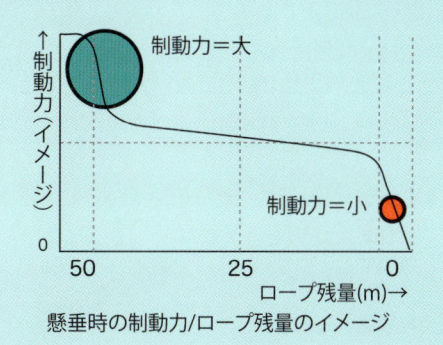

↑制動力（イメージ）　制動力＝大　制動力＝小　0　50　25　0　ロープ残量(m)→
懸垂時の制動力/ロープ残量のイメージ

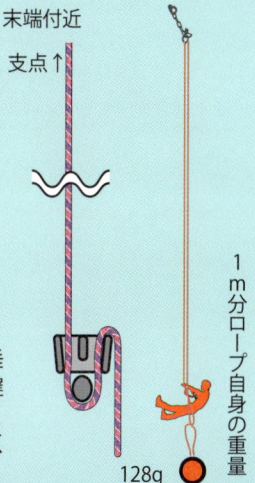

末端付近　支点↑　1m分ロープ自身の重量　128g

懸垂時、ロープ自身の重量による荷重の力が変化する。懸垂始めは手でロープを送らないと下降ができないか、流れが遅い（ロープの重さによる制動力が大きい）。ロープ末端付近、1m以下では素手でロープを握っているのとさほど変わらなくなる（ロープの重さがわずかしかないため、制動力が小さい）

1.装備

1-7 プロテクション

●プロテクションの種類

プロテクションは、自然物を利用したもの（岩、木など）、人工物で岩を変化させずに設置できるナチュラルプロテクション、岩になんらかの変化を与えて設置するそれ以外のものに分けられます。

人工物のプロテクション
- ナチュラルプロテクション
  - カムデバイス
  - パッシブプロテクション
- その他のプロテクション
  - ハンマーを必要とするプロテクション

●ナチュラルプロテクション

ナチュラルプロテクションには、可動範囲の変化するカムデバイスなど（フリクショナルアンカー）と、変化しないパッシブプロテクション（チョック）があります。

ナチュラルプロテクションは高価なうえ種類が増えてきたので、購入にあたっては選択に悩むことでしょう。長く使うものなので、スペックや使いやすさなどをよく調べ、自分の判断で選択することが重要です。「こちらのほうが安いから」というだけの選択は失敗の元です。

規格では「フリクショナルアンカー」という総称でカムデバイス以外のものも含まれます。

パッシブプロテクション（チョック）

大きなカムと重なるサイズ
大きなものは大きな軽量化になる　1つで4サイズ

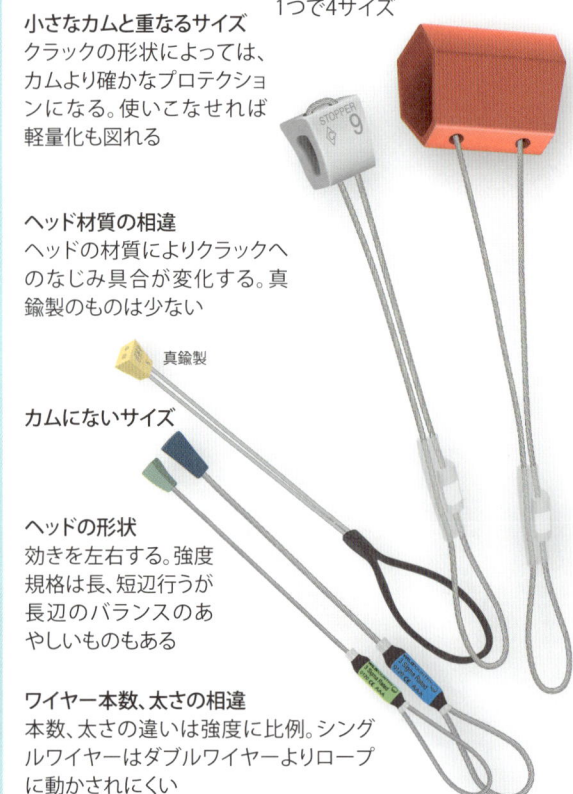

小さなカムと重なるサイズ
クラックの形状によっては、カムより確かなプロテクションになる。使いこなせれば軽量化も図れる

ヘッド材質の相違
ヘッドの材質によりクラックへのなじみ具合が変化する。真鍮製のものは少ない

真鍮製

カムにないサイズ

ヘッドの形状
効きを左右する。強度規格は長、短辺行うが長辺のバランスのあやしいものもある

ワイヤー本数、太さの相違
本数、太さの違いは強度に比例。シングルワイヤーはダブルワイヤーよりロープに動かされにくい

カムデバイス

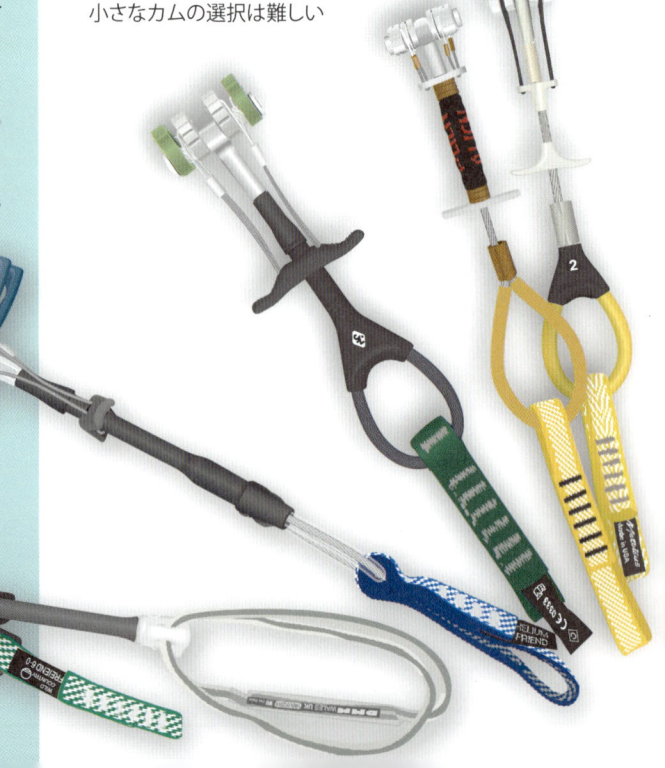

小さなカムの選択は難しい

36

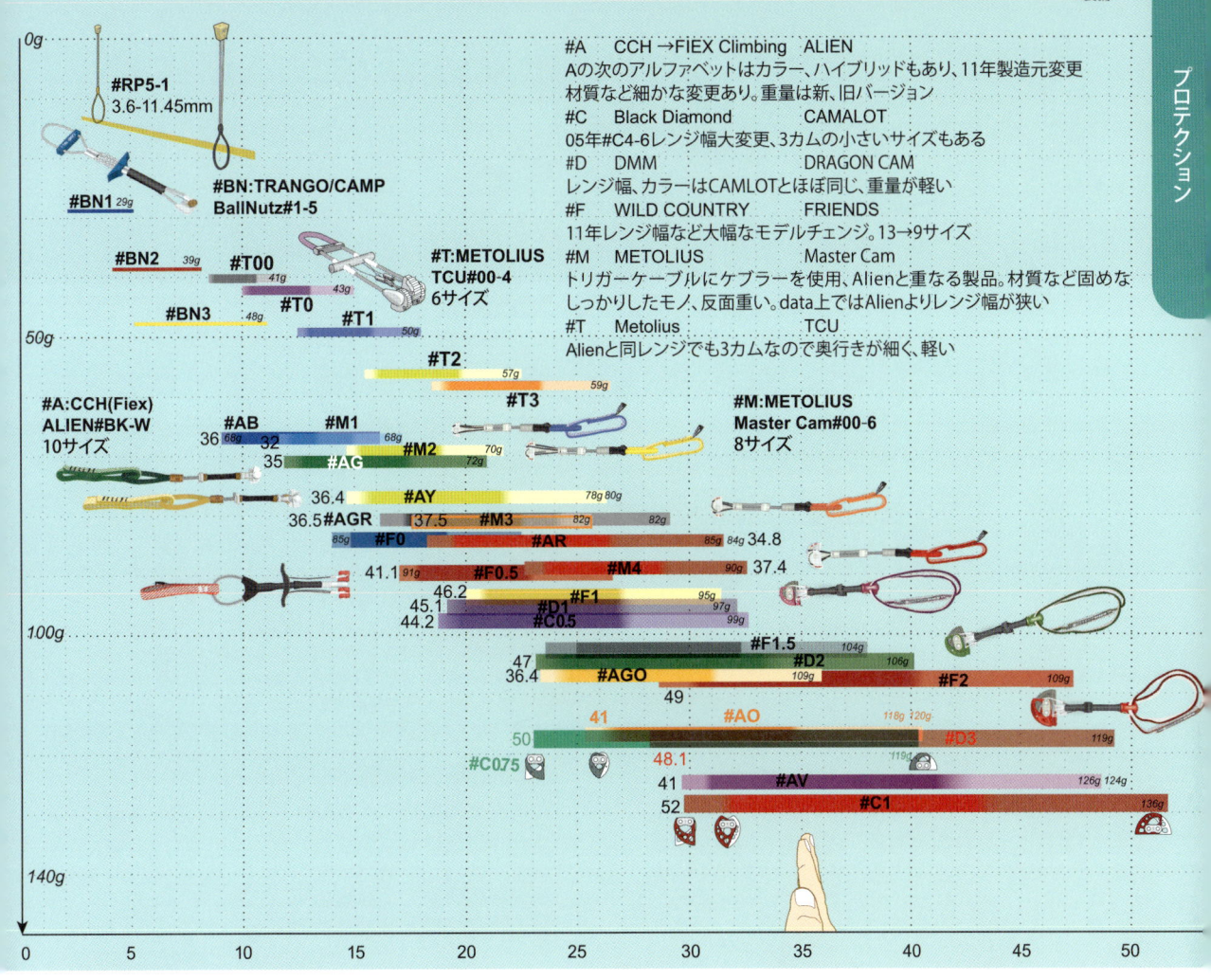

1.装備

プロテクション

#A   CCH →FIEX Climbing   ALIEN
Aの次のアルファベットはカラー、ハイブリッドもあり、11年製造元変更
材質など細かな変更あり。重量は新、旧バージョン
#C   Black Diamond   CAMALOT
05年#C4-6レンジ幅大変更、3カムの小さいサイズもある
#D   DMM   DRAGON CAM
レンジ幅、カラーはCAMLOTとほぼ同じ、重量が軽い
#F   WILD COUNTRY   FRIENDS
11年レンジ幅など大幅なモデルチェンジ。13→9サイズ
#M   METOLIUS   Master Cam
トリガーケーブルにケブラーを使用、Alienと重なる製品。材質など固めなしっかりしたモノ、反面重い。data上ではAlienよりレンジ幅が狭い
#T   Metolius   TCU
Alienと同レンジでも3カムなので奥行きが細く、軽い

#RP5-1 3.6-11.45mm
#BN1 29g
#BN:TRANGO/CAMP BallNutz#1-5
#BN2 39g
#T00 41g
#BN3 48g
#T0 43g
#T1 50g
#T2 57g
#T3 59g
#A:CCH(Fiex) ALIEN#BK-W 10サイズ
#AB 36 68g #M1 32 68g
#AG 35 #M2 70g 72g
36.4 #AY 78g 80g
36.5 #AGR 37.5 #M3 82g 82g
85g #F0
#M:METOLIUS Master Cam#00-6 8サイズ
41.1 #F0.5 91g #AR 85g 84g 34.8
#M4 90g 37.4
46.2 #F1 95g
45.1 #D1 97g
44.2 #C0.5 99g
#F1.5 104g
47 36.4 #AGO #D2 109g 106g
49 #F2 109g
41 #AO 118g 120g
50 #D3 119g
#C075 48.1 119g
41 #AV 126g 124g
52 #C1 136g

記号等凡例

帯の幅=奥行き
細い ↓ 太い
10または15%幅 60または50%幅
単位記載なしmm 製品名頭カラー文字 製品名記載なし
47 #d2 106g
帯の長さ(レンジ)
奥行き 最小幅 最大幅

※カムデバイスのレンジはカタログ記載(測定方法などで変化、正確に測定することが難しかったので実測値では記載せず。)、奥行きはカタログ記載がないものは実測を記載

個人の体格差があるように、手のサイズも大きく違う。ジャムの絵の位置は個人により左右に移動する。
重要なのは、自身のジャミングの形(クラックの幅)が、どのサイズのプロテクションかを知っていること。クラックに手を入れた瞬間にプロテクションのサイズが判断できればよい。見ただけで判断できればよりよい

上の表、次ページの表はジャミングとプロテクションの関係を表したもので、プロテクションの性能比較をしたものではない。表には強度の重要な要素が含まれず、またスペック(サイズ)の数字は実際の使用には役にたたない。ある程度の期間、実際に使用しなければ使いやすさは判断できないだろう。道具に使われるのではなく、使いこなすことが重要

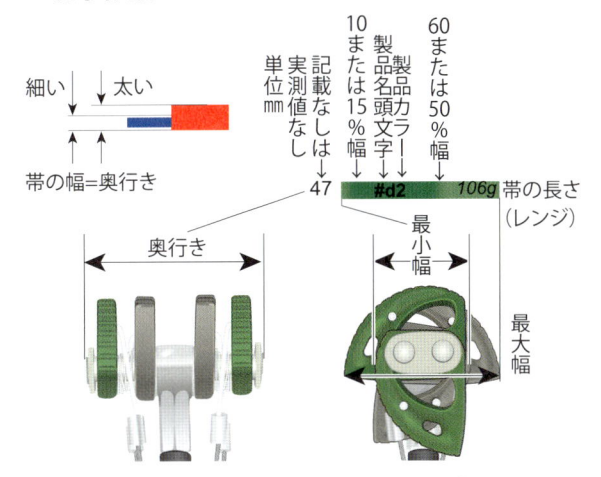

帯の長さがレンジ(カタログ記載のカムの幅※1)
帯色の濃い部分がレンジの50、60%〜10、15%グラデーションなっているものは安心して使える体感的感覚、奥行きは数字で記載、2mm程度のばらつきがあり、数字と体感的なものに相違があるため帯の太さも体感的に記した。体感で記載した部分は個人により相違があるだろう。
CAMALOT,DRAGON,FRIENDSの図の大きさは1/10

※1)カタログ記載のカムの幅　製造元により測定方法が異なるためか、実測すると相違がある
バージョンアップなどで同じ製品に見えても重量に相違があるもの、カタログ記載違いなどがある

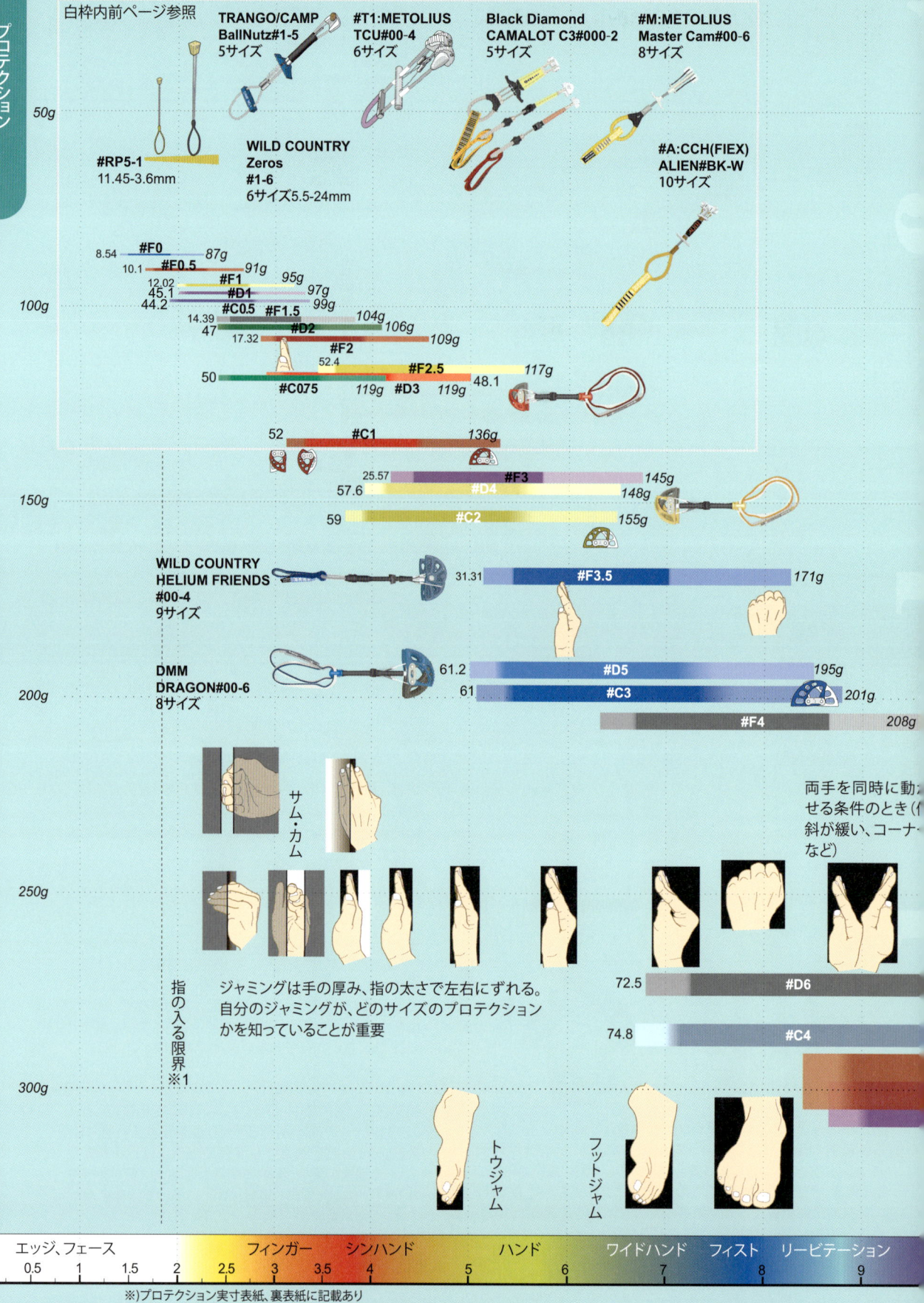

1.装備

プロテクション

白枠内前ページ参照

TRANGO/CAMP
BallNutz#1-5
5サイズ

#T1:METOLIUS
TCU#00-4
6サイズ

Black Diamond
CAMALOT C3#000-2
5サイズ

#M:METOLIUS
Master Cam#00-6
8サイズ

#RP5-1
11.45-3.6mm

WILD COUNTRY
Zeros
#1-6
6サイズ 5.5-24mm

#A:CCH(FIEX)
ALIEN#BK-W
10サイズ

50g

8.54	#F0	87g
10.1	#F0.5	91g
12.02	#F1	95g
45.1	#D1	97g
44.2	#C0.5	#F1.5	99g
14.39	#D2	104g / 106g
47	#C075	
17.32	#F2	109g
52.4	#F2.5	117g
50	#D3	119g / 119g
48.1		
52	#C1	136g
25.57	#F3	145g
57.6	#D4	148g
59	#C2	155g

100g

150g

WILD COUNTRY
HELIUM FRIENDS
#00-4
9サイズ

31.31 #F3.5 171g

DMM
DRAGON#00-6
8サイズ

61.2 #D5 195g
61   #C3   201g
      #F4   208g

200g

250g

サム・カム

指の入る限界 ※1

ジャミングは手の厚み、指の太さで左右にずれる。
自分のジャミングが、どのサイズのプロテクション
かを知っていることが重要

両手を同時に動かせる条件のとき(傾斜が緩い、コーナーなど)

72.5 #D6
74.8 #C4

300g

トウジャム　フットジャム

| エッジ、フェース | フィンガー | シンハンド | ハンド | ワイドハンド | フィスト | リービテーション |
| 0.5 1 1.5 2 | 2.5 3 3.5 | 4 | 5 | 6 | 7 | 8 9 |

※)プロテクション実寸表紙、裏表紙に記載あり

1.装備

プロテクション

ヒールトウ　ヒールトウ　←オフウィズス　スクイズ→　ヒールトウ　Tスタック

←ヒールトウは、ハンドクラック同様に効かす幅がある→　足サイズ以下　足より広い

斜めのヒールトウ　膝ジャム　ヒールトウ　ニー＆ヒール　ヒールトウ　Tスタック

爪先(親指内側)　踵　膝　膝　爪先内側　踵　膝内側　尻　足サイズ以下　足より広い

膝入らない　膝入る

アームバー　　アームバー

#B:TRANGO BigBros#B0.5〜5
69-467mm
#B2

肘　肩　　肘　肩
肩入らない　　肩入る、体入らない

プロテクション、手、足は三位一体

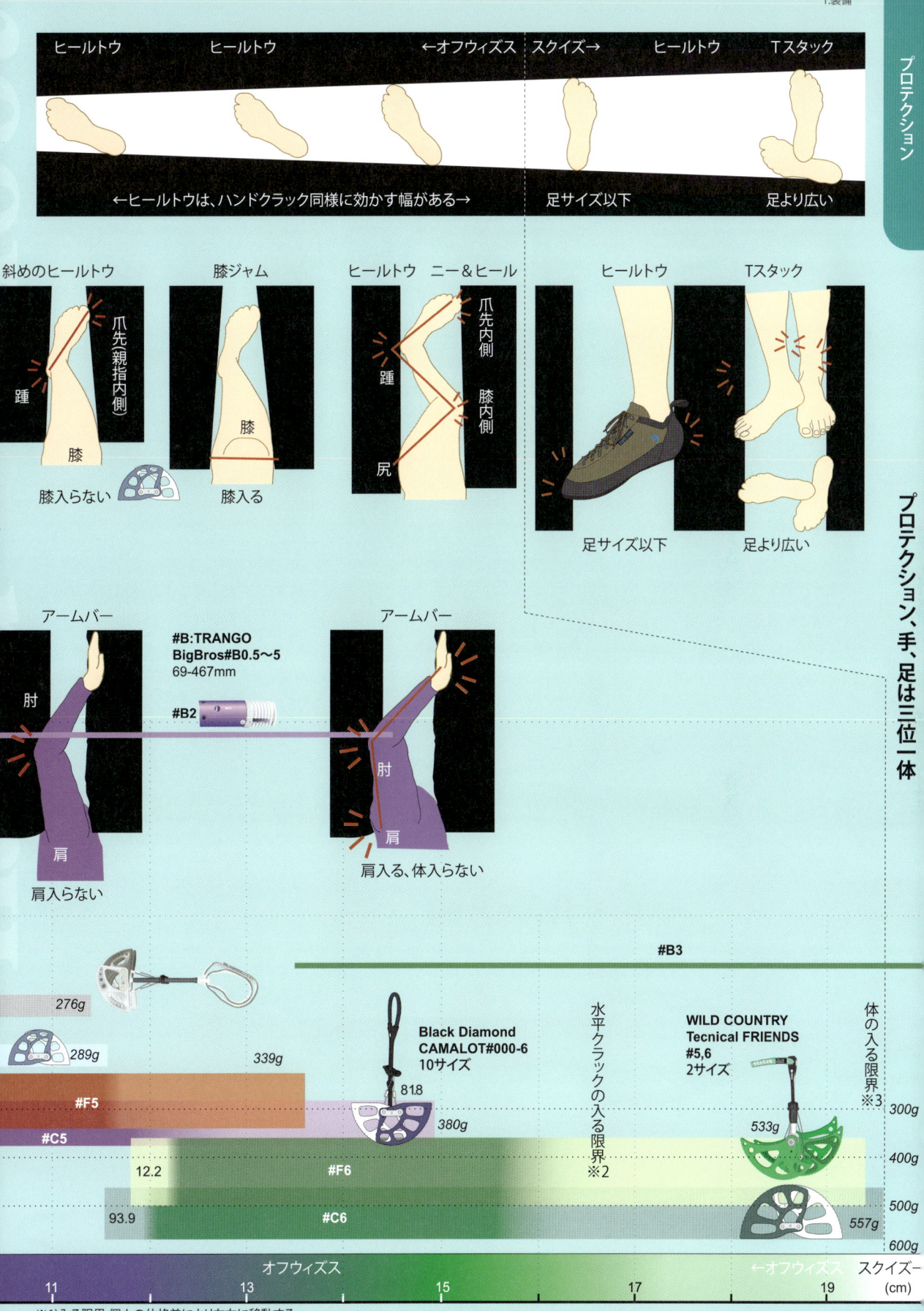

#B3

276g
289g　　339g
　　　　　　　Black Diamond
　　　　　　　CAMALOT#000-6
　　　　　　　10サイズ
　　　　　　　81.8
#F5　　　　　　　　　　　　　　　　　水平クラックの入る限界 ※2
#C5　　　　　　　　380g
　　12.2　　　　　　　　　　　WILD COUNTRY
　　　　　　　#F6　　　　　　 Tecnical FRIENDS
　　　　　　　　　　　　　　　#5,6
　　　　　　　　　　　　　　　2サイズ　　　体の入る限界 ※3
　　93.9　　　　　　　　　　　　533g　　　　300g
　　　　　　　#C6　　　　　　　　　　　　　400g
　　　　　　　　　　　　　　　　　　　　　　500g
　　　　　　　　　　　　　　　　　　　557g　600g

　　　　　　　オフウィズス　　　　　　　　←オフウィズス　スクイズ→
11　　　　13　　　　15　　　　17　　　　19　(cm)

※1)入る限界 個人の体格差により左右に移動する
※2)垂直より水平の方が狭い部分に入れる
※3)#C6が完全に開いた状態としているが、この幅は胸骨の厚さで決まり個人差あり

1.装備

カム構造の相違　高性能カム条件＝使いやすく、高強度耐久性、本体軸しなやか、レンジ幅大、重量軽

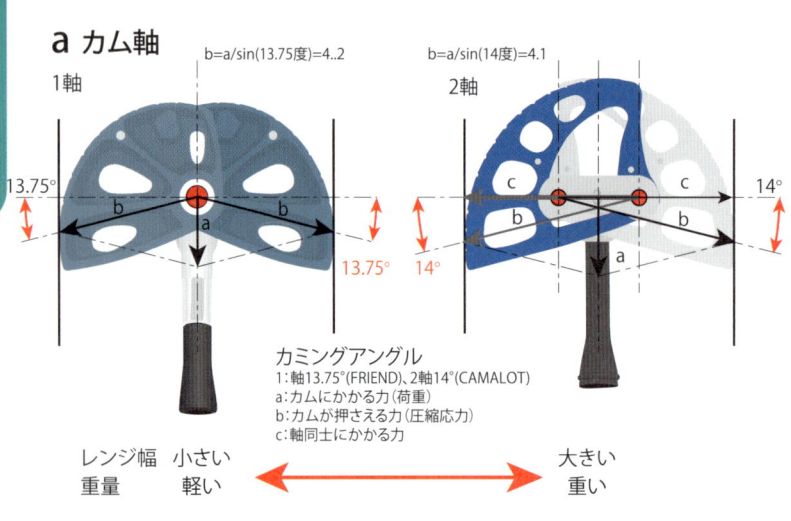

プロテクション

a カム軸

1軸　$b=a/\sin(13.75°)=4.2$

2軸　$b=a/\sin(14°)=4.1$

13.75°　14°

カミングアングル
1：軸13.75°(FRIEND)、2軸14°(CAMALOT)
a：カムにかかる力（荷重）
b：カムが押さえる力（圧縮応力）
c：軸同士にかかる力

レンジ幅　小さい　　　　　　　　　　　大きい
重量　　　軽い　　　　　　　　　　　　重い

カミングアングルはカムデバイス設計の要であるが、この角度の差がもたらす効果の違いを使用者が体感することは難しい（→P227）。
カム軸が1軸と2軸の製品があり、2軸のものは1軸よりレンジ幅が広い。レンジ幅は広ければクラック幅への対応範囲は大きくなるので、カム選択のミスが小さくなる。初心者には有効。半面、構造的に重くなるので、多くのギアを必要とするときには不利。マルチピッチやビレイ点を含む50m程度のピッチを登るため2セット以上のカムを持つ場合、重さは重要な選択肢

カム選択例
14個：(#C0.5〜C4+C2)*2=2308g
14個：(#F1〜F4)*2=1952g
重量差：356g
Fなら#F3.5を2個余分に持っているのとほぼ同じ重量

b 本体軸

スプリングが本体軸、構造が複雑になり本体軸が固くなる
スプリング
2軸
3カムは2軸のみ

本体軸保護カバーで本体軸が固くなる
1軸

本体軸の長さ、固さはセットの安定性を大きく左右する

1軸（ダブル、合成樹脂のカバーでシングル）

1軸（1本のワイヤーだと径が太くなり固さが増す）

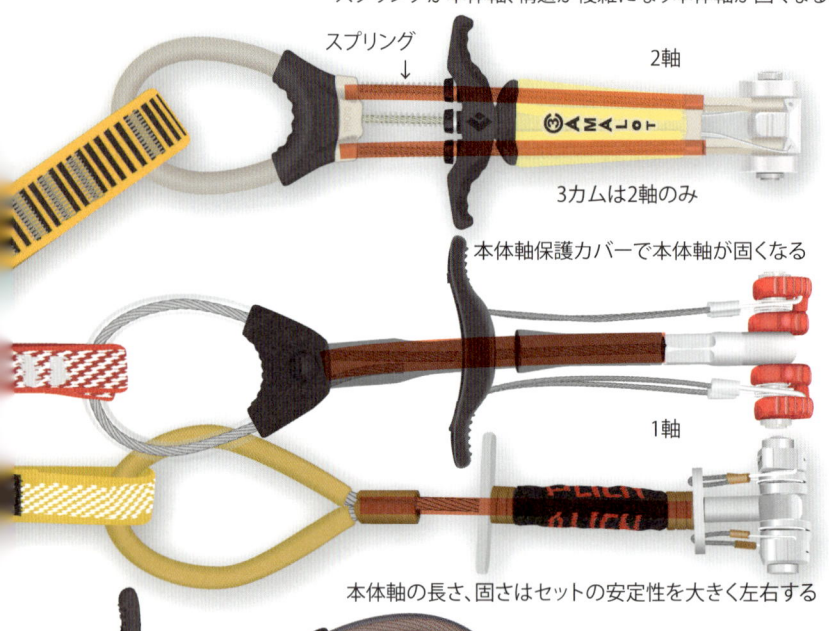

本体軸の長さ、柔軟性はセットの安定に影響する。ただし柔軟性の規格や表記はなく、感触のみの判断でしかない。
本体軸が短いとロープに引かれたときに動きやすく、セットの状態が不安定になりやすい（セットした位置から動くと最悪、外れる）。また深クラックのセットと回収が難しくなる（軸長だけでなく、トリガーの位置とも関係する）。本体軸が長いと、ギアラックにぶら下げたとき登りの邪魔になりがちなのが欠点。
軸の柔軟性は構造、材質により異なる。1軸に比べて2軸は細いワイヤーを使用できるので、太いものより軸の柔軟性がある。ただし軸の片方を支点に反対側の軸が動きやすいため、1軸に比べて外れやすい

c スリング

全体の長さはスリングの長さも含まれ、ダブルスリングはギアの量を減らしてランナーの調整を効かすことが可能
サムループのスリングの取り付け方でもスリングの動きを妨げている

ダブルスリングはギア全体の量を減らしてランナーの調整可能

40

1.装備

プロテクション

d 奥行き（幅）、歯数

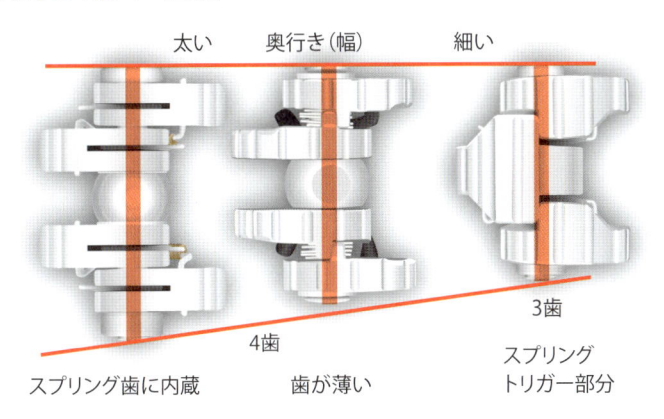

太い　奥行き（幅）　細い

3歯
4歯
スプリング歯に内蔵　　歯が薄い　　スプリングトリガー部分

奥行き（幅）はスペックに表記されてないことが多いが、性能を比較する上で重要な項目。
奥行きはカム歯の数、本体軸数、スプリング構造により大きく違ってきます。
カム歯の枚数が多いとセットの安定性が増すが、奥行きが太くなり奥行きのないクラックにセットが不可能になる。特に細いクラックの場合4枚歯ではセットできないが、3枚歯ではセット可能な場合がある。細いクラックは奥行きが狭いことが多く、奥行きが狭いほどセットできる可能性ある。

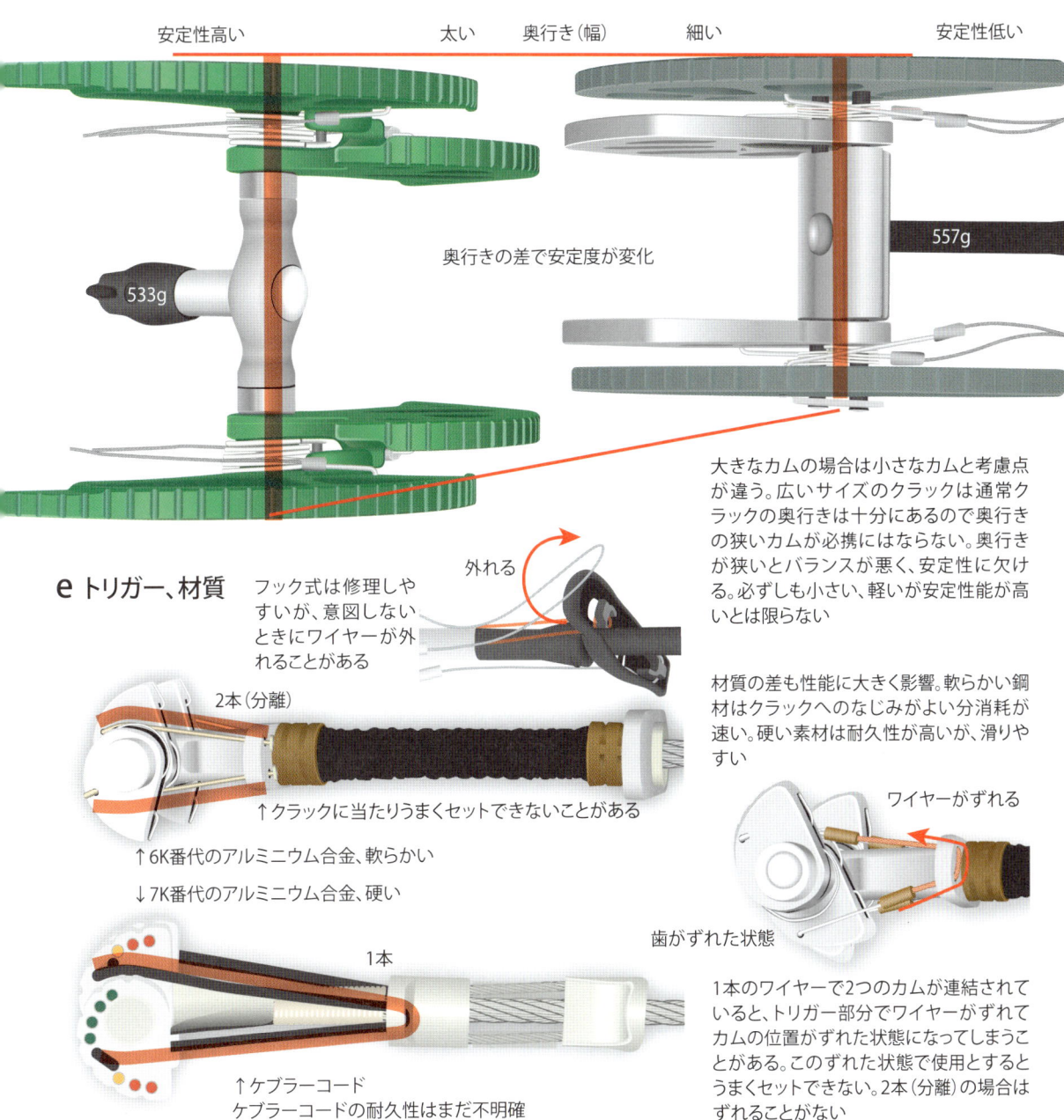

安定性高い　　太い　奥行き（幅）　細い　安定性低い

533g　　奥行きの差で安定度が変化　　557g

大きなカムの場合は小さなカムと考慮点が違う。広いサイズのクラックは通常クラックの奥行きは十分にあるので奥行きの狭いカムが必携にはならない。奥行きが狭いとバランスが悪く、安定性に欠ける。必ずしも小さい、軽いが安定性能が高いとは限らない

e トリガー、材質

フック式は修理しやすいが、意図しないときにワイヤーが外れることがある

外れる

2本（分離）

↑クラックに当たりうまくセットできないことがある

↑6K番代のアルミニウム合金、軟らかい
↓7K番代のアルミニウム合金、硬い

1本

↑ケブラーコード
ケブラーコードの耐久性はまだ不明確

材質の差も性能に大きく影響。軟らかい鋼材はクラックへのなじみがよい分消耗が速い。硬い素材は耐久性が高いが、滑りやすい

ワイヤーがずれる

歯がずれた状態

1本のワイヤーで2つのカムが連結されていると、トリガー部分でワイヤーがずれてカムの位置がずれた状態になってしまうことがある。このずれた状態で使用とするとうまくセットできない。2本（分離）の場合はずれることがない

41

1.装備
プロテクション

カムの回収　セットよりも回収の方が難しい

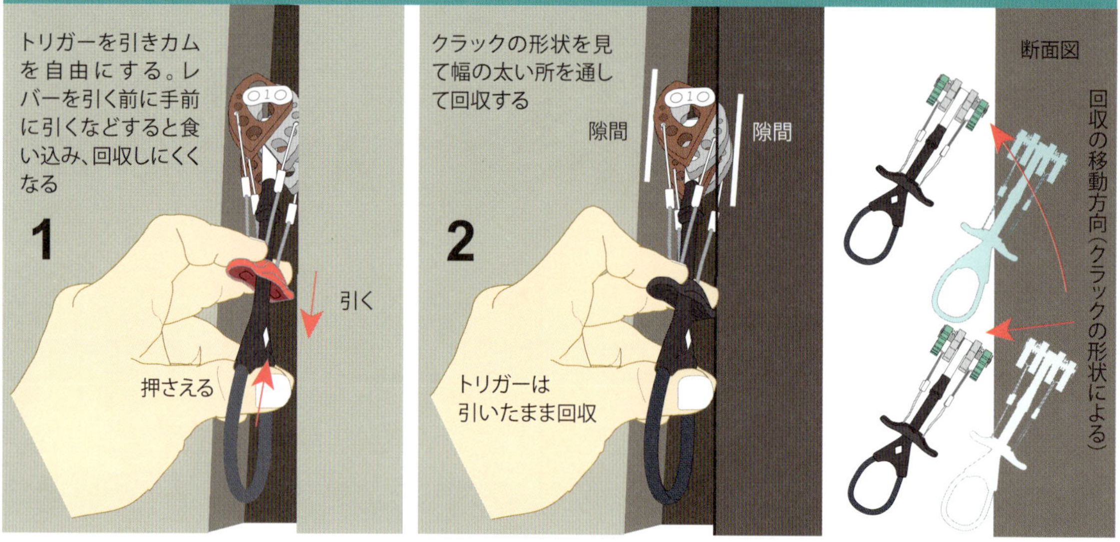

1 トリガーを引きカムを自由にする。レバーを引く前に手前に引くなどすると食い込み、回収しにくくなる

押さえる　引く

2 クラックの形状を見て幅の太い所を通して回収する

隙間　隙間

トリガーは引いたまま回収

断面図

回収の移動方向（クラックの形状による）

押し込みセット(リミットセット)が習慣となっていて、回収できないことが多い人の場合、クラックの形状の弱点を見抜けていないことが多い。そのためセットも確実に行えていない可能性が高い。回収は、ロープの動きなどによりセットされた状態から移動してることが多く、セットより回収の方が難しいことが多い。カムの使い方はフォロー回収から習得した方が、確実なセットの近道になる！

回収はクラックの形状をよく見て

回収は常に上方とは限らない。セットした人がどのようにセットしたかクラックの形状をよく見て判断する

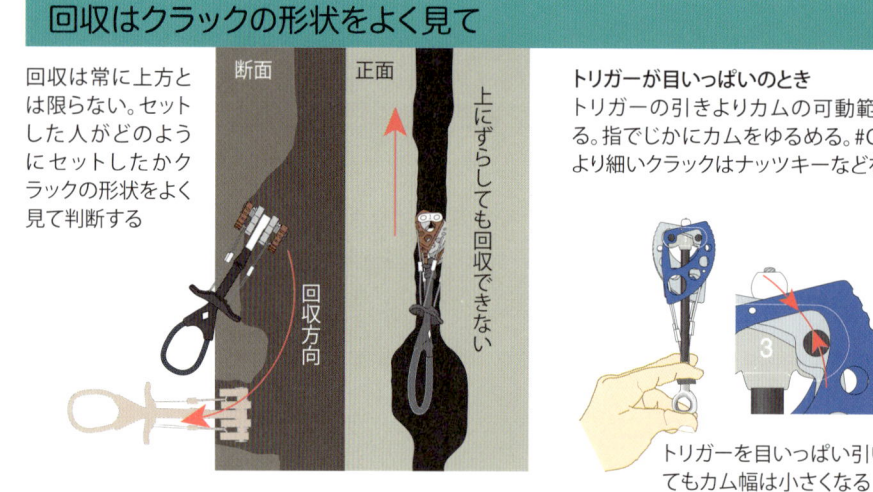

断面　正面

回収方向

上にずらしても回収できない

トリガーが目いっぱいのとき
トリガーの引きよりカムの可動範囲に余裕がある。指でじかにカムをゆるめる。#C1が限界。それより細いクラックはナッツキーなどを使用する

トリガーを目いっぱい引いてもカム幅は小さくなる

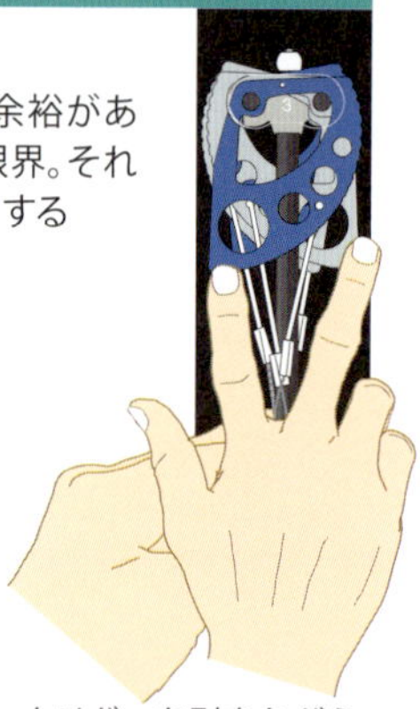

トリガーを引きながら指でカムを狭める

ロープの動きでカムは移動しやすい。平行でないクラックは広い方へ動きやすく、奥開きは奥へ移動し最悪クラックの中で外れる。前開きは手前に移動し最悪外れる。奥へ移動したカムは回収が困難になることがある

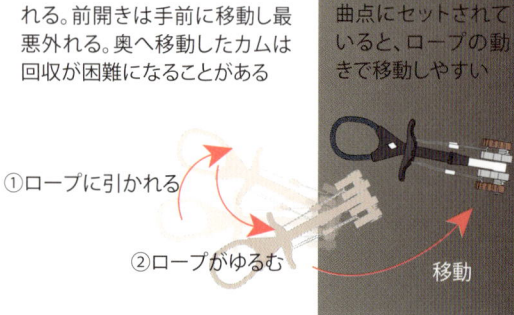

①ロープに引かれる
②ロープがゆるむ

断面
ロープの引く方向との関係もあるが、屈曲点にセットされていると、ロープの動きで移動しやすい

移動

トリガーに届かないとき
#C1なら指が入る
#C0.75は甲が当たり、指が届かないことがある

ザックのフレーム
ほじりキーなど

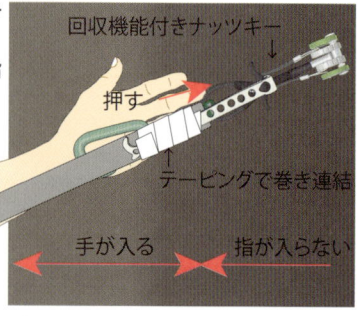

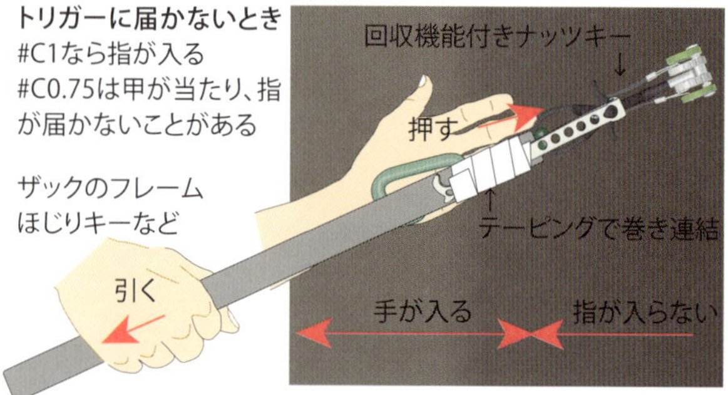

引く

回収機能付きナッツキー

押す

テーピングで巻き連結

手が入る　指が入らない

両手の引く、押すで挟むように回収

手の入らないサイズのクラックで、完全に指が届かない位置まで移動したカムは道具を使用しないと回収できない

1.装備

プロテクション

カムの設置　クラックの幅に合うカムを選べることが前提

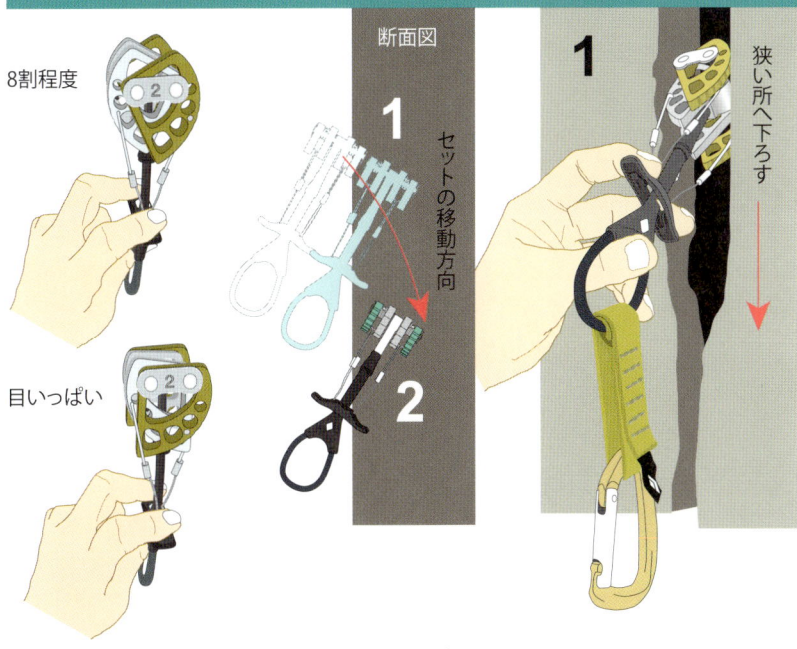

8割程度

目いっぱい

レバーを目いっぱいに引かない。8割程度。目いっぱい引いてセットすると回収が大変になる。カムの種類、大きさによりレバーの引き具合は変化。要経験

断面図

1
2

セットの移動方向

パッシブプロテクション同様に太い場所から細い場所に下ろしてセットすれば安定したプロテクションになる。カムの開き具合、おちょこになってないかなど目で確認。カムの広がりが大きいほど安定性はなくなる

1 狭い所へ下ろす

2 荷重のかかる向きにセットしてレバーを離す

引いて効きを確かめる

墜落時の荷重

引かれる方向を考える

押し込みセット

リミットセットは安定したプロテクションにならない可能性がある

真横セット

リード中
移動

墜落時の荷重方向にセットした方が、カムの動きが少ない

真横の荷重

1本目は墜落時真横に引かれる（確保者との位置関係による）。また次のプロテクションとの位置関係などで、常に下方向がカムが動きにくい位置とは限らない

真横に引かれる

確保者は墜落が事前に判断できるときは、1本目支点の真下で確保した方がカムが動きにくい。パッシブプロテクションの場合は特に考慮

ランナーを足すとき図のようにランナーをセットすると、荷重がかかると回り止めのゴムが切れる

-2kN

カラビナがけの場合は強度が最大で2kN低下すると説明書に書いてある。※1
強度が低下しても、カラビナ1枚がけで落下距離をわずかでも短くするかしないかは個人の判断

※1）ワイヤー部分とカラビナの直接の接続が理由であるなら、ナッツ類、他のワイヤーループのカムも同様のことが発生していると考えられる。測定結果での記載であろうが、根本的原因が判断できない。4世代キャメロットは3世代と構造が全く異なり、本体軸は樹脂に覆われた2軸、構造上の理由によるものであるなら、ワイヤーループにかけることは考慮する必要がある

43

1.装備

プロテクション

パッシブプロテクションの設置

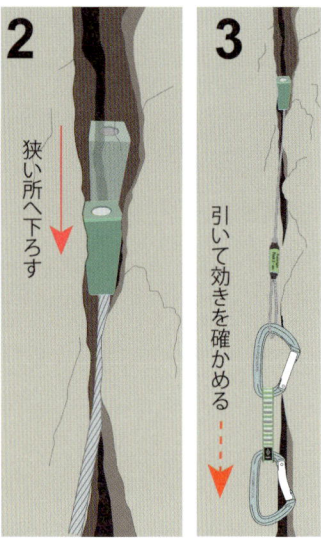

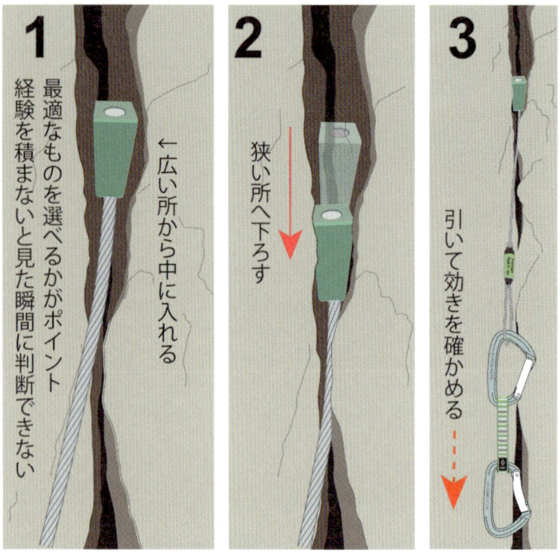

1 最適なものを選べるかがポイント 経験を積まないと見た瞬間に判断できない
←広い所から中に入れる

2 狭い所へ下ろす

3 引いて効きを確かめる

細いクラックほどプロテクションのセット時間の余裕は少なく、フリーで登る場合は、選び直すことなくセットできるかが重要。効きを確かめるのは、食い込ますことも含まれる。効かせすぎると回収が困難になる場合がある

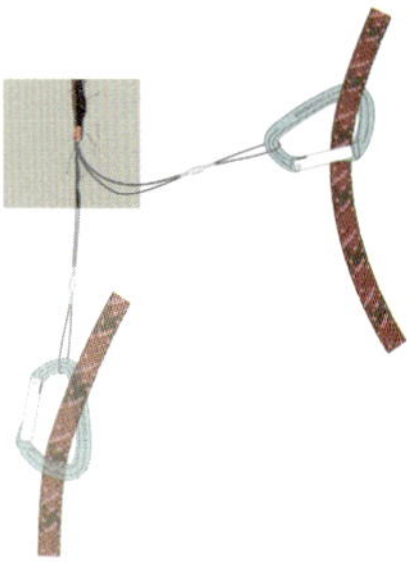

カラビナ1枚がけはロープの動きで外れやすい

パッシブプロテクション構造の相違

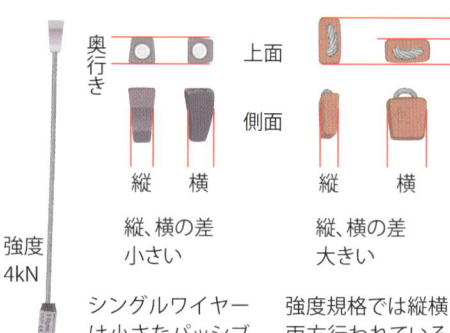

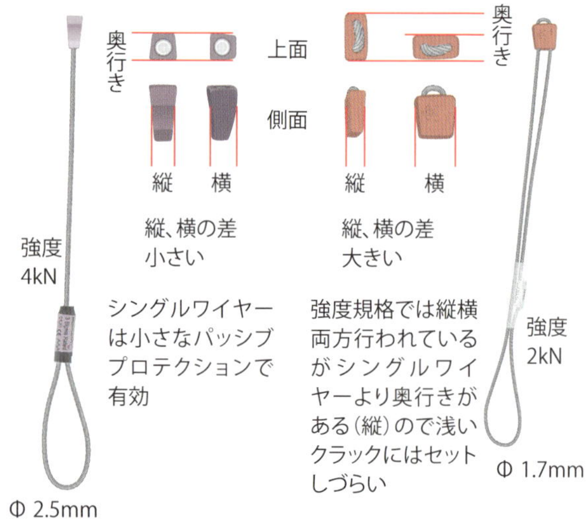

シングルワイヤー
奥行き
上面
側面
縦 横
縦、横の差 小さい
強度 4kN
シングルワイヤーは小さなパッシブプロテクションで有効
Φ 2.5mm

ダブルワイヤー
奥行き
縦 横
縦、横の差 大きい
強度規格では縦横両方行われているがシングルワイヤーより奥行きがある(縦)ので浅いクラックにはセットしづらい
強度 2kN
Φ 1.7mm

頭の部分の形状はプロテクションの効き具合に大きく影響する。材質の差で岩へのなじみ具合は変化し、耐久性は反比例する。一見で性能差を見いだしづらく、カムより選択が難しい

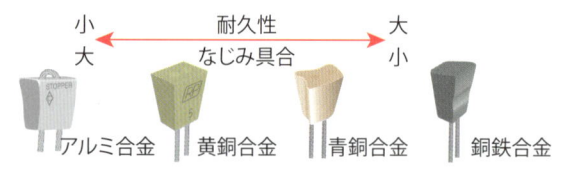

小 ←耐久性→ 大
大 なじみ具合 小
アルミ合金　黄銅合金　青銅合金　銅鉄合金

パッシブプロテクションの回収1

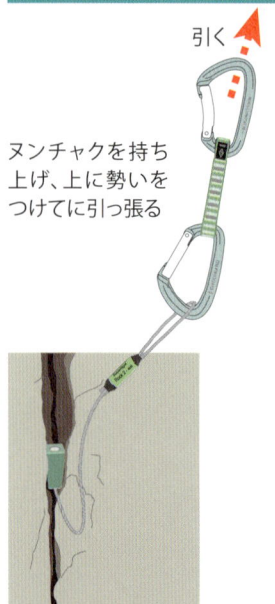

引く
ヌンチャクを持ち上げ、上に勢いをつけてに引っ張る

支点
引く力
ワイヤーがずれる
ダブルワイヤーはヘッドが動く

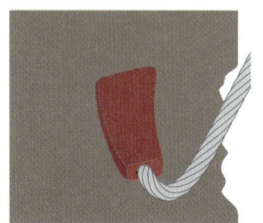

シングルワイヤーはワイヤーが曲がるだけになりやすい

この方法は墜落、テンションなど強い荷重のかかっていない場合。ばっちり効まったものも無理に外すとワイヤーを傷める。シングルワイヤーのものはワイヤーだけが曲がってヘッド部分が動かずワイヤーを傷めやすい

パッシブプロテクションの回収2

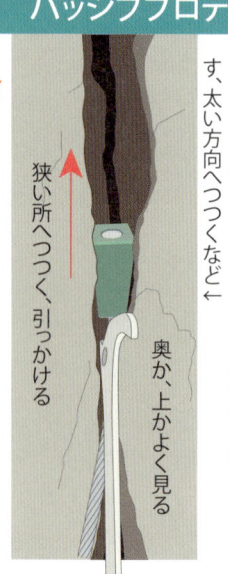

狭い所へつつく、引っかける

手前、奥、上のどこが広いかよく見て、移動させる方向を決める。ナッツキーを使いかき出す、太い方向へつつくなど

奥か、上かよく見る

どうしてもダメなときは、大きめのカムで軽く叩く(ハンマーを使うように叩くとカムを傷める)

メンテナンス

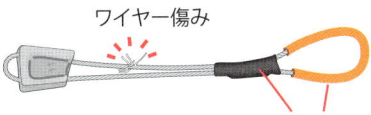

ワイヤー傷み / カバー部分のワイヤー / ワイヤーの異常な曲がり

ワイヤーの傷みは強度低下につながる。また引っかけるなどでけがをすることもあるのでワイヤー部分をチェック。特にカバーなどで見えにくい部分に注意！

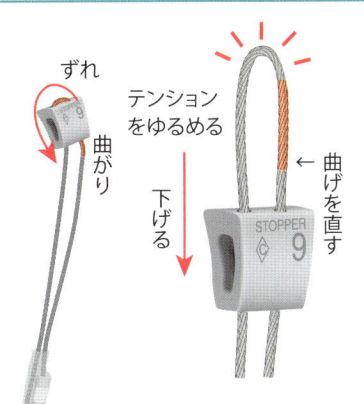

ずれ / 曲がり / テンションをゆるめる / 下げる / 曲げを直す

ずれ、曲がったワイヤーをそのまま放置するとワイヤーが変形しやすい。ずれを元に戻し整形する。使用しないときはワイヤーの屈曲をゆるめておくと、変形しにくい

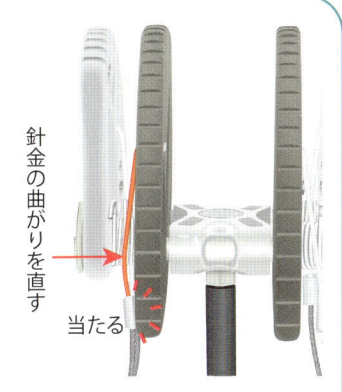

針金の曲がりを直す / 当たる

使用中やパッキングなどで針金が曲がる。カムに当たるとカムの動きを鈍らせる。動作に支障のあるとき、針金の曲がりを直す

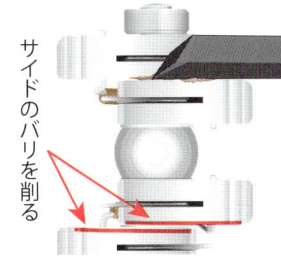

サイドのバリを削る

ALIENはカムサイドがつぶれるとカム同士がこすれ、スムーズな動きができなくなる

洗浄

スリング、プラスティック部分は油につけないよう注意。汚れを落とし、灯油と汚れを拭き取り乾かす

灯油につける / 油をさす / 金属部分を磨く / カーワックス↑

ワイヤー切れ

金属疲労などで切れる→ / 切断個所 / ワイヤーカッターで切断

圧着器で圧着

ワイヤー1mm、オーバルスリーブ1mm用
製品のようなスリーブはないが問題なし
ホームセンター市販品あり
圧着工具は高価(¥1万円前後)

強度に直接関係する部分の修理は自身で行うしかないが、トリガーワイヤー修理は代理店で対応している場合もある。WILD COUNTRY製は交換パーツあり。
ワイヤーカッターで古いスリーブは切り落とす。針金が短い場合は針金の交換も必要になる。切り取った部品でワイヤーの長さを正確に測定、左右の長さを等しくしなければならない

スリングの傷み

傷んだスリングカッターでカット / 切り売りのテープ テープ結び

シングル60～70cm
ダブル80～90cm程度

カムを引くケーブルはワイヤー製品が多い。カムの故障で多いのが、かしめ部分のワイヤー切れ。ザック収納時はギア袋などに収納し、ケーブル、針金の曲がりをなくすようにすると寿命が長くなる

1.装備

プロテクション

●その他のプロテクション

プロテクションの設置にハンマーを必要とするハーケン、ボルト類などです。

クラックが主に対象(ポケットなどに使用することもある)のピトン類と穴を掘るボルト類があります。ボルト類は穴を掘るための装備も必要になります。

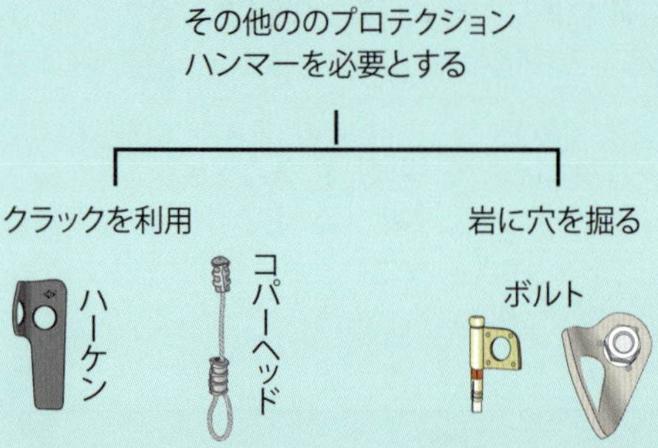

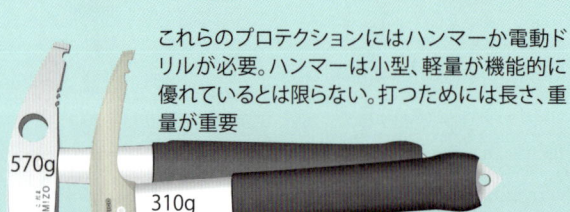

ハーケン ピトン類

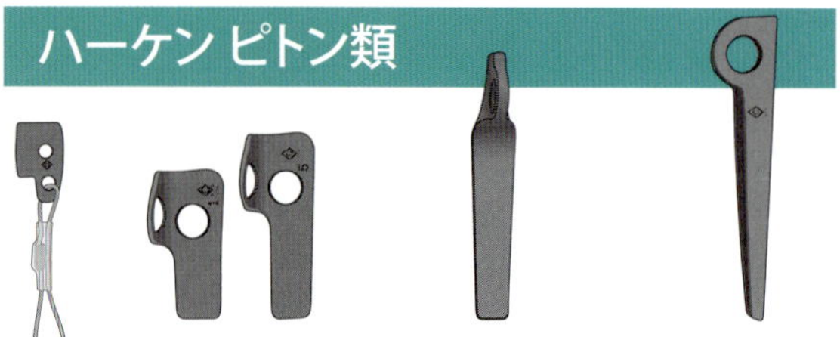

- ラープ
- ナイフブレード バガブー
- ロストアロー フレンズゼロで対応できる可能性もある
- アングル エイリアンで対応できる可能性もある

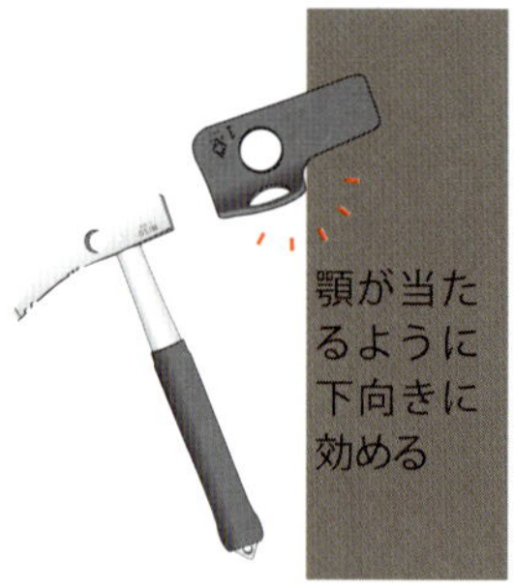

その他ののプロテクション ハンマーを必要とする

- クラックを利用
  - ハーケン
  - コパーヘッド
- 岩に穴を掘る
  - ボルト

これらのプロテクションにはハンマーか電動ドリルが必要。ハンマーは小型、軽量が機能的に優れているとは限らない。打つためには長さ、重量が重要

570g / 310g

顎が当たるように下向きに効める

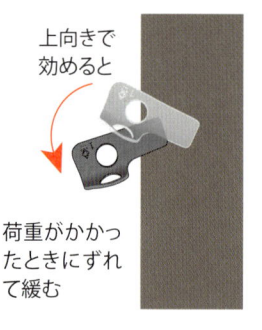

上向きで効めると荷重がかかったときにずれて緩む

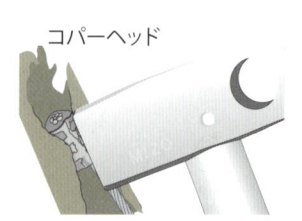

コパーヘッド
ヘッドが変形して岩に食い込む

ピトンを打ち込めない溝にヘッドを叩き込む(アルミが変形する)。ナッツのように使用することもあり、穴に刺して使うこともある(手前に引くと抜ける)

ボルト類

- リングボルト 破断強度400kg
- RCCボルト 破断強度1500kg

日本のオリジナル。穴を空けて打つだけ

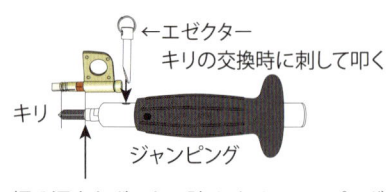

←エゼクター キリの交換時に刺して叩く
キリ
ジャンピング

掘る深さをボルトで計り、キリにテーピングなどで印をつける

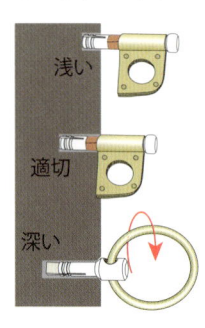

浅い / 適切 / 深い

拡張アンカーは穴の深さがポイント。浅い場合叩きすぎるとボルトを破損する。深い場合は拡張しないため効かない。リングを回して動くものは効いていない

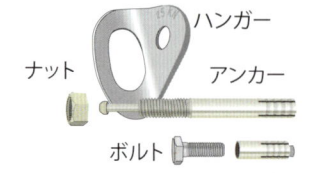

- ナット
- ハンガー
- アンカー
- ボルト

すべてを合わせてボルトと呼ぶ場合もある。アンカーは各種あり、設置にはナット、ボルトを締める工具も必要

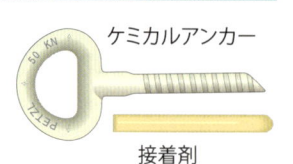

←10〜10.5 Φ116mm
←50mm
引く

溝に合わせて入れる(入る個所あり)

落下防止コード→
叩くときは輪に手を入れる

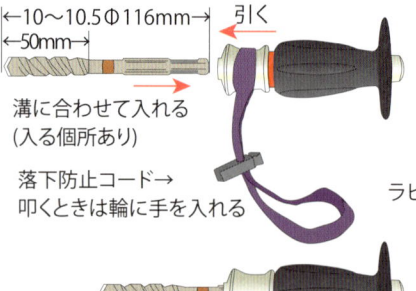

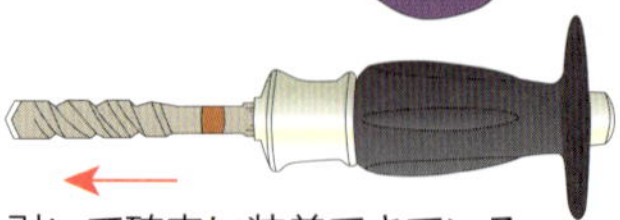

ビットを引いて確実に装着できているか確かめる。入ったつもりで入ってないことがあり、ビットを落下させる

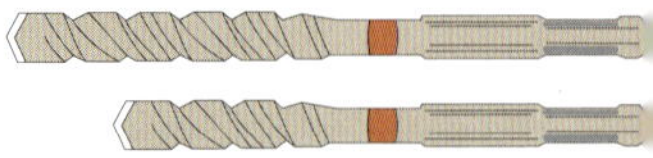

ケミカルアンカー
接着剤

接着剤が固まるまで使用できない

ビットは短い方がぶれずに穴を掘れる。Φ8、8.5を使用すればRCC、リングボルトも対応可

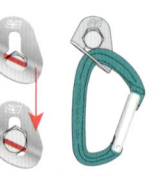

ラビットハンガー
赤い部分のみボルトが通る

ハンガーをアンカーにかけて、カラビナで止める。ハンガーは回収。オーストラリアなど

ユマールのロープセット

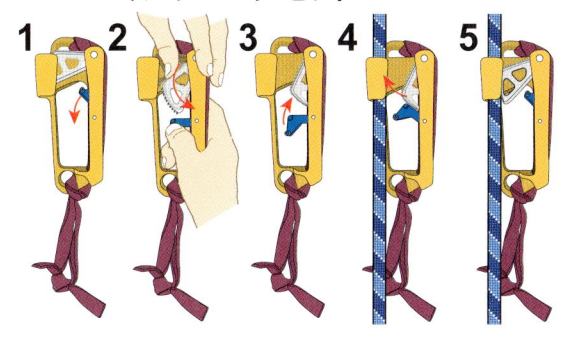

1　2　3　4　5

←小型、簡易型の登高器
自己脱出、簡単な荷上げなどに使用。機種によってはテープにも使用可、セルフビレイの調整などにも使用されている

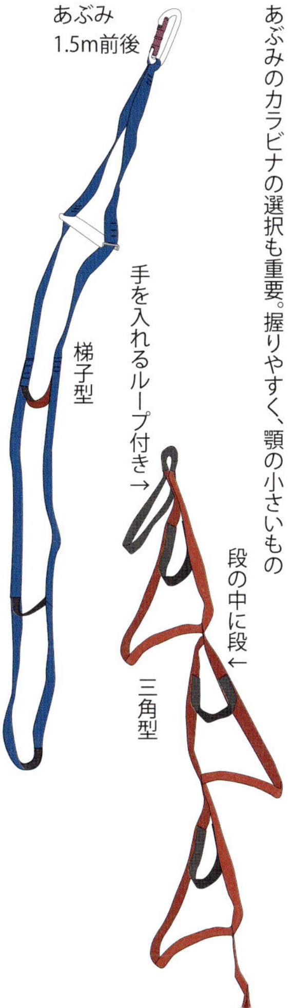

→テープも可

ロープのみ

カラビナをかける

あぶみ 1.5m前後

梯子型

手を入れるループ付き→

三角型

あぶみのカラビナの選択も重要。握りやすく、顎の小さいもの

段の中に段←

クリフハンガー

岩に引っかけて前進手段にする。かかりのない場合、浅い穴を掘りフッキングする（バッドフック）。サイズ数種あり。スリングの向き注意、幅10mm以下

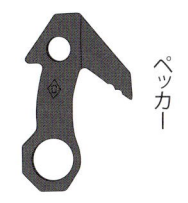

ペッカー

溝、皺に叩き込んで、前進手段にする。サイズ数種あり（04年からワイヤー付き）

フィフィ

ストッパー内蔵式滑車

←ストッパー

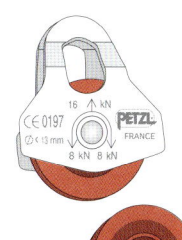

カラビナと相性あり。真下に引かないとすぐ外れる

1-8 その他

登高器
　2つで1セット、左右あり。左右を間違えるとロックの解除が行いにくい。ロープを登る以外に、荷上げなどにも使用される。単品、小型、軽量のものもある。

あぶみ エイダー
　形、付属機能などさまざまで、用途に合った製品を選択する。規格がないためか、製造元により、強度の表記に大きな相違がある。スリング並みの強度表示している製品もあり、購入にあたっては、強度や使い勝手などをよく考慮する。

フック類
　エイドで使用。ホールドにできないエッジなどに引っかける（フッキングp194）ものと、ヘアーラインのクラックなどに叩き込むものがあります。どちらもあぶみで乗り、前進手段に使用します。引っかけるもの、叩き込むものどちらも対象により幅や厚みが違います。
　叩き込むものは装備の分類としてはピトン類になるが、墜落したら外れる可能性が極めて高く、プロテクションという位置づけにはならないでしょう。
　フィフィはあぶみやハーネスなどに接続し、岩ではなくカラビナなどにかけて使用します。

滑車（プーリー）
　荷物を引き上げるときなどに使用。製品価格は耐荷重、摩擦効率、ストッパー内蔵の有無と機能により異なります。用途に合ったものを選択することが重要です。

1. 装備

その他

●チョーク、チョークバッグ
チョークは手につける滑り止めの粉(炭酸マグネシウム+α)、チョークバッグはチョークを入れる袋で、腰(通常は背中側)に下げます。

●テーピングテープ
指の筋の補強、指の皮の保護、ジャミングでの手の甲の保護、傷めた肩、肘、手首などの補強などに使用。捻挫などの応急処置にも役立つ。

●ヘルメット
落下物から頭部を保護する用具。ただし人間の頭より大きな岩の衝撃にはほとんど無力かもしれません。墜落時の頭の保護にも有効。

落石の多い岩場では通常使用されているが、スポーツ性の高いゲレンデ、落石の可能性の低い岩場では機動性を優先して使用されない傾向にある。狭いワイドクラックではヘルメットが挟まって動けなくなる可能性があるので使用はかえって危険。

●ロープバッグ
シートが内蔵されているロープ専用のバッグ。確保時、泥や砂などによるロープの汚れや、ロープにゴミが混入することを防ぎ、ロープの寿命を延ばすことができる。特にシングルピッチのクライミングには有効。専用バッグを購入しなくとも、ブルーシートなどで代用は可能。

●ギアラック
カムなどのギアを下げて運ぶ小物。運ぶ量に応じて下げる個所が多くなる。

●医薬品
骨折や出血にその場で対応できるよう常備しておく。正しい使用法も覚えておきたい。テーピングテープはジャミングだけでなく、道具の修理などあらゆる場面で万能。

チョークバッグ / ウェストベルト付属か別売 / コードストッパー / ブラシ→ / チョークボール / 液体 / 粉 / 袋 / 固形 / チョーク

ブラシはホールド、スタンスを掃除するときに使用する。捨てる歯ブラシで可

チョークは粉、固形などある。ジムなどではチョークボールに指定されている場合もある

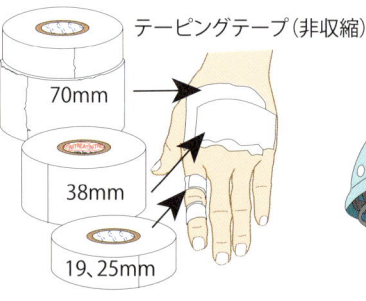

テーピングテープ(非収縮) / 70mm / 38mm / 19、25mm / ヘルメット

テープ幅毎に使用個所が違う。幅広は裂けば兼用できるが不便。粘着力など製造元により違いがある

工事用でも代用可能だが機能性は劣る

バッグ型にはザックのようなものもある / バッグ型 / 巾着縛型 / 展開シート型

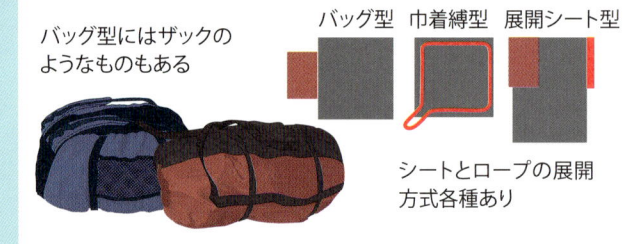

シートとロープの展開方式各種あり

ギアラック 二連 / 一連 / 小ループなし

◎湿布 / ◎キネシオ / 毒吸い取り器 / ガーゼ / ◎爪切り / ◎テーピング / ◎虫よけ、刺され / ◎よく使用するもの

48

2 結び

使用例		
	2-1 固定(ハーネス)	**p50**
ハーネスにロープを結ぶ	8の字/エイトノット/ダブルフィギュアエイトノット	
ハーネスにロープを結ぶ	ブーリン/ボーライン/舫い結び＋末端処理、変形ブーリン	
	2-2 固定(自己確保など)	**p54**
自己確保	クローブヒッチ/マスト結び/インクノット/巻き結び	
ロープで大木に支点をとる	ブーリン/ボーライン/もやい結び	
締め込んで支点をとる	末端処理/エバンス/緩み止め	
リード中に灌木に支点をとる	タイオフ/カウヒッチ/ガースヒッチ	
	2-3 連結(懸垂下降、スリング)	**p58**
懸垂下降	8の字/ダブルフィギュアエイトノット	
懸垂下降	オーバーハンドノット/止め結び	
懸垂下降、ロープスリング	ダブルフィッシャーマンズノット/二重テグス結び	
テープスリング	テープ結び/リングベント/ウォーターノット/ふじ結び	
	2-4 半固定(確保、懸垂、登り返し)	**p60**
確保、懸垂	ムンターヒッチ/イタリアンヒッチ/半マスト結び	
確保、荷上げ	ガーダヒッチ/ガルダーヒッチ	
登り返し、懸垂バックアップ	プルージック	
登り返し、懸垂バックアップ	クレムハイスト/フレンチ	
登り返し、懸垂バックアップ	オートブロック/マッシャー	
登り返し	バックマン/バッハマン/カラビナバッチマン	
	2-5 巻く、縛る	**p64**
キンクしにくいロープの巻き方	振り分け	
移動、ロープ背負子	リング	
巻いたロープを束ねる	縛る＋スクウェアノット/本結び/かた結び	
背負って移動する	担ぐ	
簡易固定、スリングを縛る	オーバーハンドノット/止め結び	
スリングの収納	チェーンノット/鎖結び	
	ハーフヒッチ/ひと結び	**p231**
簡易固定	引き解け/ヌース/ヌーズ	**p231**

2-1 固定（ハーネス）

●ハーネスにロープを結ぶ

ハーネスに結ぶには主に「8の字」と「ブーリン」の2つの方法があります。

8の字/エイトノット/ダブルフィギュアエイトノット

aの後輪手順が、登り始めるときに結ぶ手順。bの先輪手順が、終了点で結び直すときの手順。そのほか固定するときに使うこともある。

競技（コンペ）の世界では、ハーネスにロープを結ぶのはaの手順の8の字に限定されています。結び方も間違いが発生しにくく、間違っても確認が容易なためで、安全重視の結果です。ある本※1に、この制度が始まったとき「8の字結びを知らなかったクライマーがいた……」と書かれていますが、「8の字結びを知らないふりをしたクライマーがいた」というのが正確のようで、安全のためだけに結びまで制限することへの抵抗があったようです。

覚えはじめの時点できれいに結ぶ手順を身につけ、普段でも結びのきれいさを常に意識することが大切。

利点）
確実に正しく結ばれているか視認による確認が容易。結ぶ方向、向きが変わっても迷いが少なく結ぶことができる。

欠点）
強い荷重がかかるとほどきにくくなる。
ブーリンより結びに必要な長さが長くなり、結び目が大きくなる。ハングドッグのときにはカラビナ1枚程度の長さ分下がるのでヌンチャクをぎりぎり掴めないこともある。

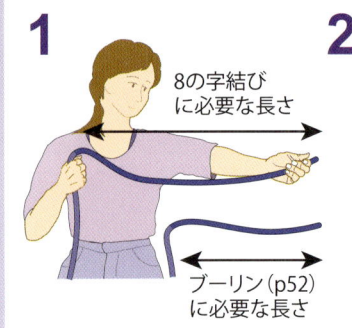

a 8の字（後輪） → p76 リード

1　結びに必要な長さはロープ径により変わる。図は10〜11mm程度
　8の字結びに必要な長さ
　ブーリン（p52）に必要な長さ

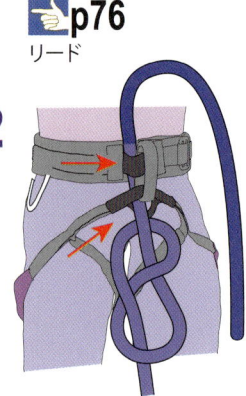

2　ロープをハーネス2個所に通す

結びのポイント

きれいに結べない8の字
a　b　c

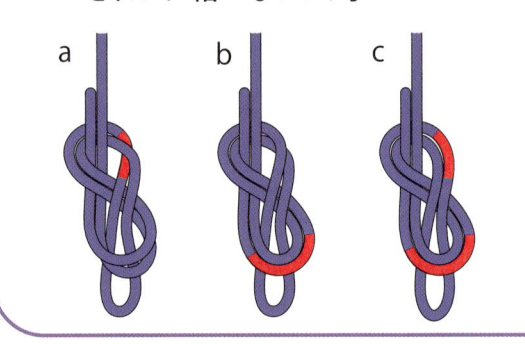

b 8の字（先輪）

1　リングには下から上に通す
　確保者側で回収のための考慮
　回す　通す

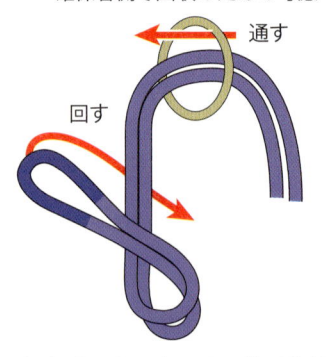

2　通す

結びに必要な長さはaと同様に腕くらい

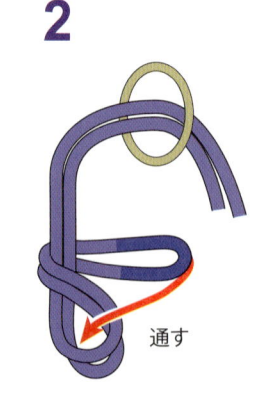

※1）ピット・シューベルト『生と死の分岐点』山と渓谷社

2.結び

固定

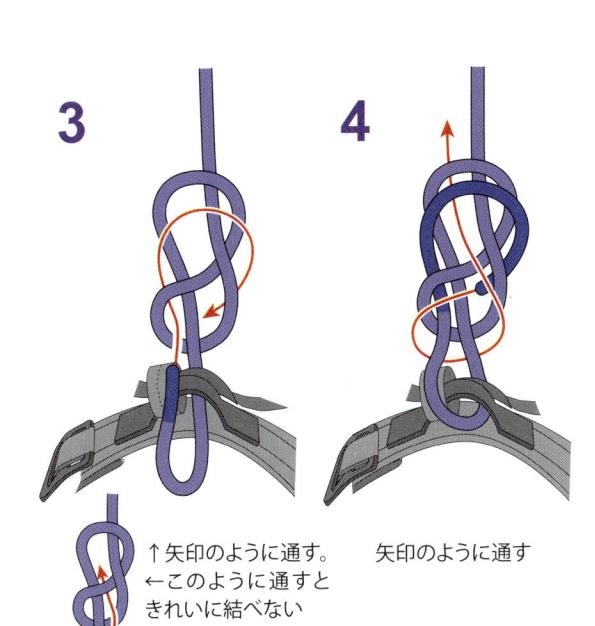

3
↑矢印のように通す。
←このように通すと
きれいに結べない

4
矢印のように通す

5 締める
結び目が小さくなる
ように調節し締める

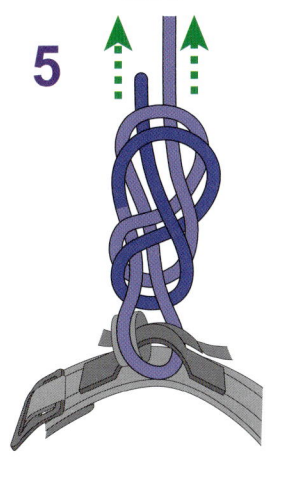

6 完成図
結びの末端

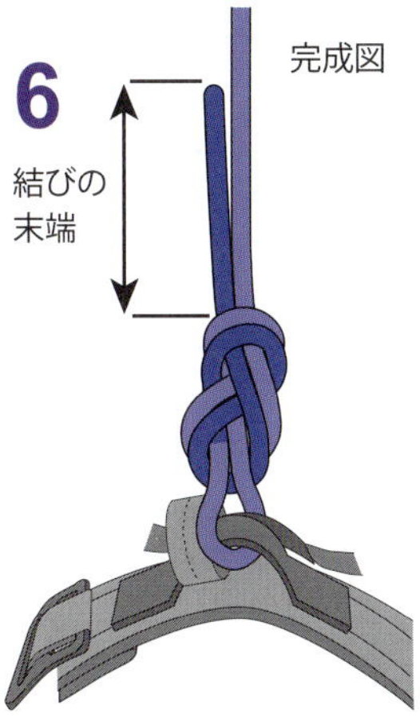

結びの末端はロープ径の10倍、15倍といわれているが、長すぎると末端側を間違ってクリップすることなどもあり、自分自身の経験による長さを持つべき

きれいで、小さなループは上図の3で決まる

小さなループ

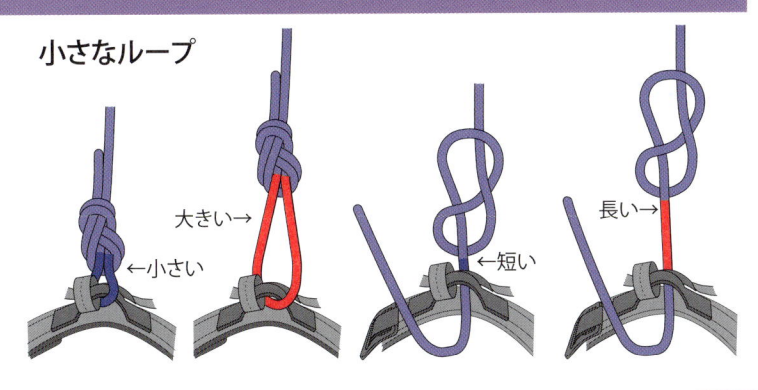

←小さい　大きい→　←短い　長い→

きれいでない状態で荷重がかかると、結び目の交差付近だけが強く締まりやすく、ほどくのが困難。cは締める前の状態はきれいに見えるが、締めるとロープが交差してきれいにならない。
きれいな結びと、そうでない結びでの強度差のデータが存在するかは不明。
結びのループ部分はなるべく小さく結ぶ。大きいと引っかかりの元になるが、きっちりしぼられた結び目は墜落時にハーネスと擦れやすく傷めやすいともいわれている

☞p114 終了点結び直し

☞p190 ロープを固定

3 通す　カラビナにかける↑

4 結び目を締める

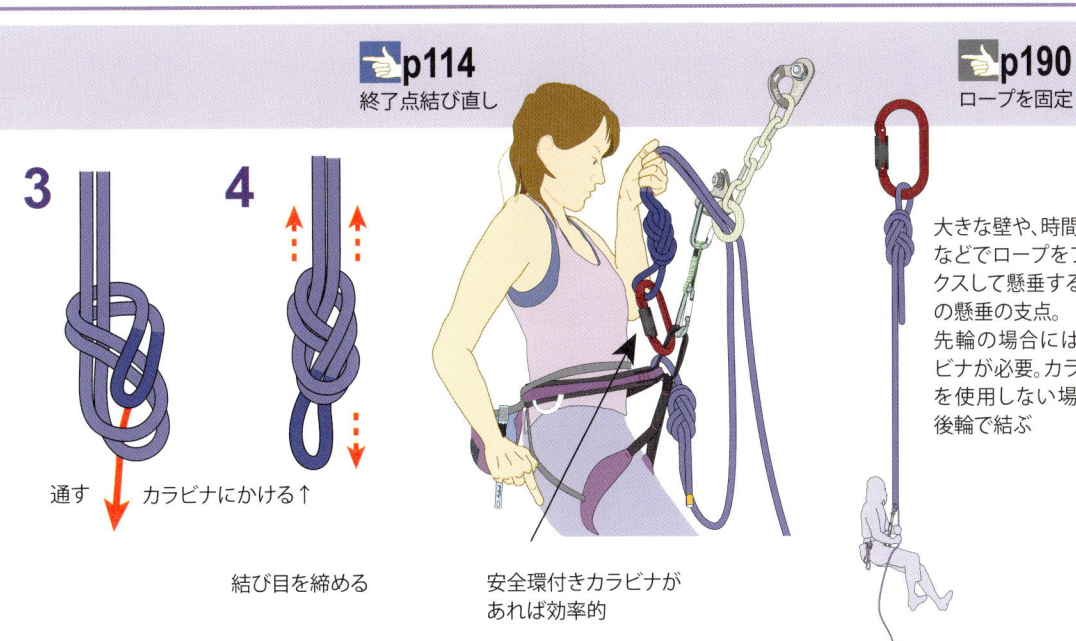

安全環付きカラビナが
あれば効率的

大きな壁や、時間切れなどでロープをフィックスして懸垂するときの懸垂の支点。先輪の場合にはカラビナが必要。カラビナを使用しない場合は後輪で結ぶ

51

2.結び

a ブーリン/ボーライン

1 交差点を近づける
右手側が上になるようにループを作る

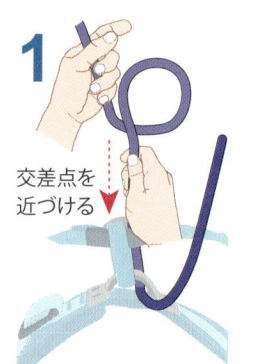

2 矢印のように通す

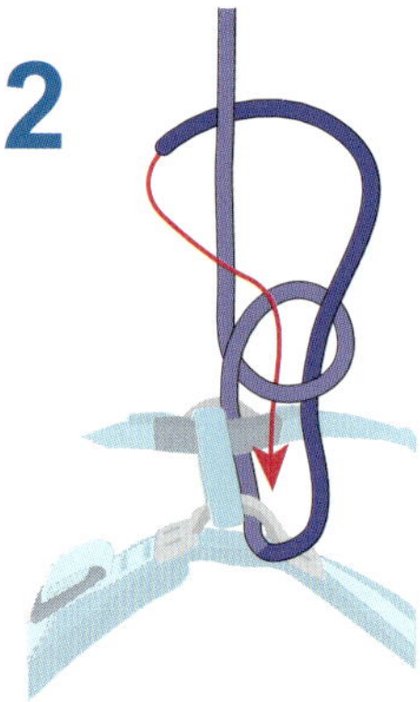

3 下側→ 上側→ ↑下から上へ
結びを小さく整える
記憶する結びの形

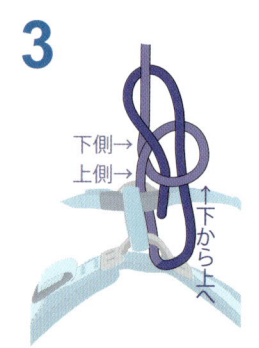

4 締める
結びを締め、この後bの末端処理を行う

b 末端処理/エバンス
（結び緩み止め）

1 矢印のように2回す。回転方向注意！
末端処理とブーリンに間ができないように締める

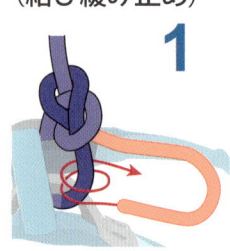

2 矢印のように通し、回転方向に回しながら締める
隙間なし

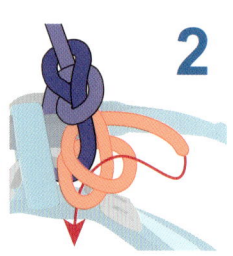

3 紫と青がブーリン、青と橙が末端処理

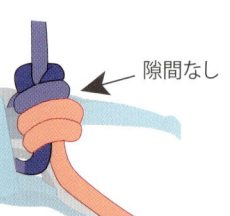

c ブーリン

1 ハーネスにロープを通す
右手首を下のロープの上へ

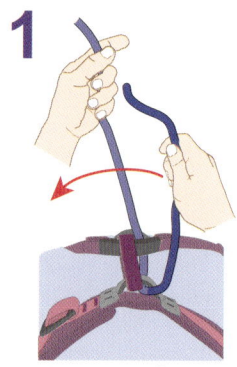

2 矢印の方へ右手を出す

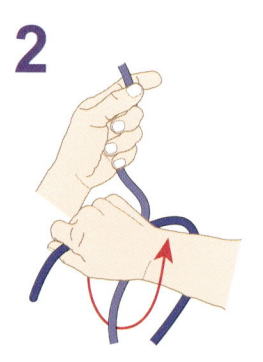

3 矢印の方へ右手を出す

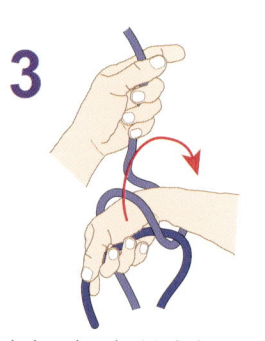

4 下から矢印の方へ右手を出す

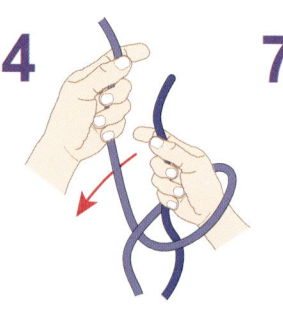

5 / **5.1** / **5.2** / **5.3** / **5.4**
人差し指と親指の動作で、紫を薄紫に巻く

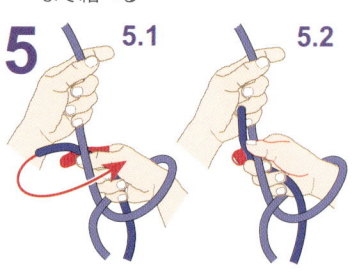

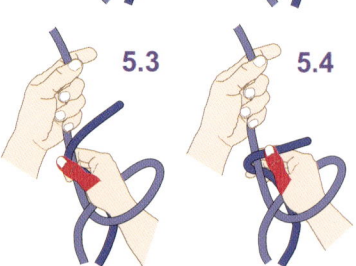

6 矢印の方へロープを握ったまま右手を引き抜く

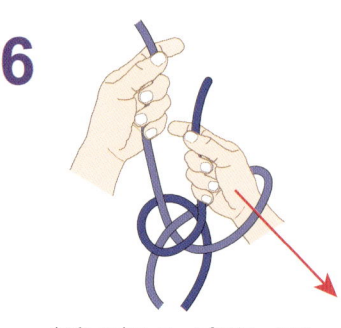

7 結びを調整、結び目を締める
この後bの末端処理を行う

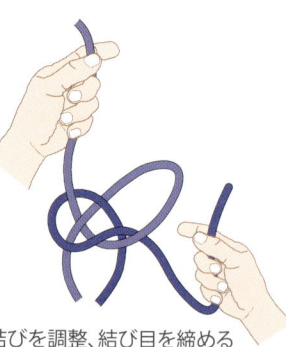

C 手に覚えさせた結び方
一連の動作で結ぶため、間違いが少なく、早く結べ、指先の使用度が少ない。小さな結びにするためには最後に調整が必要。
Cは自分のハーネスに結ぶときのみの結びで、手が覚えるため結ぶ位置、方向が変わると結べなくなる。片手で結べるといわれるが、完全に片手で結ぶことは安易ではない。
5の動作以外ロープは握ったまま結ぶ

固定

d ブーリン

d 指に覚えさせた結び方
結びを調整せずに小さく結べる。木などのフィックスを行うと間違った結びになることがある。3〜4は幾通りかあり、末端側を引いてループを返す方法は向きが変化しても対応可能

1 ロープを交差させる Cの1と微妙に違う

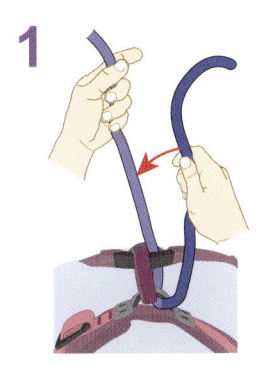

2 交点を人指し指上、親指下で持つ

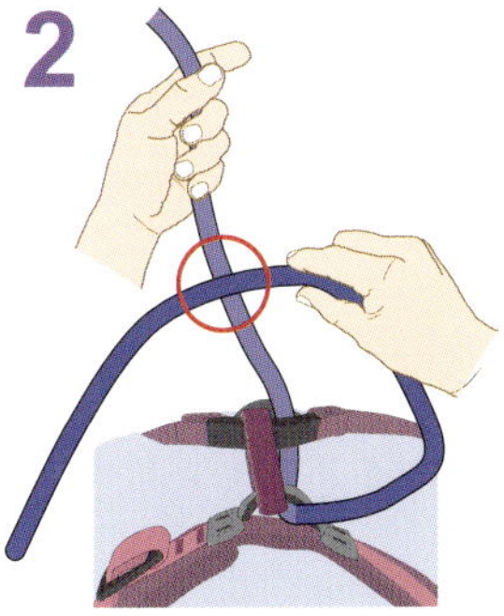

3 右手を時計回しに回す

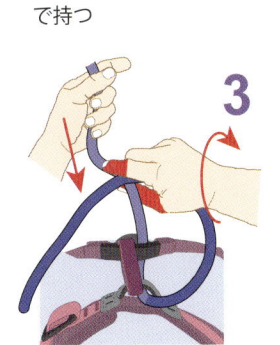

4 交点を左手で押さえる

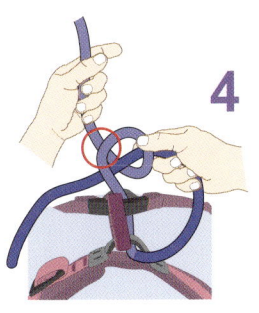

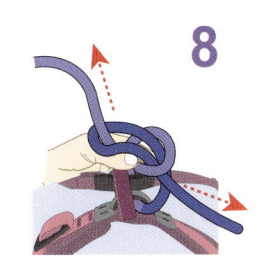

5 左手の押さえは最後まで離さない

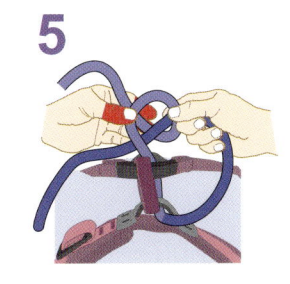

6 ロープを抜き、矢印の方へ回す

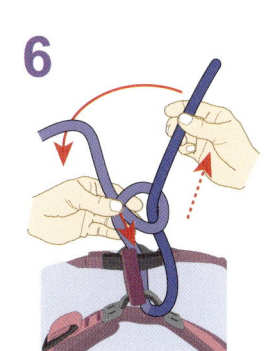

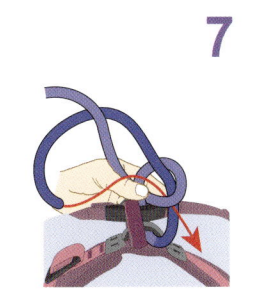

7 矢印のように通す

8 結び目を締める
この後bの末端処理を行う

e 変形ブーリン

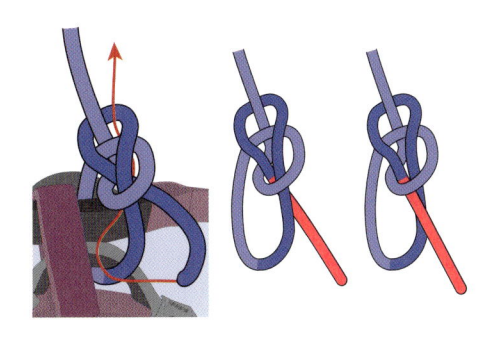

ブーリンを締めたとき、右の状態だと逆巻きになり、間違いやすい

1 回して、通す（末端処理の途中までと同じ）　裏面

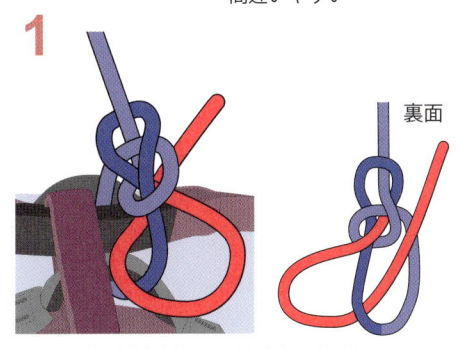

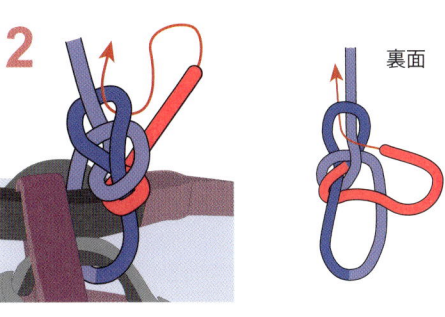

2 締めて、通す　裏面

3 完成図　裏面
結び目を締める。この後bの末端処理を行うかは個人の判断による

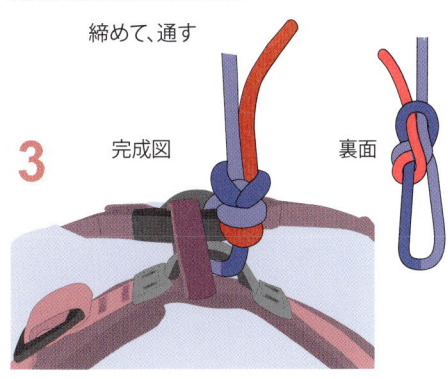

固定

53

2-2 固定（自己確保など）

●自己確保をとる

終了点、確保点などでメインロープで素早く自己確保をとるときなどに使う結び。結び目を緩めるだけで長さの調節が可能。

クローブヒッチ/
マスト結び/インクノット/巻き結び※1

クローブヒッチの作り方は3通りあり、クライミングでは先輪のa,bが主に使われる。クローブヒッチbやブーリンは、手の動き（動作）で記憶しているため、結ぶ向きが変わると結べなくなることがある。

カラビナの向き、ゲートの向き、ロープの向き、手に取ったロープの位置などで手の操作が変化する。逆回しで引っかけたときはカウヒッチかムンターヒッチになり、ムンターヒッチは固定できないのでやり直し。カウヒッチを結び直すかは個人の考え方※2次第。

また、結び完成時に確保者側とフォロー側のロープが交差すると操作性に欠ける。結びが完全にできるとは、最後までの行動を予測したものでならない。

※1) マスト結び/インクノット/巻き結び　結び、ノットとついているが原理はノットではなくヒッチ

※2) 個人の考え方　カウヒッチは、押さえる個所が少ないためクローブヒッチより結びの強さが弱い。結びが緩い状態などで、片側だけを強く引くとずれる

※3) 自分側でない部分を持つ　自分側を持って結ぶことも可能。指先の操作が必要になる

巻き結び/クローブヒッチ（後輪）

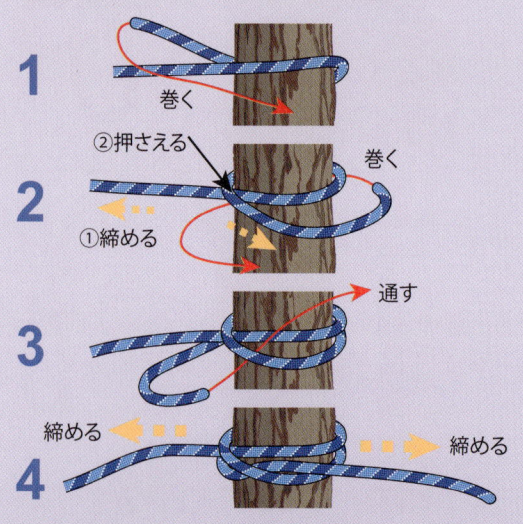

1 巻く
2 ②押さえる ①締める 巻く
3 通す
4 締める　締める

立木などかけられないものに巻くとき。クライミングではカラビナがあるので後輪はあまり使用されない

a クローブヒッチ（先輪 両手）

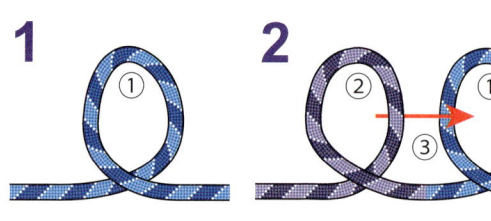

1 ループを作る

2 左にさらにループを作る

b クローブヒッチ（先輪 片手）

片手のクローブヒッチは、カラビナをかけたときに始まっている。カラビナのゲート向きで手の動きが変化、どちらの手で結ぶか、手に取るロープの位置でも変わる。

図bは、フォローがセルフをとるとき、自分側のロープが上側の設定で描いている。自分側が上は、自分側でない部分を持つ※3ことである。片手のクローブヒッチは、クライミングを始めた時に完全にマスターしないと、後で身に付けることは難しい

ロープの状態

自分側が下　自分側が上

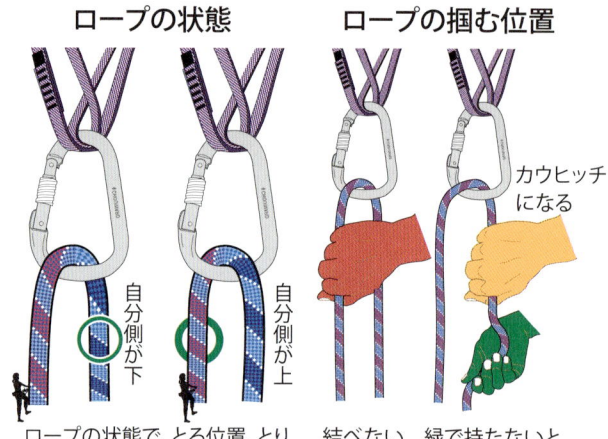

ロープの状態で、とる位置、とり方が違う

結べない

ロープの掴む位置

カウヒッチになる

緑で持たないとクローブヒッチにならない

ロープの掴み方

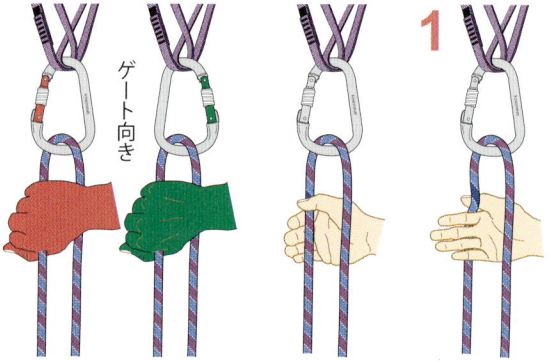

ゲート向き

結べない　結べる

1 指先を使う　右図0と2の間→

2.結び

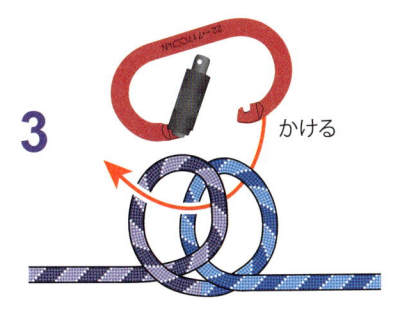

3 かける
後から作ったループを上に重ねる

4
2つのループをカラビナにかける

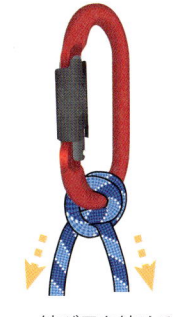

5
結び目を締める

b 右ゲート　片手のクローブヒッチはオートロック式の安全環付きカラビナでは困難

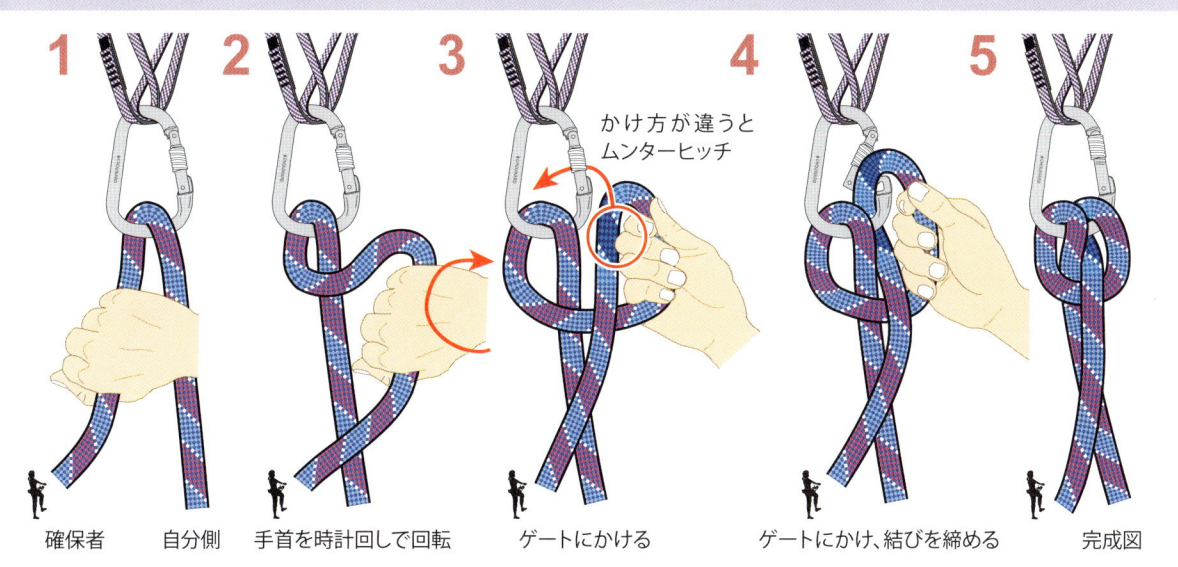

1　　　2　　　3　かけ方が違うと　4　　　5
　　　　　　　　ムンターヒッチ

確保者　自分側　手首を時計回しで回転　ゲートにかける　ゲートにかけ、結びを締める　完成図

実際には2と3の動作は、同時に（位置を移動しながら手首回転）行われる

b 左ゲート　2から3がすぐわからなければ、2の状態で絵を見ずに、手首を逆時計回りに回せば3になる

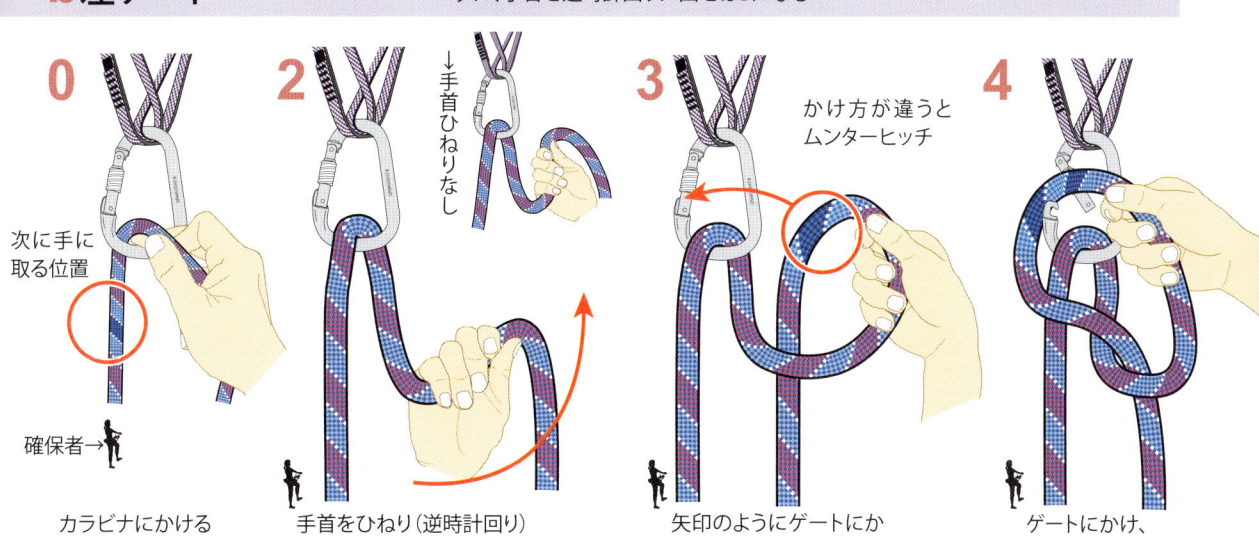

0　　　2　←手首ひねりなし　　3　かけ方が違うと　4
　　　　　　　　　　　　　　　　ムンターヒッチ

次に手に取る位置

確保者→

カラビナにかける　手首をひねり（逆時計回り）ながら矢印の方向へ　矢印のようにゲートにかける　ゲートにかけ、結びを締める

55

a ブーリン＋エバンス（フィックス）

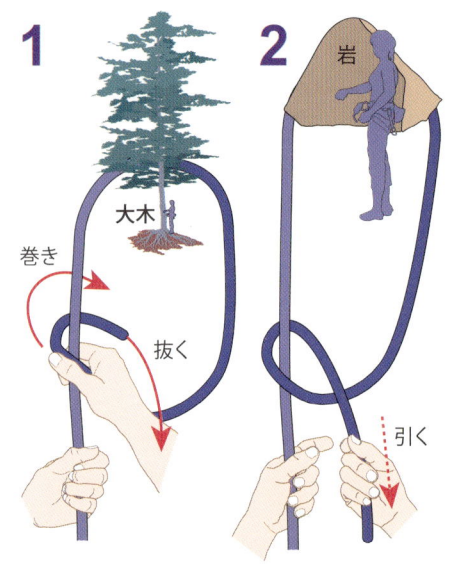

1 かけ、巻き、抜く

巻き / 抜く / 大木

2 ループが右手のロープにできる

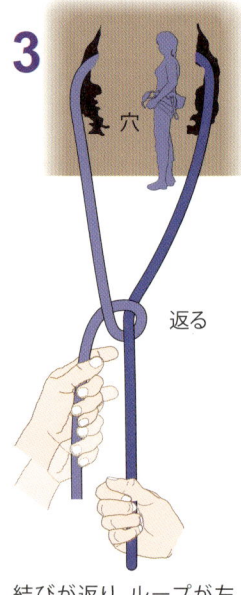

岩 / 引く

3 結びが返り、ループが左手のロープに移動する

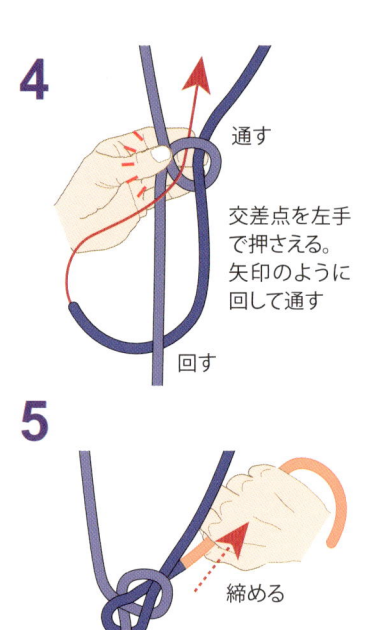

穴 / 返る

4 交差点を左手で押さえる。矢印のように回して通す

通す / 回す

5 締めてブーリンは完成

締める

a' ブーリン＋エバンス（確保支点）

手持ちのスリングでは対応できない木や岩などの場合

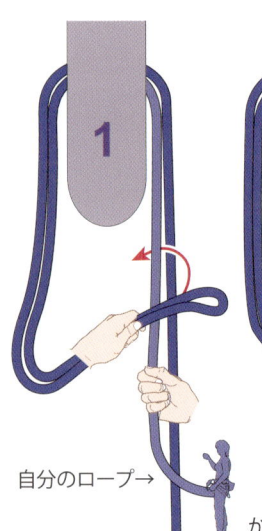

1 二つ折りにして自分のロープにかける

自分のロープ→

2 かけて戻してきたものを自分に繋がっている部分に巻く。逆側に巻くと自分の繋がっているロープの位置はブーリンの荷重のかけてよい個所にならない

3 2本を1つにしてフィックスと同じように結ぶ。図はフィックスと左右が反転し、押さえる手は右手、結ぶ手は左手になっている

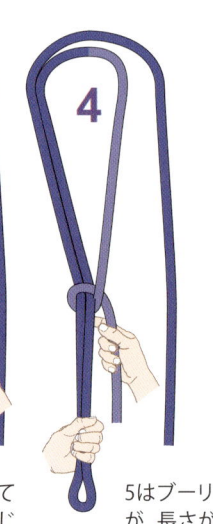

4

5 5はブーリンまでだが、長さが足りなくなったらずらして、確実にエバンスも行う

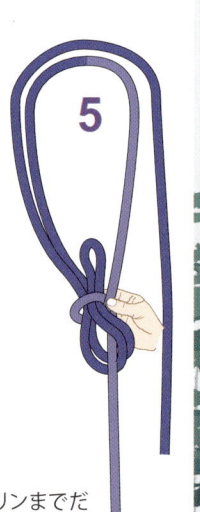

右からかけるか左からかけるかは状況による。どちらからかけてもできることが必要

56

2.結び

6 2回回す

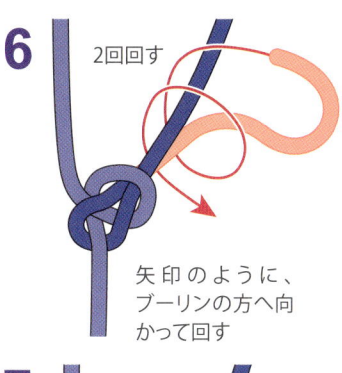

矢印のように、ブーリンの方へ向かって回す

7 通す

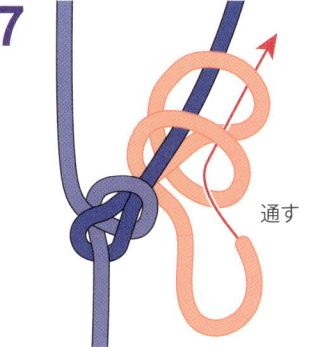

矢印のように通す。6,7はエバンス（後輪）

上部にかけた方が効率がよいことが多い。ただし支持力が弱そうなら根元に

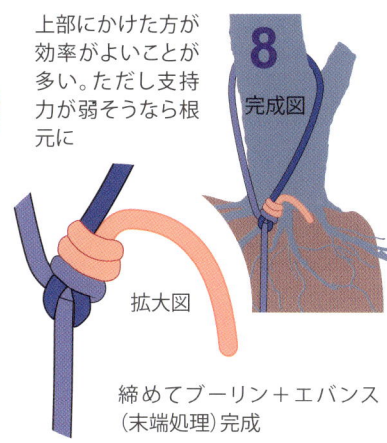

8 完成図

拡大図

締めてブーリン＋エバンス（末端処理）完成

C エバンス（後輪）

ブーリンを行わないで、後輪のエバンスのみなら支点を締めての固定。上のエバンスとは結ぶ相手が違うので同じ形にならない

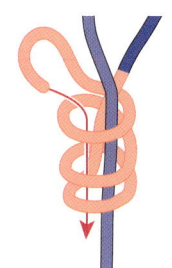

b タイオフ／ガースヒッチ／カウヒッチ

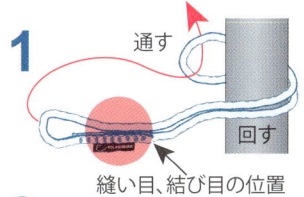

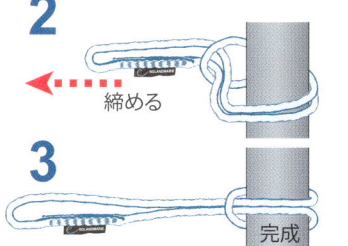

1 通す／回す

縫い目、結び目の位置

2 締める

3 完成

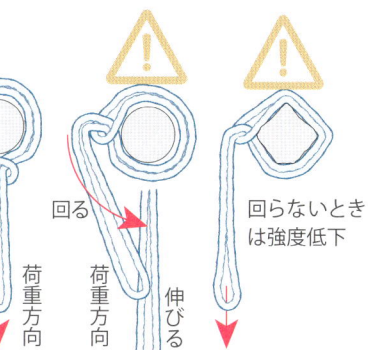

回る ／ 伸びる ／ 回らないときは強度低下

荷重方向

C エバンス（先輪）

末端／荷重側↓

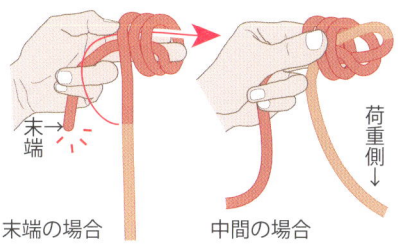

末端の場合
末端を薬指と小指で押さえる。人指指、中指に巻き付ける

中間の場合
指を抜いて輪を通す。ロープ中間で使用は細心の注意が必要

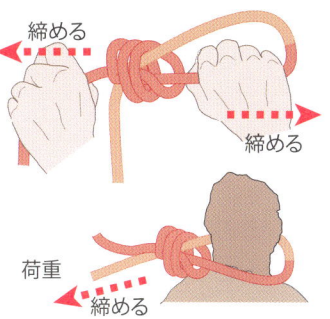

締める

荷重

岩のノブのような個所に締めて使うことが可能。ブーリン、8の字ではループを締めることはできない

⚠ 注 意！

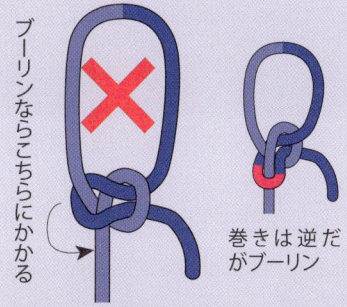

ブーリンならこちらにかかる

巻きは逆だがブーリン

p53dの手順で支点を作ると、上左図のように間違えやすい

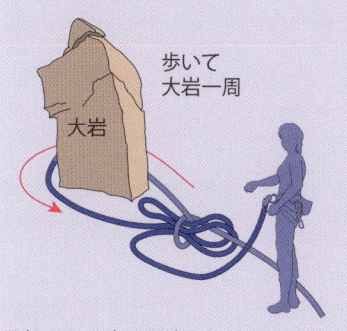

歩いて大岩一周

大岩

最初のかけ方で間違うと、上図のようになる。自己確保、確保点とするなら荷重のかかる場所が違う。フィックスなら問題ないが・・・。

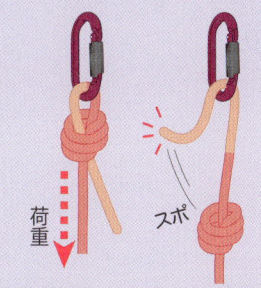

荷重 ／ スポッ

逆末端（荷重）のエバンスは荷重がかかると抜ける。先輪のときに発生しやすい。後輪で逆末端はまれ

クローブヒッチでのフィックスは、ほどける可能性がある

固定

2-3 連結（懸垂、スリング）

●懸垂時にロープとロープを結ぶ

懸垂時ロープとロープを連結するには主に3つの結びがあります。どの結びを使用するかは回収時の環境、使用者の好みによるところが大きい。懸垂時のロープの連結ミスは致命的なので、結びをしっかり締めることが重要です。連結ミスによる事故もあり、その多くは結びを変形、あるいは単純化したものによるものです。

8の字

ハーネスに結ぶ8の字結びとは違います。
利点）結び目が立つことで、回収時にひっかかりにくい。
欠点）締まるとほどくのが大変。ほどきにくさを解消するための結びを変形させたものは、通し方を間違えると結びがほどけるので注意。

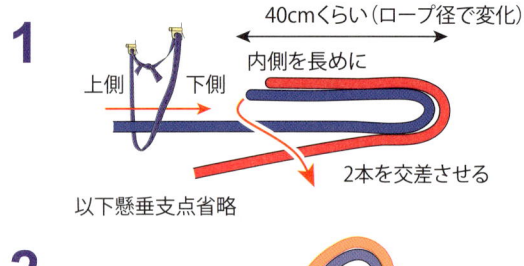

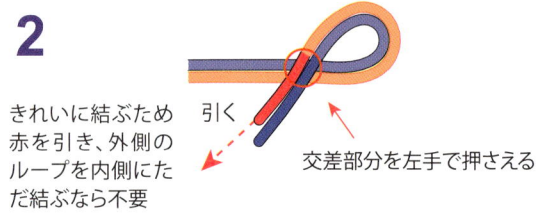

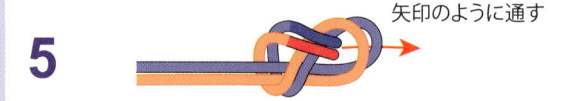

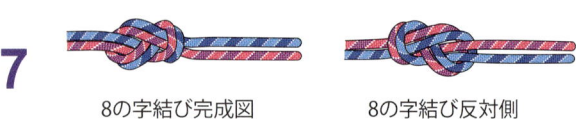

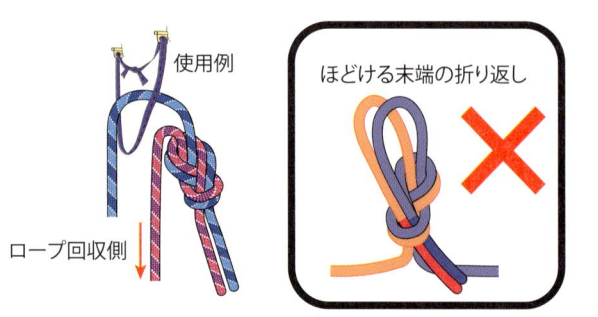

ダブルフィッシャーマン

ロープスリングを作るときにも使用されます。
利点）この結びでの失敗は聞いたことがない。
欠点）結び目が立たないのでひっかかる可能性がある。また締まると非常にほどきづらい。結びに時間がかかる。

オーバーハンド

利点）結び目が立つことで、回収時に引っかかりにくい。簡単で早く結べ、ほどきやすい。
欠点）太さの違うロープでの連結の場合などは危険。

テープ結び/リングベント

テープを連結するときの結びで、テープスリングを作るときに使用されます。丸い形状（ロープなど）のものでは使用しない。
欠点）結び目がよく締まっていないとほどける。結びの末端は最低でもテープ幅の3、4倍程度は必要。

a 8の字

1 40cmくらい（ロープ径で変化）
上側／下側　内側を長めに
以下懸垂支点省略　2本を交差させる

2 きれいに結ぶため赤を引き、外側のループを内側にただ結ぶなら不要　引く　交差部分を左手で押さえる

3 矢印のように下に回す　赤が上に　この時点で末端がそろっていないと末端がそろわない。ただ結ぶだけなら考慮の必要はない

4 矢印の方へ

5 矢印のように通す

6 末端は径の10倍以上出す　結び目を締める

7 8の字結び完成図　8の字結び反対側

使用例　ロープ回収側　ほどける末端の折り返し ✕

b ダブルフィッシャーマン

懸垂以外にロープスリングを作るときにも使用する

1 矢印のように巻く

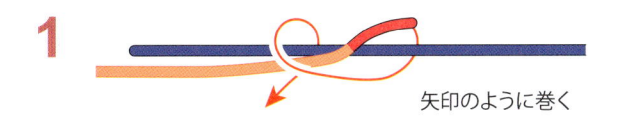

2 矢印のように通す

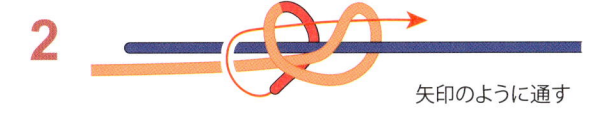

3 結び目を締め、矢印のように巻く

4 矢印のように巻く

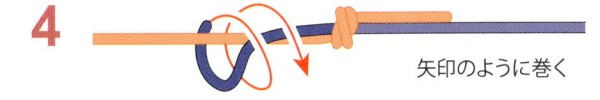

5 矢印のように通す

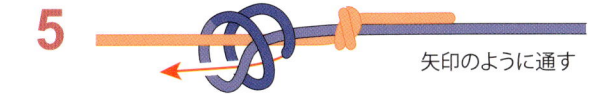

6 結び目を締める

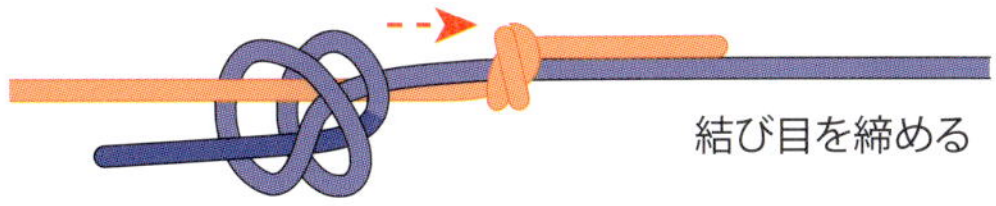

7 左へ引く / 右へ引く　結び目を締める

8 ↓末端は径の10から15倍と言われている（図ではない）

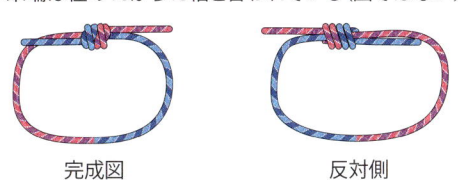

完成図　　反対側

c オーバーハンド

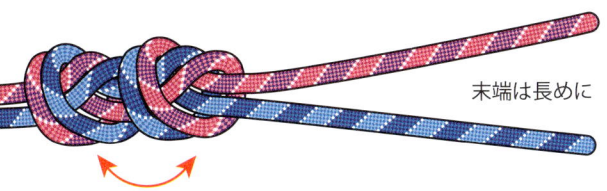

末端は長めに

オーバーハンドノットを2つ作り、互いを接近させてよく締めればよりほどけにくい

d テープ結び リングベント

1 裏　オーバーハンド　表

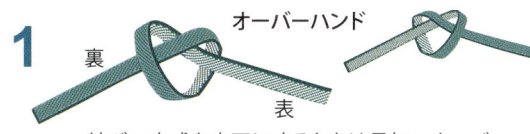

結びの完成を表面にするときは最初のオーバーハンドを裏表で結ぶ

2 通す　↓ねじれがないように

同じ面同士を合わせて通すとねじれない

3 巻く

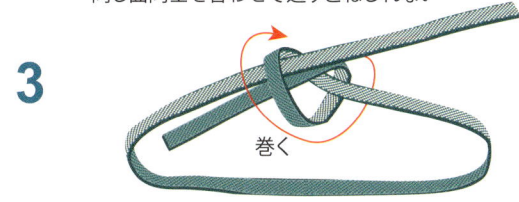

4 矢印のように通す

3、4末端を最初のオーバーハンドに沿って巻く

5 末端の長さを調整しながら締める

6 手だけで締めたものは未完成　　最初のオーバーハンド表面表で結んだもの

7 荷重をかけて締める　⚠ 結びが緩くて死亡

荷重をかけて結び目を締めることが重要。この結びは強く締まっていないとほどけ、強く締まっているとほどけにくい結びです。末端の長さが短いものもほどけやすい

2.結び

連結

59

2-4 半固定

押さえたとき、荷重がかかったときだけ固定

●カラビナだけで確保、懸垂下降

落ちないだろうが、落ちたらアウトだなというような個所で念のために相手を確保。下降器を落としてしまったときなど懸垂時に使用できます。

ムンターヒッチ/イタリアンヒッチ

利点）
確保器を使用するよりセットが素早くでき、ロープのたぐりも速い。使い方をマスターしていれば、とても効率的な「道具」を持つことになる。

欠点）
結びが返ると戻してからでないとたぐれないなど、操作に慣れが必要。長い空中懸垂、荷重の大きいときには他の制動も必要なこともある。ロープがキンクしやすい。

ガーダヒッチ/ガルダーヒッチ

利点）
ロープに荷重がかかると自動的にロックがかかる（ムンターヒッチとの決定的な違い）。

欠点）
カラビナへのセットの方法に習熟が必要。カラビナの形状によってはセットが崩れる。
強い荷重がかかるとロックの解除が困難。

a ムンター/イタリアン（確保 後輪） →p156

1　2　3　4

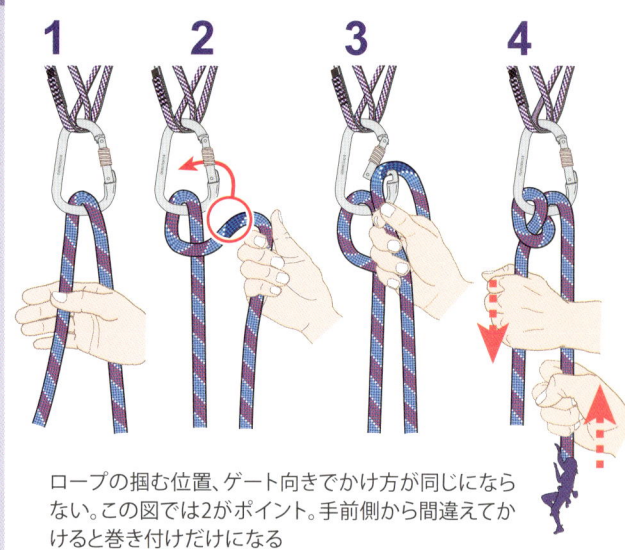

ロープの掴む位置、ゲート向きでかけ方が同じにならない。この図では2がポイント。手前側から間違えてかけると巻き付けだけになる

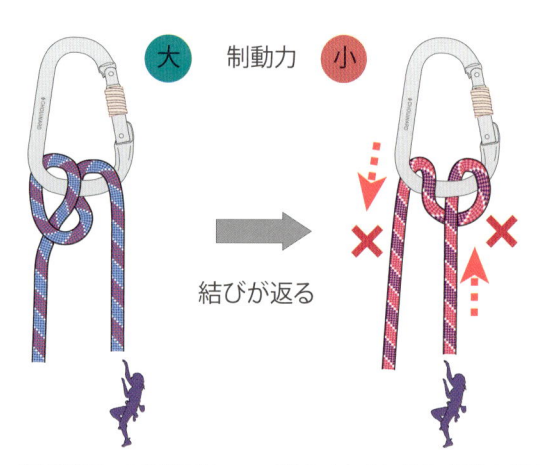

大　制動力　小　→　結びが返る

結びが返った状態ではロープはたぐれないうえ、制動力が小さくなる。結びが返ったらすぐに戻し、返ったままの状態でテンションや墜落がないようにする

b ガーダ/ガルダー（荷上げ、確保）

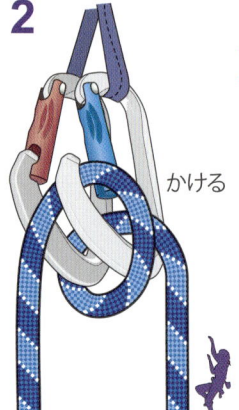

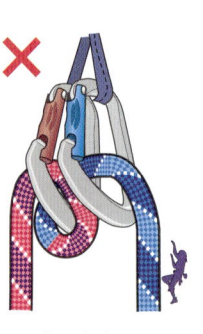

1 矢印のようにかける
2 かける　×
3 引く　上げる　動かない
間違いやすいので、セット後ロックするか引いて確認！

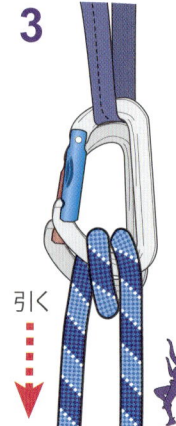

図のようにホージが強い変形カラビナ（O形ではないもの）ではセットが崩れやすい。ロック状態での操作がやや困難で、ムンターヒッチより操作性は劣る。

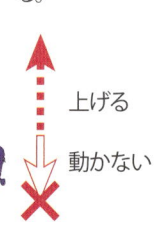

a' ムンター/イタリアン（懸垂 後輪）

ロープの出る側がゲート側にならないことが重要。ゲート側に出るとロープで擦れてゲートが開放する可能性がある

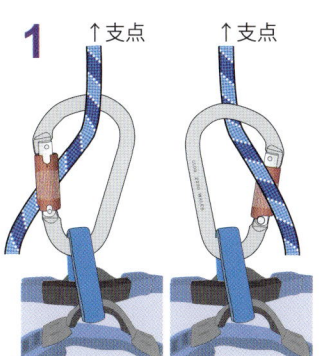

1 ↑支点　↑支点
ゲート向き、ロープのかけ方、巻き方向で数通りかある。上はゲート、かけ方の相違。下は逆巻き（ゲート側に最初に巻く）

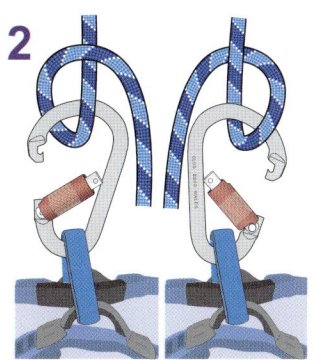

2 下降側のロープがゲート側にならないように、最初にゲート側に巻く

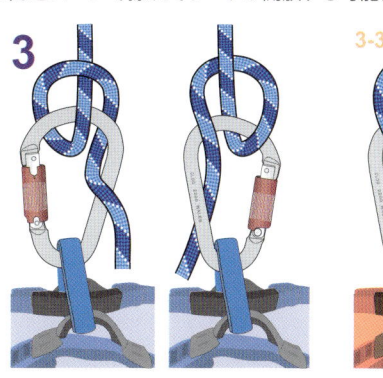

3 / **3-3** 下降側のロープは下側にあるので左の方が制動力がやや高め。ゲート側にならないようかけたつもりが下降側ロープをゲート側に持つと(3-3)ロープがゲートにかかる

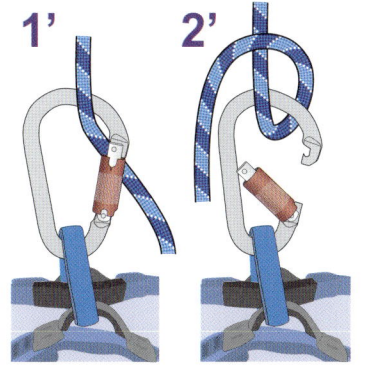

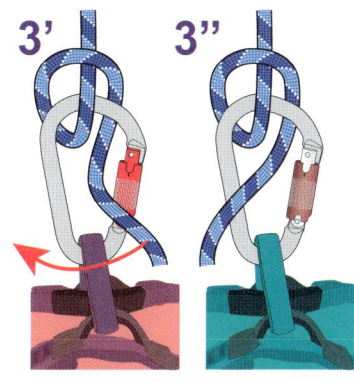

1' / **2'** / **3'** / **3"**
最初にゲート側に巻くと3'は3-3よりゲート側を開放しやすいセットになりやすいが、下降側のロープを反対側へ回せば最良のセットになる

後輪方式が常に上手くできないのは、ロープとゲートの位置関係が一定でないため。ロープが上からたれていれば1の左、下側からかけると1の右になりやすい。スタート地点が違うためにかけ方が常に変化するので、考えないとムンターヒッチができなくなる。イタリアンの後輪をマスターするには、巻く練習を積み、頭に完成形となる形をしっかりとたたき込む必要がある

先輪は固定した形でヒッチの形を作るため、間違いにくい。覚え方は人それぞれ。ただし両手を必要とする。先輪は正確性、後輪は操作性、機能は反比例する

半固定

a" ムンター/イタリアン（懸垂 先輪）

手に巻く
この形はカラビナをかけた後ヒッチを返す必要がある

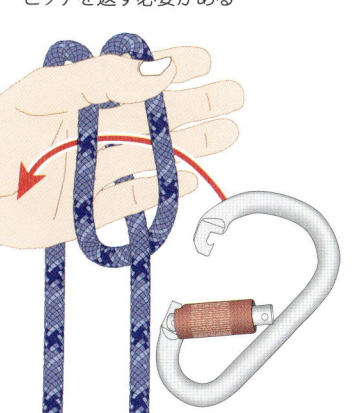

指に巻く

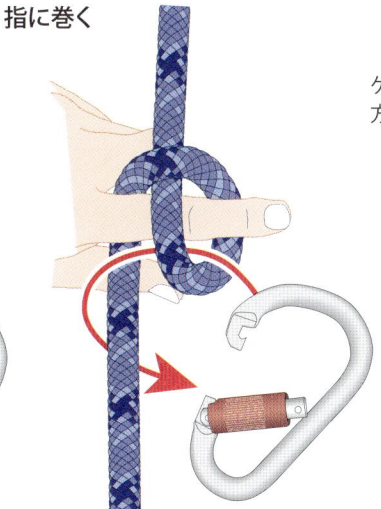

1 ↑支点　2回ひねる
ゲート側でない方に2回ひねる

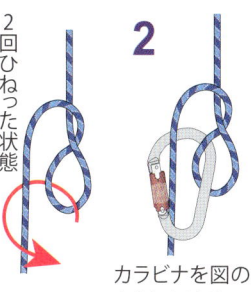

2回ひねった状態

2 カラビナを図のようにかける

3 締める　押さえる

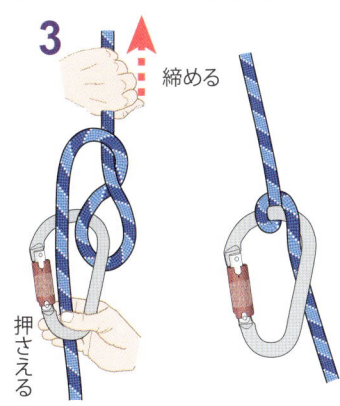

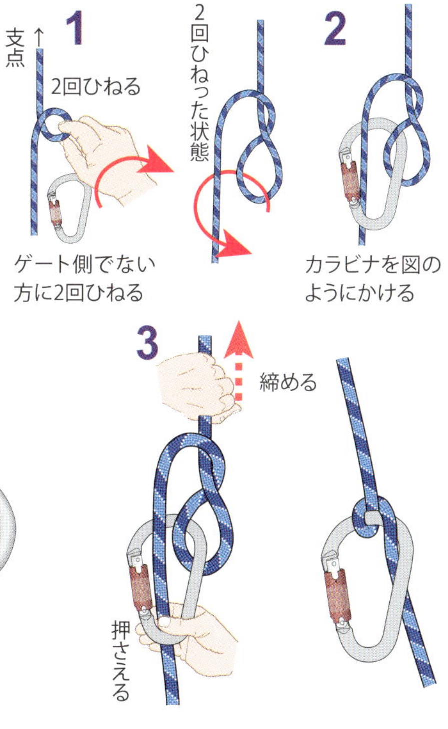

61

2-4 半固定

押さえたとき、荷重がかかったときだけ固定

●ロープを登り返すときなど

以下に列記した結びは、巻き付けによる摩擦抵抗を利用する。ロープを登り返すとき（→p190）、荷物を引き上げるとき（→p196）、懸垂下降時のバックアップ（→p218）などに有効です。

このフリクションヒッチは熱を持つので、耐熱性のないスーパースリングは不向きです。強い摩擦のためスリングが傷みやすいので、使用はあくまで自前のものを。その場でだれかに借用するのは控えたい。

スリングの太さ、幅、材質、巻き付け法によって制動力が異なり、使いやすさも変わります。どのヒッチを使うかは個人の好みや慣れによるが、自分の使用しているスリングのおおよその巻き付け回数などを把握しておきたい。

プルージック
オートブロック/マッシャー
クレムハイスト/フレンチ
カラビナバッチマン/バックマン/バッハマン

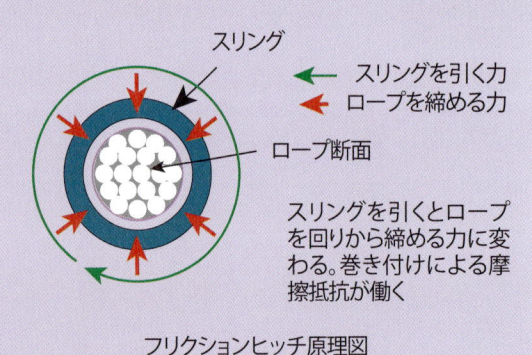

フリクションヒッチ原理図

スリングを引くとロープを回りから締める力に変わる。巻き付けによる摩擦抵抗が働く

フリクションヒッチの締まり具合の目安

締め大 ← → 締め小

プルージック　クレムハイスト　バックマン／オートブロック

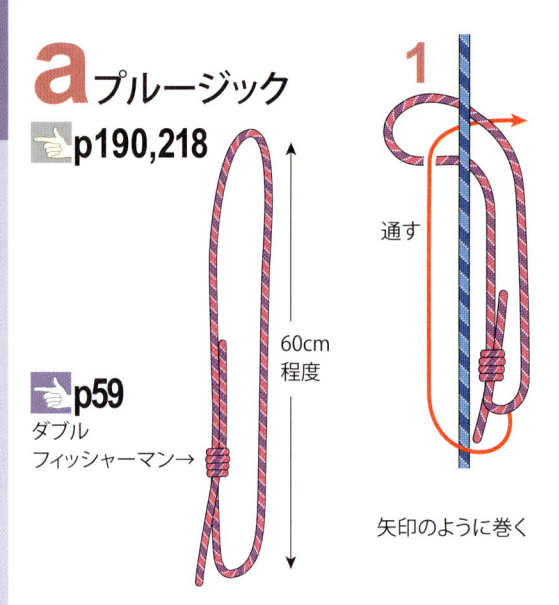

a プルージック
☞ p190, 218

☞ p59　ダブルフィッシャーマン→

60cm程度

1 通す／矢印のように巻く

イラストで使用してるスリングΦ6〜8mmの自家製ロープスリング（市販品にはない）。スリングを作るときの長さは60cmのループ、Φ8で160〜170cm程度必要。フリクションヒッチはΦが大きくなると効きが悪くなり、巻き数が多く必要になる

b クレムハイスト/フレンチ
（懸垂バックアップ、登り返し）☞ p196, 218

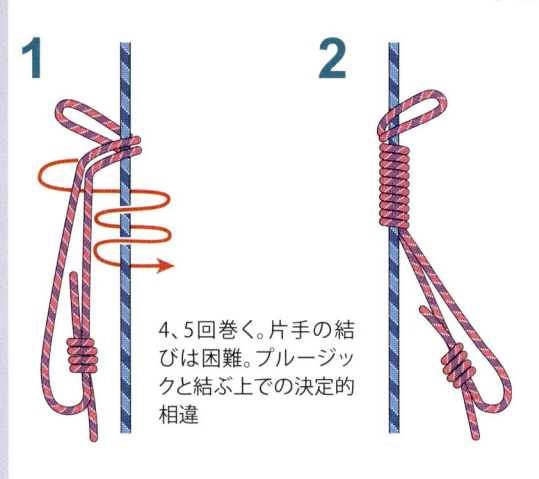

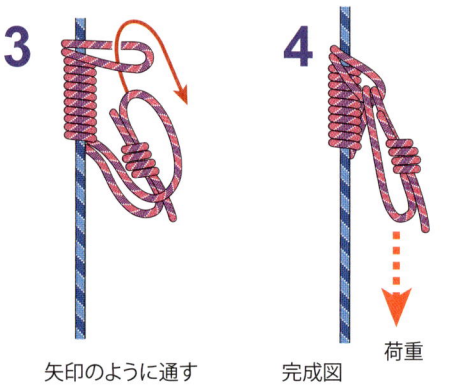

1　**2** 4、5回巻く。片手の結びは困難。プルージックと結ぶ上での決定的相違

3 矢印のように通す　**4** 完成図　荷重

2.結び

2 カウヒッチ

3

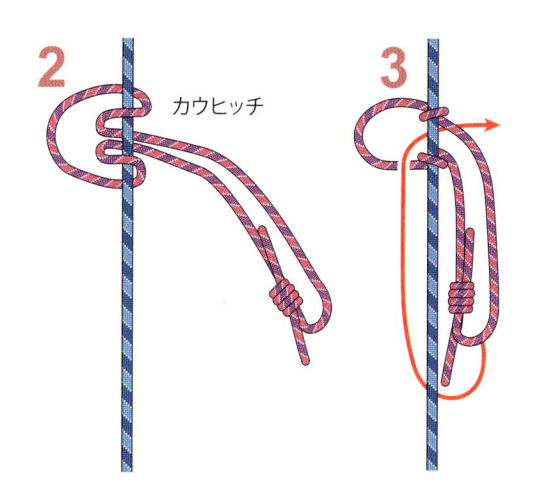

4

5 完成図

荷重

プルージックがわからなくなったらタイオフを思い出す。それを繰り返すだけ	1,2を繰り返す 巻きが多いと締めが強いが逆に動きは鈍くなる	矢印のように通す 巻き数3、4回程度	スリングの硬さなどでも締まり具合が変化するので、使用前の効き具合の確認が必要

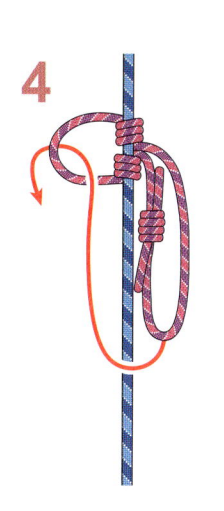

半固定

カラビナを必要とするもの

c オートブロック / マッシャー（荷上げ） ☞p196

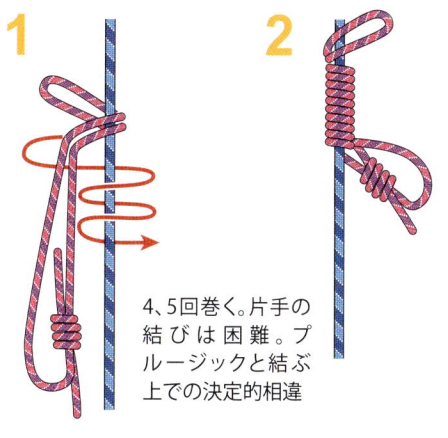

d バックマン / カラビナバッチマン バッハマン（登り返し） ☞p190

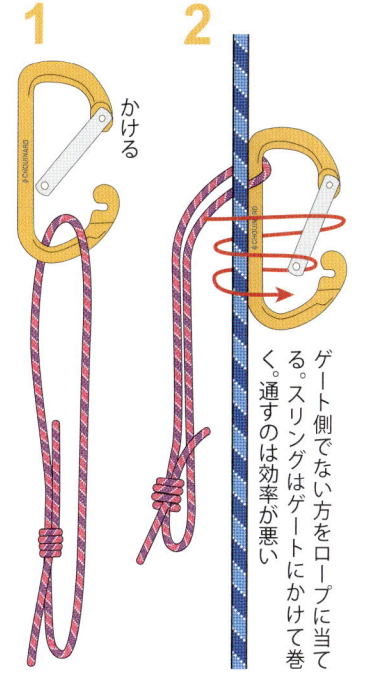

1

2

4、5回巻く。片手の結びは困難。プルージックと結ぶ上での決定的相違

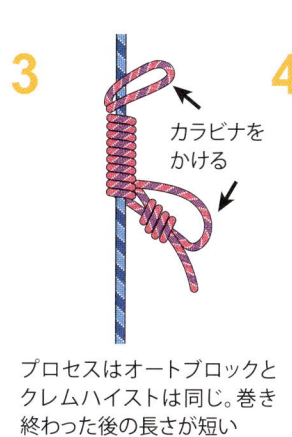

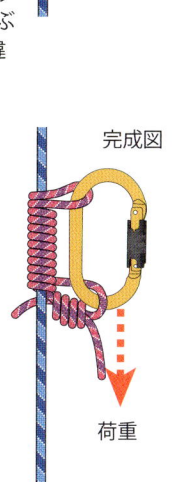

3 カラビナをかける

4 完成図

荷重

プロセスはオートブロックとクレムハイストは同じ。巻き終わった後の長さが短い

1 かける

2 ゲート側でない方をロープに当てる。スリングはゲートにかけて巻く。通すのは効率が悪い

3 完成図

ロープスリング

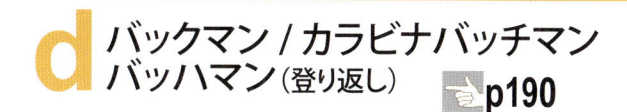

テープスリング

カラビナにスリングをかける

ロープに当ててスリングをきれいに巻く

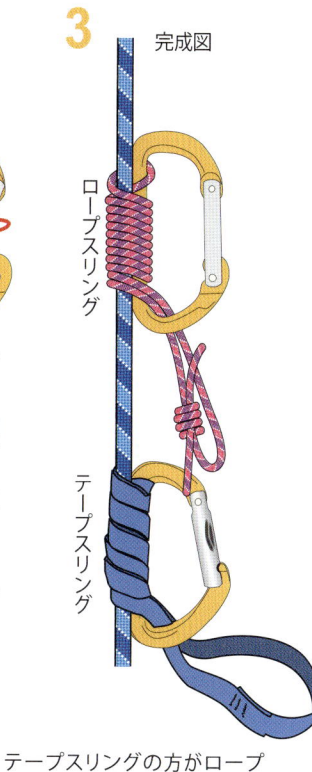

テープスリングの方がロープスリングより巻き数が多く必要（テープの方が摩擦抵抗が小さい）

63

2-5 巻く、縛る

●ロープを巻く、縛る

ロープの巻き方は振り分けとリング（輪）の2通りがあり、それぞれの巻き方もいくつかある。

ロープバッグがあるなら、ロープを巻かないほうが効率的。ロープバッグにぐちゃぐちゃに入っている状態でも、振り分けで巻くより結び目などができにくい。

ロープを購入したら、まず振り分けで何回か巻き直してから使用する。製造工程でドラムにリング状に巻かれるため、そのまま使用すると激しいキンクを生じさせる。

a 振り分け

首にかけて振り分けると、力を必要とせず素早く巻くことができる。ただし首にかける場合はロープの濡れ、汚れに注意。

b リング

リングで巻くのは、ロープをたすきがけにして移動、負傷者搬送用の背負子にするときなど。それ以外のときにリング巻きするとキンクができやすく、使用効率が下がる。

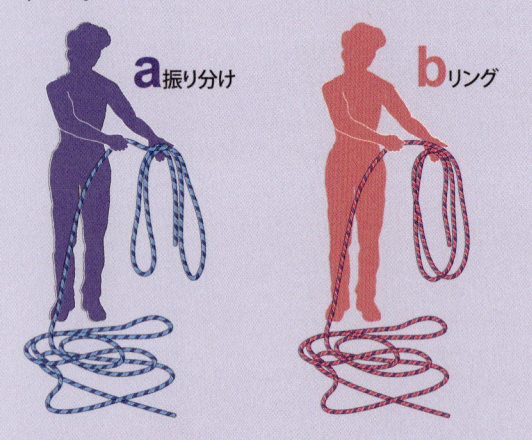

a 振り分け　　**b リング**

●スリングを縛る

スリングを機能的に携行する方法は、スリングの形、長さ、太さによってさまざま。すぐに使えるような携行法を各自、工夫しておきたい。

オーバーハンド/ひと結び
チェーン/鎖結び

a ロープを巻く（振り分け）

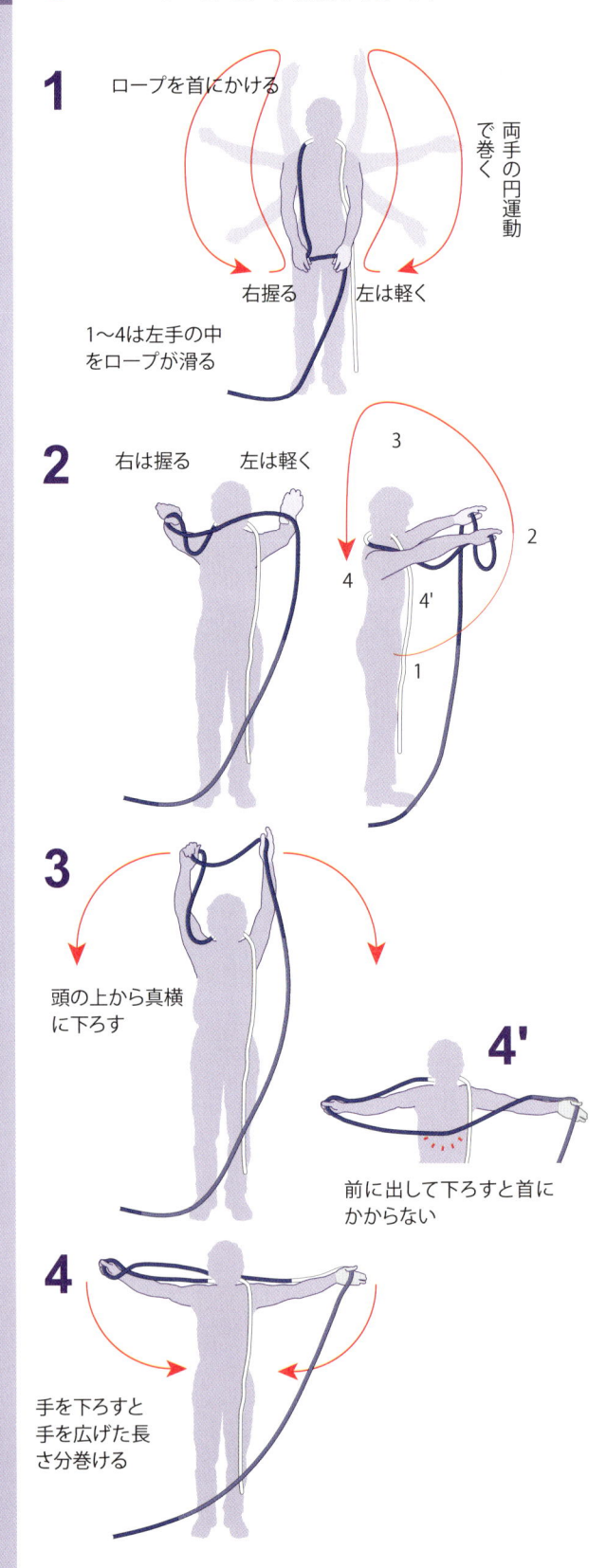

1 ロープを首にかける
両手の円運動で巻く
右握る　左は軽く
1～4は左手の中をロープが滑る

2 右は握る　左は軽く

3 頭の上から真横に下ろす

4' 前に出して下ろすと首にかからない

4 手を下ろすと手を広げた長さ分巻ける

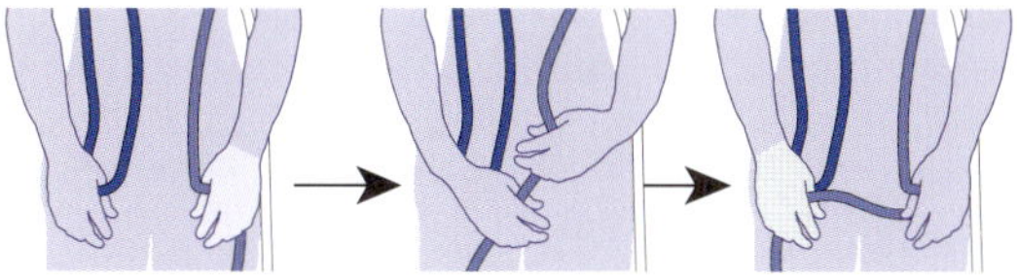

2.結び

a' ロープを巻く（振り分け）

懸垂下降後のロープ回収時、回収しながらロープを巻く。回収する場所、地形など制約あり、またロープを1人で簡単に回収できるとき（ロープが重くない）など限定されるが、地面に落ちたロープを巻くより効率的。ロープの落ちる速度に巻く速さは間に合わないので残りは手か首で巻く

膝の上にロープを回収しながら振り分けで巻く

5 握る手を右手から左手へ1〜4の動作と左右逆 6〜8は右手の中をロープが滑る

6 右は軽く　左は握る

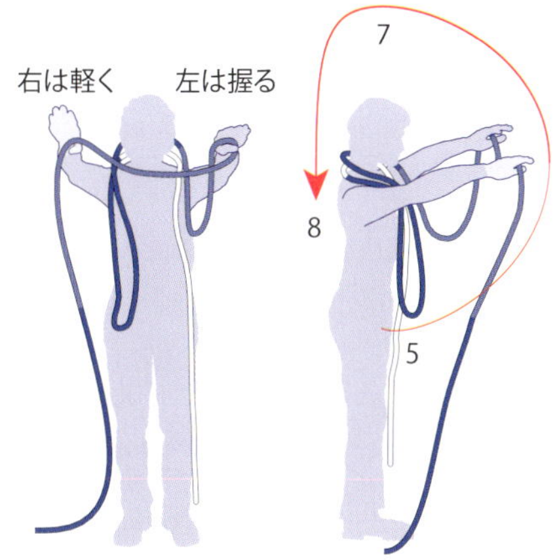

7 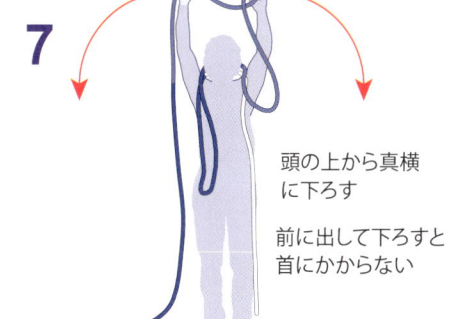 頭の上から真横に下ろす

前に出して下ろすと首にかからない

8 手を下ろしたら、ロープを持ち変え（5の逆）握る手を左から右に変える。1からの動作を末端まで繰り返す

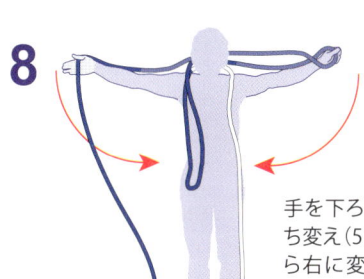

9 巻いたロープをp66aで縛るとき、巻き始め側を折り返すようにし、巻き終わり側で縛ると効率がよい。巻き始めのたらしている長さがポイント。ただしロープ径、ロープ全長で変化するのでロープに合った長さは経験値によるものが大きい

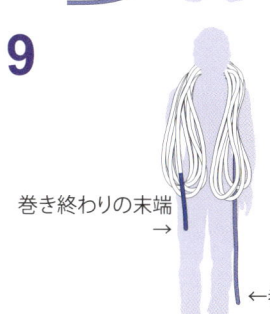

巻き終わりの末端→

←巻き始めの末端

b ロープを巻く（リング）

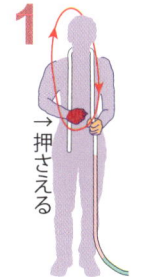

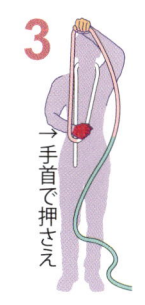

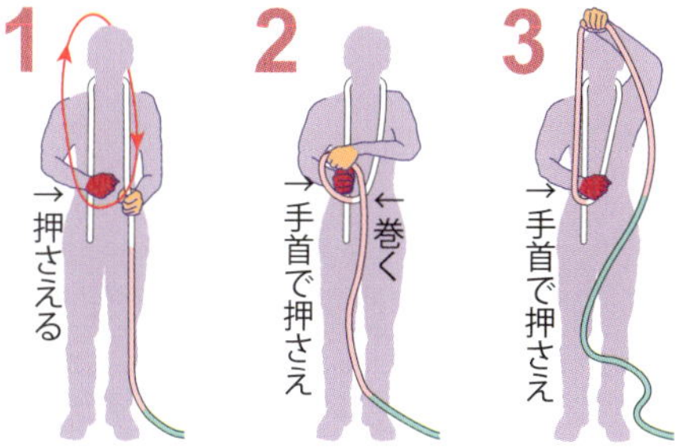

1 振り分けと同じように円運動で巻く　→押さえる

2 回すときは押さえ側の手首を返す　→手首で押さえ　←巻く

3 利き手で巻き、反対は押さえる　→手首で押さえ

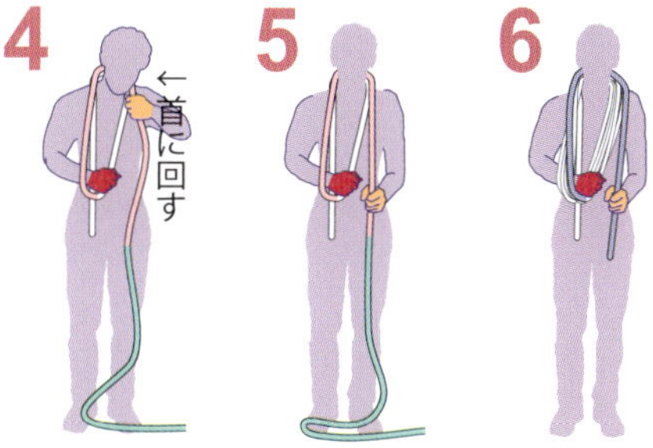

4 頭を下げ首に回す　←首に回す

5 1〜5を末端まで繰り返す

6 巻いたものを縛る場合はp66

リングで巻いたときの使用例

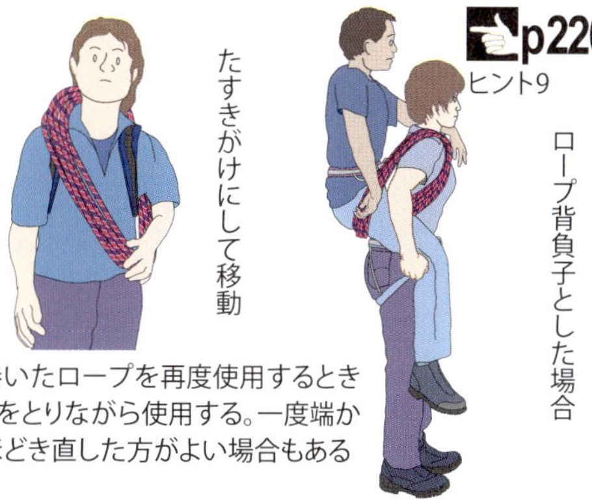

たすきがけにして移動

p220 ヒント9

ロープ背負子とした場合

リングで巻いたロープを再度使用するときは、ねじれをとりながら使用する。一度端から端までほどき直した方がよい場合もある

2.結び

a ロープを縛る

1 巻き始めの末端を折り返す / 巻き終わりの末端

2 4、5回締めながら巻く

3 矢印のように通す

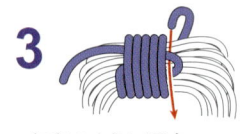

4 矢印のように巻く

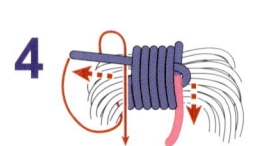

5 図のように結ぶ（スクウェアノット）

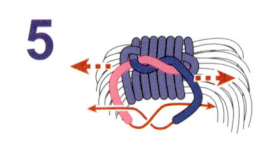

巻く、縛る

b ロープを縛る

1 3回くらい、しっかり締めながら巻く

2 通す

3 この後2通りの方法がある

4 かぶせる／通す

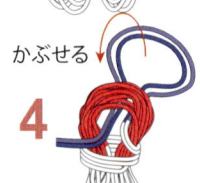

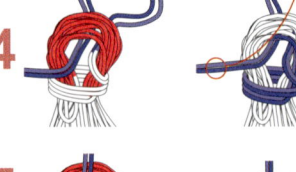

5  完成図

c bで縛って担ぐ

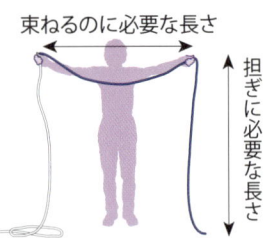

束ねるのに必要な長さ／担ぎに必要な長さ

担ぎに必要な長さの目安は肩から地面より長め

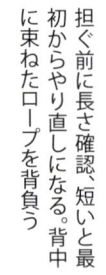

1 担ぐ前に長さ確認、短いと最初からやり直しになる。背中に束ねたロープを背負う／担ぎに必要な長さの目

2 背中側

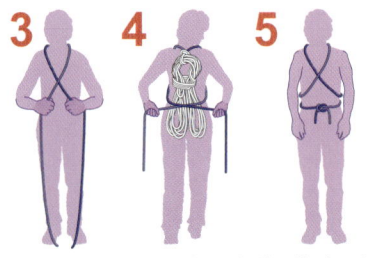

3

4

5

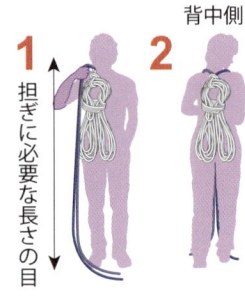

末端をスクウェアノット(a5参照)などで結ぶ長すぎる場合はもう一度体に回すなどする

d オーバーハンド

120cm1/4折りオーバーハンド

長さに対して折りが多いと縛りにくい

180cm1/4折りオーバーハンド

120cm1/3折りオーバーハンド

同じ折数でも元の長さが長ければちょうどよく縛れる

e チェーン

1

2 通す

3 通す

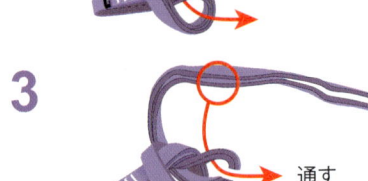

4 通す

5 通す

6 完成

解くときは
末端をループから抜き5の状態で引く

3 システム

システム概要	p68
3-1 シングルピッチ	**p69**
設定	
アプローチ・取付	
リード＆確保	
ロアーダウン	
確保の手の操作	
回収	
テンション、墜落	
3-2 シングルロープ	**p132**
設定	
マルチピッチ、つるべでない、下降路	
3-3 バックロープ	**p158**
設定	
マルチピッチ、つるべ、懸垂下降	
3-4 ダブルロープ	**p175**
設定	
ダブルロープ	
フィックス	
登り返し（ユマーリング）	
3人で登る	
ハーケンを打つ、岩に穴を掘る（エイド、人工）	
3-5 その他	**p196**
荷上げ	
ソロ	

3 システム概要

　システムとは、装備を使用した登り方の手順の説明です。3-1から3-4では登る岩場が違い、それに合わせた装備、手順になっています。3-1はスポーツ的岩場のシングルピッチ、3-2から3-4はマルチピッチで、岩やその他の条件によってシステムは変化します。

　ここで紹介する手順は一例で、個人によって相違があります。教えてくれる人の方法を最優先にしながら、自分なりの手順を身につけていくべきでしょう。

3-1 シングルピッチ

　シングルピッチを1本のロープで登り(シングルロープ)、下ろしてもらう(ロアーダウン)手順です。

　設定の舞台がゲレンデ的岩場。プロテクションはすべてラップボルトで、装備はヌンチャクのみです。シングルピッチでもロアーダウンできない状況もあります。

3-2 シングルロープ

　ここからはマルチピッチですが、3-2ではロープ1本で登ります。

　設定の舞台は立地条件、気象にあまり悩まされない岩場で、ラップボルトだけでなくナチュラルプロテクションも使用。フリーで登れるルートです。

　ルートの終了点からは、下降路があるので歩いて取付に戻ります。

3-3 バックロープ

　ルートの終了点から、下降路がないのでロープにぶら下がって下降し(懸垂下降)、地面に戻る設定です。登るためのロープはやはり1本ですが、懸垂のためのバックロープをリード(先に登る人)かフォロー(後から登る人)が引きずっていきます。

3-4 ダブルロープ

　設定の舞台は、ルート図など事前の情報がない未知性の高いルートです(スポーツルートのオンサイトトライとは別の次元)。

　ロープは2本使用し(ダブルロープ)、2人か3人で登ります。登りの手段はフリーに限定せず人工、エイド(アメリカンエイド)を含み、残置はまったくないのであらゆるプロテクションを使います。

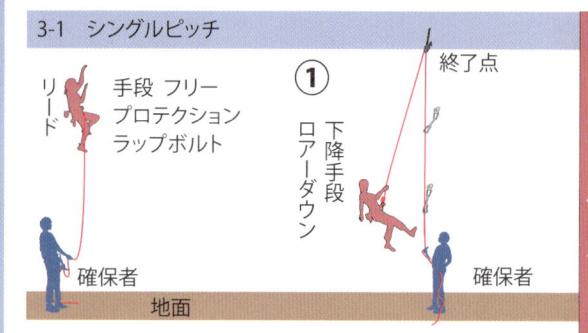

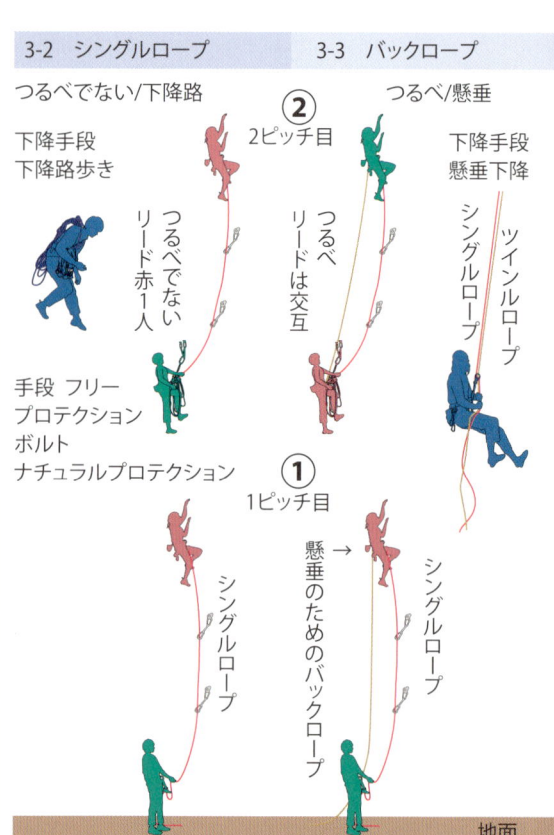

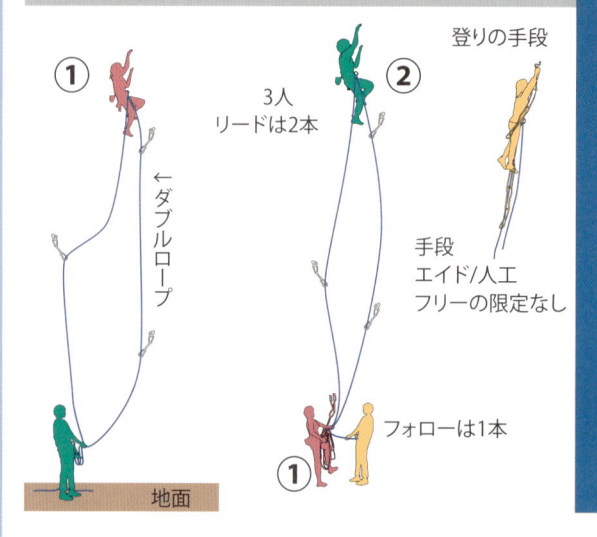

3-1 シングルピッチ

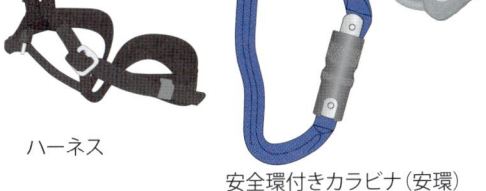

リード装備

ハーネス
チョークバッグ/チョーク
クライミングシューズ
ヌンチャク10本程度
シングルロープ 50m～80m（日本なら50～60m）

確保者装備

ハーネス
確保器
安全環付きカラビナ（安環）

その他

ロープバッグ

あれば便利な装備
ロープの汚れ防止
ロープを巻かずにすむ
ロープがからまりにくい

●設定

　ラップボルトのエリアのルートで、濡れている、寒いなどの環境条件は含みません。登りはマスタースタイル（自分でヌンチャクをかけながら登ること）です。スポーツ的クライミングの場合、フリーで登ることが主目的になるので、アンカー、ヌンチャクの設置の有無はあまり問われません。しかしヌンチャクがかかっているところを登る場合とそうでない場合は、登りに大きく影響することがあります。

対象者

　未経験ながら経験者の指導のもとで登る人、沢登りなどで装備を使用したことがある人などが、この設定での対象者です。それ以外の人がこの設定を登るのは、不可能ではありませんが無謀ともいえます。

ルート

岩場＝シングルピッチ、すべてラップボルトのボルトのみ、終了点あり
手段＝フリー
プロテクション＝ボルト5本程度（中間支点）
長さ＝10m～20m前後

装備

　左図のような装備が最低限必要です。リード装備と確保者装備に分けてありますが、交互に登ることになるので、すべてが個人装備と考えるべきでしょう。

プロテクション

ナット↓
拡張して固定されている
↑アンカー
ハンガー↑
岩の内部

ハンガー、ナット、アンカーすべてを含めてボルトとも呼ぶ。
スポーツ的傾向の岩場では通常ラップボルト。目的が違うため、登りながらボルトを打つことは少ない。プロテクション（ボルト）は墜落に耐えられるものが多いが、劣化、ナットなどの緩みで外れることもある

3.システム

シングルピッチ

「イラ・クラロック」ルート図[1]

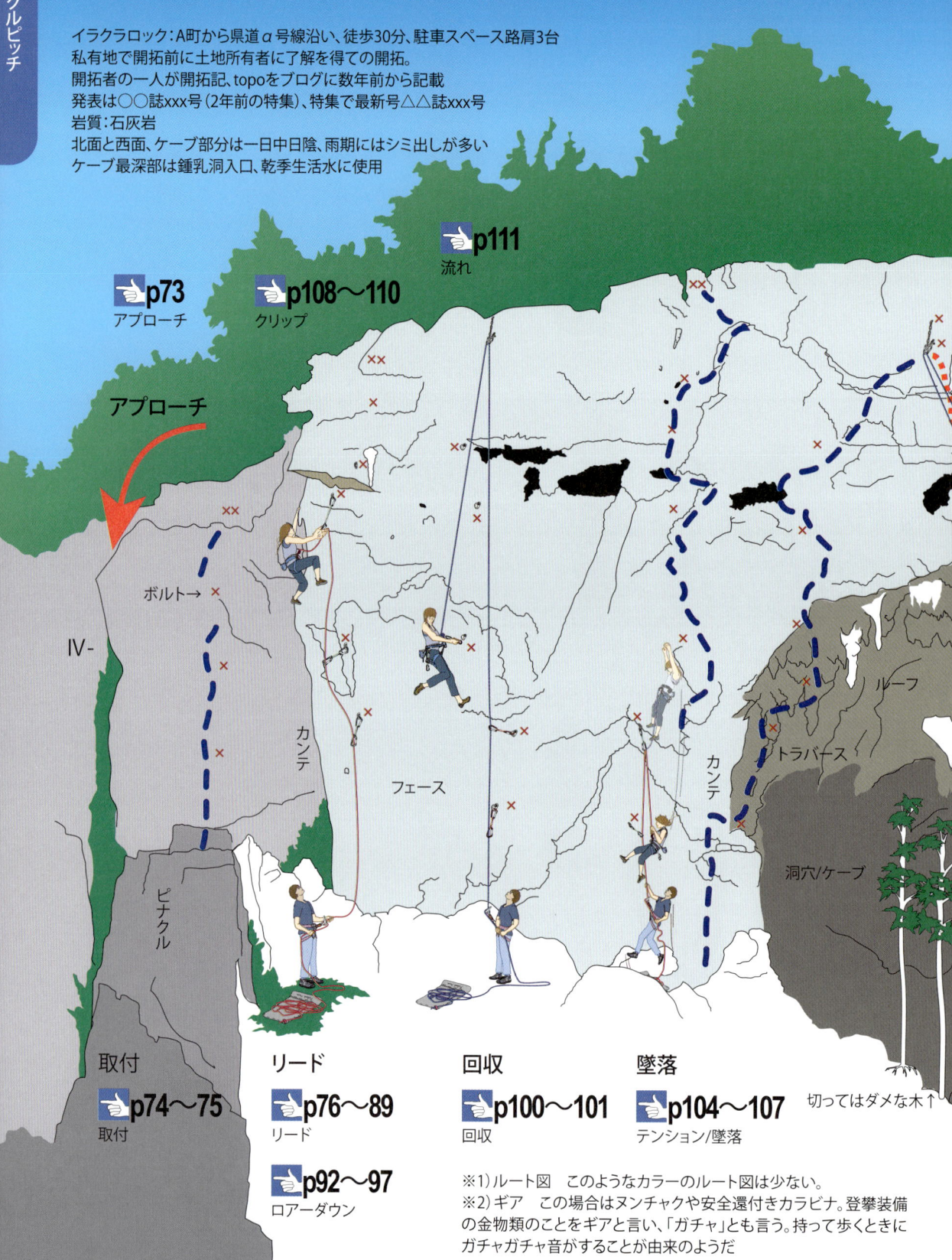

イラクラロック：A町から県道α号線沿い、徒歩30分、駐車スペース路肩3台
私有地で開拓前に土地所有者に了解を得ての開拓。
開拓者の一人が開拓記、topoをブログに数年前から記載
発表は○○誌xxx号（2年前の特集）、特集で最新号△△誌xxx号
岩質：石灰岩
北面と西面、ケーブ部分は一日中日陰、雨期にはシミ出しが多い
ケーブ最深部は鍾乳洞入口、乾季生活水に使用

👉 p111
流れ

👉 p73
アプローチ

👉 p108〜110
クリップ

アプローチ

ボルト→
IV-
カンテ
フェース
ピナクル
カンテ
ルーフ
トラバース
洞穴/ケーブ
切ってはダメな木↑

取付
👉 p74〜75
取付

リード
👉 p76〜89
リード

回収
👉 p100〜101
回収

墜落
👉 p104〜107
テンション/墜落

👉 p92〜97
ロアーダウン

※1）ルート図　このようなカラーのルート図は少ない。
※2）ギア　この場合はヌンチャクや安全環付きカラビナ。登攀装備の金物類のことをギアと言い、「ガチャ」とも言う。持って歩くときにガチャガチャ音がすることが由来のようだ

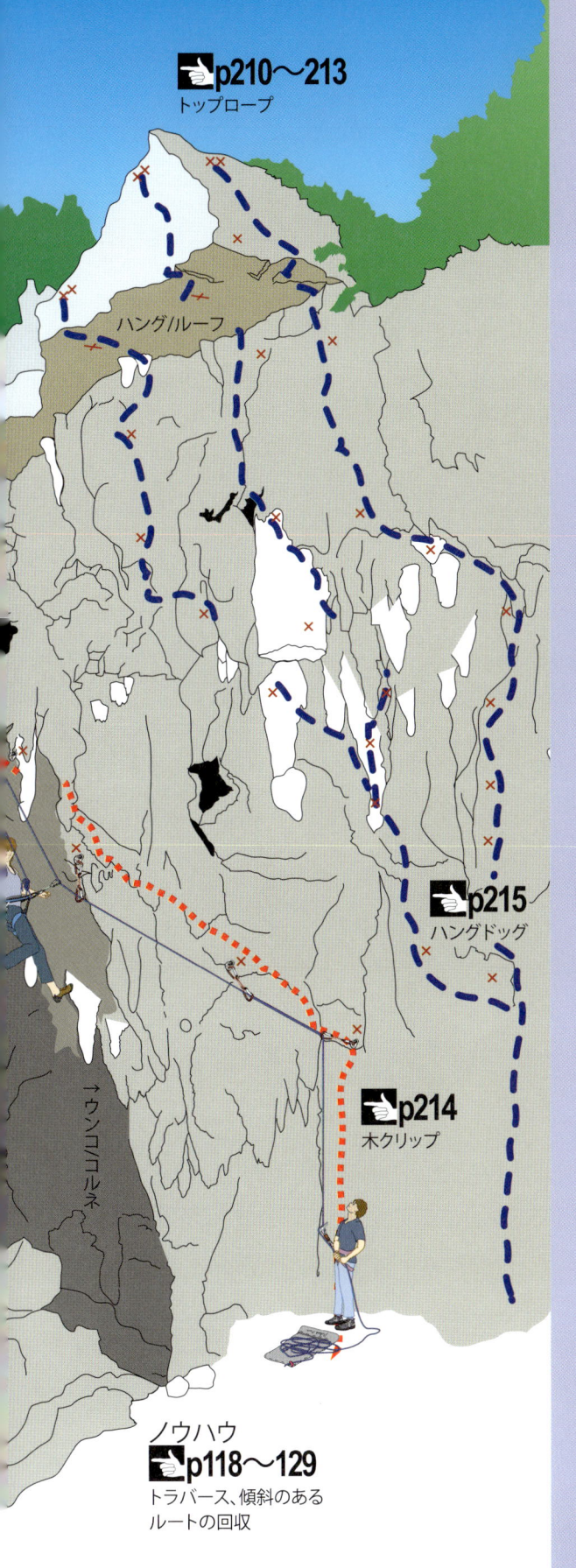

3.システム

シングルピッチ

👉 p210〜213
トップロープ

ハング/ルーフ

👉 p215
ハングドッグ

→ウンコ/コルネ

👉 p214
木クリップ

ノウハウ
👉 p118〜129
トラバース、傾斜のある
ルートの回収

●3-1の内容
　3-1ではイラ・クラロック（架空の岩場の名称）で以下のことを行います。岩場、エリアの名称は、岩名、地名などや、一般的には知られないクライマー命名のものがあります。

リード
　ロープで確保してもらい登り、途中でプロテクションをとりながら登ることをリードという。墜落時はプロテクションで地面までの墜落（グラウンドフォール）を防ぎ、終了点まで登ったら確保者に下ろしてもらう（ロアーダウン）。
　登るルートの設定はフリーで登るために打たれたラップボルトのスポーツルート。装備はヌンチャクのみ、1本のロープで登って下りられる長さ。下りるための終了点が設置されている。

回収
　登るために使用したギア※2の回収方法。状況、ルート、岩の形状により回収方法が変化する。

墜落
　テンションと墜落。

アプローチ/取付
　ルートの選択の考慮、登るルートのグレード、岩の状況（濡れ、崩壊、込み具合など）。取付までの考慮。取付でリードを確保するための考慮など。

ノウハウ
　システムを使いこなすためのノウハウ。ノウハウを理解していないと痛い目に遭うこともある。

●登る前に

　岩場へ行く前に、その場所について知っておくべきことがあります。特に人の多い岩場、人里に近い岩場の場合には気を配らなければならないことが多くあります。

その場所特有の決まり

　その場所により特有に決まりが存在します。他の場所では当たり前のことでも、その地域では禁止となっている行為（法的なものと、主に通っている人たちで決めた自主的ルール）があります。初めて行く場合は、そのような決まりの有無を調べておくことが重要で、「エッ！そんなの知らなかった」などはトラブルの元にもなります。

　それらのルールの多くは、クライマーのオーバーフローが原因で生まれたものです。従うか従わないかは個人の考えによります。法的な規制に従わない場合は罰金などの罰則が科せられます。

キジ場

　人が多い場所では、自然が吸収できる範囲以上の糞尿が流され飽和状態となります。
　水の流れている近くで行わない
　穴を掘り、その中にする
　紙で隠したと思わない！
　など後から来る人のことを考えるのは、重要でしょう。完全な対策は、持ち帰るか、その場でしないことです。持ち帰りが決まりとなっている地域もあります。

泊まる

　泊まる場所の情報も事前に調べておくべきです。環境が変化して泊まることが問題になっている場合があります。公共機関は、クライミング文化を理解し、過去の経緯などをふまえ、過去に容認されて行為が継続して行われるよう配慮していただきたいものです。

●アプローチ

ルート図（P70〜71）を見ると、アプローチと書かれた部分にIV－と表示があります。この数字は難易グレードを表しています。クライミングが終わったらこのIV－の部分を登って帰ることになりますが、もし自分やパートナーが軽傷を負った場合、自分たちだけで登り返すことができるかどうか、そういうことも考えておく必要があります。アプローチの危険な場所も登攀の過程に含まれます。「何かあったら、そこらにいる人たちに助けてもらおう」では、自己責任を果たしているとはいえないでしょう。ルートの取付に行くまでにも転・滑落事故の可能性があります。アプローチで装備を使用するかしないかは登る人の経験、考えによるでしょう。

ルート図に隠れた意味

「イラ・クラロック」ルート図をもう一度見て下さい。ここには岩場を利用するにあたって重要な情報が記載されています。

topoの内容	隠れた意味
徒歩30分	人家に近く、近隣住民とのトラブル発生の可能性がある
駐車スペース路肩3台	駐車スペースの問題が発生する
私有地	公有地より所有者との問題が発生しやすい
土地所有者に了解	現状は了解されていてもクライマーの使用状況で変化する可能性がある
発表は○○誌×××号（つい最近の特集）	公共誌に公表後は一時期に大量の人が集中するため、容量を超えることが多く、事故、駐車、キジ、泊まりなどすべてにおいて問題を発生させる
岩質：石灰岩	建築資材となる可能性がある

残置されているフィックスを使用する場合、ロープの傷みなどを確認する。残置フィックスに対する考えは個人によりさまざまである

3.システム

シングルピッチ

⚠️ 取付

転、滑落するような取付の場合は、確保者は自分が落ちないようにロープなどで自分を固定します（自己確保）。確保者の自己確保は状況に応じて行い、転、滑落する場所でない場合には必要ありません。平らな地面の場合にはむしろ確保の妨げになります。

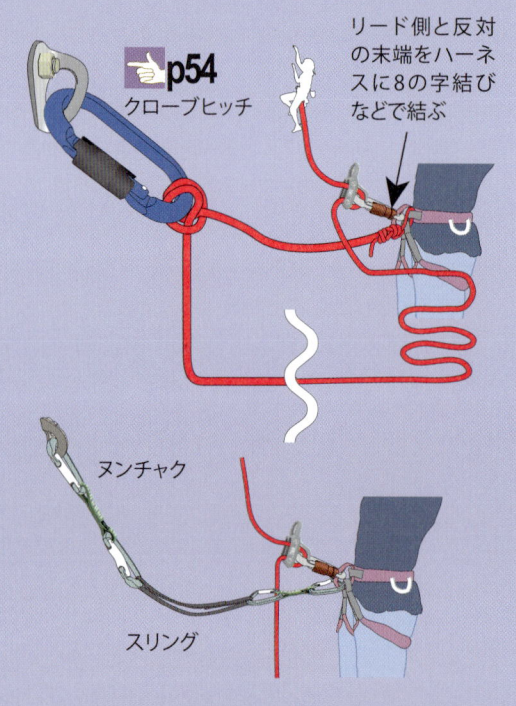

👉 p54
クローブヒッチ

リード側と反対の末端をハーネスに8の字結びなどで結ぶ

ヌンチャク
スリング

メインロープでの自己確保の方が長さの調節が楽。スリングヌンチャクでも可能。支点が複数あれば複数から確保をとればより確実

確保者の自己確保は状況に応じて変化する。リードも自分が落ちたときのことを考える。確保支点がない場合はナチュプロが必要な場合もある

ちょっとヤバイかも
ビレイまかせて！
本当に大丈夫？

確保時の自己確保の要因

自己確保の要因		自己確保
安定地		不要
	体重差	後方に必要
不安定地	後方に転滑落の可能性	前方に必要
	前方に転滑落の可能性	後方に必要

●確保者が安定した場所

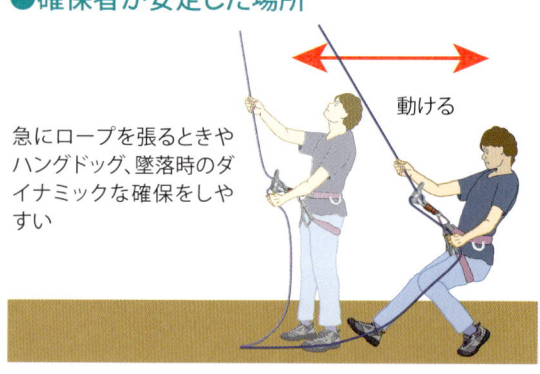

動ける

急にロープを張るときやハングドッグ、墜落時のダイナミックな確保をしやすい

張って!!
待って!!

確保者の自己確保は、確保者が転、滑、墜落する可能性のない所ではスムーズな確保の妨げになることもある

ピンピン
動けない

●体重差のあるとき

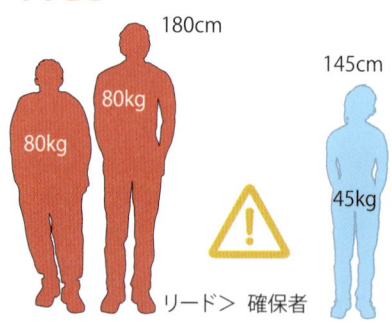

180cm 80kg
80kg
145cm 45kg

リード ＞ 確保者

10kg以上の体重差の確保は要注意
20kg以上になれば墜落時に飛ばされないように後方の自己確保も考慮した方がよい

74

●確保者が不安定な場所1

自己確保なし、1本目クリップ前の墜落の場合

2人とも転、墜落
確保者
リード

自己確保なし、確保者滑落

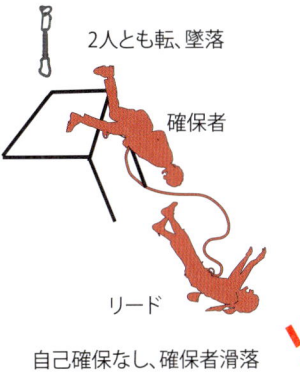

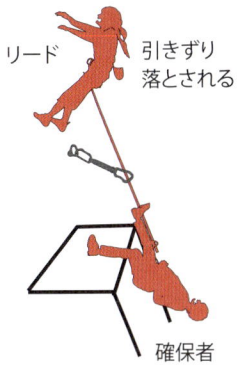

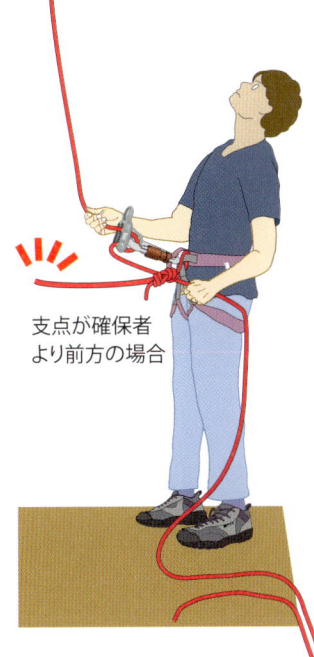

リード
引きずり落とされる
確保者

支点が確保者より前方の場合

●確保者が不安定な場所2

自己確保なし、1本目クリップ前の墜落の場合

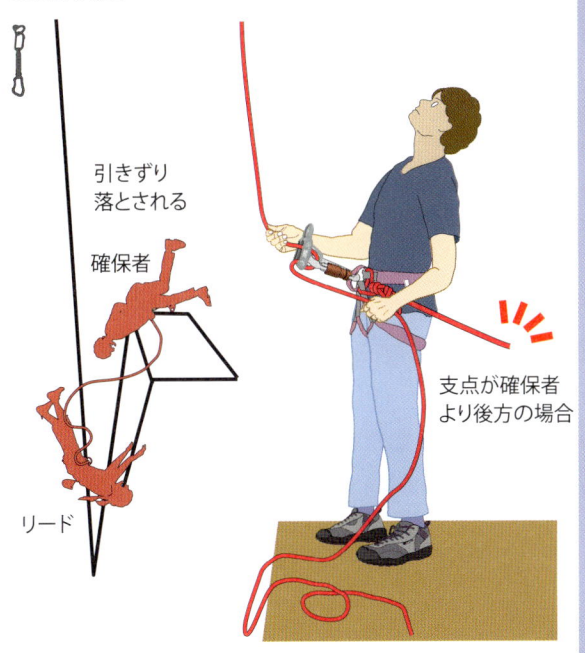

引きずり落とされる
確保者
リード

支点が確保者より後方の場合

ロープの確認1

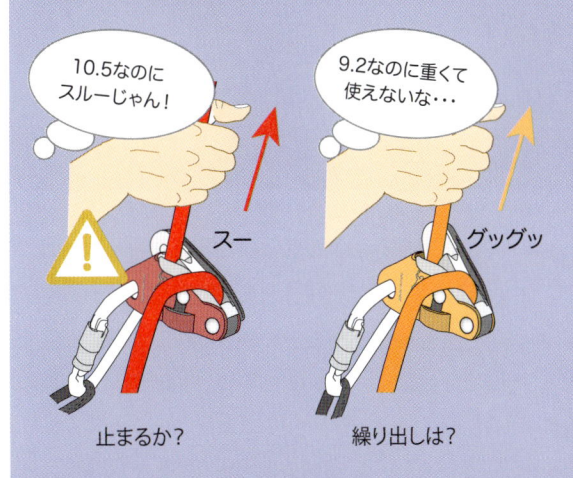

「10.5なのにスルーじゃん！」 スー

「9.2なのに重くて使えないな…」 ググッ

止まるか？　　繰り出しは？

　使用ロープと確保器を実際にセットして相性（滑りやすい、滑りにくい）を確認する。取り扱い説明書などの使用ロープ径は目安と考え、実物で必ず確認することが重要。

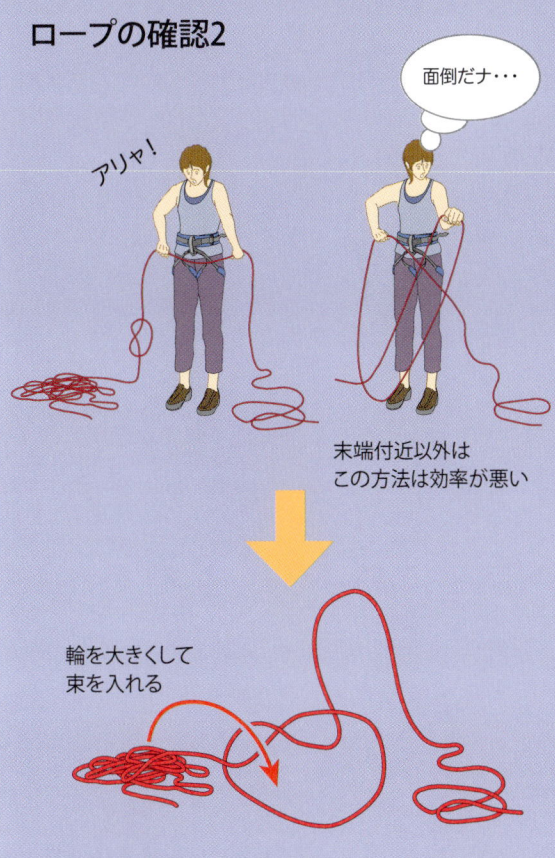

ロープの確認2

アリヤ！

面倒だナ…

末端付近以外はこの方法は効率が悪い

輪を大きくして束を入れる

登り始める前にリード、確保者はロープにキンクや結びがないか確認

3.システム

シングルピッチ

●リード

装備を使用した登り（リード）の手順は1～9の終了点までです。確保者に下ろしてもらい（ロアーダウン）、地面に下りるまでの手順は10～19で示します。リードとロアーダウンのワンセットで地面に戻ります。

⚠ 結び忘れの要因

これはほんの一例で、さまざまな状況、複数の要因が重なり、結び忘れが発生します。

1 ワハハ それでさ／エッホント！どうなった

2 チョークバッグ忘れた！
他のことに気をとられる

3 他のことをする

4 ヨシヨシ／グ,グ
通常は結びを確認するが

5 混んでるから急がなきゃ／10人待ち／次空いてる？

リードの登る前の準備（手順1の前の手順）
1) 登るルートを決める
2) ボルトの数、ルートの長さ、終了点（可能なら）の確認
3) ルートをよく観察する。登るライン、クリップ位置、難しいと思われる個所のホールド、スタンス、動きを想定する
4) ハーネスを装着する（→p25）
5) チョークバッグをつける
6) ロープを結ぶ（→p50）
7) ヌンチャクをギアラックにかける。終了点が結び直しが事前に判明しているなら、安全環付きカラビナ+スリング（自己確保物）を持てば危険度は下がる
8) シューズを履く

1 確認

ロープを引いて結びの確認
バックルの折り返しの確認
ボルト数とヌンチャク数の最終確認
確保者の確保の確認

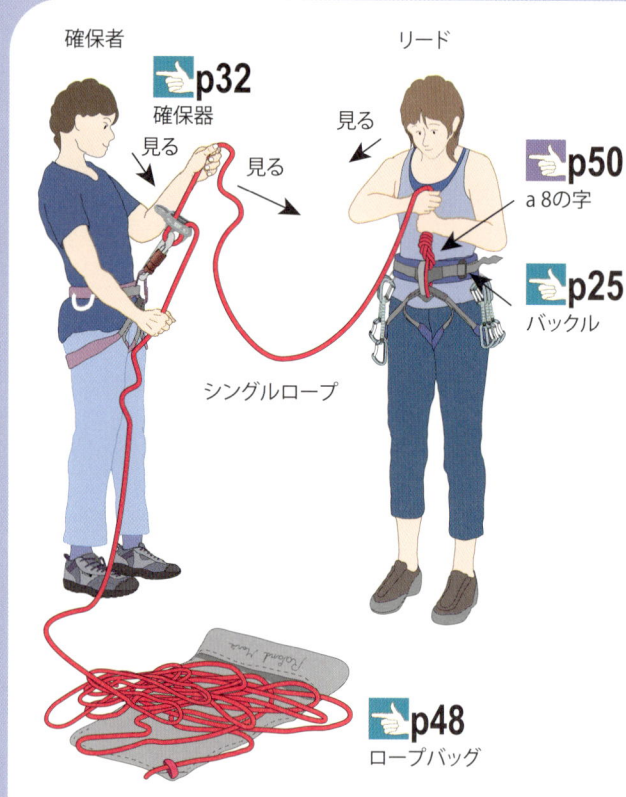

確保者　　　　　　　　　　　リード
👉p32 確保器　見る　見る　👉p50 a 8の字
👉p25 バックル
シングルロープ
👉p48 ロープバッグ

↑末端を通す、結ぶ。末端が固定されているとロープがからまりにくい。また目印になる

1 確認

ロープを引いて確保器セットの確認
新しいロープや初めて使うロープの場合は、滑り具合などロープと確保器の相性を調べる。
リードの結び、ハーネスのバックル折り返しの確認

3.システム

2 登る

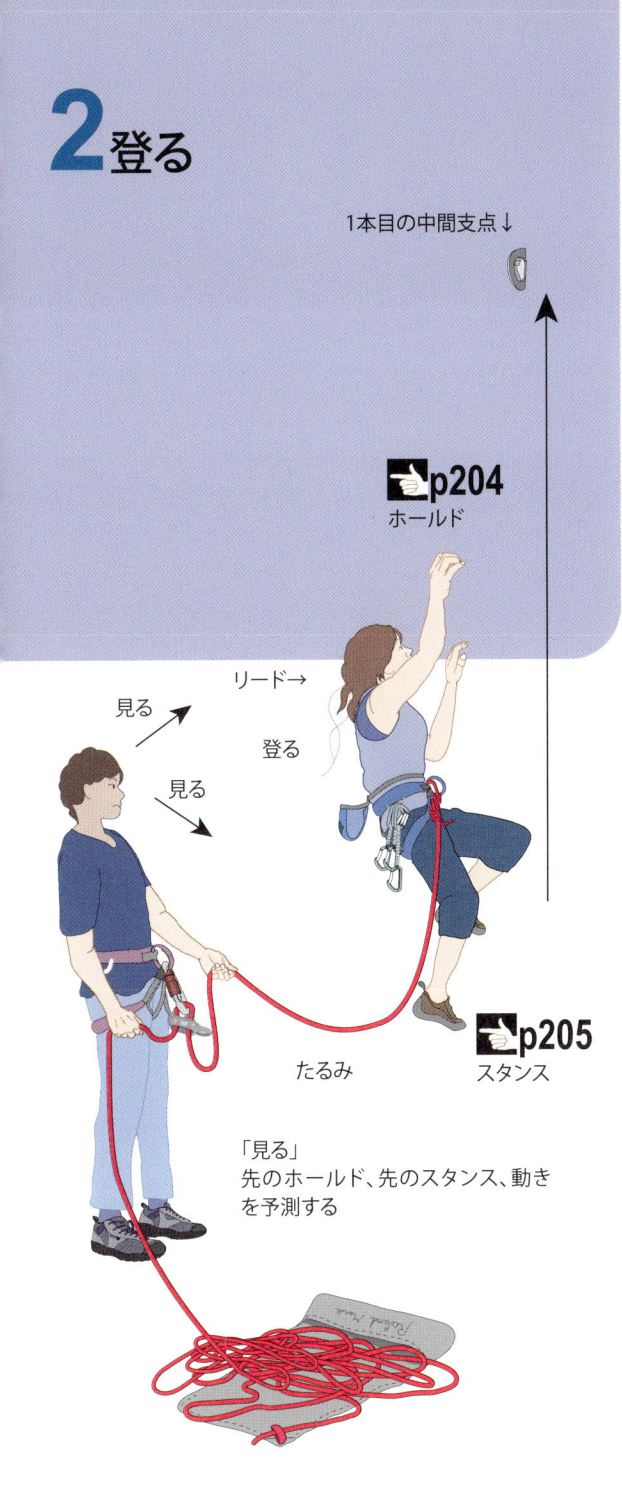

1本目の中間支点↓

☞p204
ホールド

リード→
登る

見る↗
見る↘

☞p205
スタンス

たるみ

「見る」
先のホールド、先のスタンス、動きを予測する

2 見る

1本目クリップまではロープは引きずるだけ。リードの登りの障害にならないようにロープを出すなど操作する

●スポット/サポート

「ちょっとヤバイかも」
「サポートしてるよ」

この場合、確保器を持っていても役にた立ない

地面近くで、落ちる可能性がある場合。特にリードが体勢をとれずに落ちるときに有効。

⚠ スポットの見極め

スポット（サポート）できる範囲以上のサポートをすれば、確保者もけがをします。50kg以上の重さが2mほど上から落ちてくるのを受け止めるのは大変なことです。お互いどこまでサポートできるか知っておくことが大切です。

ギエー!!

確保者もリードの衝突でけがをする

シングルピッチ

3.システム

シングルピッチ

⚠️ ヌンチャクをかける

登る方向に応じたゲートの向きの考慮が、かける時点で必要です。ヌンチャクをかける前に、ルートを読んでいることが重要。ゲートの向きと登る方向が同じ場合、墜落時にロープがカラビナから外れやすくなります。

👉 p46
←ボルト

👉 p30
←ヌンチャク

←ゲート

ゲートと逆方向　　　ゲートと同方向

ゲートと同方向では墜落時、ロープでゲートを開放、カラビナからロープが外れやすい

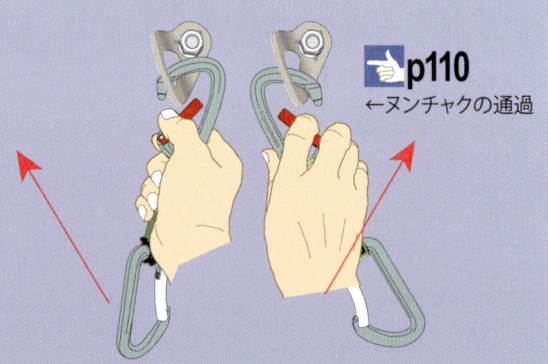

👉 p110
←ヌンチャクの通過

ヌンチャクをかける向きで、カラビナの持ち方が変わる

3 かける

ルートを読んでヌンチャクをかける※1

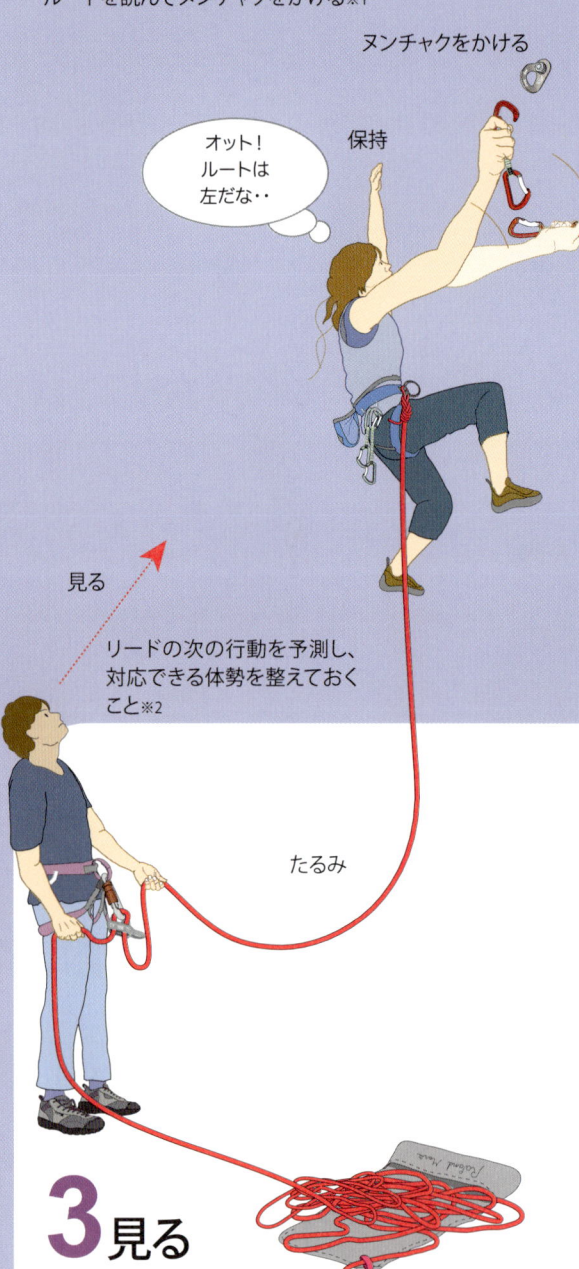

ヌンチャクをかける

保持

オッ！ルートは左だな‥

見る

リードの次の行動を予測し、対応できる体勢を整えておくこと※2

たるみ

3 見る

ある程度の高さに登ったら、リードのフォールラインを避ける

※1）ルートを読んで　ホールド（手がかり）、スタンス（足場）、登る方向（ライン）、ムーブ（体の動かし方）、ボルトの位置などを考慮し登り方を考えること

※2）行動を予測　経験がなければ行動の予測は難しいが、リードが何をしようとし、どのように動こうとしているか考える習慣をつけておくことが重要

3.システム

4 掴む
クリップするためのロープのたぐりはクリップ位置、クリップ方法により相違がある

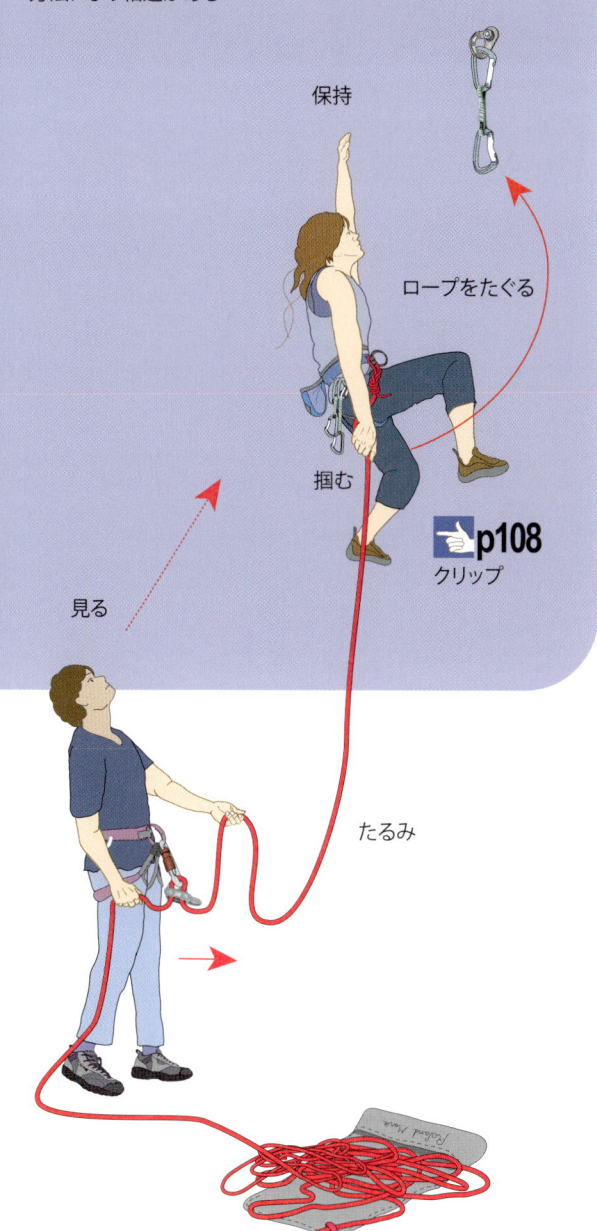

保持

ロープをたぐる

掴む

👉 p108
クリップ

見る

たるみ

3.9 前進/出す
たぐりに合わせて前進。前進することでロープはたるむ。手の操作だけで間に合うなら、前進の必要はない

ロープの出すタイミング

ロープを出すタイミングには経験がいる。登ることと確保することは別の動作ですが、両方を経験しなければしっかり確保できるようになりません。確保者は登攀者の動きを読みながら確保することで、次の行動を予測し、素早い対応ができるようになります。

「ロープ来ないよ！！」

「デ・出ない！」

手元を見ながらの操作はとっさの行動を起こせない

登ること同様、いきなりまともな確保はできない

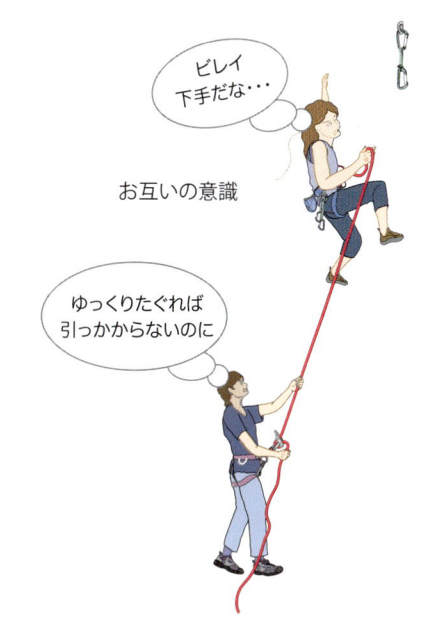

「ビレイ下手だな…」

お互いの意識

「ゆっくりたぐれば引っかからないのに」

お互いの意思疎通も重要。
リードか確保者どちらが相手に合わせるのか…

シングルピッチ

3.システム

シングルピッチ

⚠️ 逆クリップ

下図右を逆クリップ(逆クリ)といいます。逆クリでないもの(左)は呼び方がありません。逆クリップは、墜落時にロープがカラビナから外れやすくなります。

逆クリップでない　　逆クリップ(逆クリ)

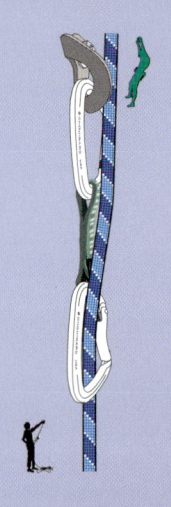

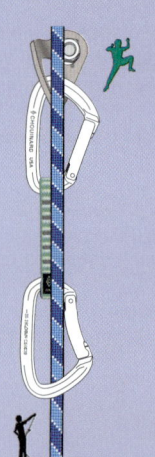

逆クリップはカラビナの表面から裏面にロープが入る
p78のゲート向きとは別の問題

逆クリップ墜落時

逆クリはロープでゲートを開放しやすい

4.9 たぐる

ヌンチャクをかけ、ロープをクリップする位置は状況で変化する。ヌンチャクがかかってるときとかかってないときでもクリップ位置は変化し、登りにも影響する。3〜4.9は状況に応じてクリップ動作が変化する(→p108)

ロープをたぐり
カラビナにクリップする

☞ p108
クリップ

出す

前進

4.6 出す

たぐりに合わせて出す

80

5.1 クリップ

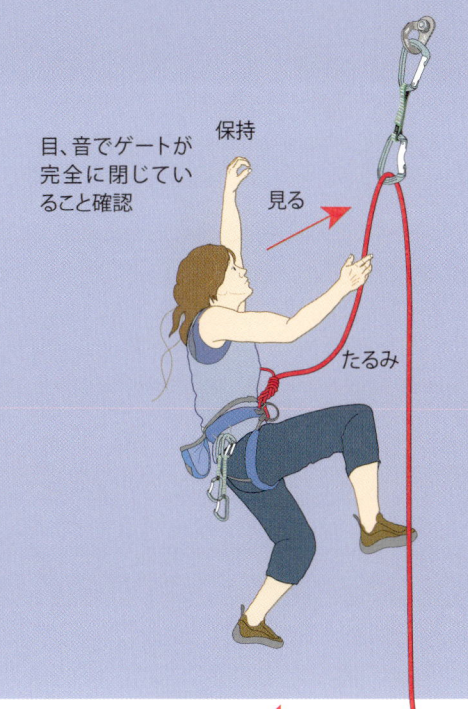

目、音でゲートが完全に閉じていること確認

保持

見る

たるみ

⚠ クリップの確認
クリップしたつもりが、ゲートにロープが挟まりカラビナに入ってないことがあるので、視認することが重要。

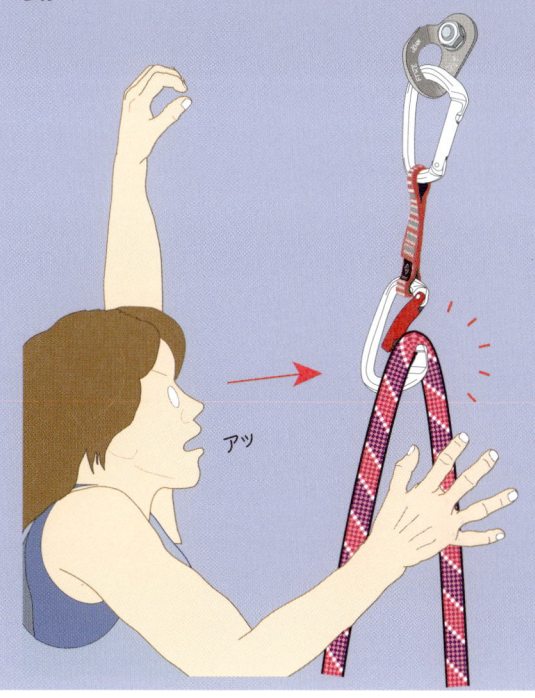

アッ

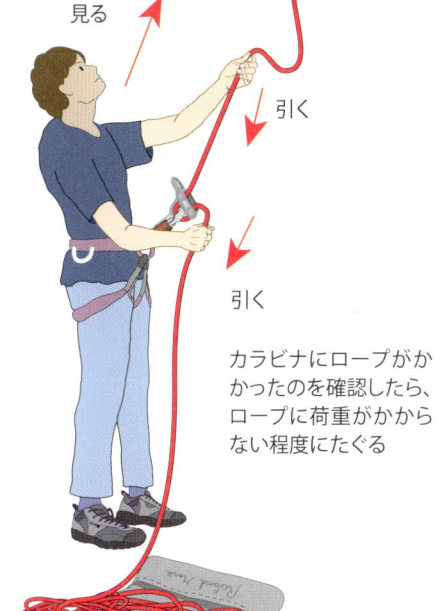

見る

引く

引く

カラビナにロープがかかったのを確認したら、ロープに荷重がかからない程度にたぐる

5.1 たるみをとる
クリップのために出した、たるみをとる

●張りすぎない
確保はロープを張りすぎず、ゆるめすぎずです。ロープに荷重がかかると登りの妨げになります。たるみをとるときは張り具合に注意します。

たるみ、張り具合は経験的なもので、個人により差もあり、多少荷重があった方が「ちゃんとビレイしてくれている」と安心感を持つ人もいます。リードの好みにあった確保ができることが望ましいでしょう。

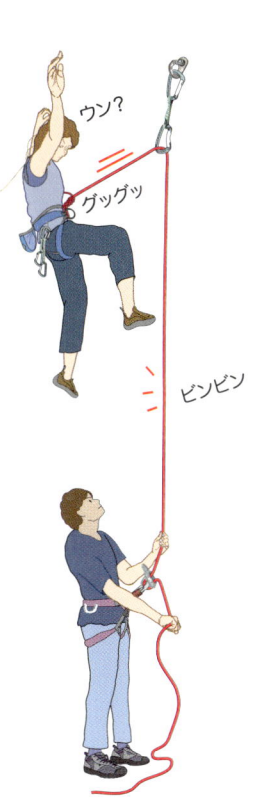

ウン？

ググッ

ビンビン

ロープに荷重がかかるようでは張りすぎ

3.システム

シングルピッチ

⚠️ 5.3と5.5の相違

5.5を境にリード、確保者の状況は大きく変化します。5.3から5.5まではトップロープ状態で、墜落はロープのたるみと伸び程度の墜落。5.5以降がリード状態となり、支点と結び目の距離の2倍＋αの墜落となります。この状態は中間支点にクリップするたびに同じ状況が発生します。

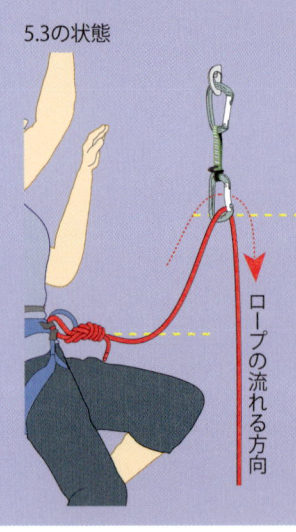

5.3 登る

5.3の状態

5.6の状態

ロープの流れる方向

ロープの流れる方向

たるみ

ロープをたぐる動作

↑確保者の動作
ロープのたるみをとる

↑確保者の動作
リードの動きに合わせて
ロープを出す

⚠️ 低い1本目での墜落

👉 p111
確保

1本目の支点位置が人の身長ぐらいの高さの場合は、十分な注意が必要です。確保者は確保技術が要求され、確保が十分でない場合、リードはグラウンドフォールする恐れがあります。このような支点の場合、リードは飛び降りるかクライムダウンする方がましでしょう。ジムでは限られた短い高さの中で楽しみ、トレーニング効果を上げるために、地面に近い位置から落ちる可能性があるような設定もあり、自然壁以上に注意が必要な場合もあります。

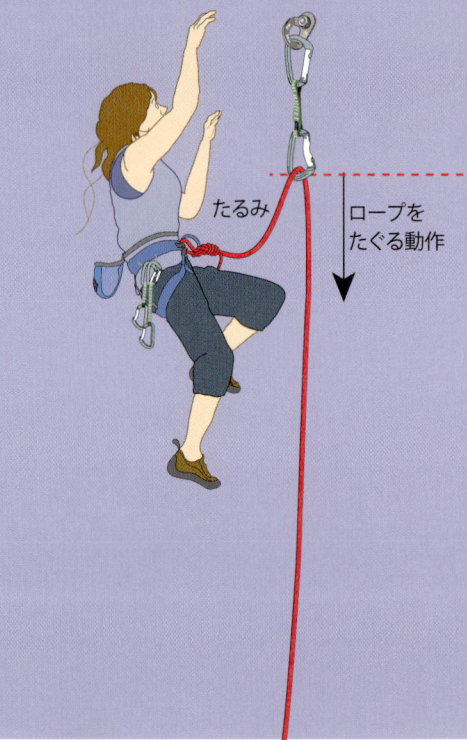

スライド

👉 p99
確保b

スライド

5.3 たるみをとる準備

5.1のたるみをとる動作と、5.3〜5.5までのたるみをとる動作は内容が違う

5.5 登る

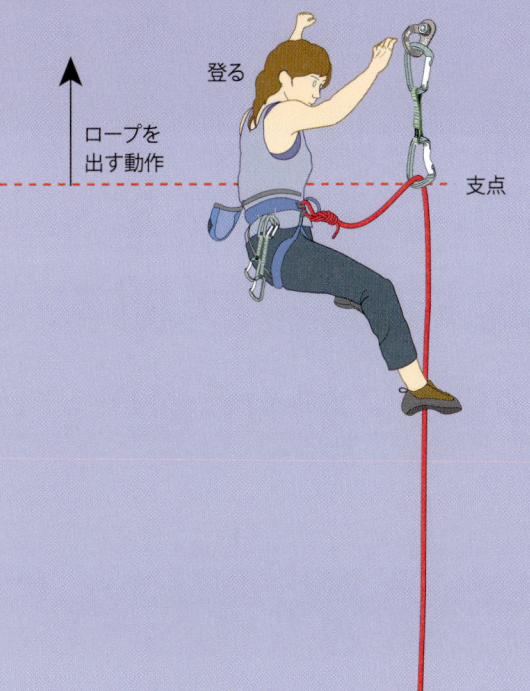

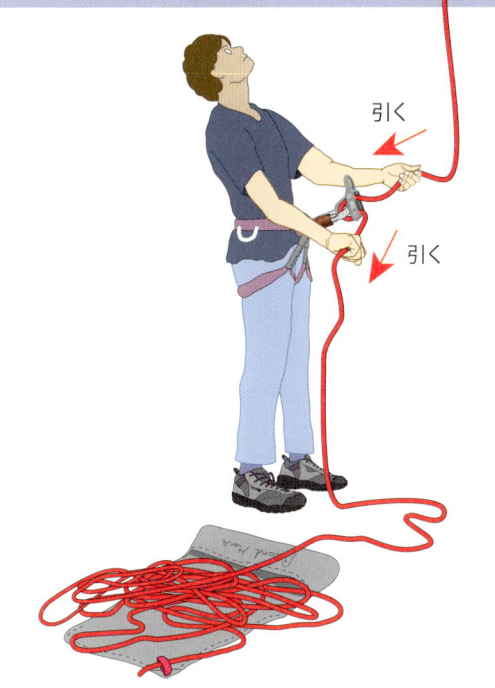

登る
↑
ロープを出す動作

支点

5.5 たるみをとる

5.5まではたるみを取り、5.5以降は登りに合わせてロープを出す

引く
引く

5.3〜5.6の確保操作

5.3〜5.5までは、リードが登ることで発生するロープのたるみを取る動作（ロープをたぐる）、5.5以降はリードの登りに合わせたロープを出す動作に変化します。たるみをとる動作はリードのクリップ位置にもより、常に行うとは限りません（→p108）。

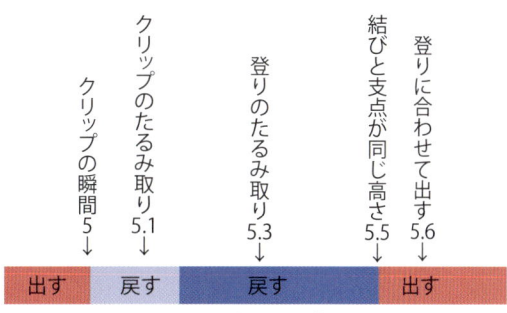

クリップの瞬間 5.6	クリップのたるみ取り 5.1	登りのたるみ取り 5.3	結びと支点が同じ高さ 5.5	登りに合わせて出す 5.6
↓	↓	↓	↓	↓
出す	戻す	戻す		出す

5.5を境にロープの流れは反転する

5.3〜5.5の確保操作

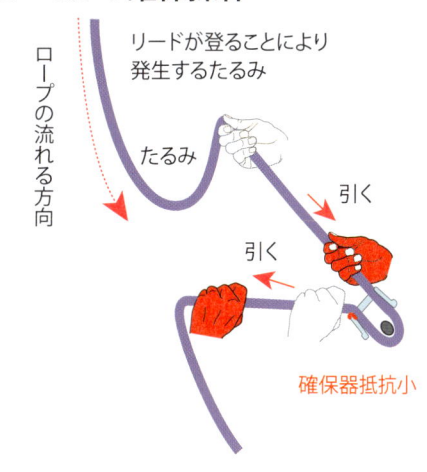

ロープの流れる方向

リードが登ることにより発生するたるみ

たるみ

引く
引く

確保器抵抗小

5.6の確保操作

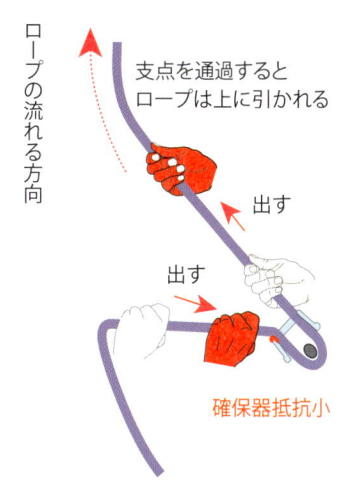

ロープの流れる方向

支点を通過するとロープは上に引かれる

出す
出す

確保器抵抗小

3.システム

シングルピッチ

3.システム

シングルピッチ

⚠️ ハンガーに指を入れる

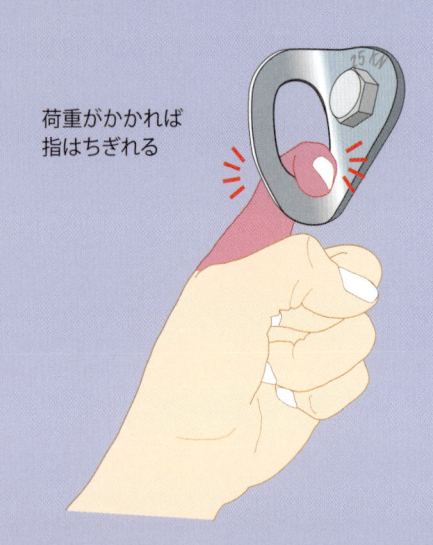

荷重がかかれば指はちぎれる

静荷重ではホールドとなっても、大きな荷重がかかったときには指がちぎれるような大けがになることもあるので絶対にやってはいけない。ヌンチャクをかけて掴むなど別な手はいくらでもある。そもそもこのルートでこのような状況になってはいけない。

⚠️ 想定外墜落

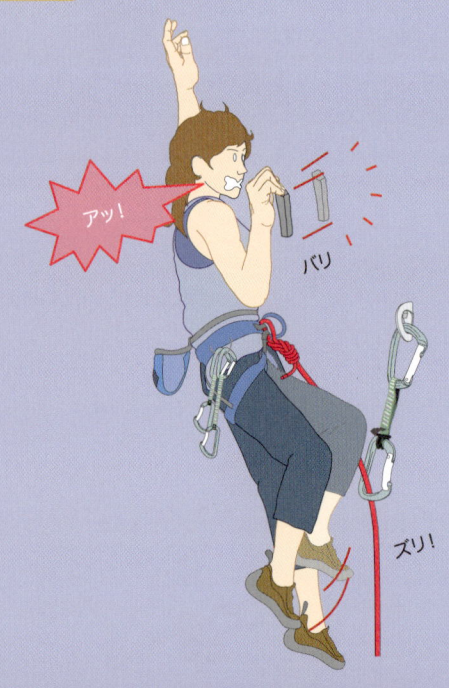

ホールドがはがれる、足が滑るなど、リードの想定外墜落もある。リード、確保者ともに登っている間は気を抜けない

6 登る(2本目まで)

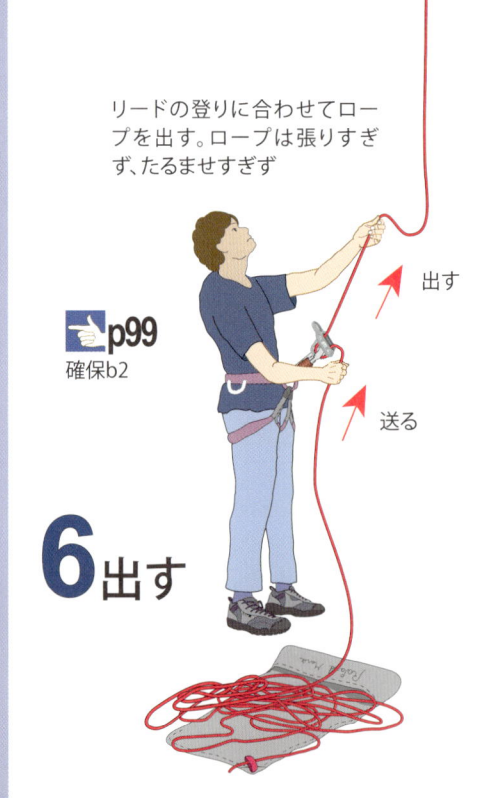

2本目のボルト→

👉 p86
8以前の墜落

登る

6から装備が有効になる

リードの登りに合わせてロープを出す。ロープは張りすぎず、たるませすぎず

👉 p99
確保b2

出す

送る

6 出す

7 2本目クリップ

2本目の支点も1本目と同様に
ヌンチャクをかける
ロープをたぐる
ロープをクリップする

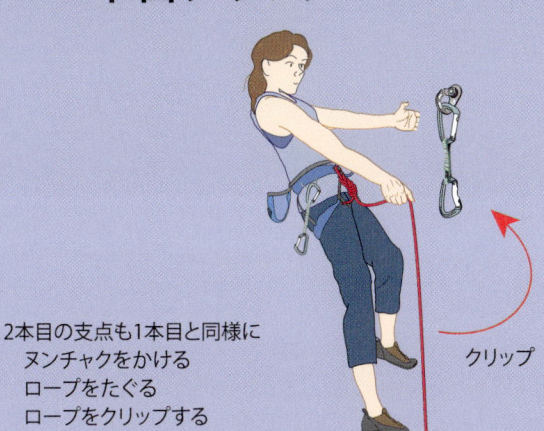

クリップ

⚠ クリップ瞬間の墜落は危険大

クリップ瞬間の墜落は、確保者がロープを送り出しているためロープのたるみが最も大きく、瞬時の確保が難しい状態にある。

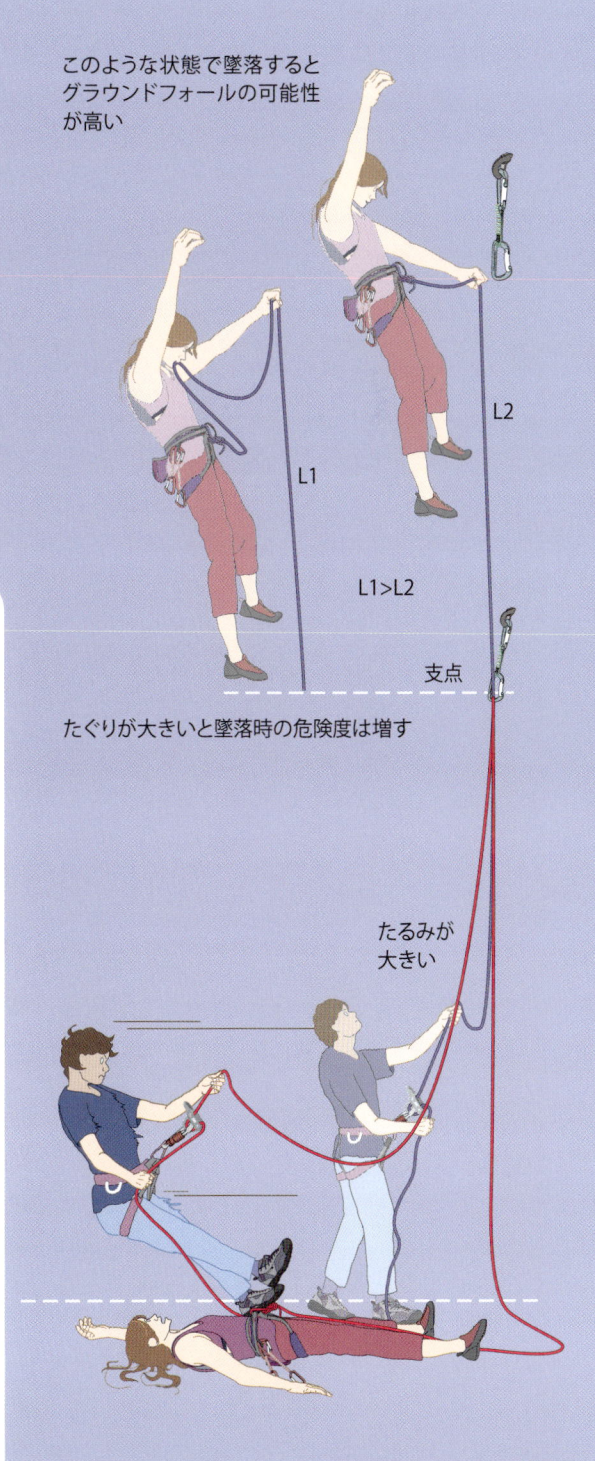

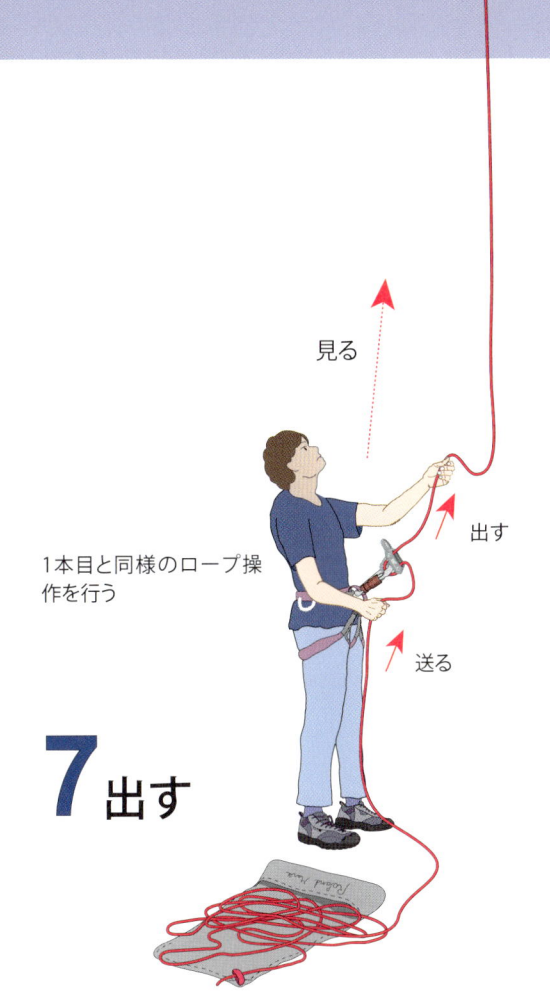

3.システム

シングルピッチ

このような状態で墜落すると
グラウンドフォールの可能性
が高い

L1
L2
L1>L2

支点

たぐりが大きいと墜落時の危険度は増す

たるみが
大きい

7 出す

1本目と同様のロープ操作を行う

見る
出す
送る

3.システム

シングルピッチ

⚠ 8以前の墜落

8以前の墜落例です。2本目をクリップするまではグラウンドフォールの可能性は十分にあります。ボルトの間隔によっては3本目でもグラウンドフォールの可能性もあります。下表は登った位置からの墜落を表したもので、b、c（紫色）の状態での墜落は確保者の技術しだいでグラウンドフォールになります。

墜落距離＝2L＋α
L＝墜落支点から結び目までのロープの長さ
（高さではない）
α＝ロープの伸び＋たるみの長さ＋確保者技術

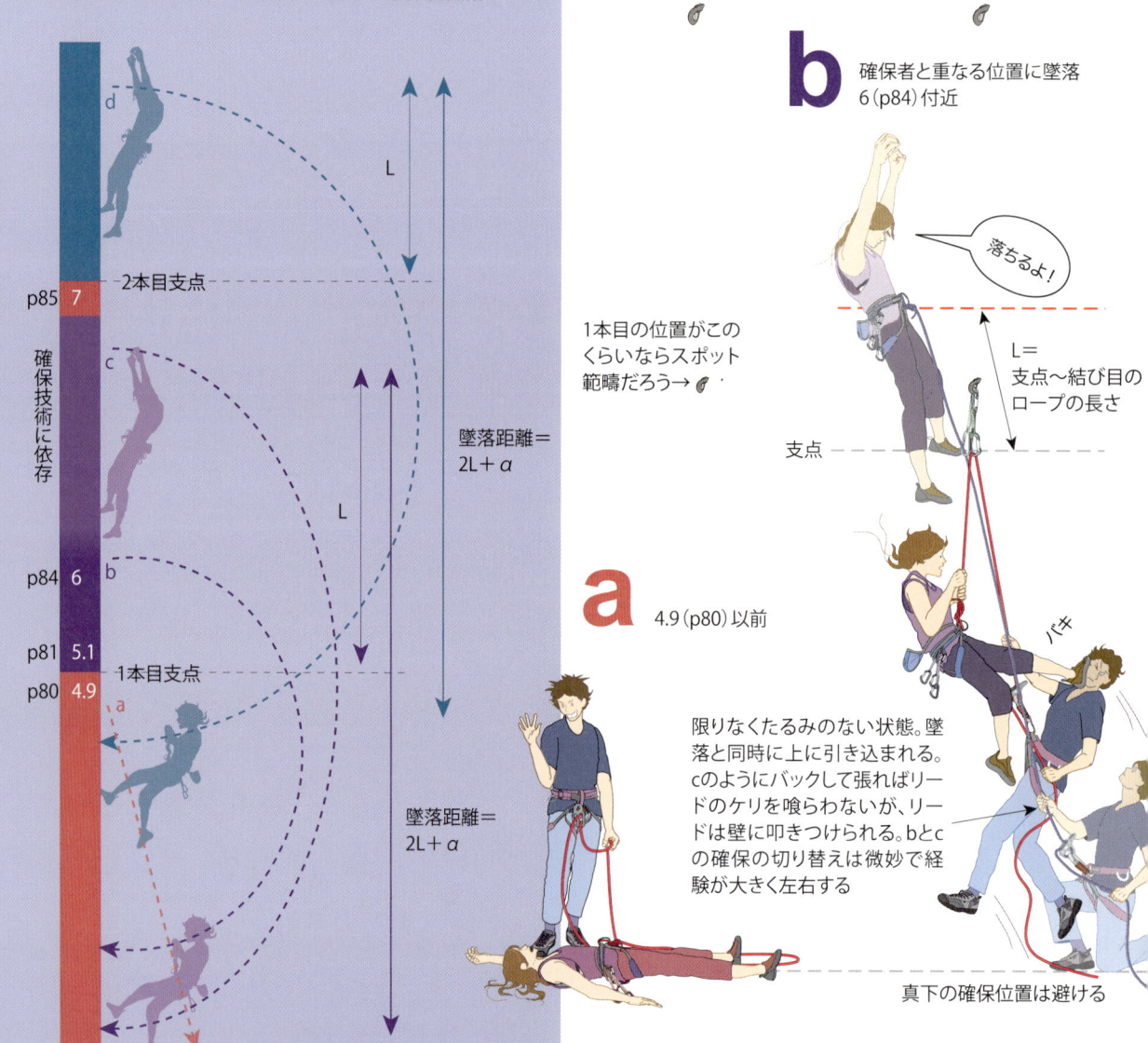

p85	7	
p84	6	確保技術に依存
p81	5.1	
p80	4.9	

2本目支点
1本目支点
地面

墜落距離＝2L＋α

地面に近い位置での墜落はαの大きさが大きく影響

1本目前の墜落

グラウンドフォール

1本目の位置がこのくらいならスポット範疇だろう→

a 4.9（p80）以前

リードが受け身の体勢で飛び降りる。受け身をとれずに落ちればグラウンドフォール。確保者のサポートは墜落距離による

1本目上部からの墜落

2L＋α＝セーフ・・・

b 確保者と重なる位置に墜落
6（p84）付近

「落ちるよ！」

L＝支点～結び目のロープの長さ

支点

バキ

限りなくたるみのない状態。墜落と同時に上に引き込まれる。cのようにバックして張ればリードのケリを喰らわないが、リードは壁に叩きつけられる。bとcの確保の切り替えは微妙で経験が大きく左右する

真下の確保位置は避ける

確保者は姿勢を低くするなどリードのケリなどに注意。ロープを流すか流さないかは確保者の技術、経験による判断

3.システム

2本目クリップ直前の墜落

2L+α＝ぎりぎりセーフ…

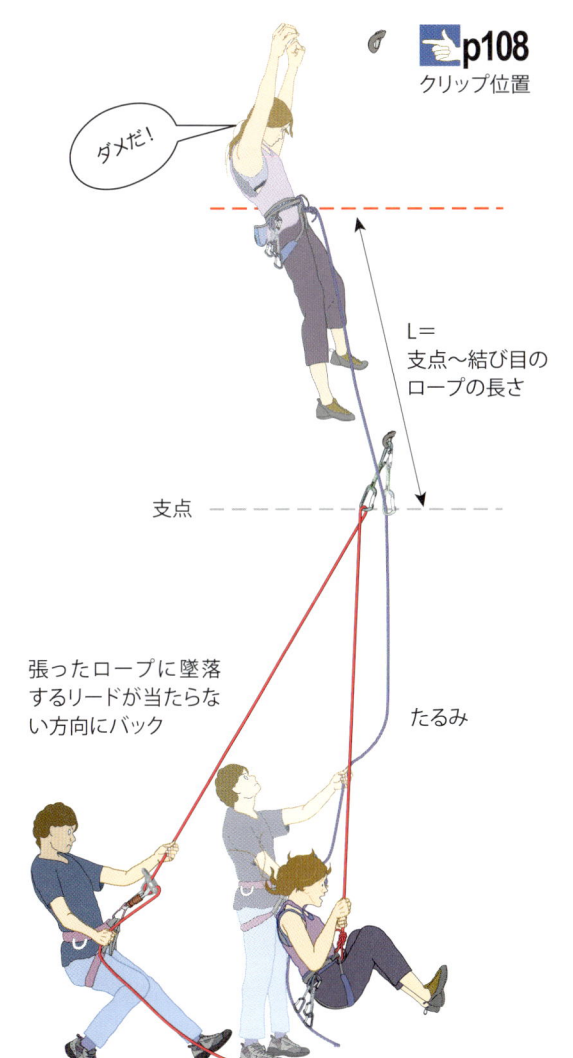

c 6(p84)の状態よりも登った位置

ダメだ！

p108 クリップ位置

L＝支点〜結び目のロープの長さ

支点

張ったロープに墜落するリードが当たらない方向にバック

たるみ

| 墜落のショックを和らげるためにロープを出すのは難しい | 地面寸前の場合は、確保者は墜落と同時に全速力でバック。リードはロープが張られるので、うまく着地する必要がある |

2本目クリップ後の墜落

2L+α＝セーフ

d 7(p85)の状態よりも登った位置

L＝2本目からのロープの長さ

支点

ジャンプする、ロープを流すなど衝撃をロープ、体で吸収

墜落のショックを和らげるため、ロープを滑らすなどダイナミックビレイをすれば、墜落は最悪になりにくい。ただしボルト間隔に左右される

シングルピッチ

3.システム

⚠️ ロープの流れ

ロープを支点にクリップしていくと、支点ごとに屈曲が発生します。直線的なルートの場合には屈曲は少なく、トラバース、ハングなどがある場合には屈曲が大きくなります。この屈曲が大きくなるとリードが引いているロープが重くなり、登りに影響が出ることがあります。屈曲をなるべく少なくし、ヌンチャクなどでロープの流れがよくなるように調整する必要があります。

> ムム…

確保者の助言

ロープの流れなどで登りに支障をきたす可能性がありながらリードが気づいていない場合、確保者は注意を促した方がいいでしょう。ただ、助言のタイミングには要注意で、ムーブに集中しているときなどの掛け声はかえって登りの妨げになります。

確保者はただ墜落を確保すればいいのではなく、リードと同様にクライミングの流れを考えていることが重要で、周りの人とおしゃべりしているなどはもってのほかです。

ハング/ルーフ

> 長ヌンにした

長ヌン

👉 **p111**
ロープの流れ

トラバース

ダイク

8 リード

終了点まで中間支点ごとにプロテクションをとって登る。
トラバース、ハングなどロープの流れの障害、岩角などでロープを傷める可能性がある場合などはランナーの長さ（長ヌン）などで調整する。その他考慮しなければならないことはたくさんある

> ハングで
> ロープ大丈夫？

8 確保

シングルピッチ

9 終了点

終了点にクリップでリード終了。終了点の種類により単純にクリップとはならない (→p112)

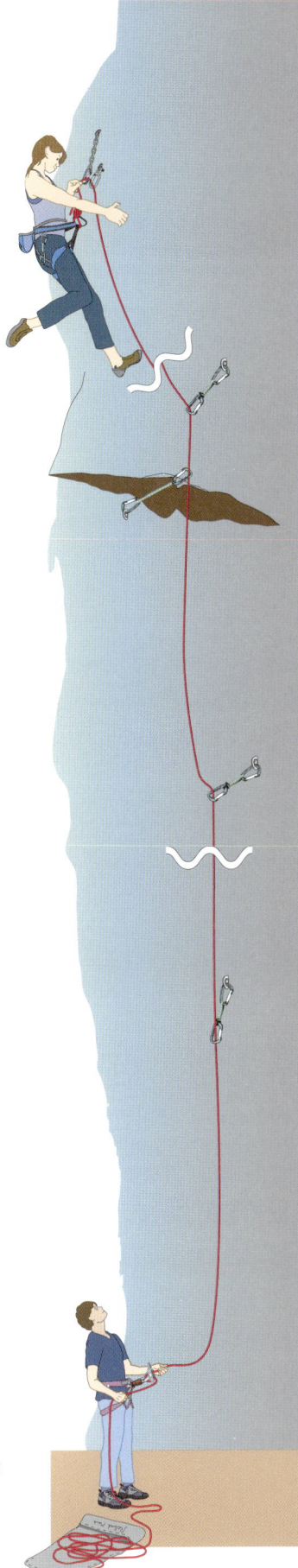

9 見る

「張って！」の合図があるまで油断せずに確保する

⚠ 終了点の確認

終了点の残置カラビナは、ロープとの摩擦によりすり減って傷んでいることがあります。また、長期間外地に置かれて腐食などで劣化しています。特に初めての終了点のときにはロープをクリップしてから荷重をかける前に、問題ないか確認する習慣をつけておいた方がよいでしょう。

↓ボルトの緩み、ハンガーのがたつき
←ハンガーですり減る
←ゲートが開閉しない
↑ロープですり減る
↑シャックルのネジの緩み
片面だけでなく両面確認

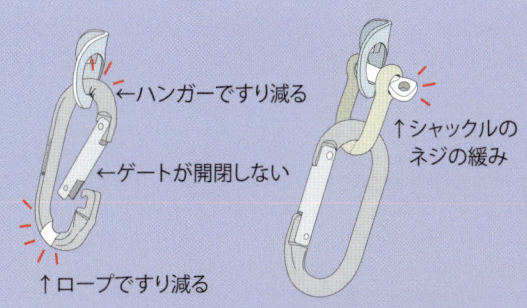

⚠ 終了点の支点は複数から

通常、終了点は複数のボルトが打たれています。1つが破損してももう1つでバックアップ可能なように複数のボルトにロープをクリップします。1本のボルトしかないような場合の対応は状況による。

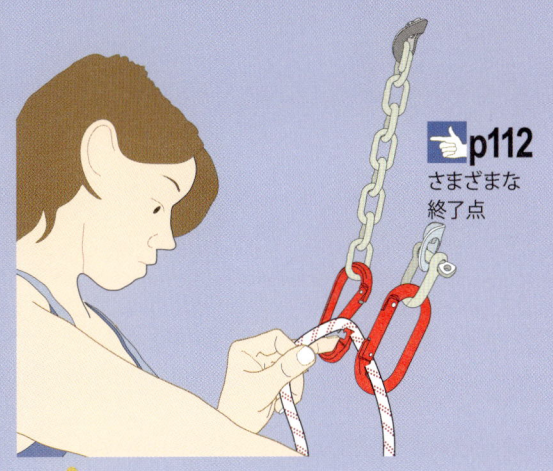

☞ p112 さまざまな終了点

⚠ クリップできない終了点

単純にクリップできない終了点もあります。このような場合に予備のヌンチャクを1本ぐらいは持っていないと対応できません。

シングルピッチ

⚠️ 張るとき

終了点から「張って！」の合図があったらただちに確保者は張らなければならないが、「張って」の直後に「待って」「ゆるめて」と言われることがあります。この場合に確保者が荷重をかけて張ってしまうと指を挟むなどけがをすることがあります。

●着地地点の確認

着地地点は、終了点の真下になる。登攀ラインがトラバース、壁が垂直以上の場合は登り始めた地点には下りません。下ろされる前に地面に下りられるか確かめること。リード、確保者ともにロアーダウンで下ろしたときの状況を、登る前に理解していなければならない。

9' ゲートの向き

安全還付きカラビナでない場合
カラビナを回してゲートの向きを変えた方が、震動でゲートが開いたとき、ロープが外れる可能性が低くなる

ゲートが岩側、あるいは岩角にあたる場合
岩で押されてゲートが開く可能性もあるので、この場合は一度カラビナを外して岩に当たらないようにかけ直す。
ただし、ゲート向きを交互にするかしないかは、リードの考え方しだい

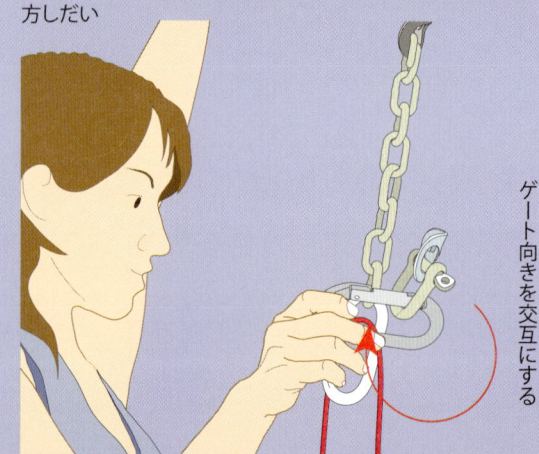

結果を見ると「そんなことはしないよ！」と考えるが、終了点のクリップ位置、クリップする手などの関係で逆にしてしまうことがある

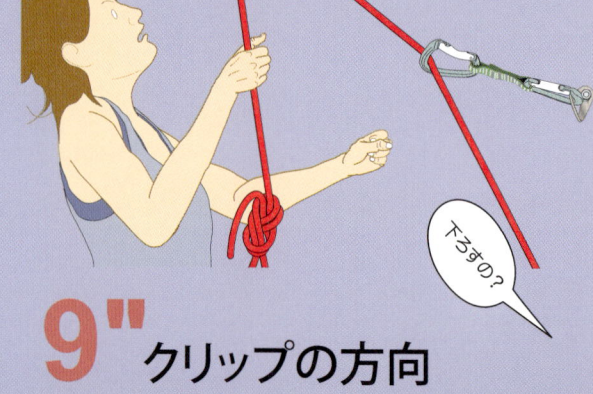

9" クリップの方向

状況によりリード側のロープと確保者側のロープが終了点直下でクロス状態になります。

10 張って

「張って！」

保持

保持

合図は「張って」、「テンション」、「テイク」などさまざまある。
ロープが完全に張られたのを確認し、ロープにぶら下がる

●勝手に下ろさない

確保者はリードから「下ろして！」の合図があるまで勝手に下ろさない。リードが作業中のことなどがあり、その場合に張られると指をロープに挟まれるなどけがの元になることがある。

しかし「張って」だけの登攀終了の合図だけですべてを終わらせる場合もあり、お互いの行動を理解、把握していることが重要。

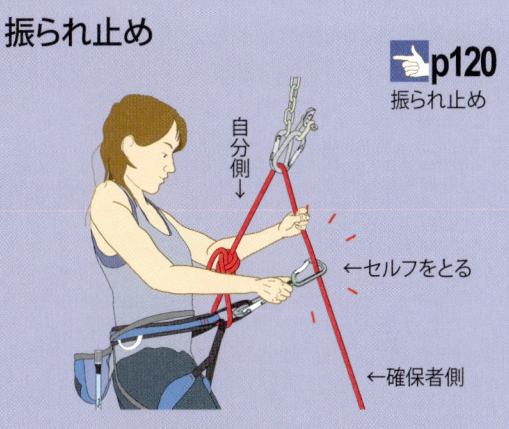

振られ止め

👉 p120
振られ止め

自分側→

←セルフをとる

←確保者側

ヌンチャクでビレーループと確保者側のロープを連結

左ページ左下のような場合は、ロープにセルフをとって下ります。ロープにセルフをとった場合、別の注意事項が発生します。

シングルピッチ

ロープにぶら下がるように荷重をかける

たぐりながら即座にバック

たぐっただけでは張りきれない

11 張る

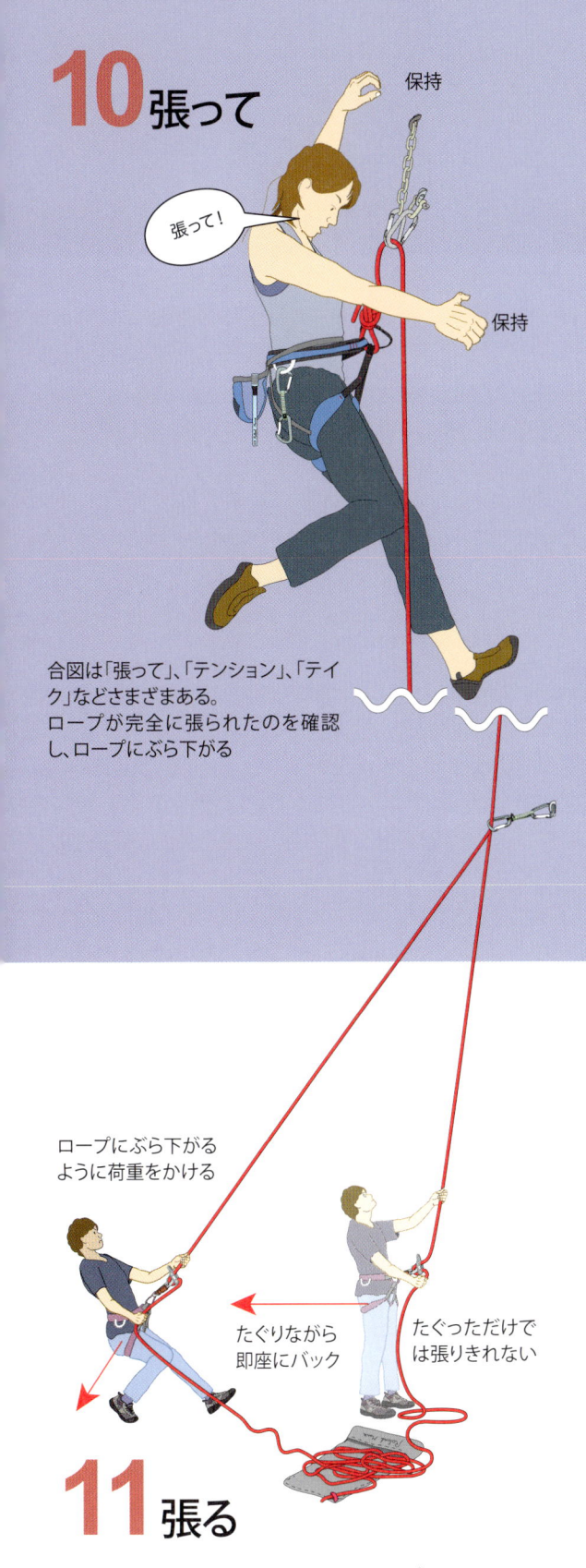

合図があったら素早く全体重をかけてロープを張ることが重要

確保者の体重による荷重で、しっかりとロープを張ることが重要。下がりながらたぐる方法と、真下で手でたぐる場合がある。即座にしっかりと張れるのは下がりながらたぐる方法です。地形により下がれない場合などは真下でたぐる。

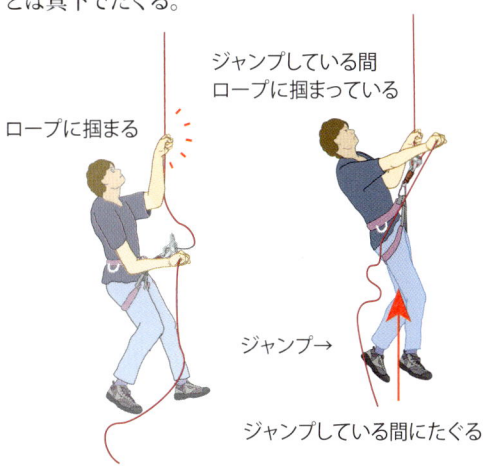

ロープに掴まる

ジャンプしている間ロープに掴まっている

ジャンプ→

ジャンプしている間にたぐる

3.システム

シングルピッチ

●ロアーダウン

ロアーダウンは、ロープにぶら下がり確保者に下ろしてもらう下降手段の一つです。

リードは9までは登ることでしたが、10からは確保者に下ろしてもらうシステムに変化します。

ロアーダウンも事故は多く、終了点で終わりと思わずに、地面に着地できて終わりと心がけた方がよいでしょう。安心せずに、先を見越した行動が重要です。車の運転同様完全に停止、エンジンを切り、サイドブレーキをかけるまで安心できません！

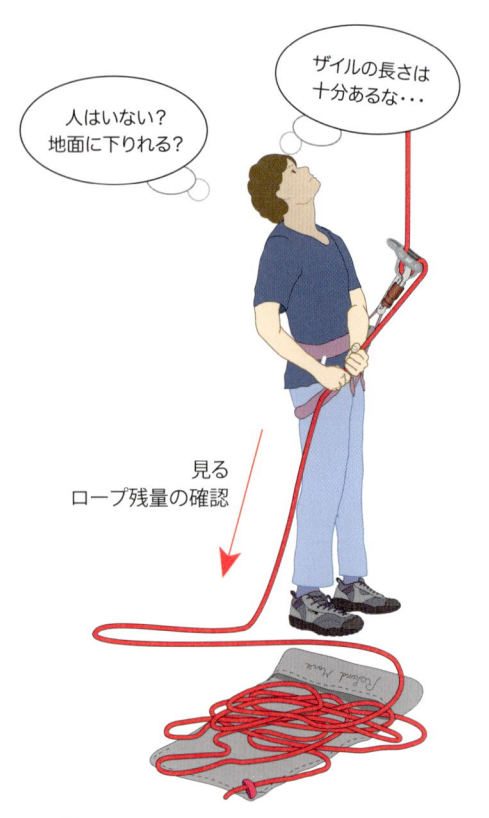

12 下ろして

合図する前に最終確認

「下ろして！」

ロープに完全にぶら下がる
リードがロープに完全に荷重
停止状態が必要

見る

着地地点確認

1本目の中間支点→

「人はいない？地面に下りれる？」

「ザイルの長さは十分あるな…」

見る
ロープ残量の確認

「下ろすよ！」

移動　　真下付近

⚠️ 下ろす前の確認

ルートの長さに対するロープの長さは、登る前に本来なら確認できているはずで、ここでの確認は必要ないはずです。しかしすっぽ抜け事故は発生しています。見るだけで確認できるので、下ろす前にロープの長さを考えることを習慣にしておきたい。

残りのロープの長さに不安があるなら、末端付近にすっぽぬけ防止策、ロープの連結などを施します。

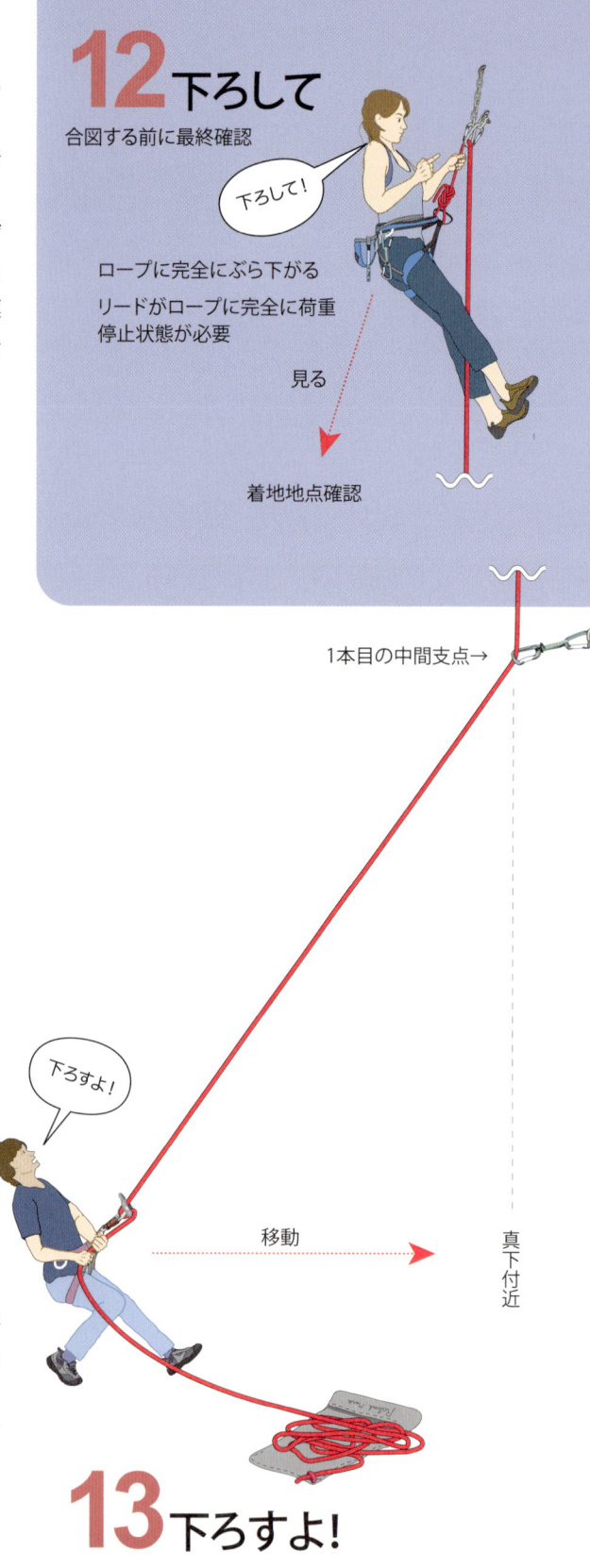

13 下ろすよ！

完全に静止状態の後、リードに確認してから下ろす。
真下付近への移動は状況による

14 ハーイ！
下ろされる前に最終確認

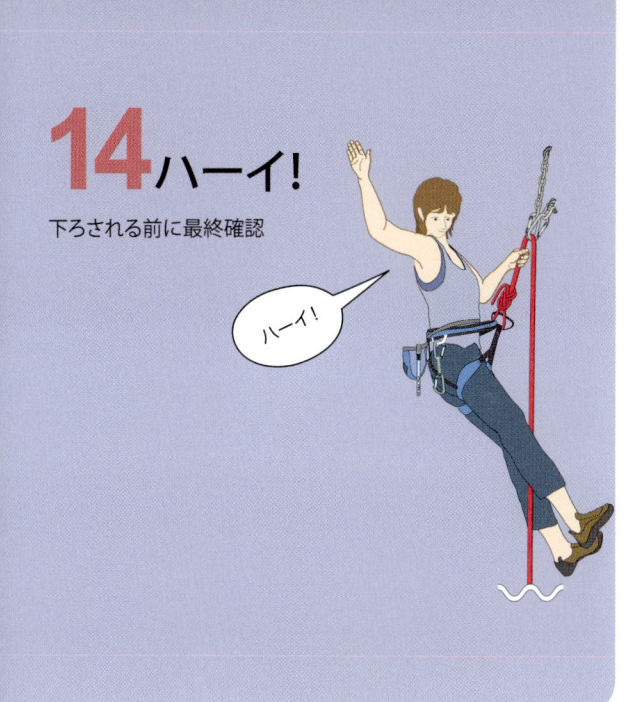

「ハーイ！」

⚠️ すっぽ抜け

ロープが足りなくてすっぽ抜け

「アッ！！」
スポ

結び忘れ同様に、ロープの長さが足りないことによる墜落事故があります。このようにならないようにリードは登る前に、登るルートの長さと使用するロープの長さを見極めます。スッポ抜けは確保者だけでなく、リードの失敗と考えるべきでしょう。

末端をオーバーハンドなどで簡単に結んでおけば完全ではないがすっぽ抜け防止になる。すっぽ抜けたときに、末端を結んでおかなかったことが原因と考えるようでは根本的なことを理解していないことになる

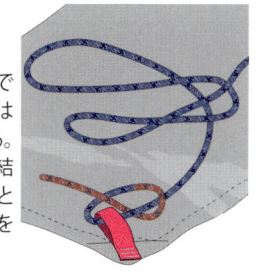

荷重を抜くときはロープを押さえる↓

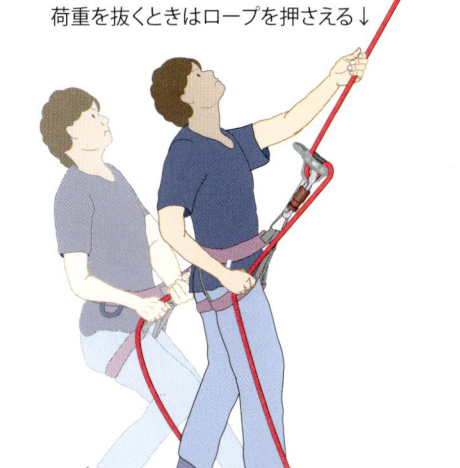

15 ゆっくり荷重を抜く
下ろし始めはゆっくりと。急発進すると、下降者（リード）は下降体勢をとりにくい

3.システム

シングルピッチ

●歩く

　終了点まで登れたのに、ロアーダウンとなったときに下りてこられないことがまれにあります。まったく初めての人の場合は高い所まで上がる前に、低い位置でロアーダウンの姿勢などを練習してからの方がよい場合もあります。

怖くて手を離せません!

登ることと、ロープにぶら下がることは別の行為である。こうなると力尽きるまで待つしかない…

怖くて楽しくない!

ギエー!

壁から体放して

壁を歩いて!

ロープから手放して!

下降の体勢をとれないと壁に引きずられ、恐怖はいっそう増す。体の動きは実体験しなければ理解できない

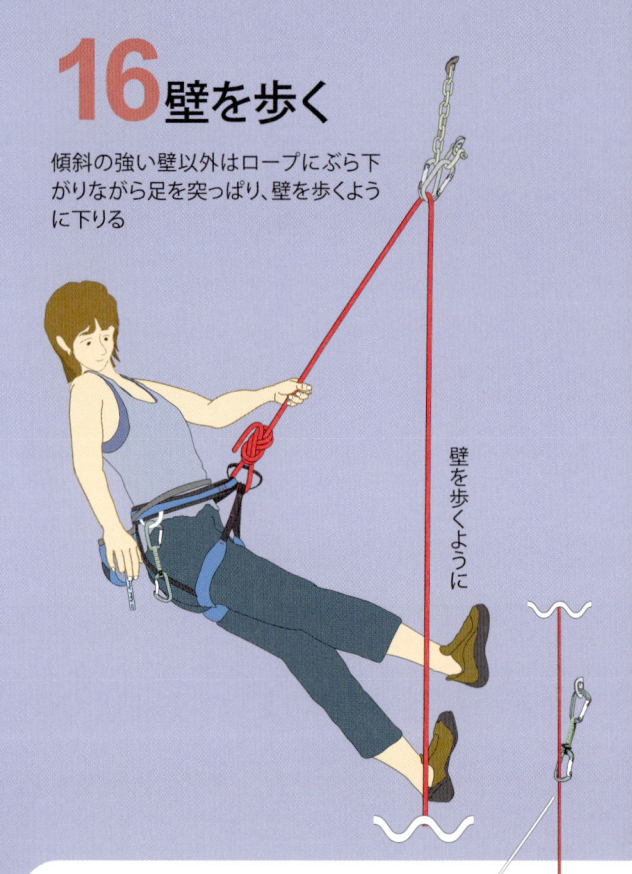

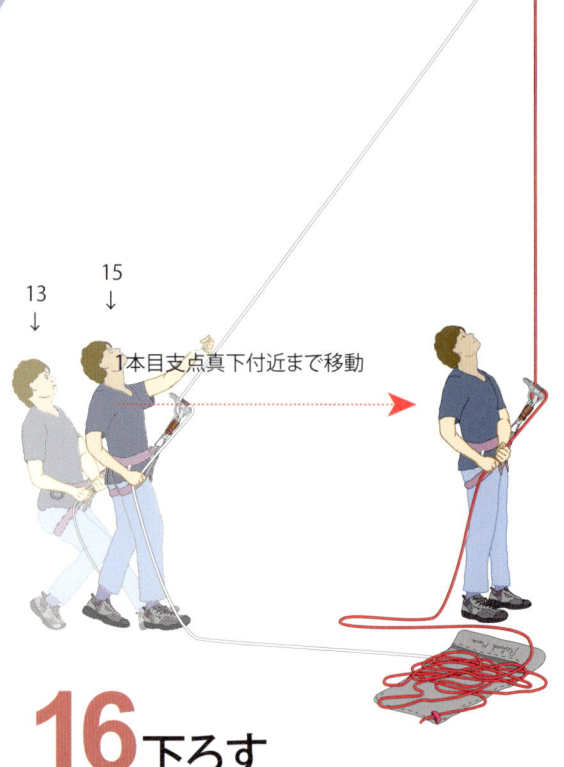

16 壁を歩く

傾斜の強い壁以外はロープにぶら下がりながら足を突っぱり、壁を歩くように下りる

壁を歩くように

13↓　15↓

1本目支点真下付近まで移動

16 下ろす

握りの調整でロープを滑らせて下ろす

94

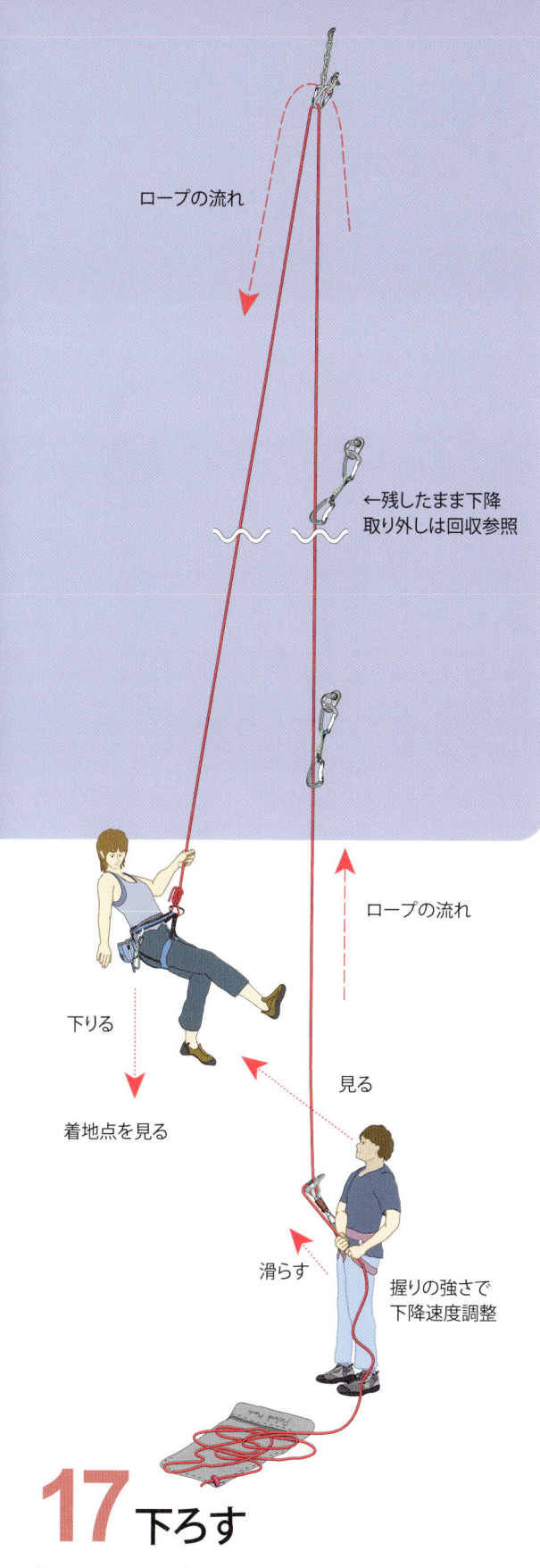

3.システム

⚠️ 着地

着地直前は人がいないか、安定した場所かなど確保者、リードとも着地点に注意。確保者はリードが完全に着地するまで目を離してはいけません。また下りてくる真下にいないことも重要。

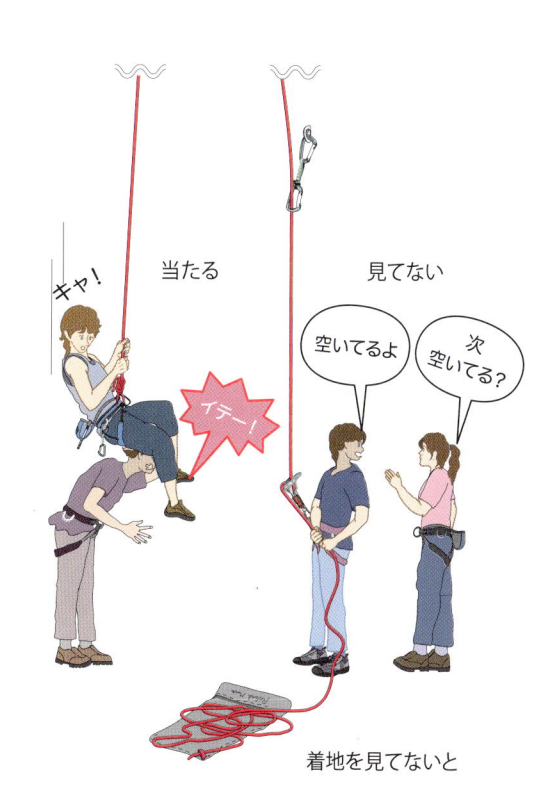

着地地点を見ないで下ろすことは、後ろを見ないで車をバックさせるようなものです。

ロープの流れ

←残したまま下降
取り外しは回収参照

ロープの流れ

下りる

着地点を見る

見る

滑らす

握りの強さで
下降速度調整

キャ！　当たる　　見てない
イテー！　空いてるよ　次空いてる？

着地を見てないと

17 確保の手

軽く握る

確保器抵抗大
半ブレーキ状態

片手　　軽く握る
ロープを手の中で
滑らす

両手

17 下ろす

握りの強さでロープの出る量を調整する。着地直前は、とりわけゆっくり下ろす

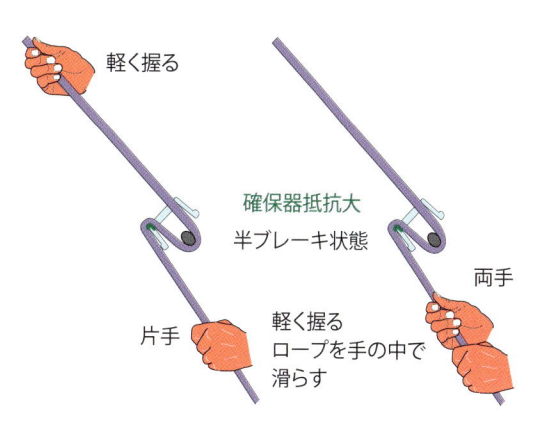

確保器の下側を片手で持つ、両手で持つなど下ろし方は個人差あり

シングルピッチ

95

3.システム

シングルピッチ

着地の合図

着地の合図は、マルチピッチでは「着」(チャク)などと合図し、ごく普通に行われていますが、シングルピッチ、ロアーダウンの場合は、目の前で視認できるため、あまり行われていません。

「着」は、地面、テラスなどに到着した合図ですが、自己確保をとった、あるいは確保など必要ない地面に下りた、そして相手に次の行動を促すための合図でもあります。ここでの合図はまちまちでしょう。

着地だけではほどけない

着地後はしゃがみ込むなどして、ロープに十分なたるみを持たせます。18の状態のように、たるみが十分でないとロープはほどきにくく、確保者もほどきやすいように素早くロープを余分に出します。

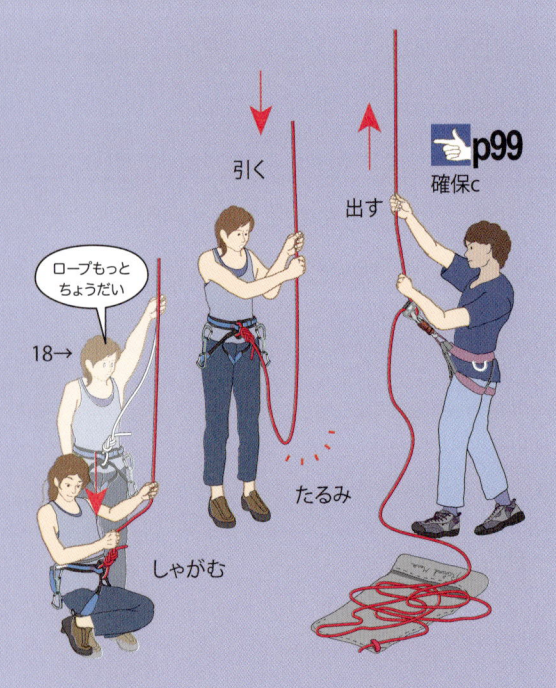

18 着地

地面に着地

チャーク
解除
聞く
見る

引く
出す
👉 p99 確保c

ロープもっとちょうだい
18→
しゃがむ
たるみ

しゃがみ込む
ロープを引くのと同じ効果

十分なたるみがないとロープはほどけない

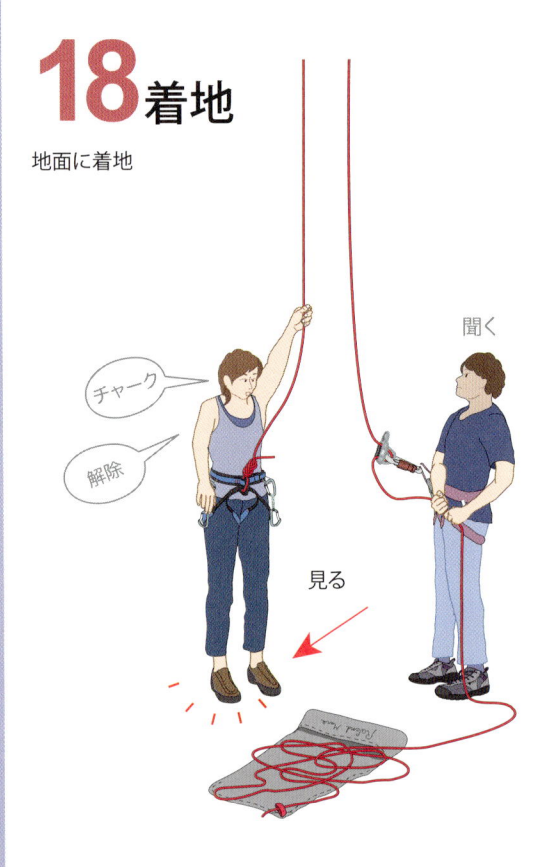

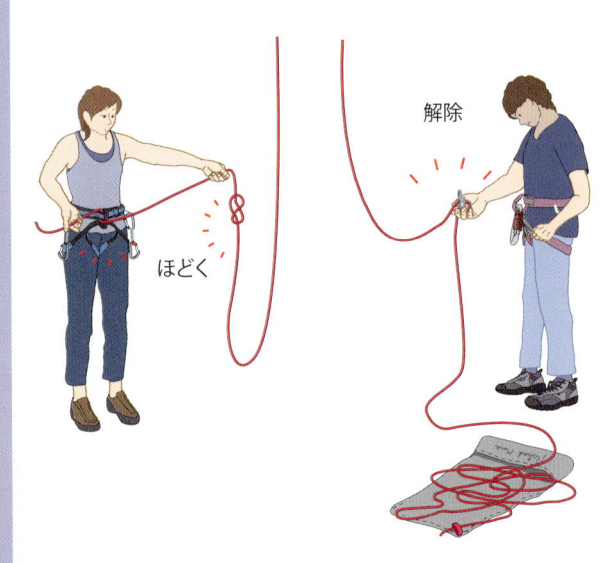

19 ほどく/解除

ほどく
解除

リードはロープをほどく。確保者は確保器からロープを外す(解除する)

20 抜く（回収する）

ロープを引いて回収する。回収、抜く、引くなど表現はさまざま。シングルピッチ、ロアーダウンの場合は、2つのロープの端どちらでも引くことが可能な場合が多い。どちらを引くかは状況による

確保者側で抜く

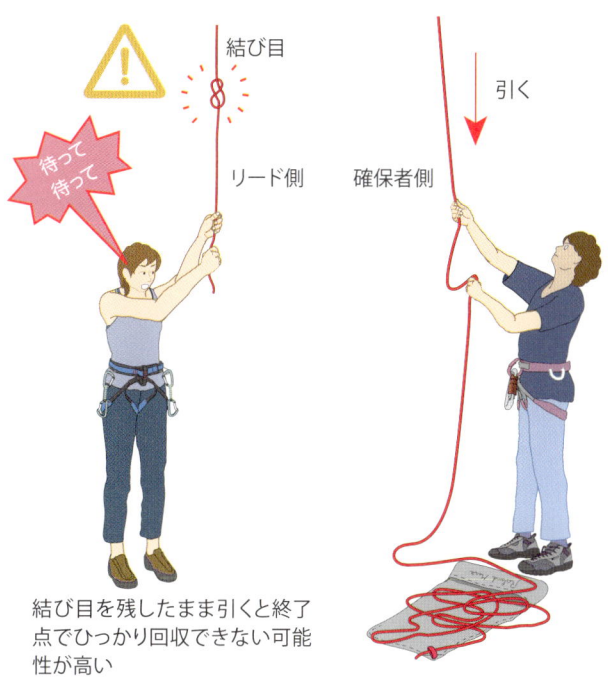

結び目

待って待って

リード側

引く

確保者側

結び目を残したまま引くと終了点でひっかかり回収できない可能性が高い

リード側で抜く

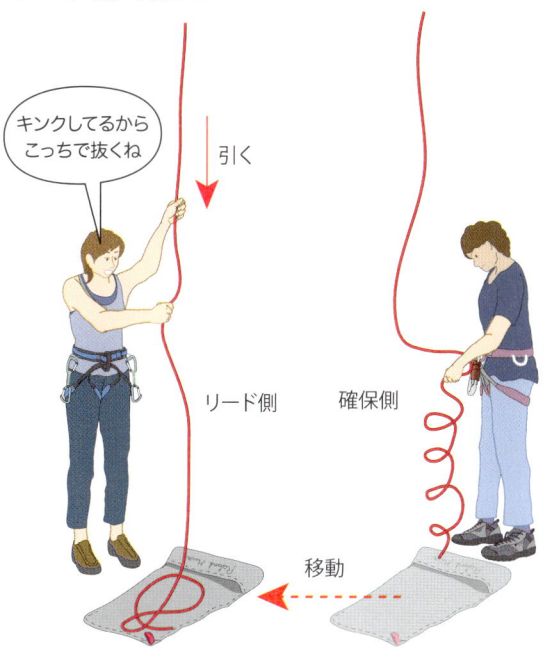

キンクしてるからこっちで抜くね

引く

リード側

確保側

移動

末端の結び目

確保者側でロープを抜くときは、リード側の末端に結び目がないか確認してからロープを回収します。8の字結びの欠点である、ハーネスからほどいても結びが残る結びのときは特に注意。

ロープ着地地点の確認

ロープを回収するときは、ロープの落下、着地地点の想定をして抜きます。ロープの落下地点付近に人、物（ロープの落下で傷める、壊すなど）、危険物（焚き火、刃物などロープを傷めるもの）がないか確認。

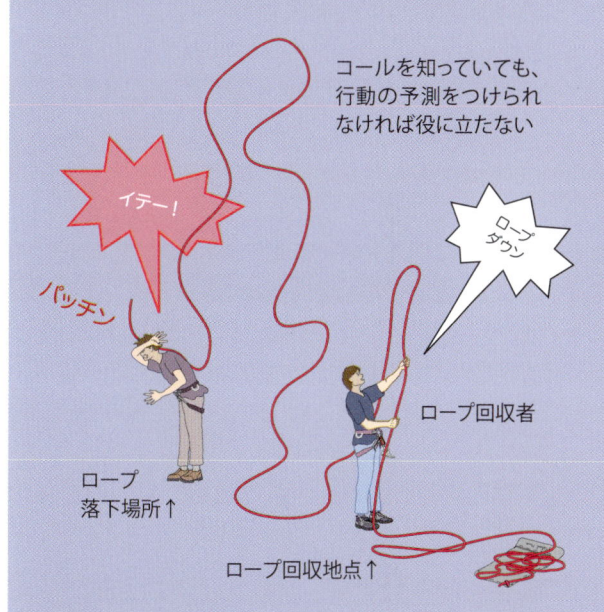

コールを知っていても、行動の予測をつけられなければ役に立たない

イテー！

パッチン

ロープダウン

ロープ回収者

ロープ落下場所↑

ロープ回収地点↑

周囲の状況を見て

多くの人が登っているゲレンデなどでは（ジムなども）周囲の状況を判断してロープを抜きます。順番待ちがあるならリードは着地したらすぐにロープを外す、他の人が登っている場合に抜いたロープが当たりそうなら抜くのを待つなど、状況への配慮が必要。

待ってんだから早くしてくれないかな

難しい！！でもねでもね

あそこのムーブどうやんの

あそこ難しくて

どうだった？

●確保(手の操作)

図は確保器を使用してロープを出すときの手の動きを表しています。ロープをたぐるときの操作は順番が逆になります。

出す手(確保器からロープを出す)を右手、送る手(確保器にロープを入れる)を左手で描いてますが、どちらの手でも行えることが重要でしょう。確保点の状況、リードの登り出しの方向などの状況により操作しやすい側は変化します。

aの操作は一手ごとのスタティックな操作です。初めての操作、原理を覚えるのには有効でしょう。この手順で実際の確保を行うためには非常に素早く手を動かす必要があるため、きわどい確保の対応は難しいでしょう。またロープの持ち変えの動作があるため、手元へも視線を移動させなければなりません。

bはニュートラル状態が多い操作です。ニュートラル状態は確保器にロープを通していますが、抵抗が小さい状態です。墜落でロープが滑り出したときは、ニュートラル状態でロープの滑りを止めることは難しいでしょう。ただちにブレーキ状態に動かせることが重要で、体に覚え込ませなければなりません。

cは素早く繰り出すときだけ行い、通常はbの操作です。cの操作だけでは確保がないことに近いでしょう。繰り出しは素早く行えますが、確保器側の手がなくなるため墜落時にただちにブレーキ状態にすることができません。この方法は危険といわれてます。

いずれの図も送り側の手(左手)のロープの握りは順手(上から握った状態)で描いてありますが、逆手で持つ持ち方もあり、個人の操作性により持ち方が変わります。重要なのは持ち方にとらわれずブレーキ状態に瞬間的にできるかできないかでしょう。

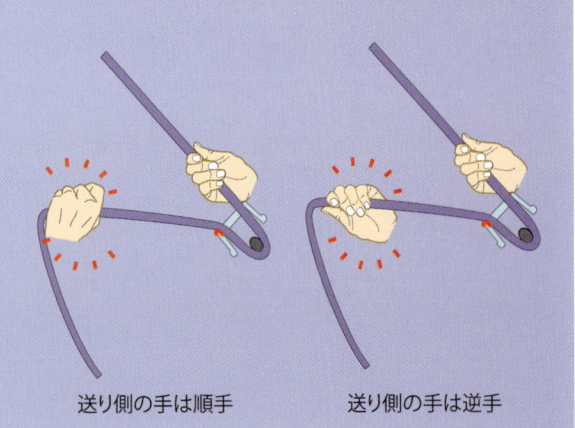

送り側の手は順手　　　送り側の手は逆手

a スタティックな操作

1、2、6、7ブレーキ状態、3、5ニュートラル状態
4だけがアクセル状態

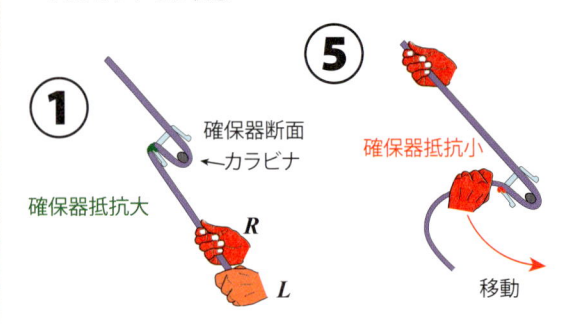

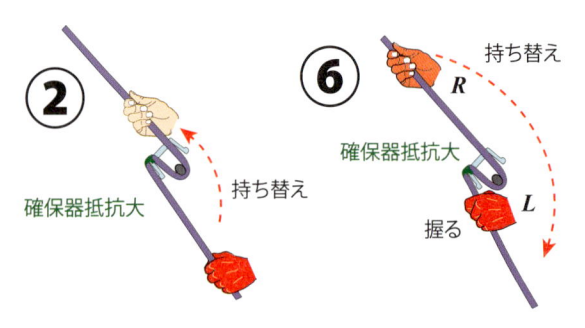

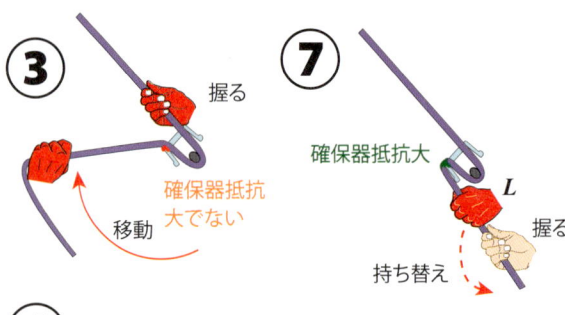

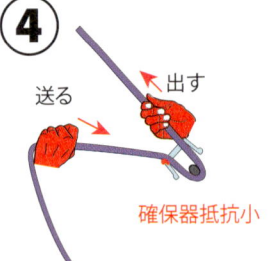

① 確保器抵抗大　確保器断面　←カラビナ　R　L

② 確保器抵抗大　持ち替え

③ 握る　確保器抵抗大でない　移動

④ 送る　出す　確保器抵抗小

⑤ 確保器抵抗小　移動

⑥ 持ち替え　R　確保器抵抗大　L　握る

⑦ 確保器抵抗大　L　握る　持ち替え

左手：確保器にロープを入れる手
赤色：ロープをしっかり握っている状態

右手：確保器からロープを出す手
橙色：ロープを軽く持って、握っている状態

黄色：ロープを軽く持つ状態

肌色：動かす前、後の位置

3.システム

シングルピッチ

b ニュートラルな操作

b:1から2の間がアクセル状態

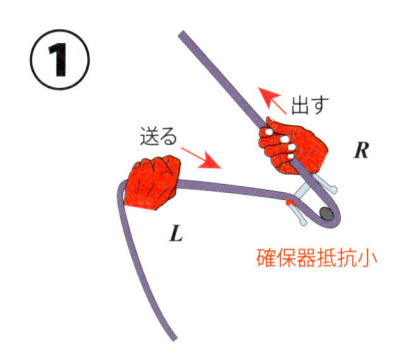

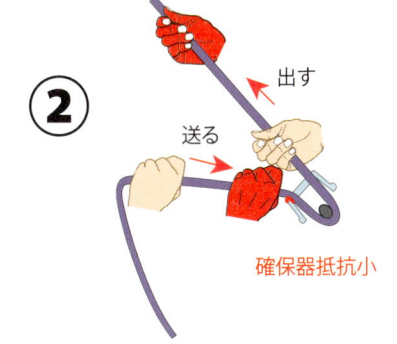

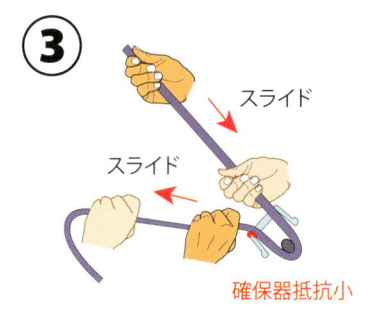

① 出す / 送る / R / L / 確保器抵抗小

② 出す / 送る / 確保器抵抗小

③ スライド / スライド / 確保器抵抗小

ニュートラル状態

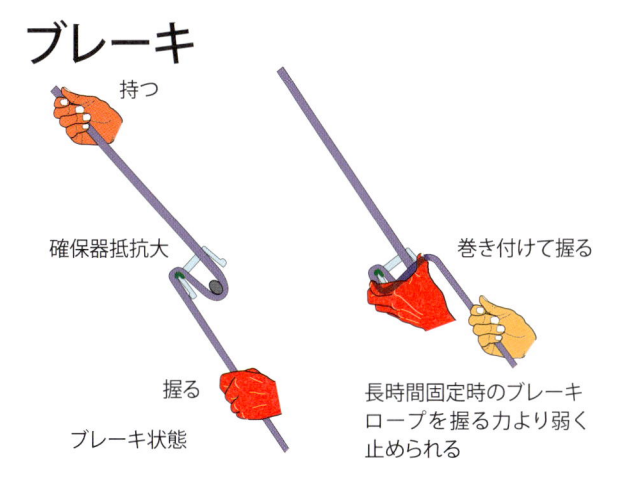

ブレーキ

持つ / 確保器抵抗大 / 握る

ブレーキ状態

巻き付けて握る

長時間固定時のブレーキ
ロープを握る力より弱く
止められる

c 繰り出し重視の操作

2から4の間はアクセル状態
①はb①と同じ

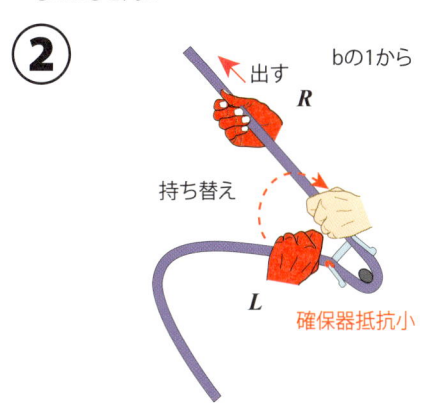

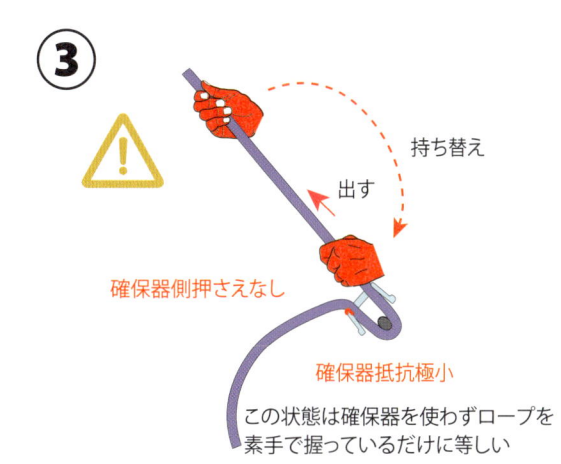

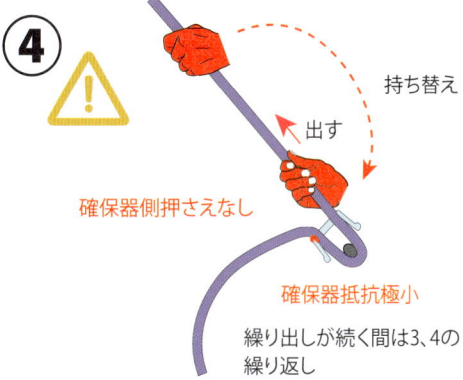

② 出す / R / 持ち替え / L / bの1から / 確保器抵抗小

③ ⚠ 持ち替え / 出す / 確保器側押さえなし / 確保器抵抗極小

この状態は確保器を使わずロープを素手で握っているだけに等しい

④ ⚠ 持ち替え / 出す / 確保器側押さえなし / 確保器抵抗極小

繰り出しが続く間は3、4の繰り返し

③と④の状態で墜落は止められない。ロープが滑り出す前にブレーキ状態に素早く持ち変える
p96左図のような場合には問題なく使用可

99

●回収

ルート上に残したヌンチャクなどを取り外す作業の手順です。

回収には、終了点から下降しながらのロアーダウン回収と、地面から終了点に登りながら回収するトップロープ回収の2方法があります。岩の形状によっては、登るより回収のほうに労力をとられることがあり、また回収方法を間違えると危険をともないます。

回収にあたっては、終了点のカラビナ、回収用に中間にあるカラビナなどの残置を間違って外してしまわないように注意のこと。

設定

2通りの回収の相違をわかりやすく説明するため、回収しやすいルート（真っすぐ、傾斜の強くないルート）を設定。傾斜が強く、トラバースの大きいルート（p120）は操作が複雑になります。

手段の選択

どちらの回収手段を使うかは、回収しようとするときリードが終了点にいるか地面にいるかで決まります。自分が登った直後に回収の場合はロアーダウン回収となり、残置されていたヌンチャク、ロープを借りて、あるいはその前のトライで抜かずに残しておいたロープを使用しての場合などはトップロープ回収となり、状況により回収方法は異なります。

手段の違いによって注意しなければいけないことが異なり、それぞれにどのような危険がひそんでいるかよく理解しておくことが重要。

a ロアーダウン回収

終了点から地面へ上から下に回収する方法

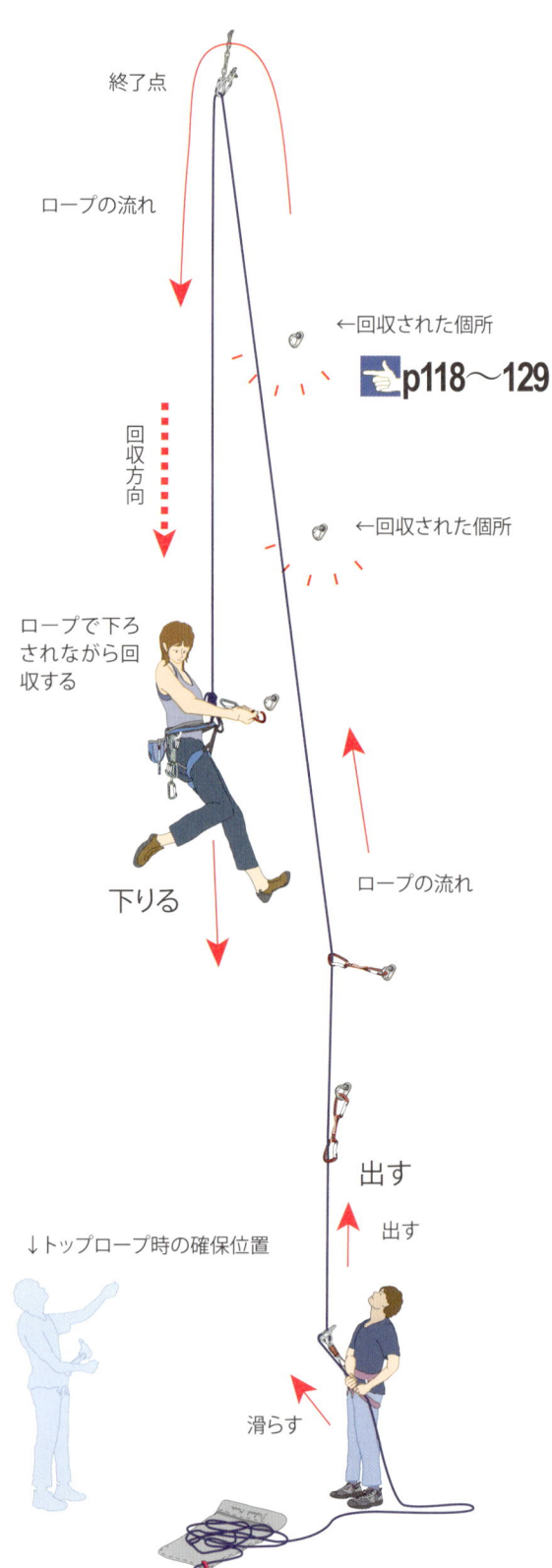

☞ p118〜129

- 終了点
- ロープの流れ
- ←回収された個所
- 回収方向
- ←回収された個所
- ロープで下ろされながら回収する
- 下りる
- ロープの流れ
- 出す
- 出す
- ↓トップロープ時の確保位置
- 滑らす

3.システム

シングルピッチ

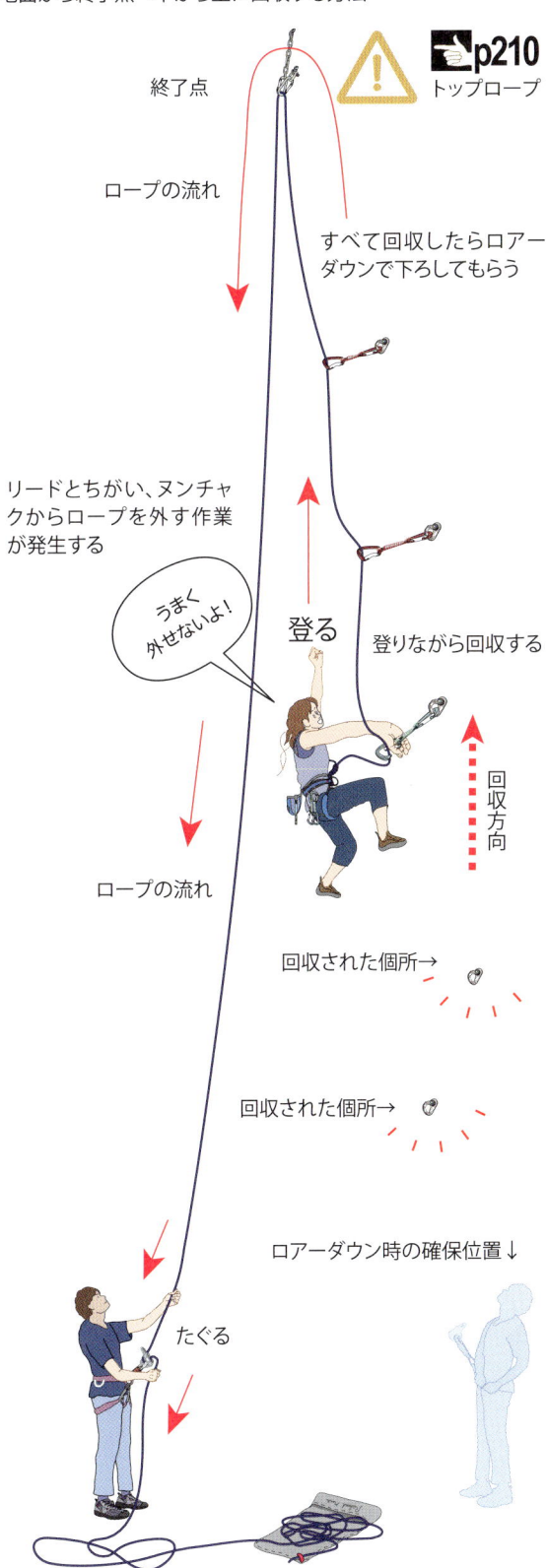

a ロアーダウン回収

ロープの長さが足りるかなどに注意。傾斜のあるルート、トラバースの大きいルートの場合は単純な回収にはならないので、下降を始める前に終了点で方法をよく考える必要がある（→p90）。

b トップロープ回収

ロアーダウンしたロープをトップロープとして使う場合などは、トップロープの支点が問題なくセットされているかよく見極めること。登り始めはロープが伸びるので、確保者はロープを張りぎみにする（→p211トップロープの項参照）。

トップロープで回収する場合、ロープにたるみがないとヌンチャクが外しにくい、あるいは外せないこともあるので、確保者は回収の状況をよく把握している必要がある。ヌンチャクにロープをクリップすることよりも、外すことの方が困難。

⚠️ 落とさない！

回収中に回収物を落とすと確保者や他のクライマーを直撃することがあるので、落としたときは「ラク！」と即座に注意を促すこと。また金属のギア類は落下により損傷することがある。

b トップロープ回収

地面から終了点へ下から上に回収する方法

⚠️ p210 トップロープ

- 終了点
- ロープの流れ
- すべて回収したらロアーダウンで下ろしてもらう
- リードとちがい、ヌンチャクからロープを外す作業が発生する
- うまく外せないよ！
- 登る
- 登りながら回収する
- 回収方向
- ロープの流れ
- 回収された個所→
- 回収された個所→
- ロアーダウン時の確保位置↓
- たぐる

ラーク！

101

3.システム

●ロアーダウン不可

残りのロープが半分以下の場合は、通常の方法ではロアーダウンできない。そのルートの状況、手持ちの装備で方法は変化し、状況に合った対処が必要。マルチピッチの技術（リードが壁の中でクリップ以外の作業を行う）も含まれてくるので危険度が高まる。

重要なのは、ルートを登る前にどのような方法で下降するか、リード、確保者ともども理解しておくこと。ロープが足りずすっぽ抜けの墜落事故は、確実に防げる事故を防げなかったことになります。

ロープの固定

②離せる
片手クローブヒッチ
①固定
👉p55
クローブヒッチ

ビレイループの安全環付きカラビナに片手でクローブヒッチを作るのは難しい。うまくできなければノーマルゲートで固定した方が早い。固定方法は個人の慣れなどでさまざま。引き解けのオーバーハンド（→p231）、ロープを足に巻き付ける、踏むなどの方法もあるが正確度は低い

ビレイループ

結び目の通過

設定
フォローダウン者セルフなし、ロープ2本、確保器2個、安全環付きカラビナ2枚、確保者1人、ロープ固定なしの片手作業（片手で確保）。ロープの固定から始めた場合は4で外す

1 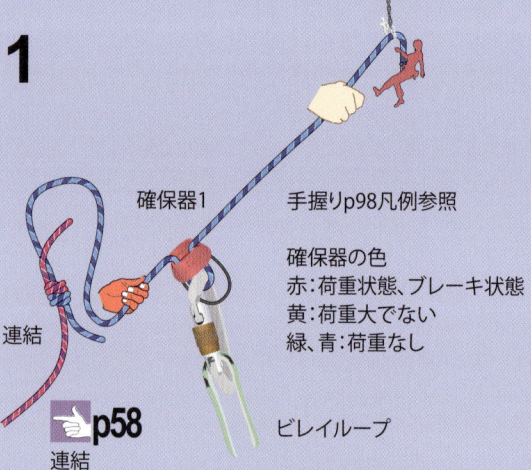
確保器1
手握りp98凡例参照
確保器の色
赤：荷重状態、ブレーキ状態
黄：荷重大でない
緑、青：荷重なし
連結
👉p58 連結
ビレイループ

2
②ロープを固定
③確保器1荷重解除
①確保器2追加

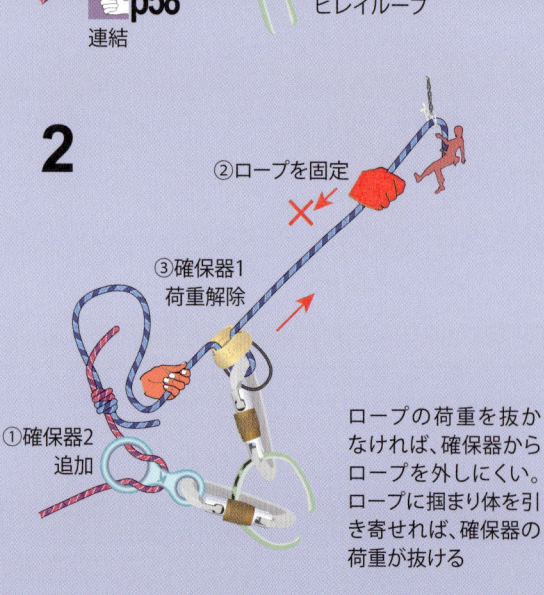

ロープの荷重を抜かなければ、確保器からロープを外しにくい。ロープに掴まり体を引き寄せれば、確保器の荷重が抜ける

3
確保器でバックアップしている（手が緩んでも確保器がバケツ型なら結び目で停止）が、手の握りの確保状態

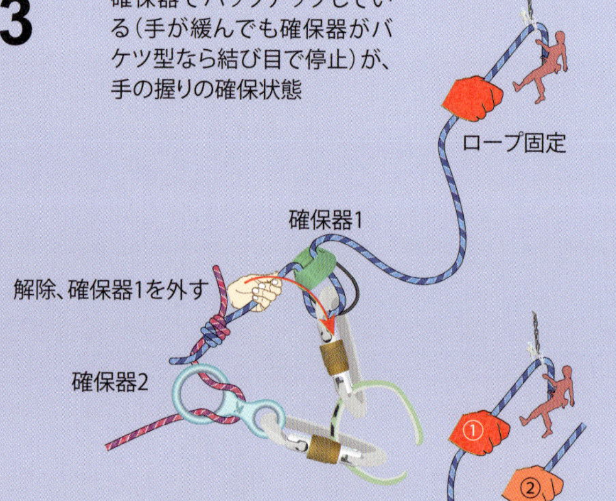

ロープ固定
確保器1
解除、確保器1を外す
確保器2
①
②

ロープ張るときは体を後退させて確保器2に荷重、またはゆっくり離す

4
確保器2
①確保切り替え
②

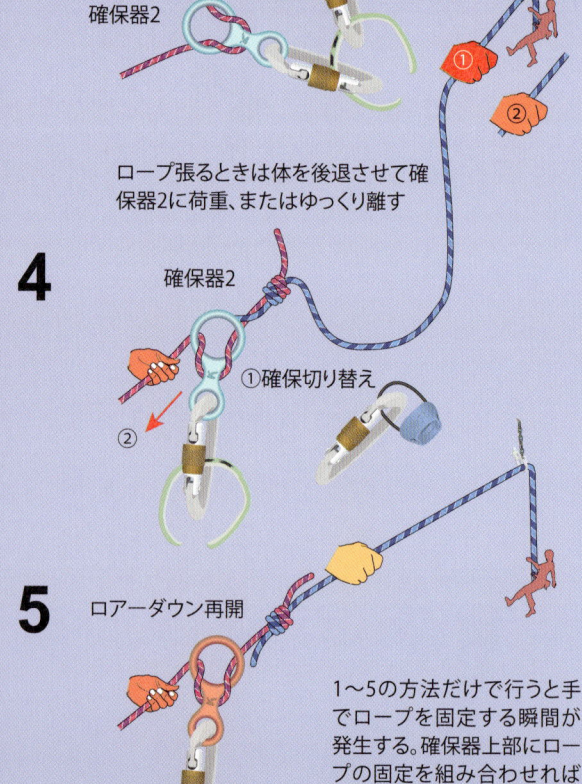

5
ロアーダウン再開

1〜5の方法だけで行うと手でロープを固定する瞬間が発生する。確保器上部にロープの固定を組み合わせれば確実性は増すが効率性は下がる

3.システム

シングルピッチ

a 連結ロアーダウン

ロープの長さが少し足りず、1本目までの距離があるとき

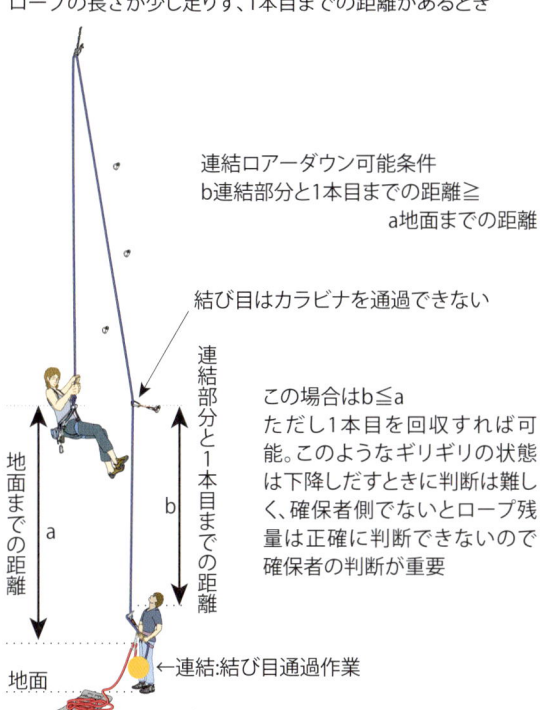

連結ロアーダウン可能条件
b連結部分と1本目までの距離 ≧ a地面までの距離

結び目はカラビナを通過できない

この場合はb≦a
ただし1本目を回収すれば可能。このようなギリギリの状態は下降しだすときに判断は難しく、確保者側でないとロープ残量は正確に判断できないので確保者の判断が重要

地面までの距離 a
連結部分と1本目までの距離 b
地面
←連結：結び目通過作業

b 分割ロアーダウン

1本のロープしかないとき。連結なし,2回のロアーダウン
壁の中での作業あり

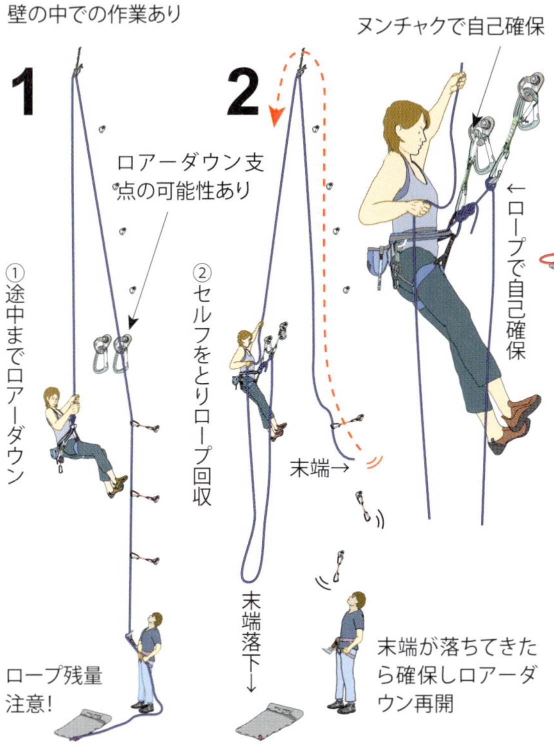

1
①途中までロアーダウン
ロアーダウン支点の可能性あり

2
②セルフをとりロープ回収
ヌンチャクで自己確保
ロープで自己確保
末端→
末端落下

ロープ残量注意！
末端が落ちてきたら確保しロアーダウン再開

C 引き抜き連結ロアーダウン

ロープ2本あるとき。壁の中での作業あり

①終了点でセルフ
②「ビレイ解除！」
④ロープ引き上げ
⑤最終中間支点を末端が通過したらロープを落とす
「ロープダウン！」
（ロープの自重で自然落下の場合もあり。緩斜面や出っ張りがあるとそこでひっかり地面に末端が落ちない。巻いて投げる）

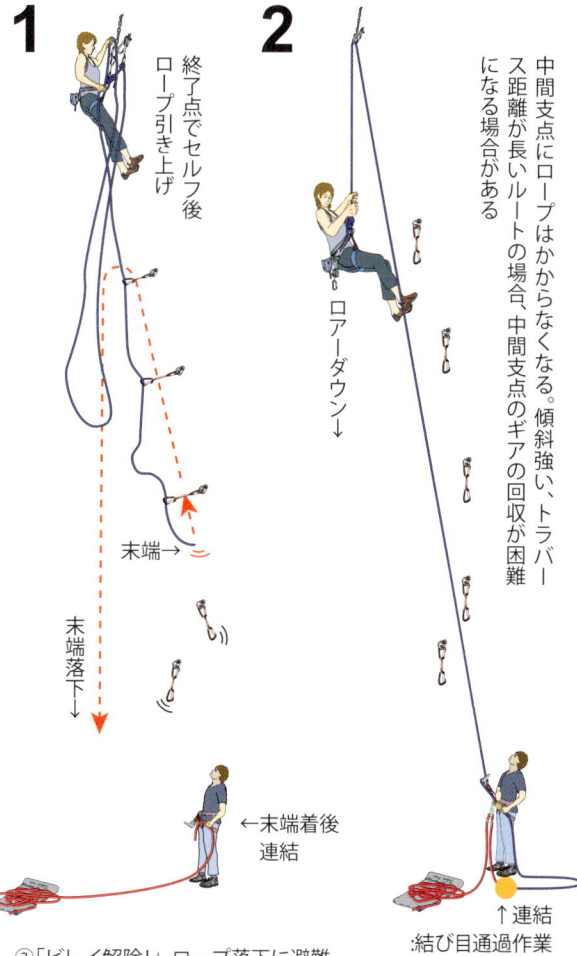

1
終了点でセルフ後ロープ引き上げ
末端→
末端落下

2
ロアーダウン↓
中間支点にロープはかからなくなる。傾斜強い、トラバース距離が長いルートの場合、中間支点のギアの回収が困難になる場合がある

←末端着後連結

③「ビレイ解除！」、ロープ落下に避難
⑤末端着後ロープ連結
⑥ロアーダウンの確保「ビレイオン」

↑連結：結び目通過作業

d その他

状況次第で方法はさまざま

Cの方法でロアーダウンでなく懸垂。回収困難なルートの場合は、フォローでバックロープ（→p162参照）を引くと効率的だが、マルチピッチの技術がなければ危険度は高い。状況により方法はさまざま。登る前にどれを使うかを決定しておくことが重要

103

●墜落

墜落は、落下距離がほとんどないテンションと、落下距離がある墜落に分かれます。テンションと墜落には定義的境はなく、個人の主観です。

テンション

結び目の位置		状態	確保者の対応
上	a	リード	墜落の備える
	b		状況で変化
支点位置→	c	トップロープ	張る
下	～d		

支点付近の墜落、テンション(ロープを張っての意味)は、「張って」「テイク」ともいわれます。

a～b：結び目の位置が支点より上方
c～d：結び目の位置が支点と同じか下方

c～dはトップロープ状態なので、ロープを張ってもらうだけです。aの場合「張って」、「テンション」と言われてもロープを張るのではなく、支点と結び目の位置関係を考慮して墜落に備えるようにします。ロープを張るとリードを引きずり落とすことになり危険です。ただしbの対応は微妙で、リードに従う方がよい場合もあり、aとbの境は明確ではありません。

aの場合は、墜落の体勢を整えて落ちる必要があります。1歩でも下りて(クライムダウン)ヌンチャクに掴まり張ってもらう手段もあります。無理な体勢でヌンチャクを掴もうとすると、バランスを崩して落ちる、指がカラビナに残って落ちるなどの危険要素をもたらします。

a：落ちるかヌンチャクを掴む
張って！
結び目
支点
支点より結び目が高い

b：張ってもらう
落ちる
ヌンチャクを掴む
対応は状況による
結び目
テイク
支点より結び目が高い

同じ「張って」という合図でも状況により対応は変化する

ゆるみをとる
支点の下へ移動
など

落ちながらロープを掴むとけがをする可能性が高い

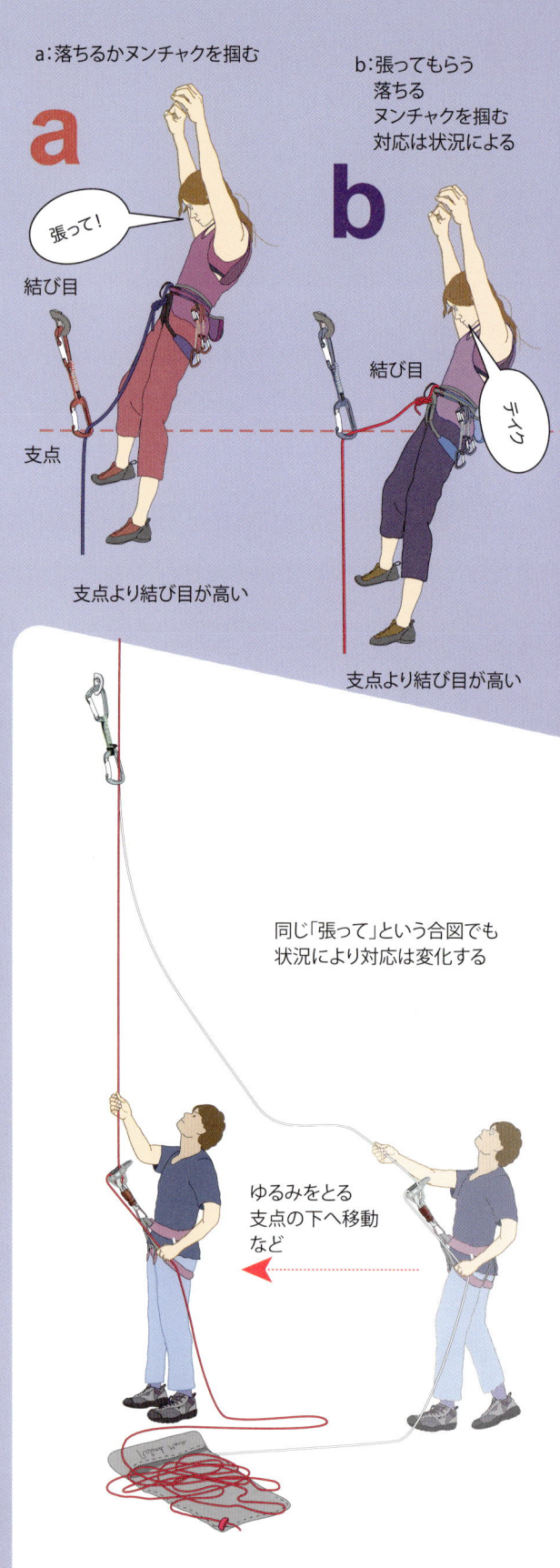

a：墜落に備える。張らない　　b：確保者の対応は要経験

墜落

支点が足元より下方向になってから落ちることを、ここでは墜落としています。aの状態くらいでも墜落とする人もいますが、ここでは確保者の確保の差で区分けしています。

その人の性格なのか何も言わずに急に落ちてくる人もいるし、足が滑るなどリード自身が予期しない突然の墜落もあります。いずれにせよ、確保者はいかなる場合でも確実に墜落を止めなければなりません。

落ちる位置の地面からの高さ、壁の傾斜で墜落の危険度は変わります。地面に近い位置での墜落はグラウンドフォールなどの危険があり、傾斜のある壁(ハング、前傾壁)での墜落は空中を飛んだあとの壁の着地でけがをする可能性があります。傾斜のない壁(スラブ、フェース)では落ちているあいだに岩に当たるなど、前傾壁よりむしろ危険が高いといえます。

傾斜にかかわらず、墜落するときは受身の体勢を整えることが大切です。上手な落ち方ができるようになるまでは、はじめはテンション、次に少しずつ落ちる距離を延ばしていき、より危険の少ない落ち方を習得する必要があるでしょう。登り同様、体で覚えることが重要です。なお、フルボディーハーネスでないものはバランスを崩すと頭が下方になり、頭から岩に激突することもあるので注意。

確保者は墜落を完全に止める技術が必要。荷重がかかったときにロープを流すタイミングは要経験。

c,d:張られればロープにぶら下がる

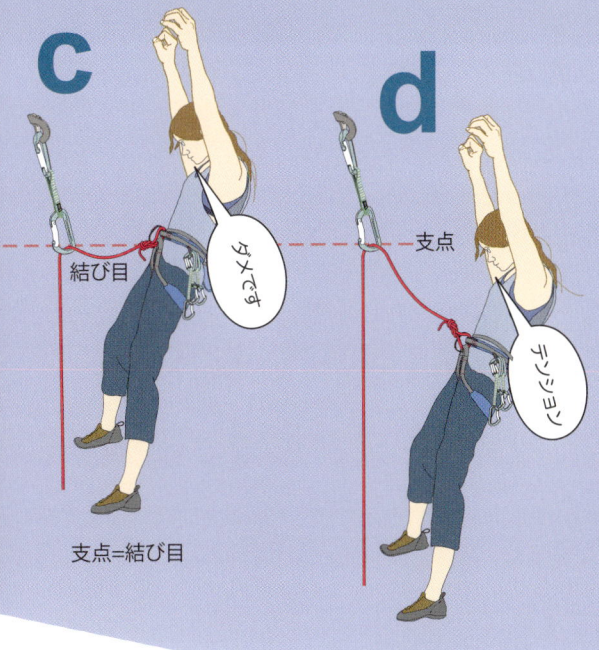

c 結び目 支点=結び目 ダメです

d 支点 テンション 支点>結び目

c〜d:ロープをただちに張る。手のたぐり&バック

バック

ロープが足の裏側

この状態で墜落すると、ロープに足がひっかかり逆さに落ちる

●墜落

墜落は壁の傾斜で大きく変化します。垂直以下の壁の場合はロープに足をすくわれないように。足首捻挫、膝を打つ、手の平を擦るなどに注意が必要です。

傾斜が強くなって空中を落下するような場合はリード、確保者ともに別の技術が必要になります。

垂直以上の傾斜の墜落

かぶった壁での墜落は経験を積むと比較的危険度が少なく落ちることができるようになります。傾斜の強い場合、落下中は空中を落ちるので問題はありません。問題となるのがロープに荷重がかかったときからとなります。うまくバランスがとれない場合は逆さになり、頭からなど岩に激突します。

傾斜の緩いとき

傾斜が緩い場合（スラブ、垂壁以下）

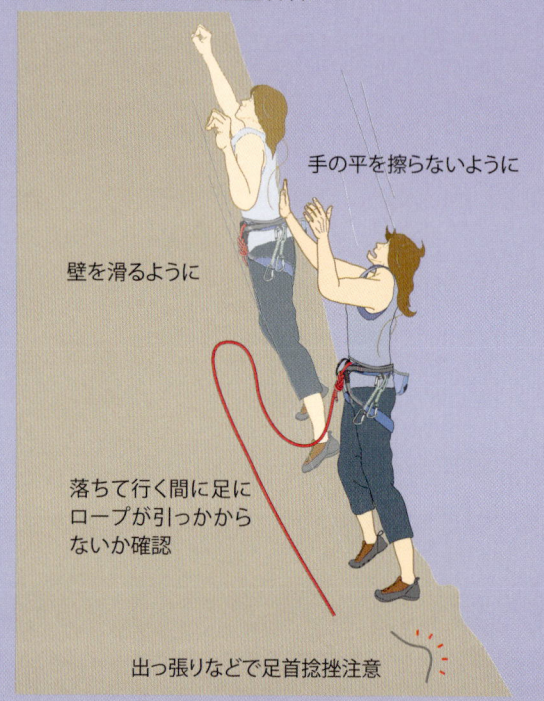

手の平を擦らないように

壁を滑るように

落ちて行く間に足にロープが引っかからないか確認

出っ張りなどで足首捻挫注意

ドッカン　バッチン

空中落下中にロープを張られるとバランスを崩す

マイナスの墜落とプラスの墜落

落ちるよ！

オリャー！

墜落は常に合図があるとは限らない

ピョン

荷重前に跳ねて、荷重時に腰が落ちてロープを張る

ロープを引いて張ることはスタティックロープを使用するようなもの。緊急時以外は避ける

ロープを流すタイミングがずれる、ロープを張るは、けがをする可能性は高くなる

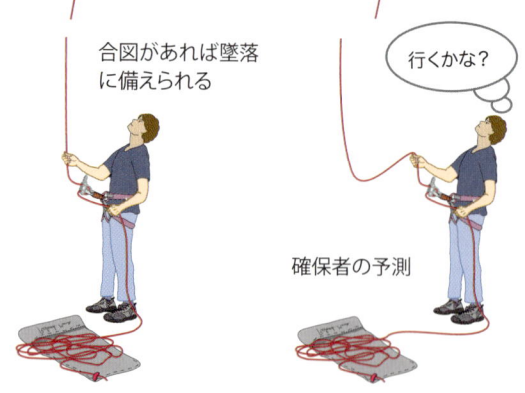

合図があれば墜落に備えられる

行くかな？

確保者の予測

リード、確保者ともに落ちたらどうなるかを想定することが重要だが、プラスの墜落の場合は確保者の技術が大きく左右する。確保者はリードの状態を常に予測、墜落しそうな場合は墜落に備える

傾斜の強いとき

傾斜が強い場合（前傾壁、垂壁以上）

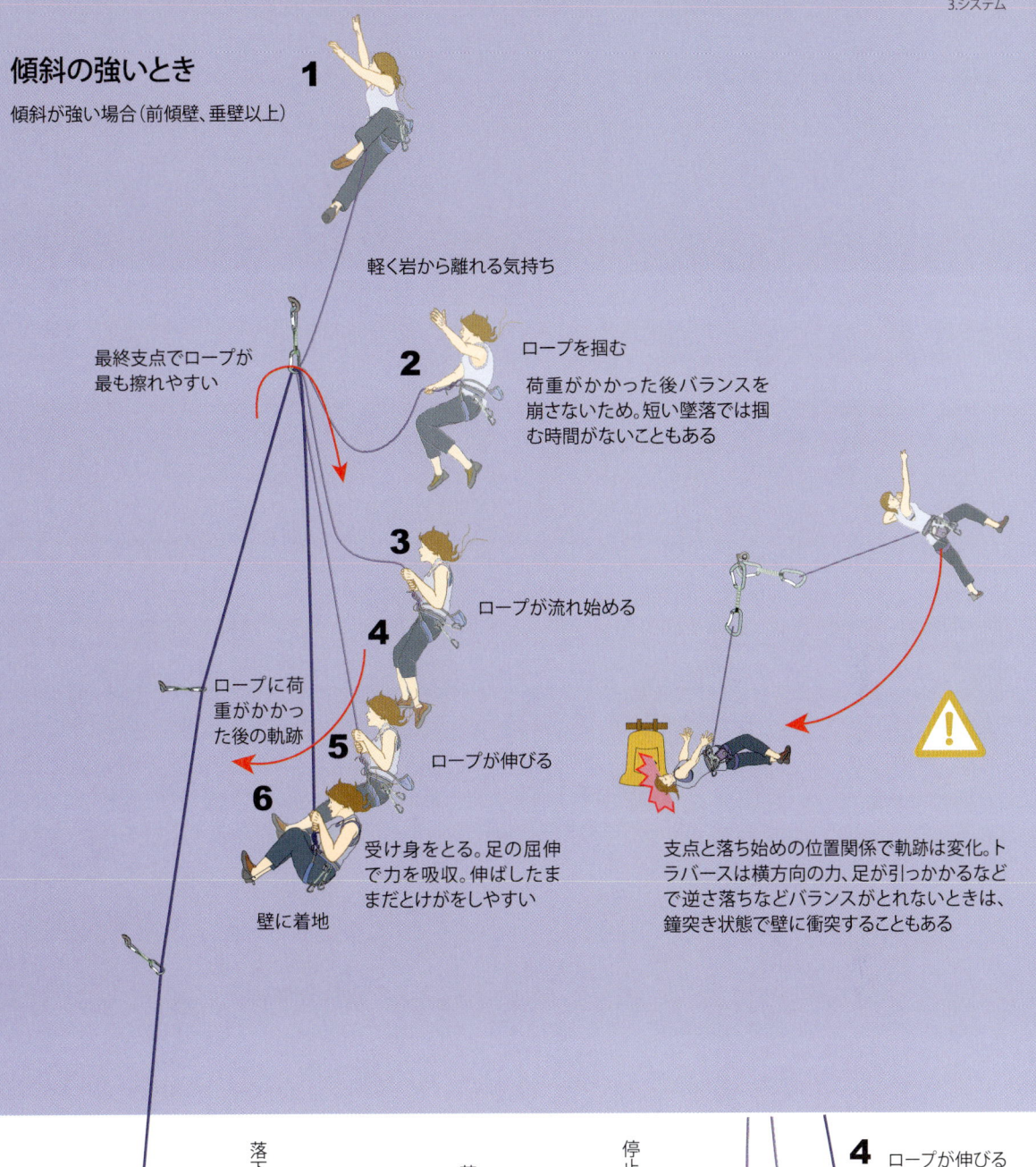

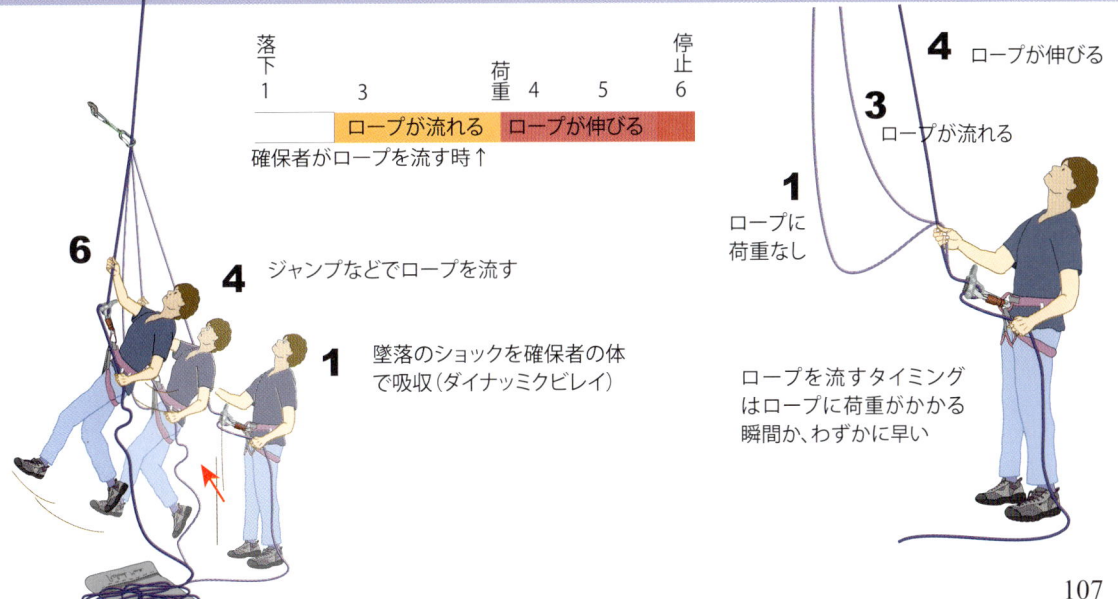

1

軽く岩から離れる気持ち

最終支点でロープが最も擦れやすい

2 ロープを掴む

荷重がかかった後バランスを崩さないため。短い墜落では掴む時間がないこともある

3 ロープが流れ始める

4

ロープに荷重がかかった後の軌跡

5 ロープが伸びる

6 壁に着地

受け身をとる。足の屈伸で力を吸収。伸ばしたままだとけがをしやすい

支点と落ち始めの位置関係で軌跡は変化。トラバースは横方向の力、足が引っかかるなどで逆さ落ちなどバランスがとれないときは、鐘突き状態で壁に衝突することもある

落下		荷重		停止
1	3	4	5	6
	ロープが流れる	ロープが伸びる		

確保者がロープを流す時 ↑

6

4 ジャンプなどでロープを流す

1 墜落のショックを確保者の体で吸収（ダイナミックビレイ）

4 ロープが伸びる

3 ロープが流れる

1 ロープに荷重なし

ロープを流すタイミングはロープに荷重がかかる瞬間か、わずかに早い

a たぐりクリップ

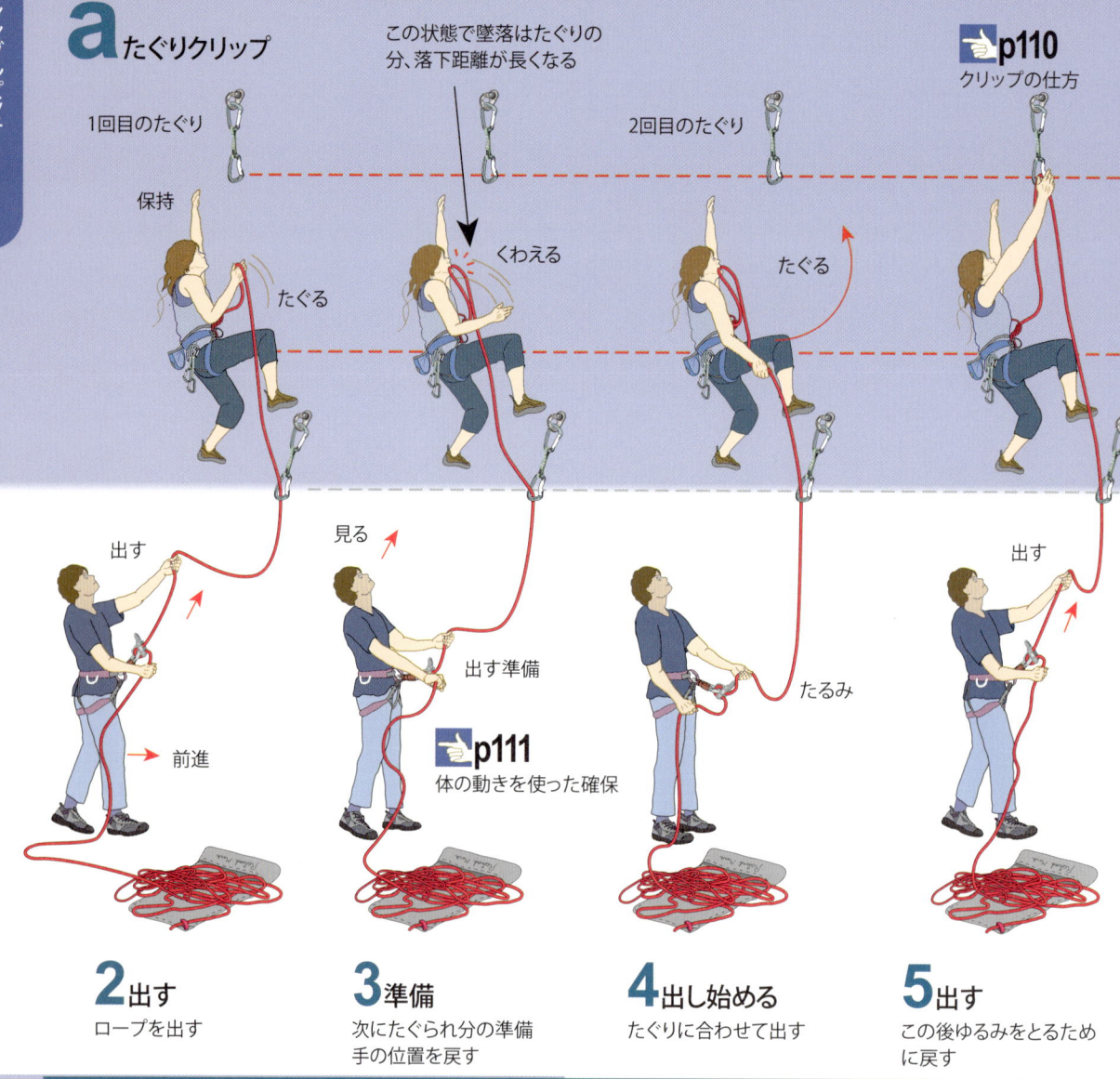

1回目のたぐり / この状態で墜落はたぐりの分、落下距離が長くなる / 2回目のたぐり / 👉p110 クリップの仕方

保持 / たぐる / くわえる / たぐる / 出す

見る / 出す準備 / 👉p111 体の動きを使った確保 / たるみ / 出す

前進

2 出す ロープを出す

3 準備 次にたぐられ分の準備 手の位置を戻す

4 出し始める たぐりに合わせて出す

5 出す この後ゆるみをとるために戻す

●クリップ(3つの方法)

aとbはクリップ位置の違いです。aのたぐりクリップの場合にはクリップを終えるまでの動作が増え、時間が増し、たぐる量の増加でクリップ失敗→墜落の場合には墜落距離が長くなります。bの腰クリップではたぐる量はほとんどなく、ダイレクトにクリップが可能です。どの位置でどういうクリップが最良かはリード自身の判断によります。

下からのダイレクトクリップは、ロープを手の中で滑らし、持つ位置を変化させてクリップします。確保者は注意していないとロープの繰り出しが間に合いません。

ノウハウ

aたぐりクリップ
リード：下から先にクリップすると一時的にトップロープ状態になり、安全性は高まる。
たぐってクリップするか、腰クリップするかは、クリップできる位置とボルトより上方で想定される墜落の可能性とにかかわる。たぐりクリップの場合には、口でロープをくわえる必要がある

確保者：1回にたぐられる量はほぼ二の腕の長さ分で、確保者がロープを繰り出す長さにほぼ比例します。リードより確保者の腕の長さが短い場合（5〜10cm程度）には、その分早く出す必要がある

b、cの1にあたる部分はありません

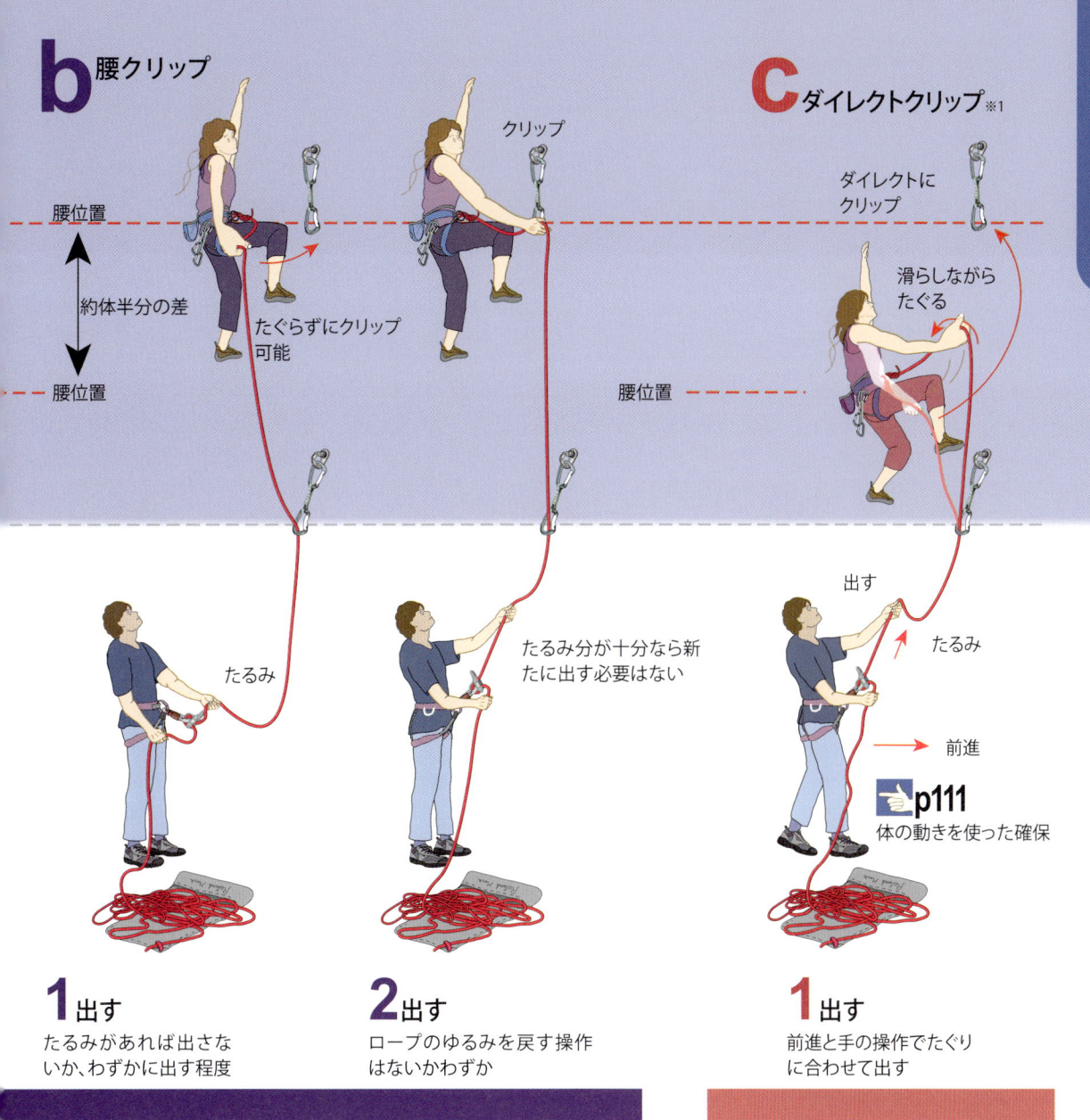

b 腰クリップ

腰位置

約体半分の差

腰位置

たぐらずにクリップ可能

クリップ

腰位置

c ダイレクトクリップ[※1]

ダイレクトにクリップ

滑らしながらたぐる

出す

たるみ

たるみ分が十分なら新たに出す必要はない

出す

たるみ

→ 前進

p111
体の動きを使った確保

1 出す
たるみがあれば出さないか、わずかに出す程度

2 出す
ロープのゆるみを戻す操作はないかわずか

1 出す
前進と手の操作でたぐりに合わせて出す

---

b 腰クリップ
リード：高い位置までクリップを我慢する必要があり、落ちる可能性があるときにはリスクは高い。クリップの動作としては最も効率的

確保者：ロープの繰り出しは、リードの登りに合わせる程度。あわてて繰り出さなければならないような状況にはならない

c ダイレクトクリップ
リード：比較的安定した状態が必要。ロープを手の平の中で滑らしながらたぐる操作は要経験。早く滑らすと指に軽いロープバーン（ロープとこすれることにより摩擦熱での火傷）を起こすことがある

確保者：リードがクリップ位置に着いた時点でダイレクトにクリップするか予測し、体の動きを利用してたるみを多くするなど行う。手の繰り出し操作だけでは間に合わない

※1）ダイレクトクリップ　このクリップの一般的呼び方は不明。ここだけの呼び方

3.システム

シングルピッチ

3.システム

シングルピッチ

クリップの仕方

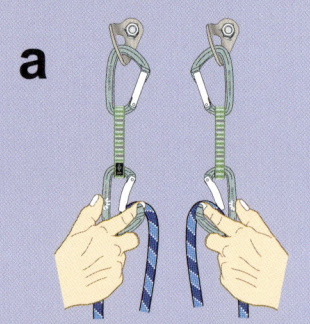

a 親指で押さえ、人指し指で押し込む。ゲートの向きに左右されない

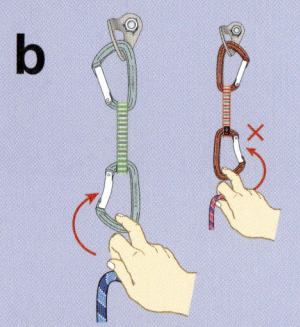

b 中指でカラビナを押さえ、親指と人指し指でロープを持ち、ゲートに入れる。ゲート向きによる

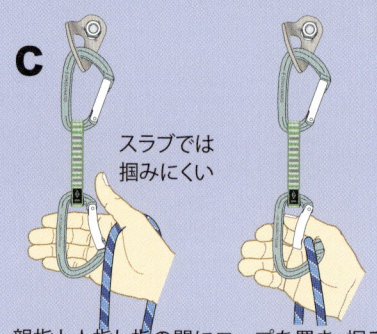

c スラブでは掴みにくい
親指と人指し指の間にロープを置き、握るようにする。ロープ、ゲートで指を挟むことがない。ヌンチャクの状態による

ヌンチャクの向き、組み合わせ

c、dはロープが外れやすいというもので、必ずしも外れるわけではない。d（逆クリ）に気づいても、次のボルトまで落ちることはないだろうと判断した場合、かけ直すかどうかはリードの判断による。外れやすい状態に気づかないままに落ち、ロープが外れてしまった場合は、防げる事故を防げなかった基本的ミスになる。

ヌンチャクの上下カラビナのゲートの向きの組み合わせは、状況により外れやすい向きもあるが、個人の好みのよるところが大きい

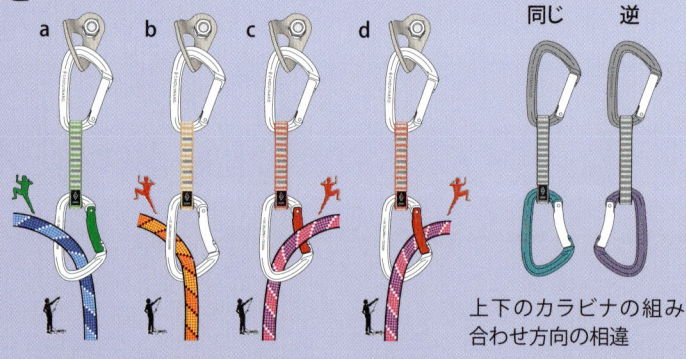

a b c d

同じ 逆

上下のカラビナの組み合わせ方向の相違

ヌンチャクが返る

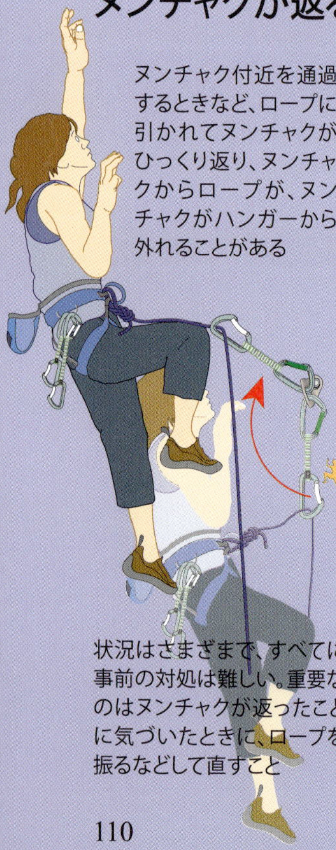

ヌンチャク付近を通過するときなど、ロープに引かれてヌンチャクがひっくり返り、ヌンチャクからロープが、ヌンチャクがハンガーから外れることがある

状況はさまざまで、すべてに事前の対処は難しい、重要なのはヌンチャクが返ったことに気づいたときに、ロープを振るなどして直すこと

上下カラビナ同一方向のヌンチャクが返った場合

1a　**1b**

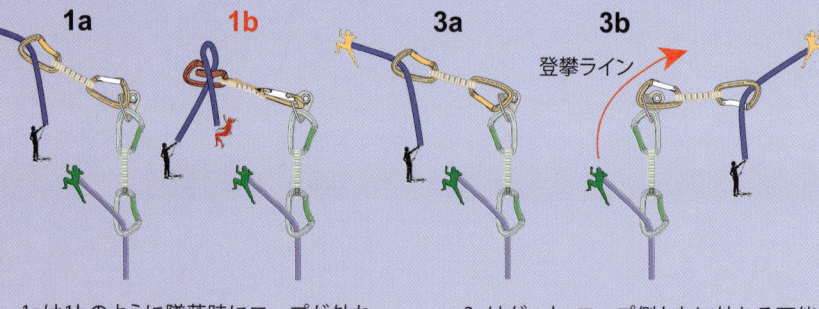

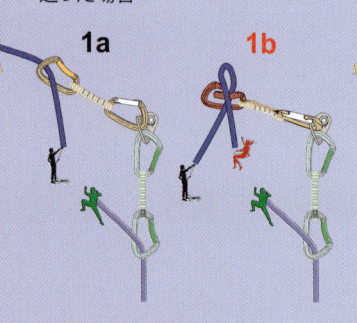

1aは1bのように墜落時にロープが外れる可能性がある

2a　**2b**

2aは2bのように墜落時やロープに引かれたときにハンガーから外れる可能性がある

上下カラビナ逆方向のヌンチャクが返った場合

3a　**3b** 登攀ライン

3aはゲート、ロープ側ともに外れる可能性あり。3bは外れにくい

4a　**4b**　**4b'**

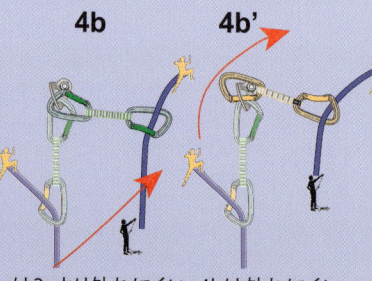

4aは2aより外れにくい。4bは外れにくい
4b'（カラビナが返る）は外れやすい

3.システム

ロープの流れ

2回目の屈曲は致命的になりやすい

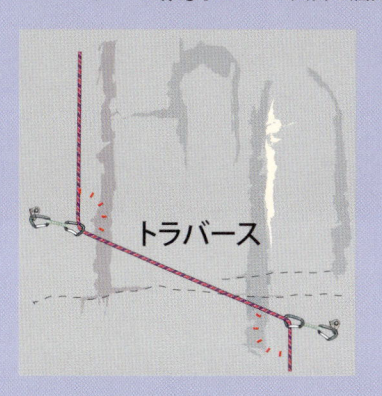

トラバース

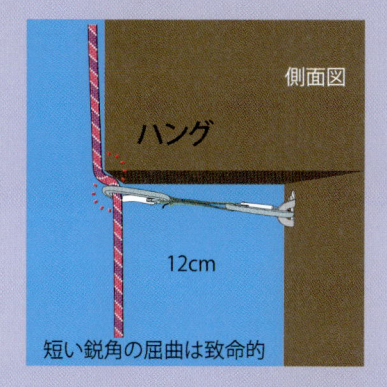

側面図
ハング
12cm
短い鋭角の屈曲は致命的

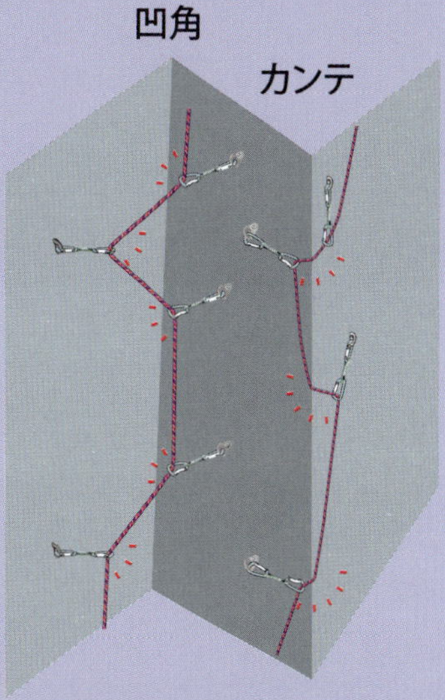

凹角
カンテ

ヌンチャクの連結
金具と金具の接触は強度的によくないとする考えもあるが、ハンガーとカラビナも金具と金具である。またヌンチャクがひねられるとゲートを開放してしまうこともある。リードの判断によるところが大きい

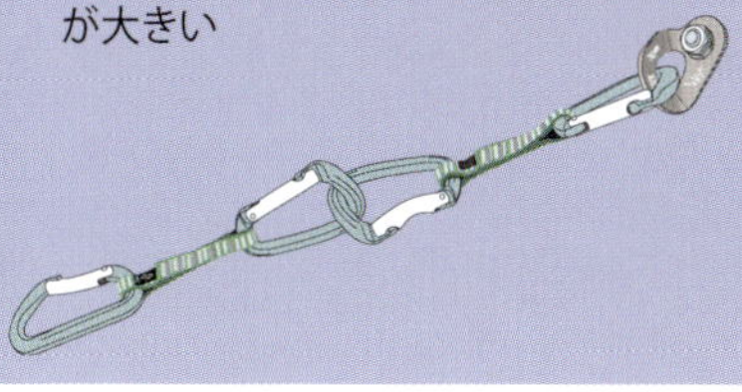

長めのヌンチャクに変えるだけで改善されることもある→

18cm

ハング直前だけでなく、その下方から対処する必要がある→

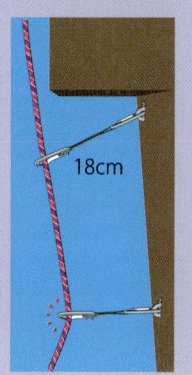

ラップボルトは、設定者がよく考えながらボルトを設置した人工的なものので、ロープの流れが致命的になることは少ない。しかし岩の形状、登るラインに注意しなければならないこともある。3-2〜3-4参照

シングルピッチ

体の動きを使った確保

前後に移動する以外に、上下に動く確保もある。図は1本目だが、地面に近い2本目も同様。1本目はスポットが有効な場合はスポット

1 立ち上がる
低い位置で確保し、たぐりに合わせて立ち上がる

2 
立ち上がりで足りなければ手でロープを出す

3 しゃがむ
登りに合わせてしゃがむことでゆるみがとれる

4 立ち上がる
登りに合わせて立ち上がる 立ち上がることでロープが出される

111

3.システム

シングルピッチ

●さまざまな終了点

終了点は、スポーツ施設のように整備されたものから、立ち木など自然のものを利用するなどさまざまです。人工物には、初登者が設置したもの、後の利用者が補強したもの、劣化したものを打ち変えたものなどあり、また開拓時期にもよって設置物の強度は違います。

終了点によって下降方法が異なります。「ここはなんでこんなに不便なの？」と考えるのではなく、何もないよりマシと思うことです。さまざまな種類の終了点を使って確実に下降できることが重要です。

終了点で大事なのは、ひとつが崩壊してもバックアップがあるようにすることです。支点が複数でもロープと連結しているどこかのひとつがバックアップなしの場合には、そのシステム全体がバックアップなしになってしまいます。そのチェックを怠ってはいけません。

⚠ 終了点の確認

設置されてる終了点が確かなものか確認する習慣をつけておく。確認事項は以下の点などです。

　支点のボルトの緩み
　マイロン、シャックルはネジの緩み
　残置カラビナの傷み（両面を確認）
　スリングの傷み

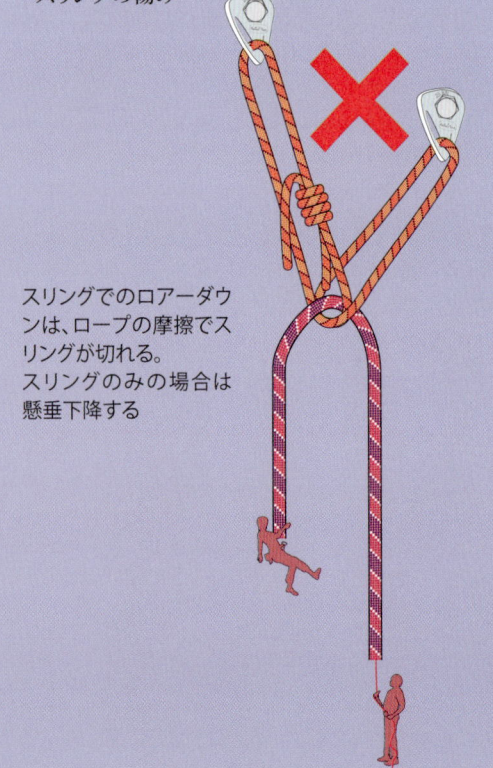

スリングでのロアーダウンは、ロープの摩擦でスリングが切れる。
スリングのみの場合は懸垂下降する

a ロープをかけるだけのもの

カラビナ、支点にロープをかけるだけ

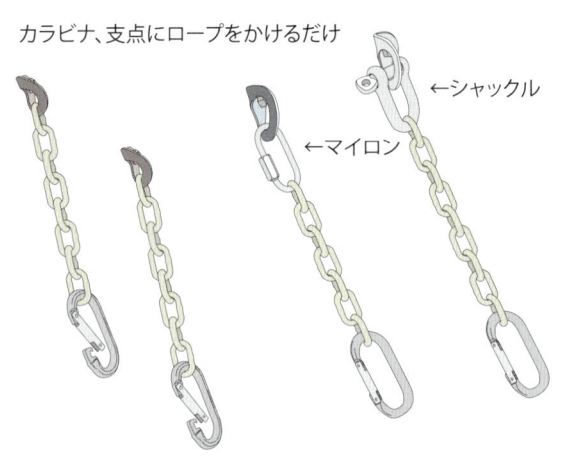

←シャックル
←マイロン

カラビナのある終了点はロープをかけるだけ
マイロン、シャックルのネジの緩みを確認
スリングは傷みがないか確認

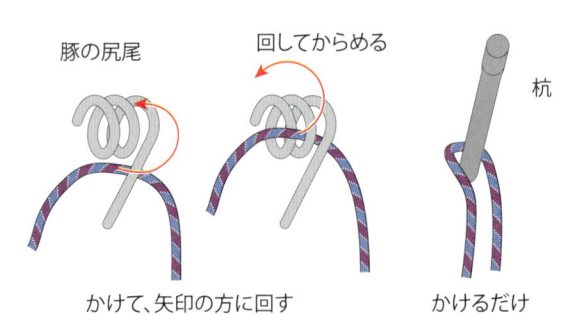

豚の尻尾　　回してからめる　　杭

かけて、矢印の方に回す　　かけるだけ

b ロープを結び直すもの　👉 p114 終了点結び直し

自己確保を取り、ロープの結び直し

ラッペルステーションの支点は均等荷重ではない。上の支点はバックアップ

開放しないカラビナ
錆びている物→
テープで止めてある物→
開かない

ラッペルリングが崩壊すればバックアップはない

シャックル　U字　回らない

ab の中間的なもの

使用者の考え方しだいで変化する

←切れれば終わり

残置ビナ1枚で下りるか結び直しでシャックルにもかけるか

1本のスリングの流動分散は支点に均等に荷重されるが、バックアップはない

C その他

懸垂、支点作成など（p167参照）

何もなし　立ち木、岩　ボルト1本

ハンガーだけの場合はスリングをかけて懸垂。ボルト1本の場合は他からのバックアップを考慮する必要がある

ハーケン

ハーケン類は時間がたつと腐食により支持力がなくなっていることがある。指で動くようなものは使わない方がよい

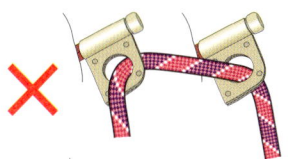

✗ エッジのあるものにロープをかけない、通さない。カラビナを残すか、スリングを通して、スリングで懸垂

古い物は腐食、劣化具合を確認。リングボルトはリングをひねって回してみる。回る物は効いていない

⚠ シャックル

↓ピンが上

ネジをゆるめる方向　ロープをかける側↑

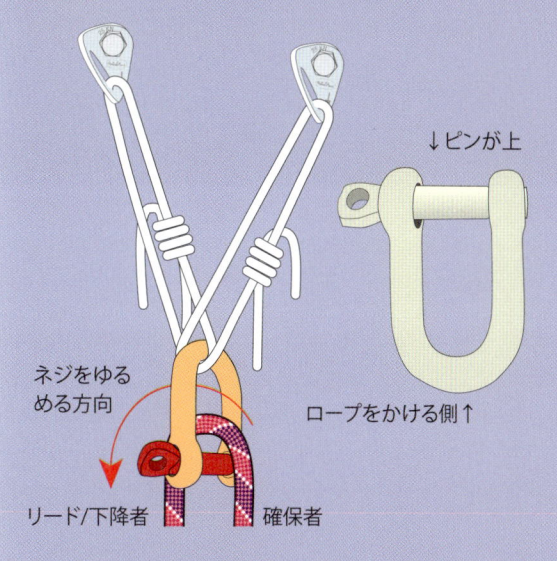

リード/下降者　確保者

　図のようにシャックルにロープをかけるとロアーダウンの下降ではネジが回り、シャックルが外れる可能性がある。懸垂下降でもロープ回収でピンが回ることがあるので、ピンを上にして使うこと。
　シャックルはCEのコネクターの規格に含まれていません。図にような危険があるからということで除外されているのでしょうが、危険性を判断するのは使用者自身です。実際の現場では使われているので、使い方を理解していることが重要。

●平行な支点

ロープが直角に2回屈折するとキンクが大きくなる。

「このザイルすごくキンクするね！」

ロープの性能ではなく、支点の影響

シングルピッチ

3.システム

●終了点結び直し

　p116bの終了点の場合は、ロアーダウンのために終了点でロープの結び直しが必要になります。ここに紹介するのは一例で、どの手法をとるかはリード自身の判断による。

　自己確保物（→p133）を装着すれば、結び直しだけを考えた場合には効率は上がります。終了点で結び直すためにはカラビナが最低1枚は必要。

　aはロープとハーネスの接続にカラビナを使用。b、cはハーネスに直接結びます。aの場合は余分に安全環付きカラビナがあれば効率が高くなる。

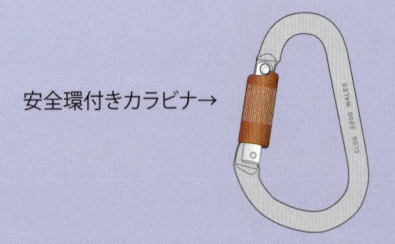

安全環付きカラビナ→

●自己確保

　リード自身で支点に体を固定することが自己確保です（確保をとる、セルフをとる）。自己確保は一つが外れてもバックアップがあるようにし、ゲートは交互にして同時に開放しにくいようにします。

　図は最低限の装備で考えられる例で、他に安全環付きカラビナ、スリングなどがあればさらによい方法が取れます。しかし、シングルピッチのルートで、それだけのギアを持って登る人は少ないでしょう。

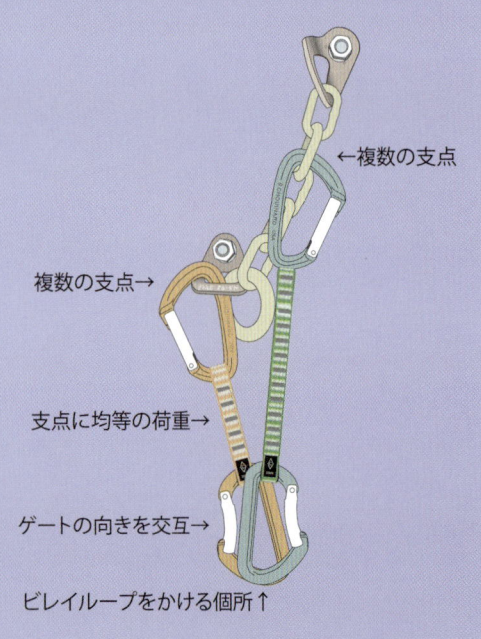

←複数の支点
複数の支点→
支点に均等の荷重→
ゲートの向きを交互→
ビレイループをかける個所↑

a ヌンチャク2本
利点：常にバックアップあり
欠点：手順が複雑
　　　ロープの長さ余分に必要

1 終了点にヌンチャクをかけクリップ

2 終了点でテンション

👉**p50**
8の字（先輪）

→ロープの連結の例

6 8の字先輪（p50）を作る

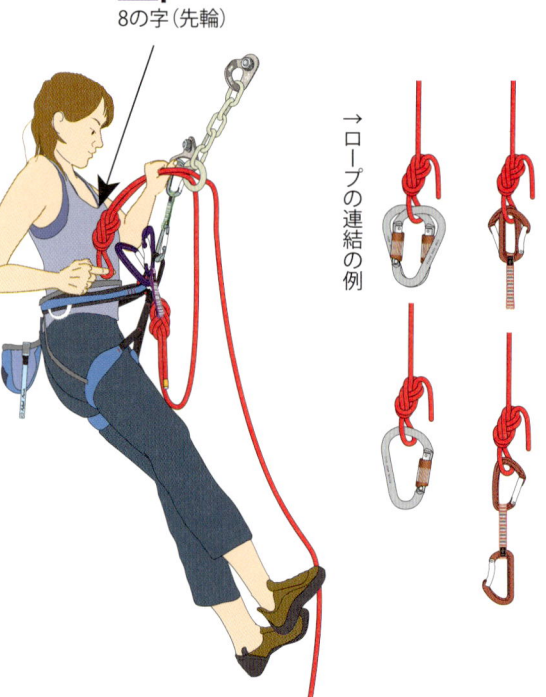

3.システム

シングルピッチ

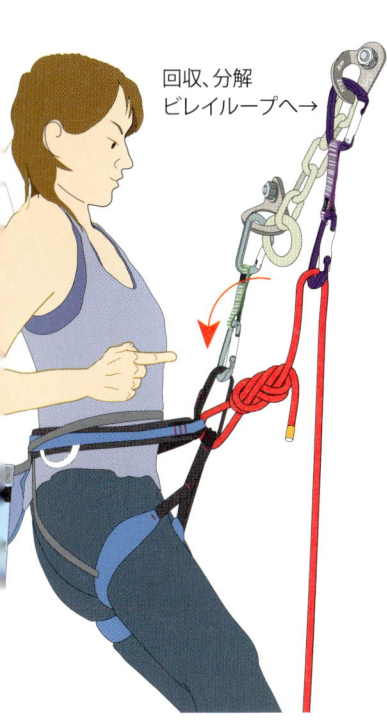

3 自己確保をとる。ロープのかかっているヌンチャクを回収

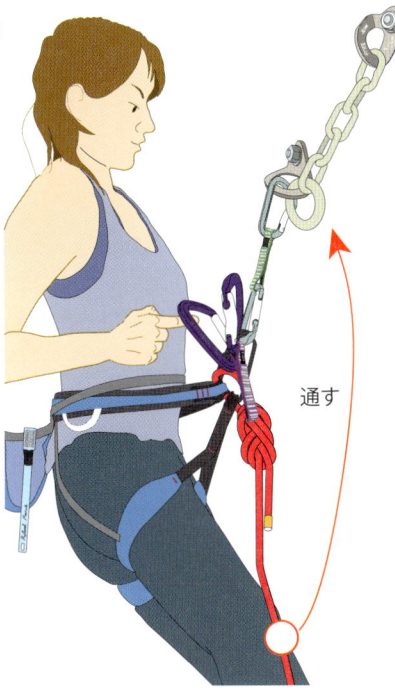

回収、分解ビレイループへ→

4 ヌンチャクを分解して、ゲートの向きを変えてビレイループにかける

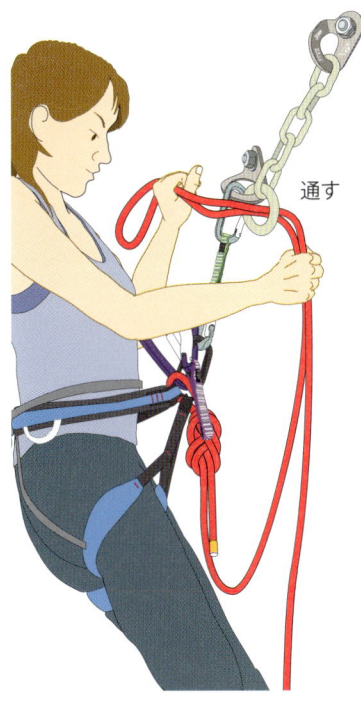

通す

5 ロープの中間をラッペルリングに通す

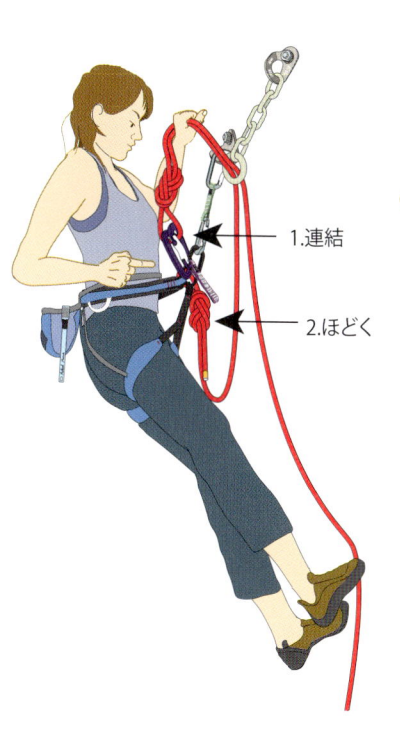

通す

7 カラビナ2枚に8の字結びをかける

1.連結
2.ほどく

8 ハーネスの結びをほどき、ラッペルリングから抜く

抜く

9 張ってもらう。ロープに荷重をかけて確認。自己確保を解除し、下ろしてもらう

確認、確認！

ロープ長さ余分に必要
ロープ長さがぎりぎりのとき注意→

115

3.システム

シングルピッチ

b ヌンチャク2本
利点：手順が複雑でない
欠点：メインロープが一時外れる

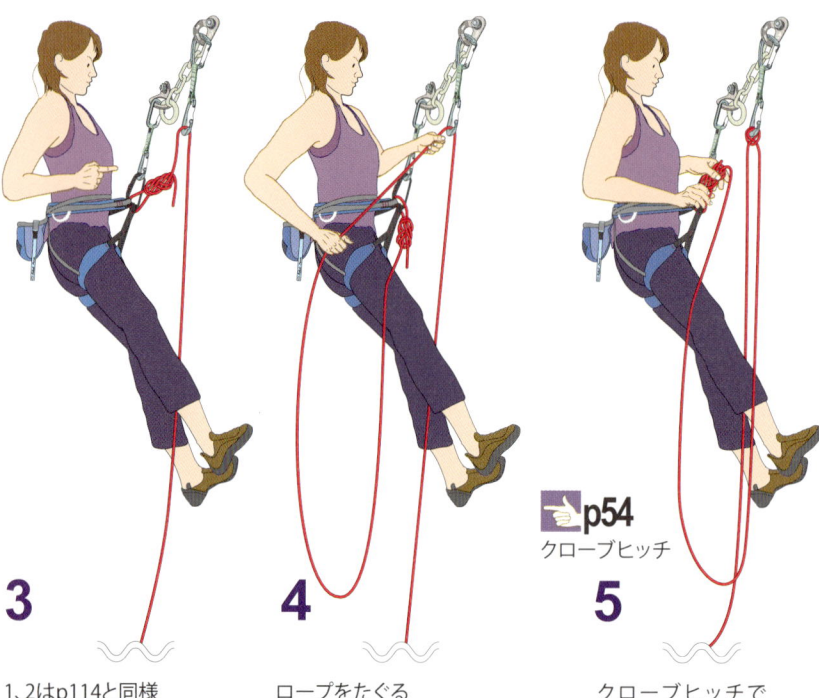

3
1、2はp114と同様
自己確保を確認
ロープの荷重を抜いて
もらう

4
ロープをたぐる

5
👉 p54
クローブヒッチ

クローブヒッチで
ロープを固定

6
ロープをほどく

7
ロープをラッペルリ
ングに通す

8
ロープをハーネスに結ぶ

9
張って！

クローブヒッチをほどく
ヌンチャク回収
確保者に張ってもらう

10
自己確保のヌンチャクを
回収し下ろしてもらう

C ヌンチャク1本
利点：最低限の装備で可能
欠点：ロープが固定されていない

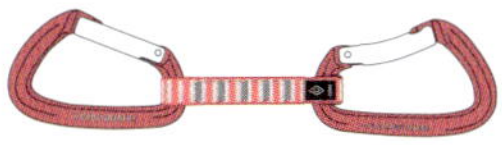

p114の1、2から

3 ロープのかかっている個所と同じ個所に自己確保をとる

4 ロープをヌンチャクから外す

同じ個所にセルフをとるとグルグル巻きになることもある

ロープを支点にじかに結べばロープのセルフをとることは可能

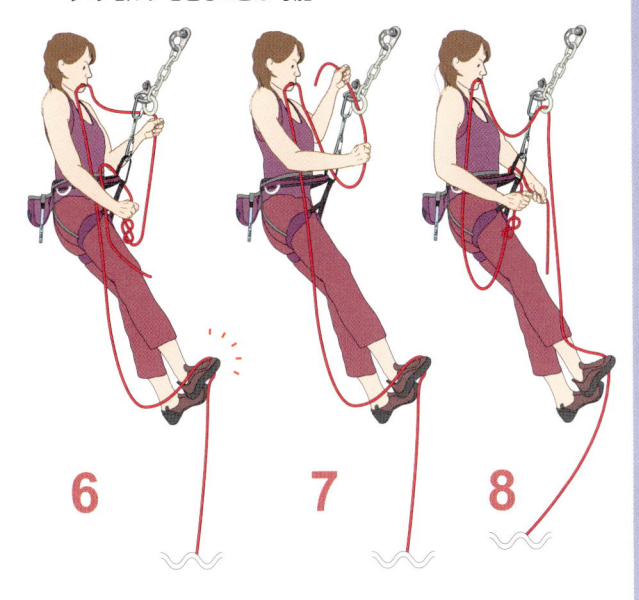

6 足、口でロープを押さえ、ロープをほどく

7 ラッペルリングに通す

8 ロープを結ぶまで安心できない。あとはbの9、10同様

3.システム

シングルピッチ

ヌンチャクにビレイループをかけるのは、力が必要（終了点で上方にホールドがないときなど）

開かない！
ア〜
パンプ限界…

カラビナ1枚にセルフをとるのは、状況によるが非常に困難な場合がある。自動ロック式はこの場合効率悪い。ボールロック式は操作性が悪いのでこのような状況には適さない。

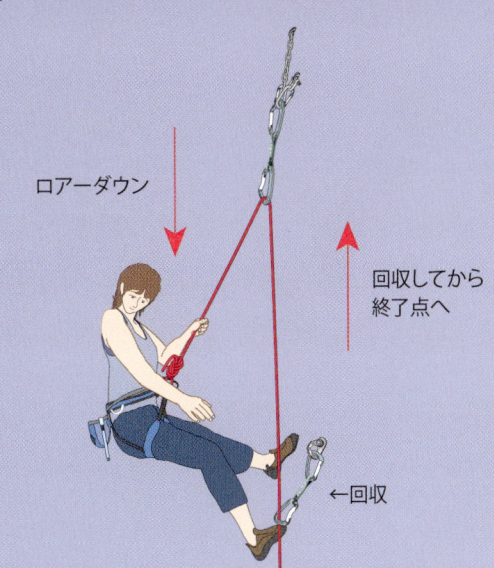

ロアーダウン

回収してから終了点へ

←回収

下のヌンチャクまで下ろしてもらい回収。左ページbの方法で行う方が効率的かもしれない

117

シングルピッチ

3.システム

a 荷重のある回収

ヌンチャクに荷重がある場合は、ロープを押すなどしてヌンチャクの荷重を抜いてから回収する方が容易。
この例は荷重があるのでロープ側から外した方が外しやすい

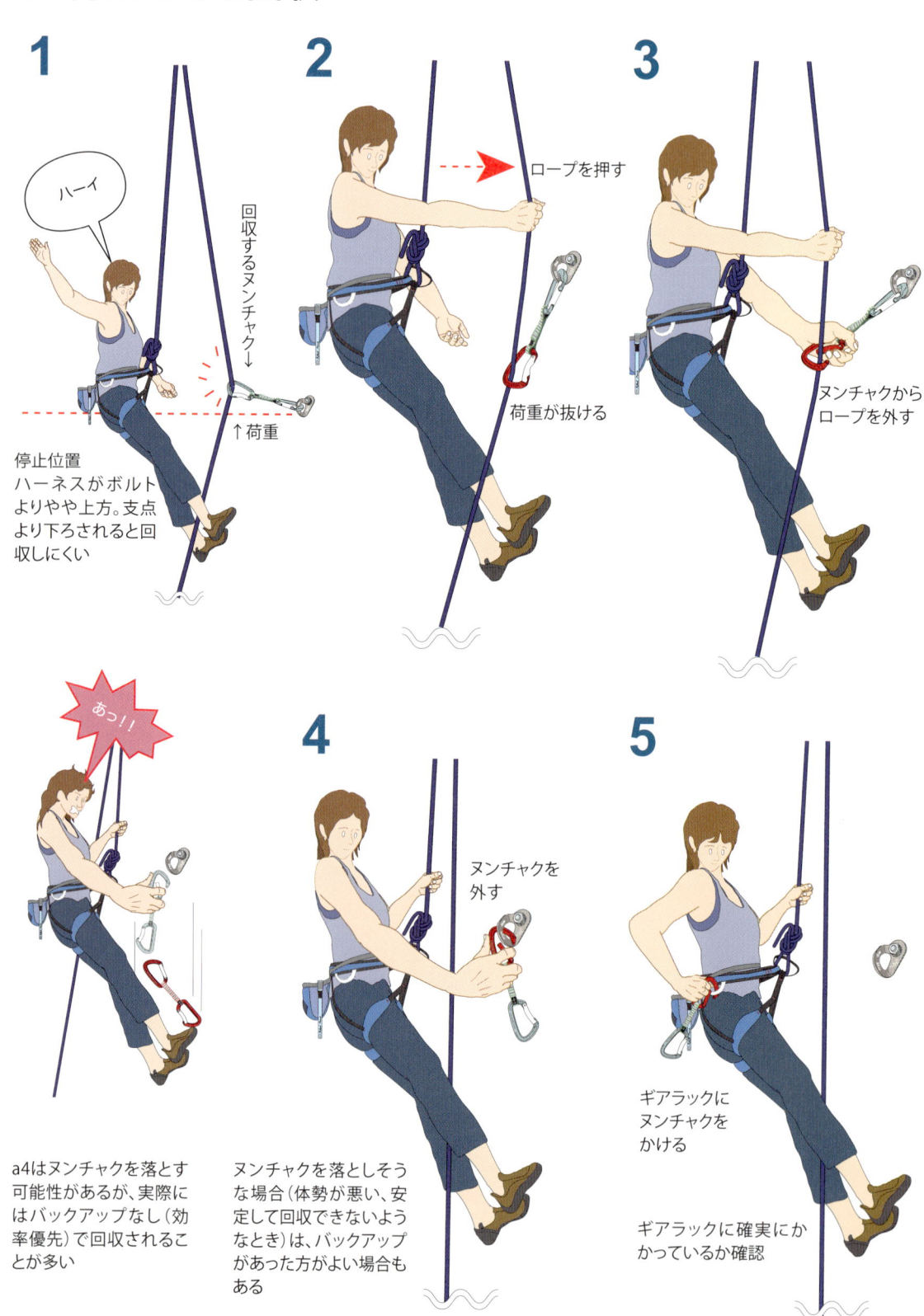

1
ハーイ

↑荷重
←回収するヌンチャク

停止位置
ハーネスがボルトよりやや上方。支点より下ろされると回収しにくい

2
ロープを押す →

荷重が抜ける

3
ヌンチャクからロープを外す

4
あっ!!

a4はヌンチャクを落とす可能性があるが、実際にはバックアップなし（効率優先）で回収されることが多い

4
ヌンチャクを外す

ヌンチャクを落としそうな場合（体勢が悪い、安定して回収できないようなとき）は、バックアップがあった方がよい場合もある

5
ギアラックにヌンチャクをかける

ギアラックに確実にかかっているか確認

118

b バックアップあり

1

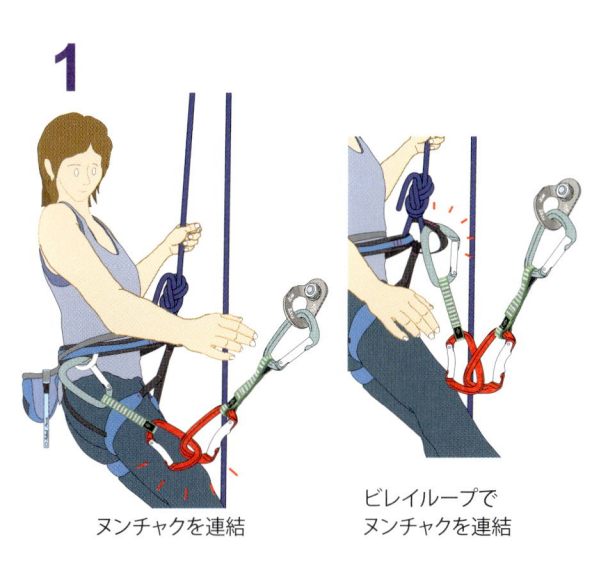

ヌンチャクを連結

ビレイループで
ヌンチャクを連結

荷重がかかるなどの場合は、ビレイループの方がよい。ギアラックは5kg程度の耐荷重なので破損の可能性がある。バックアップをとると落とす可能性はなくなるが、回収時に振られる。荷重がかかるような場合は効率が悪くなる可能性もある

2

ハンガーから回収

バックアップありでの回収は、リードの考えによる。落とすことが許されないような状況を判断すること

←先にロープにクリップ。バックアップありのクリップはほとんど行われない

通常ヌンチャクをかけるときもバックアップはない。常にバックアップがあることを前提にすると、何もできなくなる

3.システム シングルピッチ

ホールドに掴まっていないと回収できないこともある。ヌンチャクを持ち、引き付けた反動で一瞬に回収することもある。その場合、ピンゲートのカラビナはハンガーに引っかかりやすい

登っているのと変わらないような、体勢の厳しい状態での回収もある

ヌンチャクを連結してセルフを延ばす

体を逆さにすれば遠くまでとどく

2本目より、1本目のヌンチャクを先に回収した方が、回収しやすいことが多い。ヌンチャクを連結して延ばせばとどくこともある

●トラバース、ハング回収

トラバースルート、ハング、傾斜の大きい壁でのロアーダウン回収は、登ることより手順が複雑です。かぶった壁もトラバースルートも終了点と最終回収地点の水平距離が大きいことで、振り子幅が大きくなり、この対処はシステム的には同様ですが、かぶった壁の方がはるかに力が必要とされます。

回収例は4、5本目の回収を行い、3本目の支点まで下ろしてもらった所からです。実際のルートでは、回収困難なルートには回収用の残置カラビナがある場合や、カンテを挟んだルートなどでは対応が変わります。状況に応じた対応ができることが最も重要です。以下の4点がポイントとなります。

　a.ロープ、支点にセルフをとり回収すること
　b.回収点の移動
　c.1、2本目の支点の回収の仕方
　d.スイング前の確保

特にdのスイング前の確保は常に終了点の真下とはかぎらないので、システムを理解し、状況に応じて対処する。

⚠ ※1 ヌンチャクで連結

「ヌンチャクでセルフをとる」とも言う。終了点に着いたとき、「ヌンチャクでセルフをとって！」と言われたとき、右図**1**のようにセットして「セルフとりました」と答えたら、その人は死亡する可能性があるかもしれません。ことばのまぎらわしさのせいではなく、基本の理解ができていない過ちです。

状況1：
「そのまま下りたら回収できないから、セルフとらないと」の場合は**1**のセルフ

状況2：
確保者に「ロープに結び目ができている！ほどくからセルフとって待って！」と言われた場合などは右図のセルフになります

これもヌンチャクでセルフ

1 終了点

回収した個所
4、5本目の支点はp118参照

2
ストップ！

3〜8
3本目の支点の回収

終了点
自分側　確保側
↑ヌンチャクで連結※1
確保者↓

1 ロープに振られ止め

トラバースの大きいルートでは終了点から下ろしてもらう前に、確保側のロープとハーネスのビレイループをヌンチャクで連結する※1。確保側のロープに振られ止めをとることで、スムーズな回収を行いやすい

3.システム

2 「止めて」

4、5本目回収後、3本目回収開始

9
↑トラバース、ハングの大きい個所の移動

10～13,16～18
←2本目の支点

14～15
↑1本目の支点の回収

リードの合図で止める。
確保者も回収位置を理解して
ロープの出す操作が必要

シングルピッチ

●ロープにセルフ

セルフがないと下のようになり戻れない、あるいは戻るのが困難になる。

戻れーん！

スラブの場合は振り子トラバースなどで移動できるが、限界もある

確保者がリードを止める位置

回収しやすい位置は微妙な範囲にあるため、リードの合図を聞いてからの停止では、回収しやすい位置に停止できないことがある。

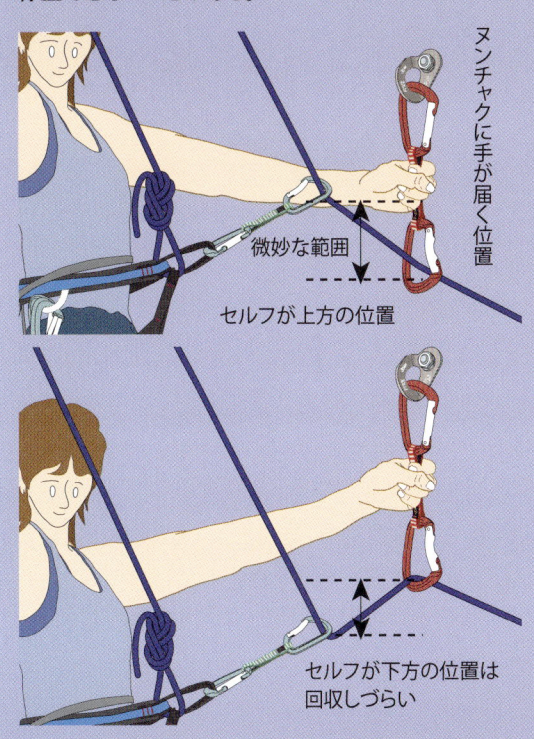

ヌンチャクに手が届く位置

微妙な範囲

セルフが上方の位置

セルフが下方の位置は回収しづらい

121

3.システム

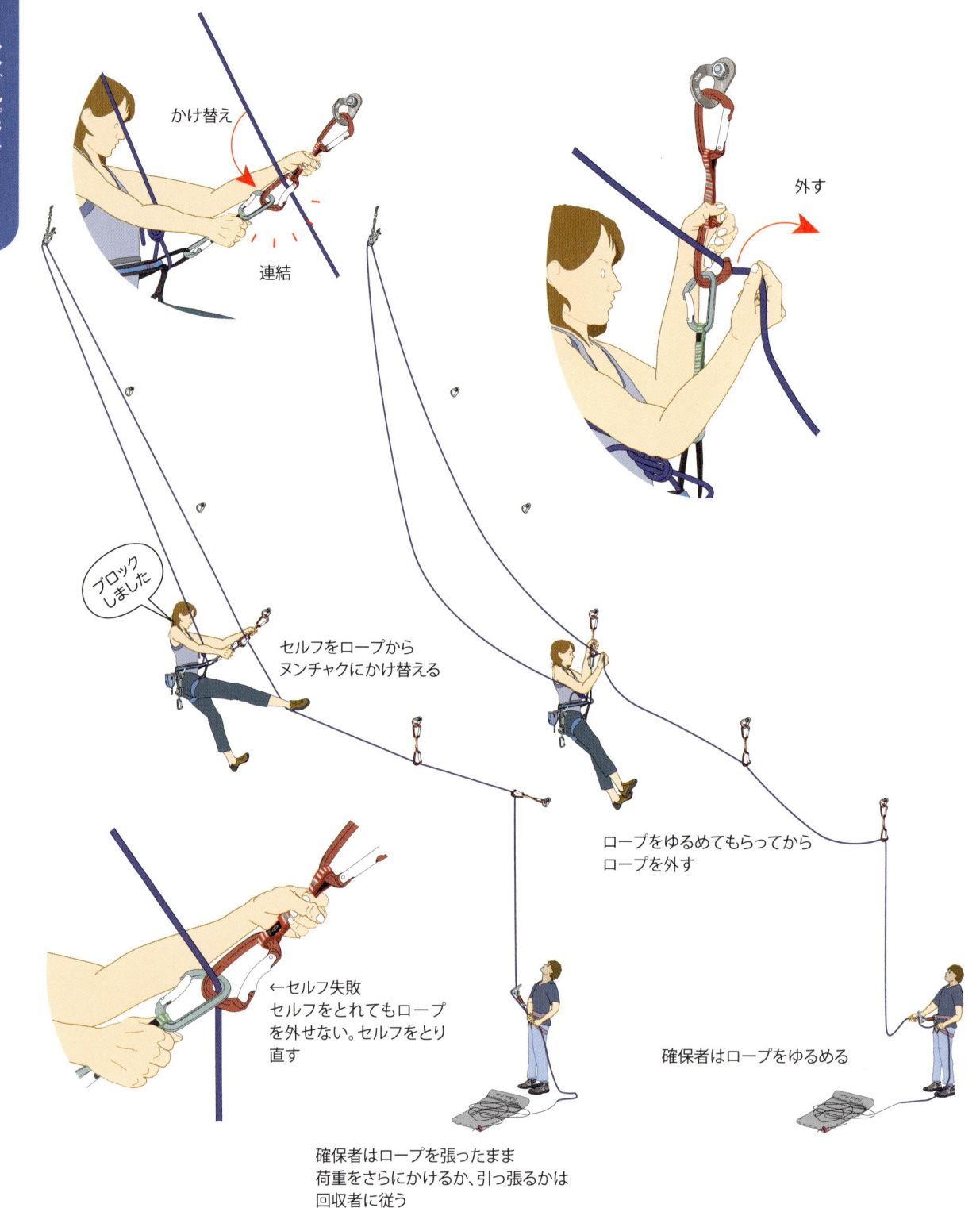

シングルピッチ

かけ替え
連結

外す

ブロックしました

セルフをロープからヌンチャクにかけ替える

ロープをゆるめてもらってからロープを外す

←セルフ失敗
セルフをとれてもロープを外せない。セルフをとり直す

確保者はロープをゆるめる

確保者はロープを張ったまま荷重をさらにかけるか、引っ張るかは回収者に従う

3 セルフのかけ替え

セルフをかけ替えれたら、確保者にゆるめてもらう合図をする。かけ替えにもう1本ヌンチャクを使えば確保の空白が生じない

4 ロープを外す

ロープを外すため、セルフのかかっているカラビナを一時的に開放するので注意。心配ならセルフを別の個所にとる

3.システム

シングルピッチ

入れる

外す

←ロープはかかっている

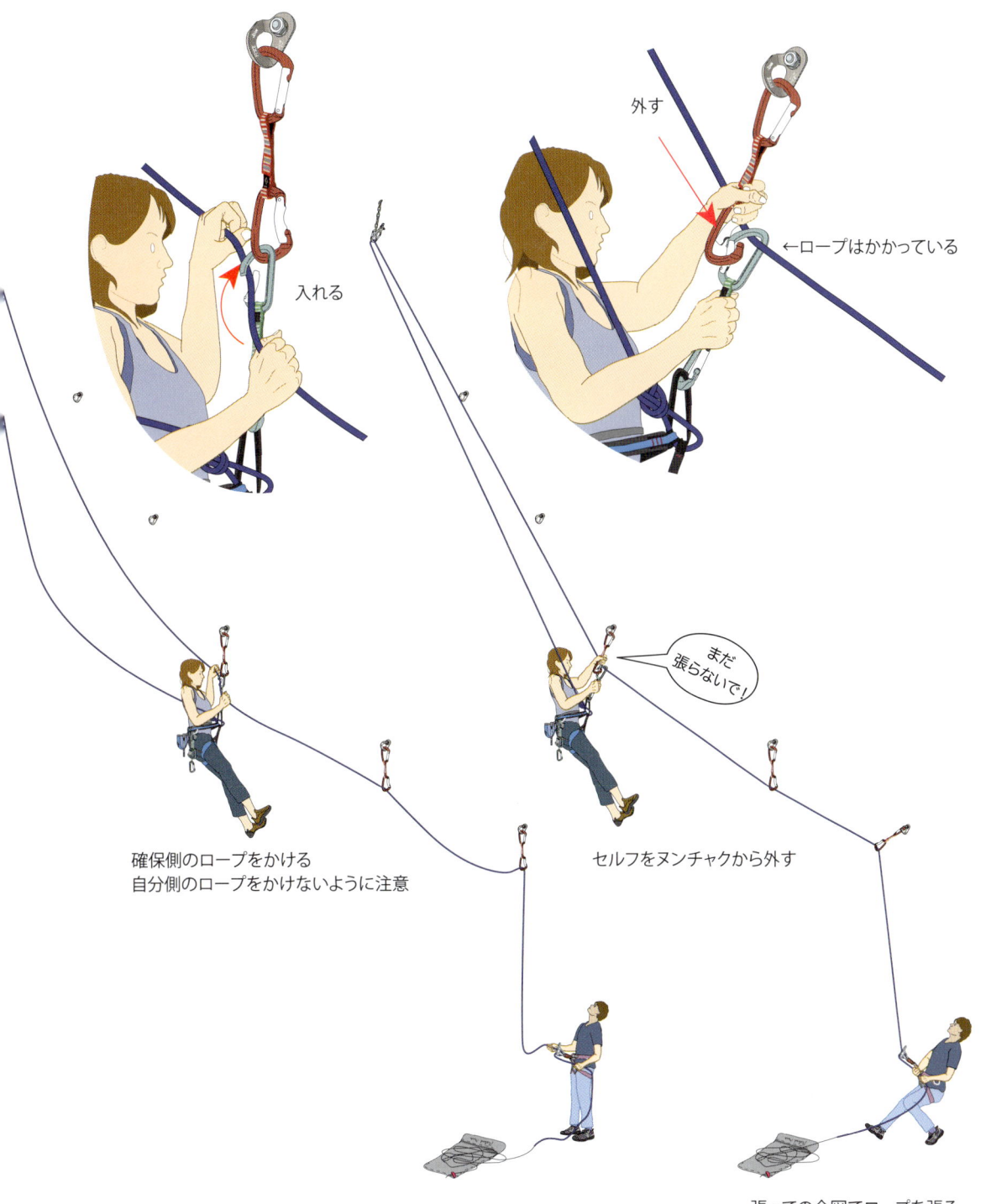

まだ張らないで！

確保側のロープをかける
自分側のロープをかけないように注意

セルフをヌンチャクから外す

張っての合図でロープを張る

5 セルフのかけ替え1

5、6の2動作はセルフのかけ替えで、5はロープにセルフをとる

6 セルフのかけ替え2

セルフからヌンチャクを外すとロープだけにセルフがかかりかけ替えが終了

123

3.システム

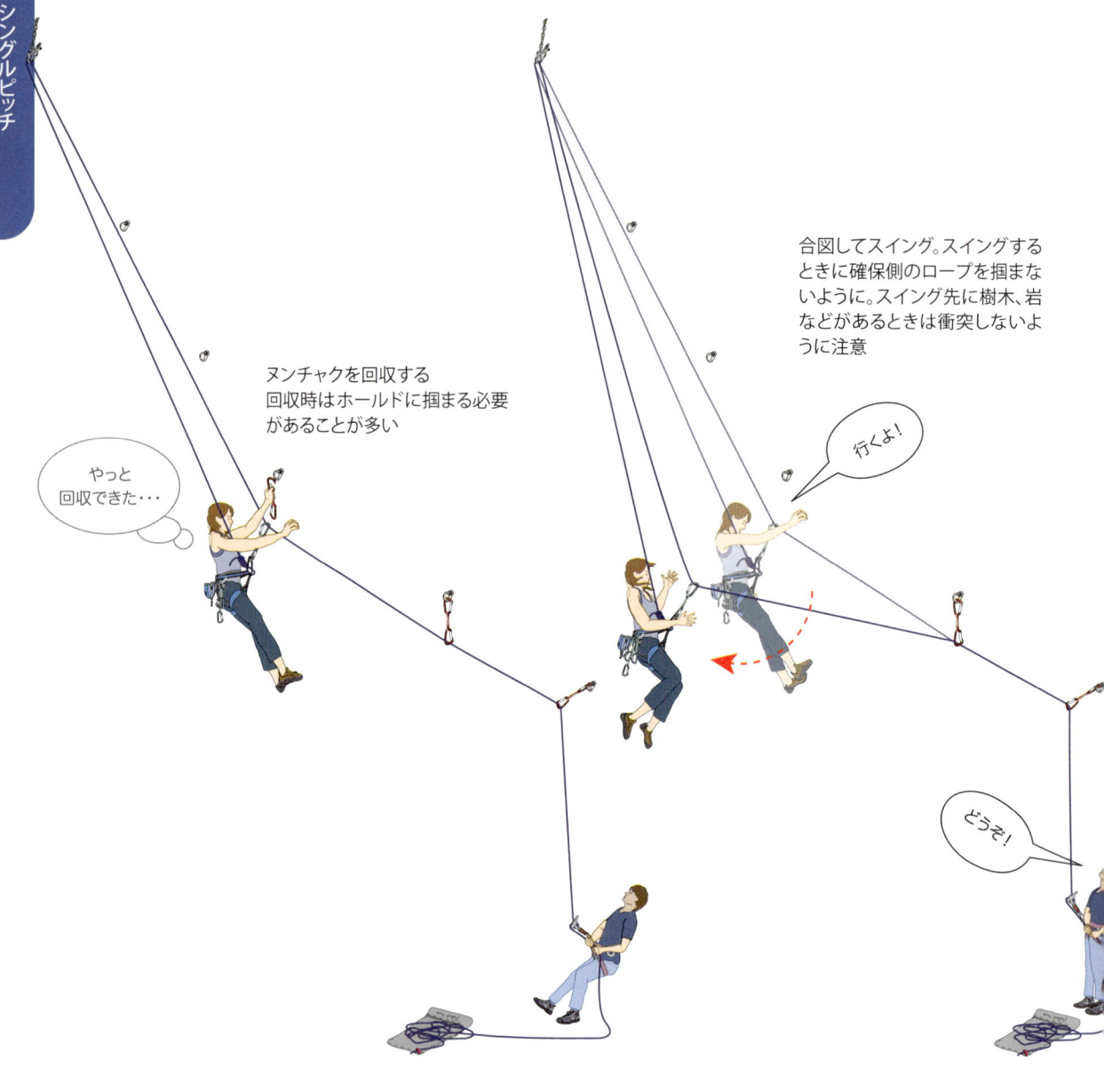

シングルピッチ

ヌンチャクを回収する。回収時はホールドに掴まる必要があることが多い

やっと回収できた・・・

合図してスイング。スイングするときに確保側のロープを掴まないように。スイング先に樹木、岩などがあるときは衝突しないように注意

行くよ！

どうぞ！

体重をかけて確保。ロープを1mmもゆるめないこと

ロープに荷重がかかる瞬間に軽く流す、体で吸収するなど衝撃力を弱める。ロープを止めたままだと回収者のショックが大きい

7 ヌンチャク回収
3〜6の動作でやっとヌンチャクを回収することができる

8 スイング
終了点からの水平距離が大きくなるにつれて、スイングも大きくなる

124

3.システム

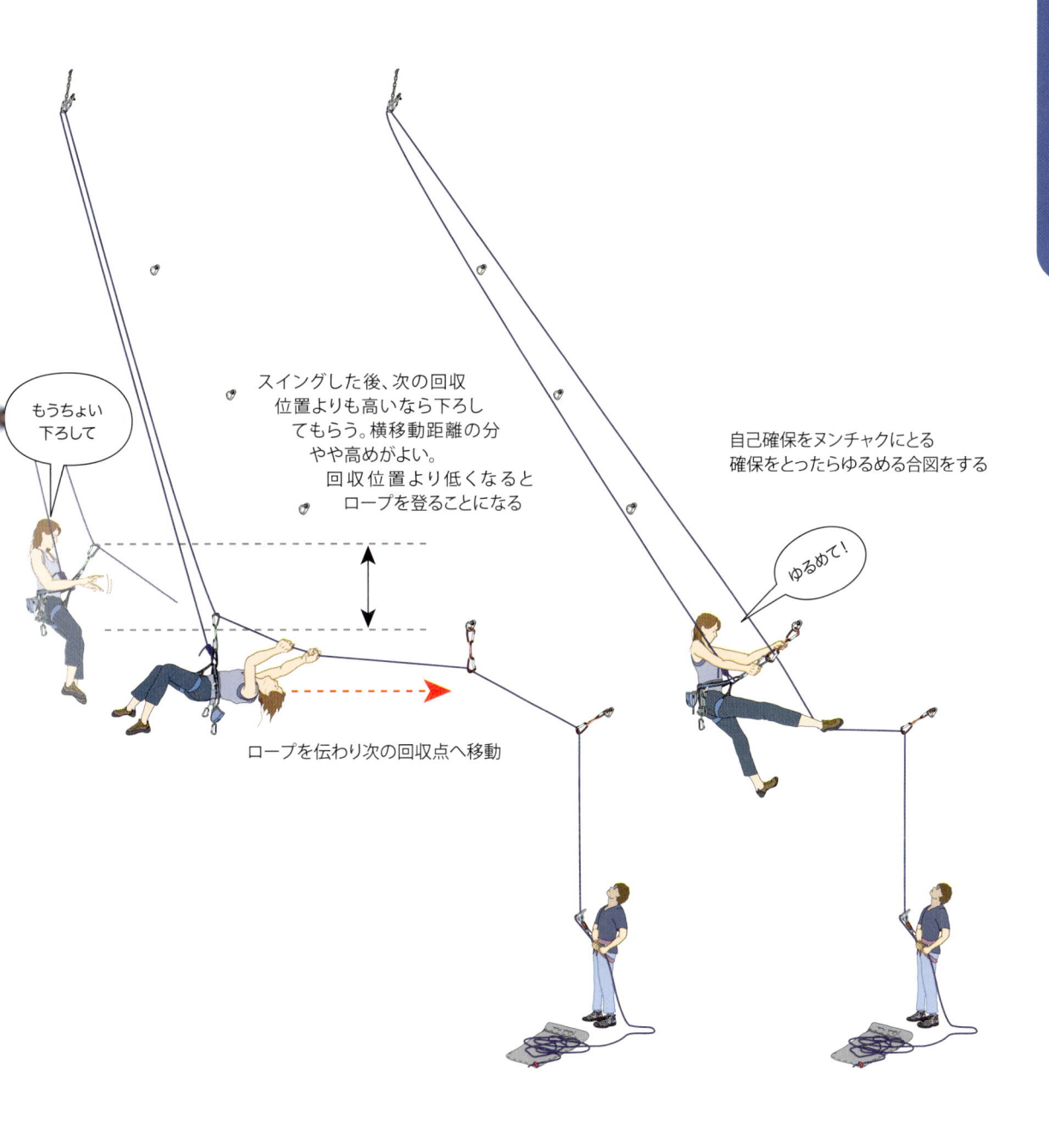

シングルピッチ

もうちょい下ろして

スイングした後、次の回収位置よりも高いなら下ろしてもらう。横移動距離の分やや高めがよい。回収位置より低くなるとロープを登ることになる

自己確保をヌンチャクにとる
確保をとったらゆるめる合図をする

ゆるめて！

ロープを伝わり次の回収点へ移動

確保者はロープを押さえたままだが、リードから「引いて」など合図があった場合は要求に応じる。要求は状況により変化する

リードのセルフのとり方にまずい点がないか注意。回収者はセルフをとることで精いっぱいのときがある

9 移動

移動距離が大きいときには、図のように逆さになり、ロープを伝わると比較的楽に移動が可能

10 セルフ

3と同じようにヌンチャクにセルフをとる。下から2番目の支点なのでこの後の動作が変わる

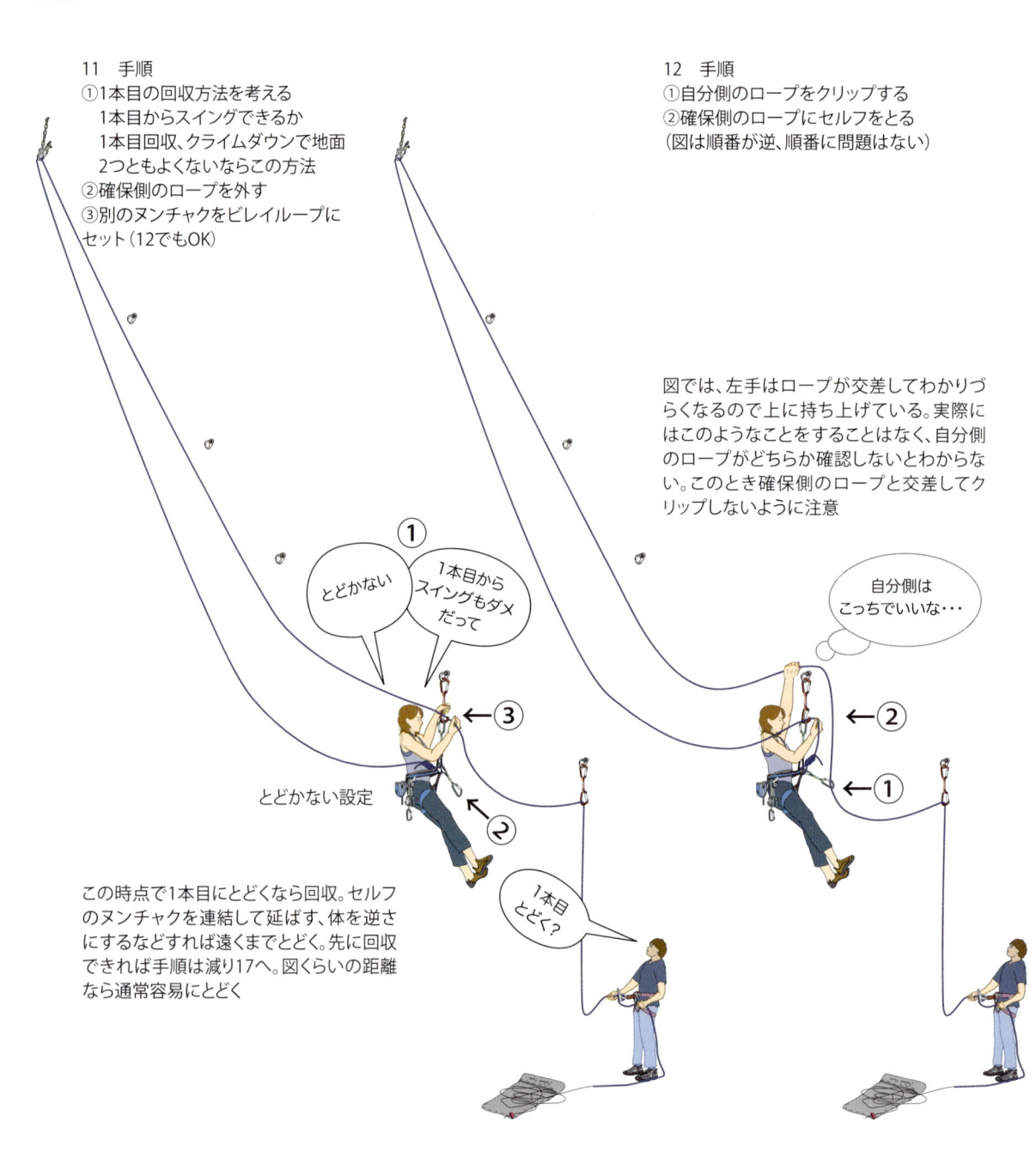

11　手順
①1本目の回収方法を考える
　1本目からスイングできるか
　1本目回収、クライムダウンで地面
　2つともよくないならこの方法
②確保側のロープを外す
③別のヌンチャクをビレイループに
セット（12でもOK）

12　手順
①自分側のロープをクリップする
②確保側のロープにセルフをとる
（図は順番が逆、順番に問題はない）

図では、左手はロープが交差してわかりづらくなるので上に持ち上げている。実際にはこのようなことをすることはなく、自分側のロープがどちらか確認しないとわからない。このとき確保側のロープと交差してクリップしないように注意

とどかない

1本目から
スイングもダメ
だって

自分側は
こっちでいいな…

とどかない設定

1本目
とどく？

この時点で1本目にとどくなら回収。セルフのヌンチャクを連結して延ばす、体を逆さにするなどすれば遠くまでとどく。先に回収できれば手順は減り17へ。図くらいの距離なら通常容易にとどく

11 ロープかけ替え1

11〜12の2動作でロープのかけ替え。1本目を先に回収するための手順。2本目の位置からとどくなら11〜14はない

12 ロープかけ替え2

11〜12の2動作でロープのかけ替え。確保側のロープを外し、自分側のロープをクリップする

3.システム

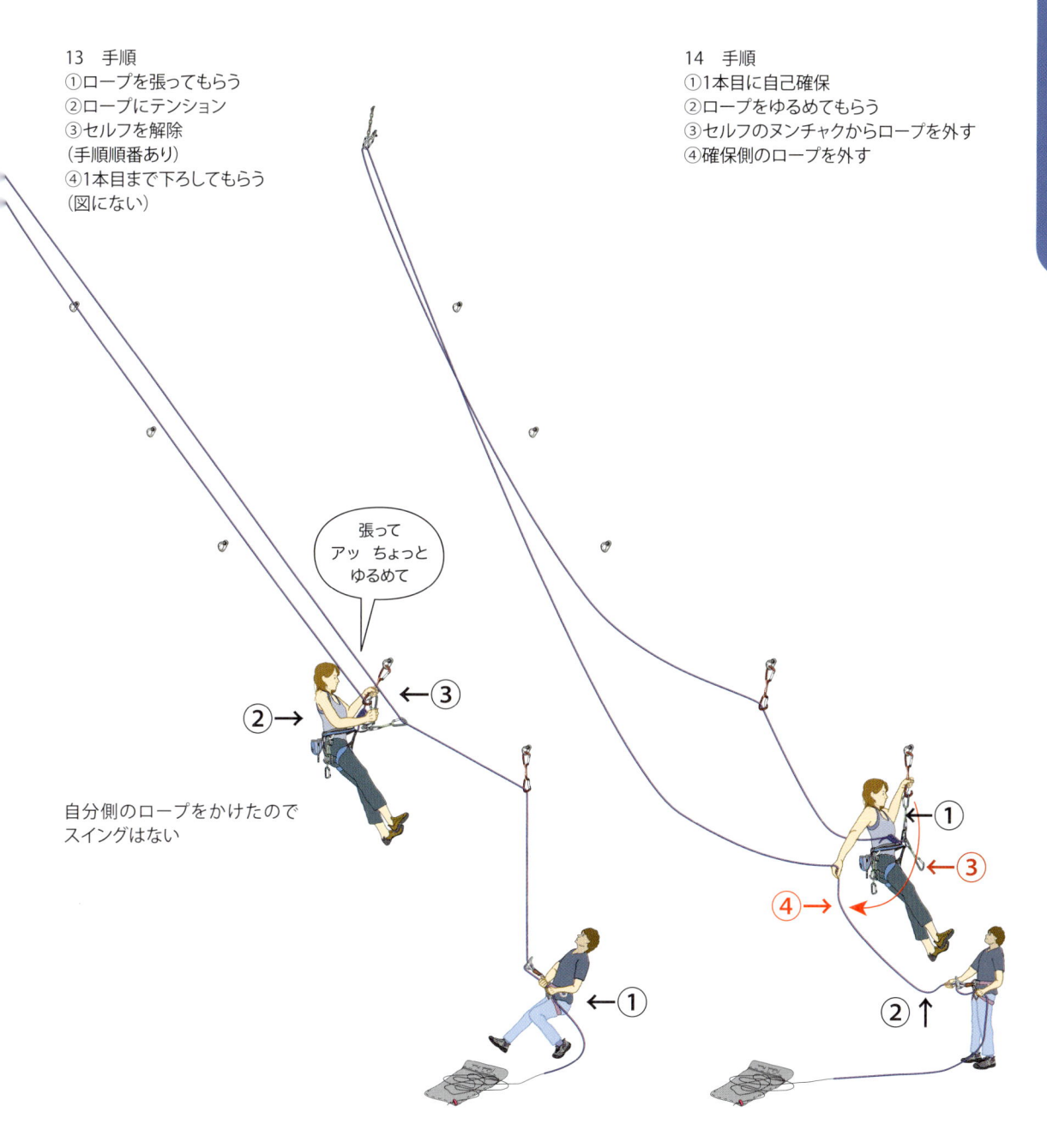

シングルピッチ

13　手順
①ロープを張ってもらう
②ロープにテンション
③セルフを解除
（手順順番あり）
④1本目まで下ろしてもらう
（図にない）

14　手順
①1本目に自己確保
②ロープをゆるめてもらう
③セルフのヌンチャクからロープを外す
④確保側のロープを外す

張って
アッ ちょっと
ゆるめて

自分側のロープをかけたので
スイングはない

セルフを解除するとき、ロープを張っているとリードが上方に引かれ解除できないときもある。ロープの張りは状況に応じて変化する

リードがロープを離す前にロープがクロスしていないことを確認。クロスしているなら、確保側のロープをリードに渡す

13 セルフを解除
図は4手順の3番目。順番が違うと力が必要となる

14 セルフ
図は4手順の4番目。3番目と4番目の順番が重要。この時点で順番が違っても問題が発生しないところに落とし穴がある

3.システム

シングルピッチ

15 セルフ解除

確保者はトップロープの確保の最適な位置へ移動する。この図の確保者は支点の真下へ移動した。この時点では最適な位置へ移動したように見えるが、17のようになることを考えておくべきだ

15 手順
①移動
②張る
③登る/解除

ガバがないな…
張って

この場合の張りも13同様、張っていると解除できないことがあり、状況に応じた対応が必要

②→　←①
移動

16 1本目回収、登る

トラバースの場合は確保者が支点の真下へ移動すると支点でロープがねじれることがある

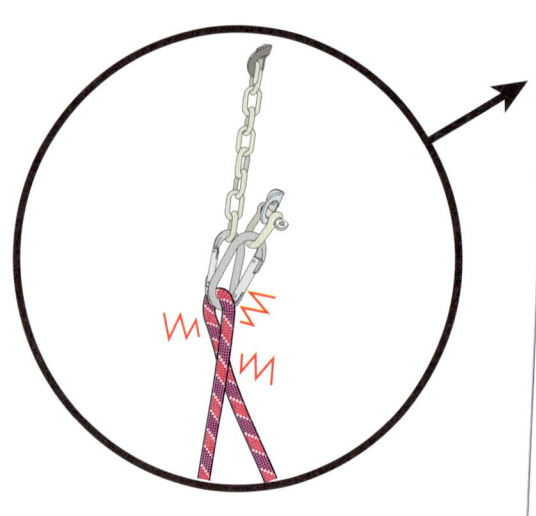

16 手順
①1本目回収
（この時点でトップロープの登りになる）
②2本目まで登る

そっちに移動したからねじれたんだよ！

ロープねじれてない？

ロープが交差して荷重がかかるのは熱いヤスリでこするようなもの。終了点によっては終了点がねじれてロープの交差がとけることもある。終了点に着いたときに逆方向でクリップしても回収時に交差してしまうので解決にはならない。交差してしまったときは、確保者が位置を移動するなどして交差に対処する

登りに合わせてロープをたぐる

最後の支点を回収する前にロープがねじれていないか確認。ねじれていればセルフをとり、ねじれを取る。あるいは確保者が確保位置移動

3.システム

17 2本目回収

最後のヌンチャクの回収

2本目回収

上から見たところ

終了点→

リード

地面

Ⓐ 移動

スイングの方向

Ⓑ 確保者

確保者が支点の真下付近で確保しているとロープに直撃する。Aで確保していると下図のようになりやすい

確保者が移動することでねじれを軽減でき、スイングも問題なく行える

Ⓐ 移動 Ⓑ 登りに合わせてロープをたぐる

18 手順
①合図/張る
②スイング
（かぶった壁のみ）
③振れが小さくなったら下ろす

スイング体勢を整え、合図

行くよ！

①
②
③

ロープにあたる！

確保者は一緒に引きずられる

確保者はスイングする軌跡から外れていることが重要。支点の真下はスイングの軌跡上にあるので、支点の真下を避ける

18 スイング

スイングの振りが小さくなったら地面に下ろす

シングルピッチ

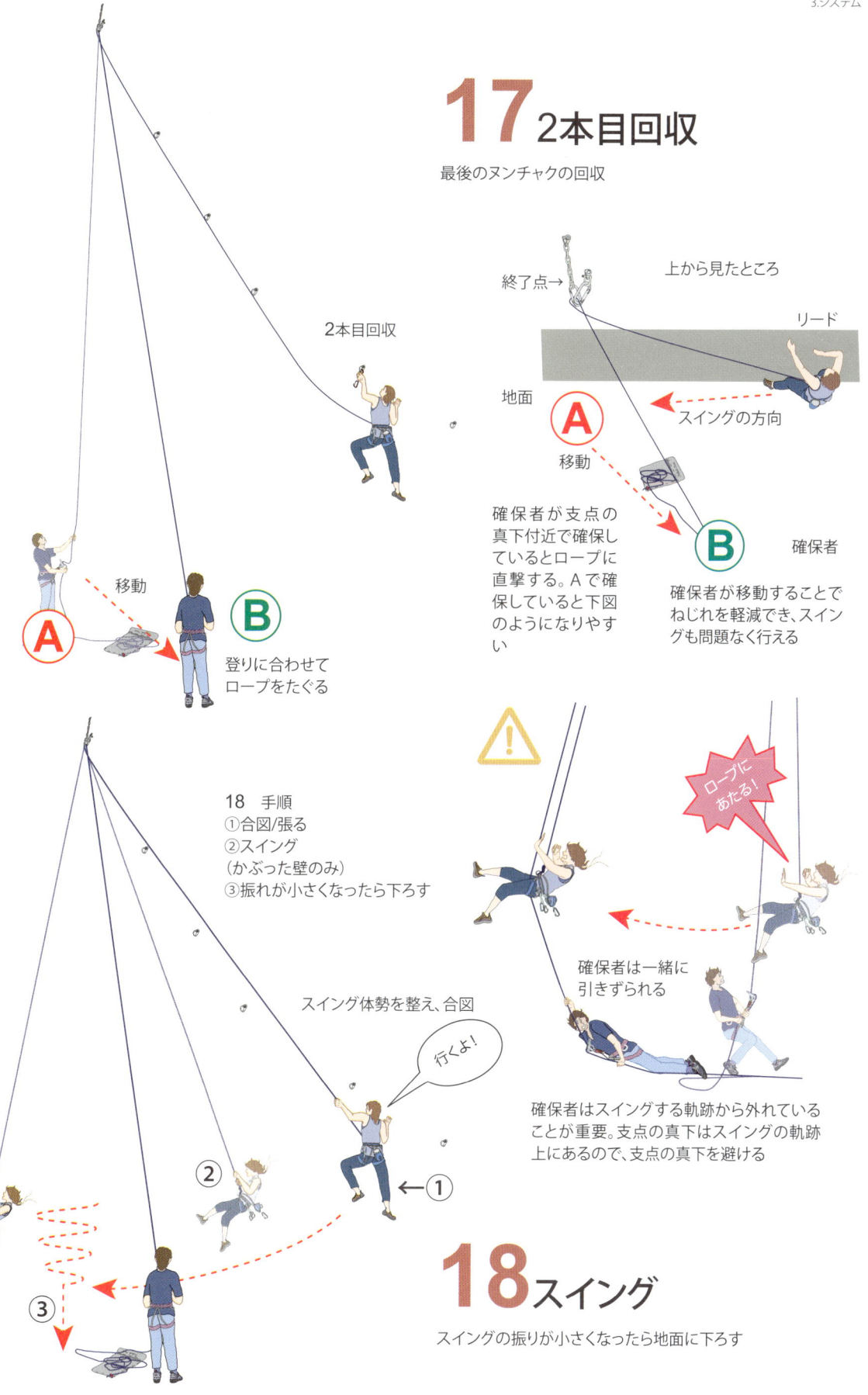

129

今そこにある危険

　手順は、記載できないほどに状況に応じた対応が必要とされます。手順を覚えるのではなく、手法をどのように使用すれば危険を少なくすることができるか、考える力を持つことです。

　常に教わる、面倒を見てもらう状況の中では考え行動する力をトレーニングされていなので身につけるのは難しいことです。また新しいことを発見、創造する未来への道も生まれてこないでしょう。登りの真髄はその道を切り開くことにあります！

　クライミングは奥の深いものです。それ故、幅広い年齢層、長期、20年、30年と続けている人も少なくありません。手法や技術だけにとらわれず、未来へ向かった奥深い登りを堪能されることを楽しんではいかがでしょうか。

クライミングは危険で当たり前。怖ろしいのは、回避可能な危険を危険と認識できていないこと！
また込み合った岩場では自身の要因ではない危険が数多く待ちかまえています。それらの要因も自身の要因と考え行動する必要があるでしょう。「アイツのせいで失敗ダ！」ではなく、それも自分の失敗と考えるべきです。勇気を持って手助けしてあげて下さい

ザイルダウン！

トップロープのセット…

下ろして！
←同じ終了点
a

他のロープのかかっている終了点でロアーダウン

落ちまーす！

落ちることは問題ないだろうか…

張ってくれる！行くよ
b

張るからちょっと待って
c

フリーは安全ダナ

クラックにボルトある…

発見された鍾乳洞
↓洞口

隣りのボルトに届くね…

なんかジムだね…

p70イラ・クラロックと比較→
経済性との関係発生

d

3. システム

シングルピッチ

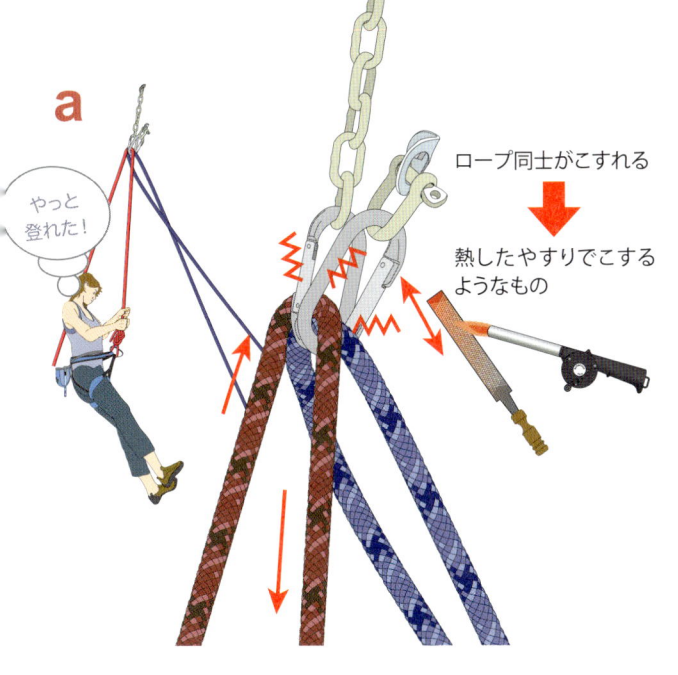

a

ケース
ナイロンは熱に弱いので、荷重がかかった状態でロープが擦れ合うと双方のロープが溶ける。左図の赤は擦れる位置が移動するが、青は同じ個所なので致命的な損傷になる

要因
込み合った岩場では、終了点が重なる状況は普通に発生する。これを回避するには、先行者のいるルートは避ける、待つなどで対応する。
また、長時間のクライミングで疲労困憊し、冷静でない心理状態のときは通常では絶対に行わないようなことをやってしまうことがある。事故発生の大きな要因のひとつ。精神的な制御ができていないときの登りは危険を招く

対応
①別の支点を作ってロアーダウン
②１つ下の支点までクライムダウンしてロアーダウン
③青が下降するまでハンガーにセルフをとって待つ、など状況に応じた対応

やっと登れた！

ロープ同士がこすれる
熱したやすりでこするようなもの

b

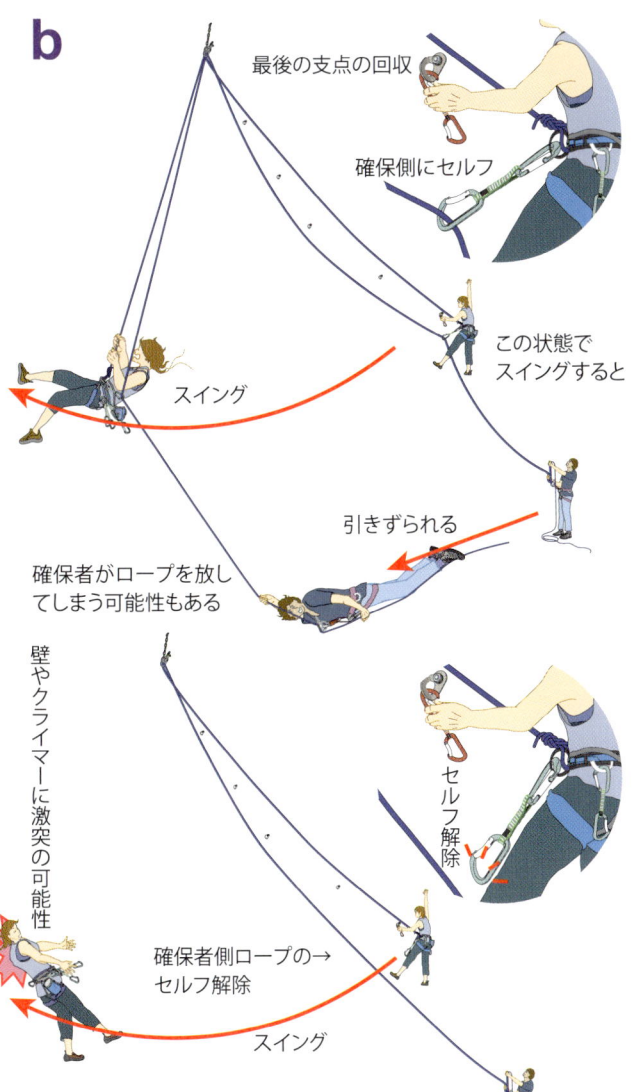

最後の支点の回収
確保側にセルフ
この状態でスイングすると
スイング
引きずられる
確保者がロープを放してしまう可能性もある
壁やクライマーに激突の可能性
セルフ解除
確保者側ロープの→セルフ解除
スイング
セルフを解除してスイングしても解決にならない

ケース
支点と動点の位置関係、振り子の動き

要因
回収、確保の技術、システムは傾斜に応じて変化する。また自分のルートと重なる人がどのような動きをするかの注意も必要。登る技術の向上しか頭にない人は、自分自身によるものだけでなく、往々にして他からの危険も察知できない。

対応
最終中間支点を回収する前に確保者側ロープのセルフを解除する習慣をつけておいた方がよい（常に最良とは限らないが）。確保側にセルフをとってロアーダウンし、下側から登り返して中間支点を回収する。あるいは確保者にセルフをとってもらい、確保側のセルフは解除せずにスイングするなど、状況に応じて対応はさまざま

c
衝突
確保者同士の衝突

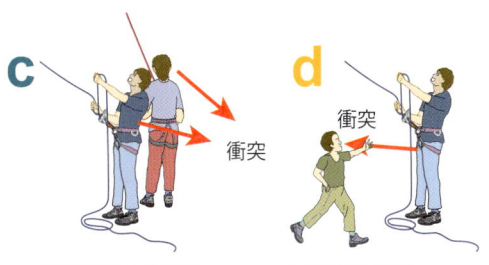

d
衝突
予期せぬ状況

対応
確保者はリードだけでなく自分の周りにも目を配り、予期しない事態が発生する可能性にも注意しておかなければならない

131

3-2 シングルロープ

●設定

4ピッチのマルチピッチのルートです。登っているパーティーは多く、ルートは明確で、ルートから外れるようなことはありません。終了点から下降路を歩いて取付へ戻ります。

3-2ではマルチピッチシステムの流れを中心に追い、判断の必要な分岐点は省いています。実際の登りでは判断しなければならない分岐が必ず存在します。

先に登る人をリード、後から登る人をフォロー(セカンド)と呼びます。3-2ではリードする人が4ピッチすべてリードします。3-3ではリードする人が交互に入れ替わる「つるべ」と呼ばれるスタイルで登ります。つるべにしないのは、

a) リードする人が全ピッチをリードで登りたいとき。
b) リードはまだできないがフォローなら問題なく登れる人と登るとき。

つるべにするかしないかにより、マルチピッチの登り方が変化し、各ピッチ終了点での手順が変化します。

対象者

マルチピッチ経験者同士。フォローだけなら2-1の登りのシステムを体で理解している人。マルチに行く最初の経験は、このようなケースになると思います。マルチピッチ、ナチュプロ経験のない人同士でこのルートを登ることは、原付免許しか持たない人がトラックを運転するようなもので、リスクは非常に高くなります。

ルート

手段	フリー
プロテクション	ナチュラルプロテクション
	ボルト数本
長さ=75m	1p 20m/2p 20m/3p 15m/4p 20m
長さは高度差ではなく登る距離(ロープスケール)
下降	下降路を歩いて下る
ルート図	p134

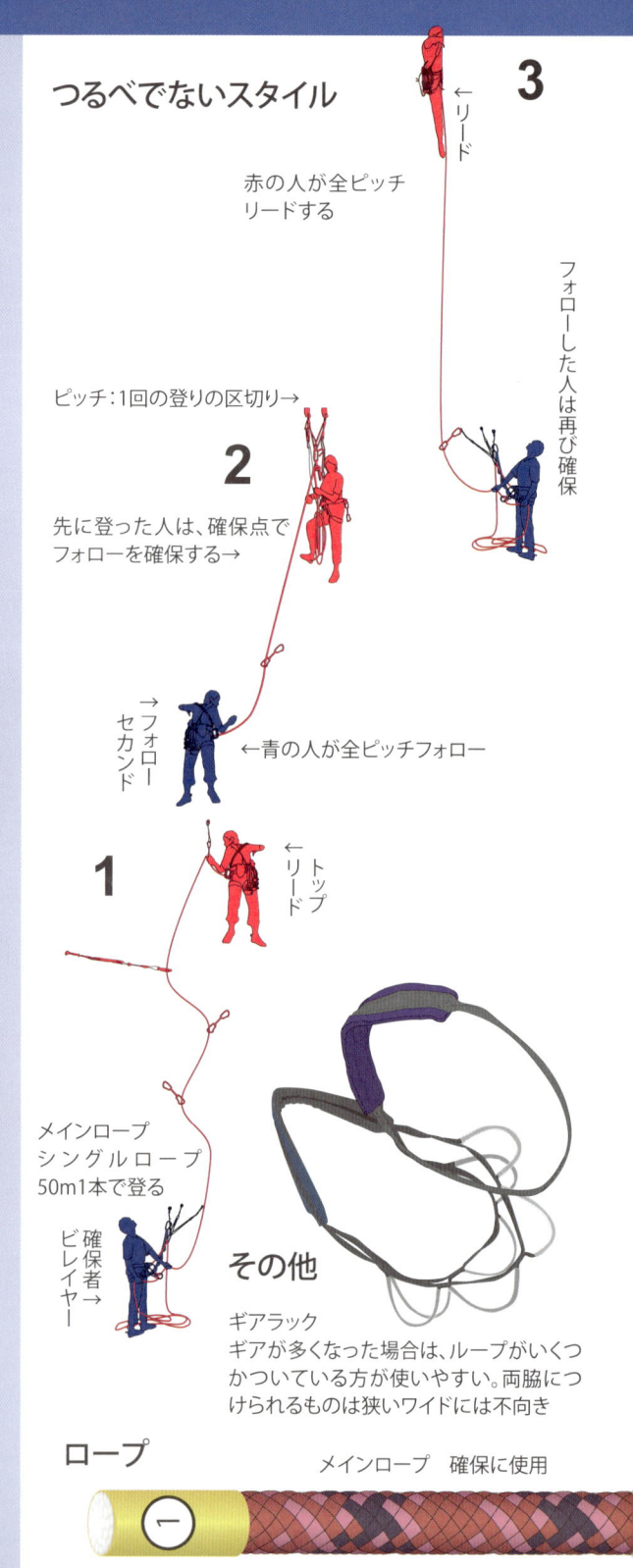

つるべでないスタイル

赤の人が全ピッチリードする

3 ←リード

フォローした人は再び確保

ピッチ:1回の登りの区切り→

2

先に登った人は、確保点でフォローを確保する→

→フォローセカンド

←青の人が全ピッチフォロー

1 ←トップリード

メインロープ
シングルロープ
50m1本で登る

確保者→ビレイヤー

その他

ギアラック
ギアが多くなった場合は、ループがいくつかついている方が使いやすい。両脇につけられるものは狭いワイドには不向き

ロープ

メインロープ 確保に使用

↑シングルロープのマーク
重量:約53〜75g/m、直径:約9.1〜11mmのロープ

ランナー類

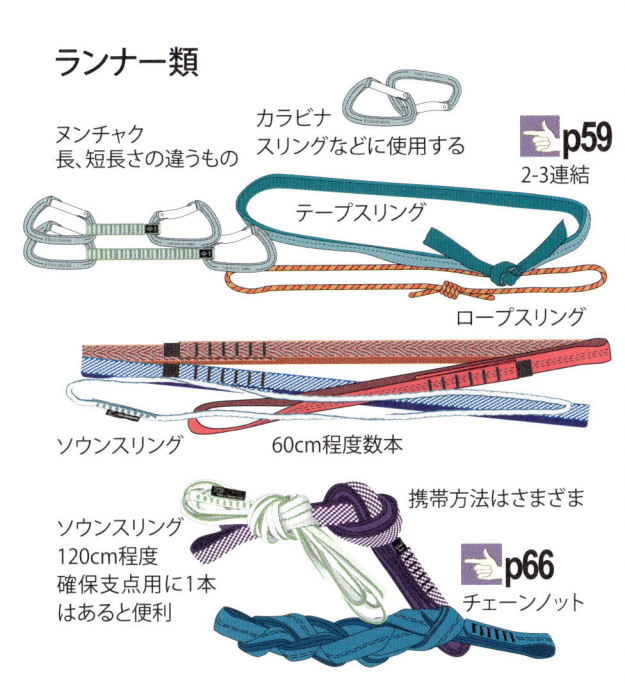

ヌンチャク
長、短長さの違うもの

カラビナ
スリングなどに使用する

p59
2-3連結

テープスリング

ロープスリング

ソウンスリング　60cm程度数本

ソウンスリング
120cm程度
確保支点用に1本
はあると便利

携帯方法はさまざま

p66
チェーンノット

自家製スリングは、ループサイズ、テープかロープなど個人の好みによるものが大きい。p31の表の強度はおおよその目安。ロープは製造元により表示にばらつきが大きく、小売店で購入時に材質、強度など確認すること

自己確保物

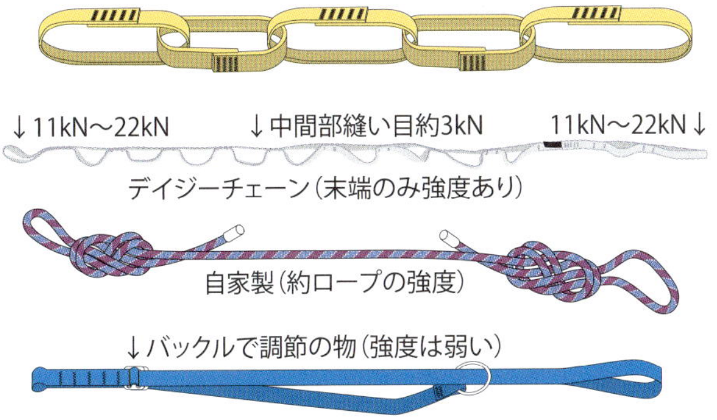

↓リング連結（自己確保専用品、各ループ強度あり）

↓11kN～22kN　↓中間部縫い目約3kN　11kN～22kN↓

デイジーチェーン（末端のみ強度あり）

自家製（約ロープの強度）

↓バックルで調節の物（強度は弱い）

衝撃に対して強度のあるものと、ないものがある。使用する物の強度を理解して使用することが重要。自己確保物は、使用者側には自己確保の装備として使用されているが、製造側（代理店）では自己確保用として扱ってないものもある。エイト環同様に、製造側から使用方法に制限のある製品

その他

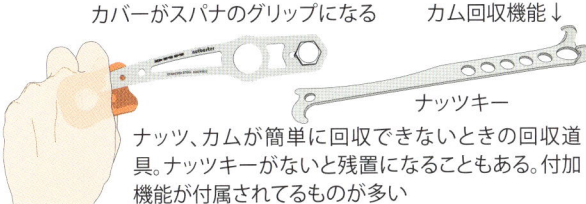

カバーがスパナのグリップになる

カム回収機能↓

ナッツキー

ナッツ、カムが簡単に回収できないときの回収道具。ナッツキーがないと残置になることもある。付加機能が付属されてるものが多い

●装備

3-1の装備以外に、左図のような装備が必要です。

ロープ

3-1同様にシングルロープを1本使用します。

ランナー（ヌンチャク、スリング）

3-1ではランナーはヌンチャクのみでしたが、ここではスリングが加わります。ラップボルトルート（人工ライン）はクリップしやすい位置にボルトを設置するため、自然のラインほどランナーの配慮をする必要はありません。

ヌンチャクでは短すぎる場合に、スリングをランナーとして使います。スリングはロープの流れをよくするための重要な装備です。また、確保支点用の長めのスリングもあれば便利です。

新素材の登場により、重量、大きさに革新があります。特に長いスリング（120cm以上）の場合に大きな差があり、携帯にも変化が発生します。

自己確保物

各ピッチの確保支点で、自己確保、または自己確保のバックアップをとるための装備です。この名称は一般的ではなく、説明上、本書だけの呼び方です。

3-2ではリードする人は自己確保物を使用せず、ヌンチャク、スリングなどで代用しています。フォローする人はデイジーチェーンに安全環付きカラビナをセットしたものをハーネスにカウヒッチで装着しています。

プロテクション

ナチュラルプロテクションと自家製ハンガーを使用します。プロテクションは、トポ（ルート図）や実際の岩を見て必要と想定されるギアを検討し、選択することが重要。多すぎては重くてスピードの減少や労力の消耗につながり、少なすぎてはランアウトなど危険要素を高めることになります。

ナチュラルプロテクション（→p138参照）

その他

プロテクションを回収する道具は必携です。プロテクションを下げる輪（ギアラック/バンドリー）はあった方が便利な道具です。

3.システム

「イラ・クラ・バットレス」ルート図

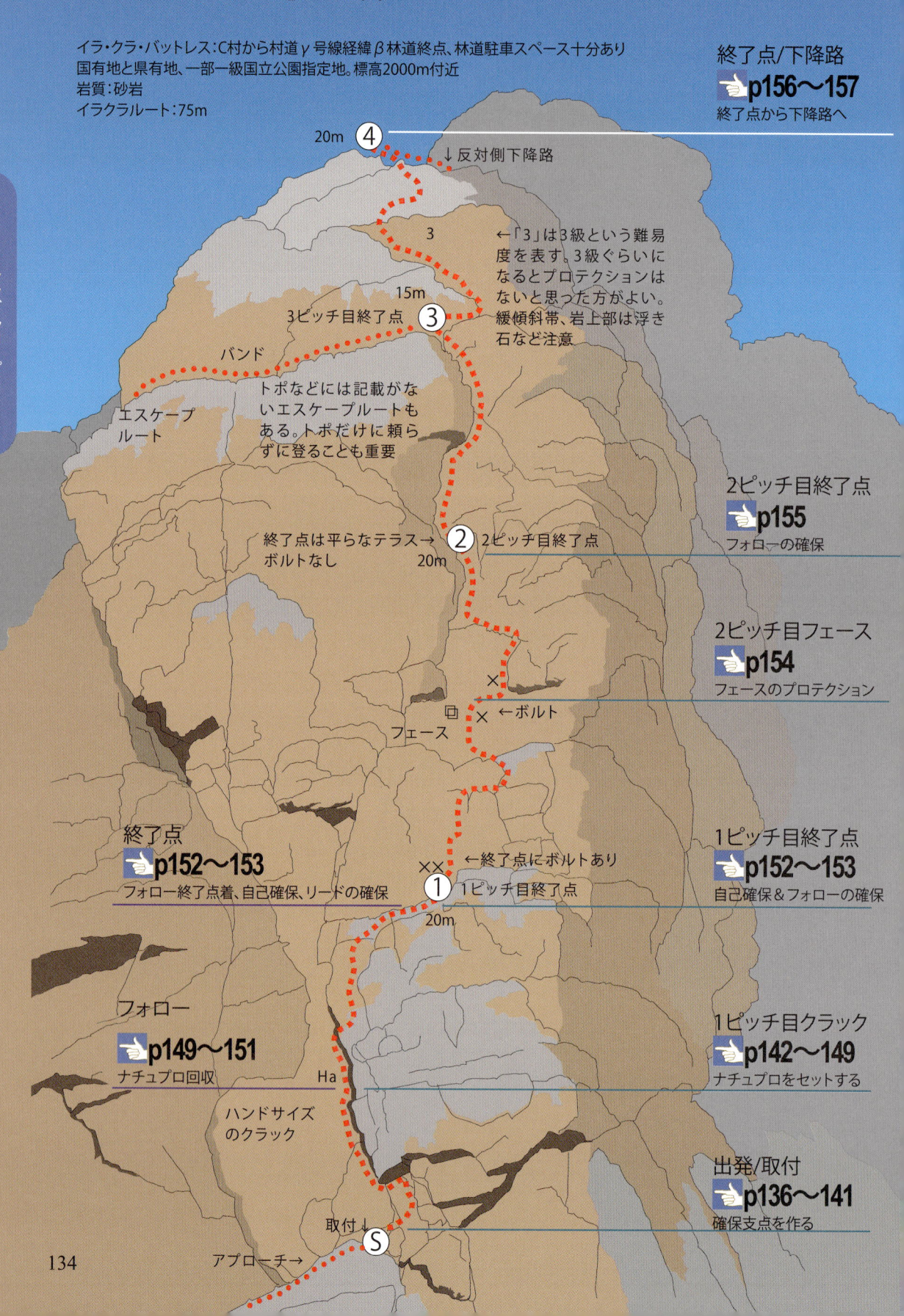

イラ・クラ・バットレス：C村から村道γ号線経緯β林道終点、林道駐車スペース十分あり
国有地と県有地、一部一級国立公園指定地。標高2000m付近
岩質：砂岩
イラクラルート：75m

シングルロープ

20m ④
↓反対側下降路

3
15m
3ピッチ目終了点 ③

バンド

エスケープ
ルート

←「3」は3級という難易
度を表す。3級ぐらいに
なるとプロテクションは
ないと思った方がよい。
緩傾斜帯、岩上部は浮き
石など注意

トポなどには記載が
ないエスケープルートも
ある。トポだけに頼ら
ずに登ることも重要

終了点は平らなテラス→
ボルトなし
20m 2ピッチ目終了点 ②

× ←ボルト
×
フェース

終了点
👉 p152〜153
フォロー終了点着、自己確保、リードの確保

×× ←終了点にボルトあり
① 1ピッチ目終了点
20m

フォロー
👉 p149〜151
ナチュプロ回収

Ha
ハンドサイズ
のクラック

取付↓ S
アプローチ→

終了点/下降路
👉 p156〜157
終了点から下降路へ

2ピッチ目終了点
👉 p155
フォローの確保

2ピッチ目フェース
👉 p154
フェースのプロテクション

1ピッチ目終了点
👉 p152〜153
自己確保＆フォローの確保

1ピッチ目クラック
👉 p142〜149
ナチュプロをセットする

出発/取付
👉 p136〜141
確保支点を作る

記号で表記されたルート図

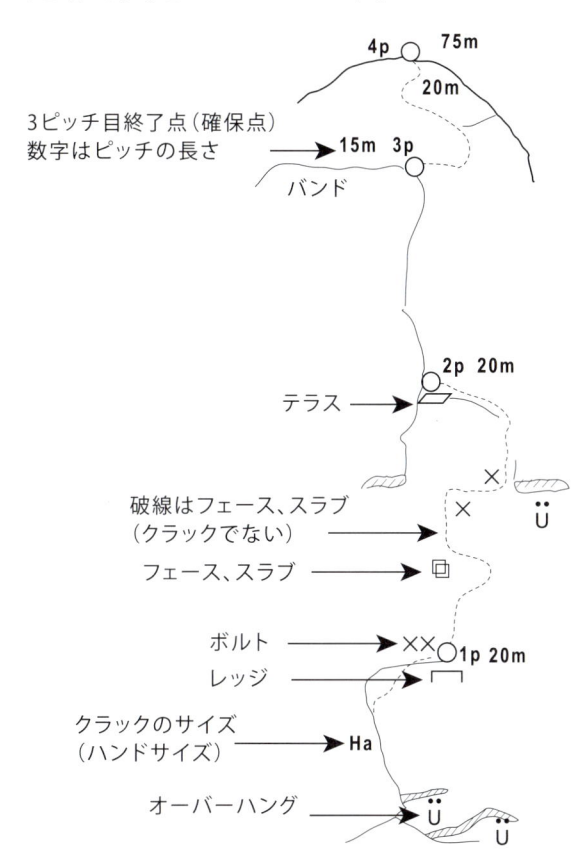

```
                    4p ○ 75m
                       ╲ 20m
3ピッチ目終了点（確保点）  15m 3p
数字はピッチの長さ  →     ○
                    バンド
                       │
                       │
                       │
                    2p 20m
テラス  →              ○
                       │  ×
破線はフェース、スラブ    │  ×  ﾂ
（クラックでない） →      │
フェース、スラブ  →      □
                       │
ボルト      →     ×× ○ 1p 20m
レッジ      →        ⌐
クラックのサイズ
（ハンドサイズ） →    Ha
オーバーハング →     ﾂ ﾂ
```

上図のように描かれたルート図が多くあります。登る対象が大きくなるにつれて、ルート図には細かな内容は省かれていきます。マルチピッチのルート図には、ルート全体の難易度と各ピッチの難易度を分けて表記している地域もあり、各記号なども記載者、地域によってばらつきがあります。

マルチピッチの場合は、シングルピッチ/ロアーダウンの考えで取り付かないこと。特にフリーという手段に限定する場合はグレードをよく考えて取り付く必要があります。シングルピッチ/ロアーダウンのルートを平均的に1回で登れる範囲のグレードでないと困難なことが多く、同じ難易度でも状況は異なります。

シングルピッチ/ロアーダウン、ラップボルトの場合、ルートはロープの半分程度の長さ、持つギアもヌンチャクのみで軽量のうえ、登る個所を視認で偵察することも可能です。一方、マルチピッチの場合はロープいっぱいの長さになることもあり、またナチュラルプロテクションを使用する場合はヌンチャクの数倍の重さになります。

このルートの場合、1ピッチ目終了点はボルトなので敗退可能ですが、2ピッチ終了点にはボルトがないので、3ピッチが登れないときは残置での敗退になります。ルートとなっているところに新たに敗退、前進のためのボルトを打ち加えることは深刻な問題になる可能性があります。

●3-2の内容

3-2では左図の壁で下記のように登ります。

準備

ナチュラルプロテクションを使用してクラックを登る準備を行います。

1ピッチ目

1ピッチ目（以後1p）、ナチュラルプロテクションの使い方と、終了点に着いてフォローの確保を始めるまでの手順です。

ハンドサイズのクラックをジャミングで登ります。1p終了点にはボルトが2本あります。

フォロー

プロテクションを回収しながらフォローし、1p終了点までの手順と、終了点に着いて最初に行うことから、2pのリードの確保までの手順です。

ナチュラルプロテクションはフォローの回収で使用方法、原理、ノウハウを身につけると効率的です。原理、ノウハウが身につかないうちのナチュラルプロテクションでのリードは危険度が高くなります。

2ピッチ目

フェースでのプロテクションの取り方。2p終了点にはボルトがないので、取付同様にナチュプロで支点を作ります。

下降

頂上からは壁の反対面にある下降路を歩いて下ります。クライマーが登り下りに使用する道は一般登山道より危険な個所が多くあり、道も鮮明でないこともあり、ルートを間違えると下れないこともあります。下降路のルートファインディングは経験による感の蓄積、偵察による情報収集が重要です。今回のルートは人の通りが多く間違える心配はまずありませんが、下降アプローチの事故も発生しているので取付へ戻るまでは気を抜くことなく下降しましょう。

●マルチピッチ

「よく登られるルート」は道に例えるなら舗装された道路であり、「あまり登られないルート」は林道のようなもので、登りやすさに雲泥の差があります。初めてのマルチピッチなら、予想不可の出来事が発生しづらい「よく登られるルート」から始めた方がいいでしょう。林道では崖崩れで通行止め、最悪脱輪して谷底に転落するような事態が発生するかもしれません。

よく登られるルートは他パーティーと重なる可能性が高くなります。マルチピッチでは安易に後続で取り付くのは賢くありません。落石や順番待ち、ビレイポイントでの重なりなど時間的ロスも大きくなり、自分たちだけでなく、先行パーティーにも負担を発生させます。

ルートの中で過ごす時間を減らすことは、危険度を下げます。

先行で取り付けるか否かは、すでに朝出発する時点で決まっている可能性が高く、朝の行動はその日一日を左右する重要なポイントです。

先行パーティーがいるときは安易に取り付かない、ルートを変更するなどの検討が必要。複数パーティーが取り付くには問題のあるようなルートを雑誌などで公に紹介すると人の急激な集中を招き、事故発生につながりやすい

1 出発

出発前にお互いの装備を広げて確認する。忘れ物、足りないものがないようにする

出発時点ですでにもうその日が決まってしまう。その日の始めは重要だ

2 アプローチ

岩場へのアプローチは一般登山道ではない。危険個所の通過には注意が必要。アプローチ中の事故の多くは防ぐことが可能な事故

👍 p208
ヒント1

アプローチ中の事故は多い。また帰路、疲労した体は自分の思うように動かないこともある

3 準備

どこまで荷物を持って行くかの判断は重要。ザックをかついだまま悪いアプローチを上がるのは効率的でない。またルートも空荷とそうでないとでは雲泥の差がある

「了解!! バックロープは?」
「これとこれは持って」

ギアは、シートなどの上で広げた方が紛失しにくい。特に登り終わり暗くなってからは紛失しやすい

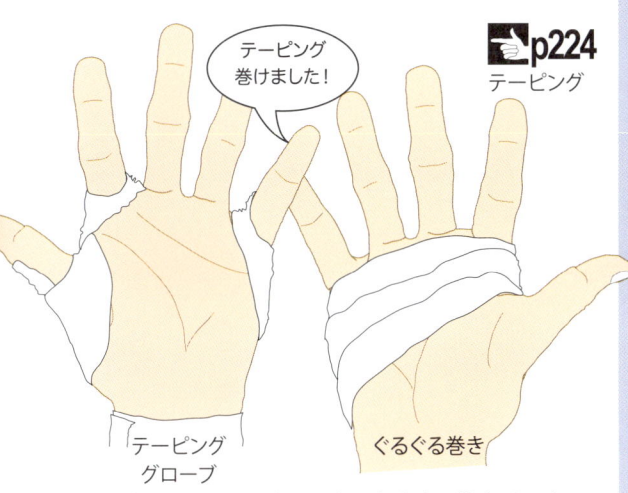

「テーピング巻けました！」

p224 テーピング

テーピンググローブ／ぐるぐる巻き

ぐるぐる巻くと、手の平の必要のない部分まで巻くことになる。p224の方法は甲側だけグローブのようになり、丁寧に剥がせば再利用可能。最初に作るのに時間がかかる

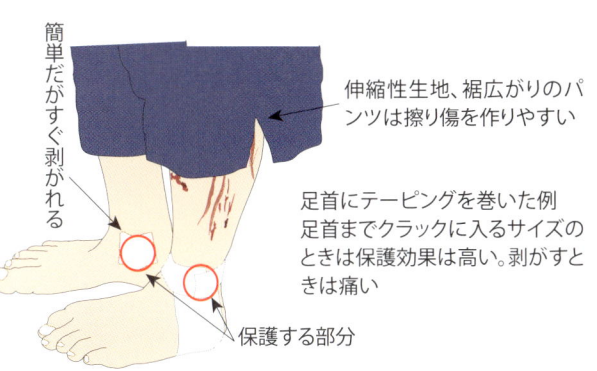

簡単だがすぐ剥がれる

伸縮性生地、裾広がりのパンツは擦り傷を作りやすい

足首にテーピングを巻いた例
足首までクラックに入るサイズのときは保護効果は高い。剥がすときは痛い

保護する部分

●岩場へのアプローチ

岩場へのアプローチでも、落ちればけがをするような個所がある場合があります。アプローチ中の事故は技術云々以前の要素が多分に含まれ、防げる事故を防げなかった可能性が高い。

ザックを下ろす

取付近くの危険の少なそうな場所（落石のない、安定した平らな場所）で、ギア、テーピングなど準備をします。取付まで悪い個所を上がりすぎないように、どこでハーネスを着けるかなど準備場所を判断できることもポイントです。

テーピングを巻く、貼る

ジャミングに慣れてない場合は、テーピング（テーピングテープ）を巻く、貼ることで手の皮を保護し、痛くてジャミングができないことを防ぐことができます。3-2でリードする人は、テーピングを必要としないと考えて使用していません。テーピングを巻くか巻かないは慣れ、クラックの形状に左右されることが大きい。

効めやすいハンドジャミングで骨頭（甲の瘤部分）でジャムすれば痛い。ジャミングが痛い、効まらない人はジャムする位置が違う可能性がある

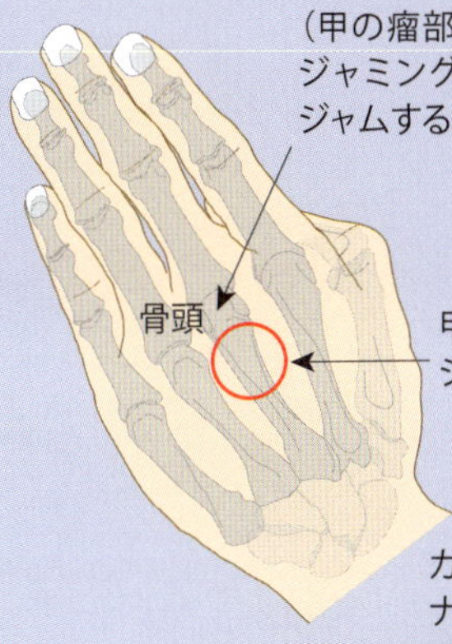

骨頭
甲側のポイント
ジャムダコのできる位置

カムセット時、カムのカラビナに引っかかることがある

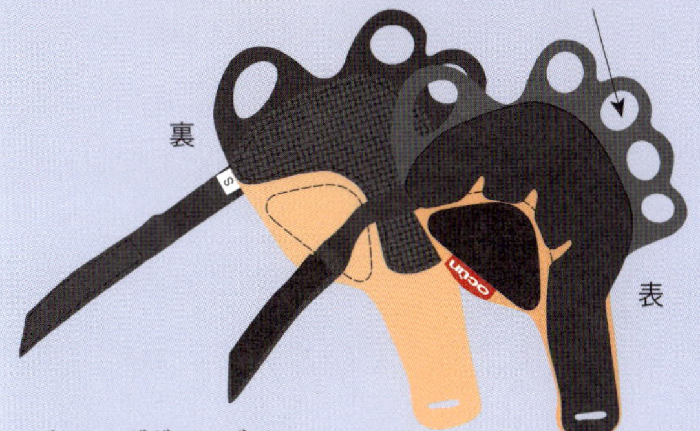

裏／表

ジャミンググローブ
どうしても痛くてたまらないならこの手もある。テーピングを巻くより素早いが機能は下がる。サイズもあるので着用して慎重に選択を

シングルロープ

ギアの選択

ナチュラルプロテクション（ギア）は少なければランナウトの恐怖、あるいは敗退。多すぎると重りを余分に持つことになり、登攀速度の低下、疲労度の増加になります。ギアの選択は非常に重要なことです。

カムのかけ方

小ループのないギアラックはショートルート向き

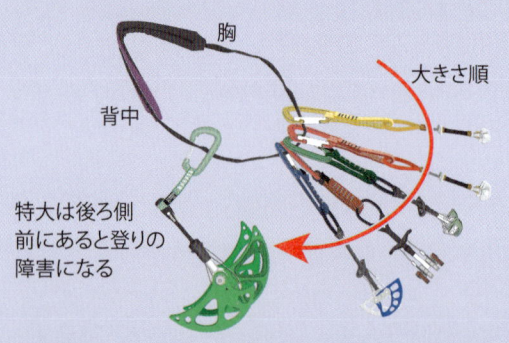

胸
背中
大きさ順
特大は後ろ側前にあると登りの障害になる

大きなものから小さなもの約2セットあればほぼ対応できる（2セットはp11参照）。ワイド系のクラックがなければ、特大サイズは不要

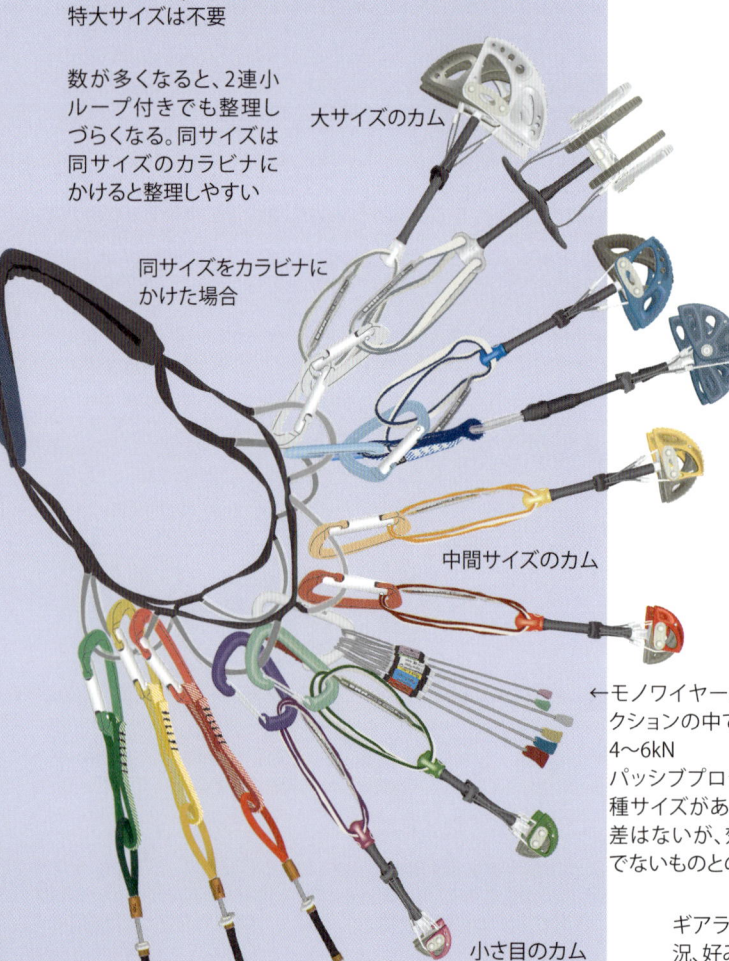

数が多くなると、2連小ループ付きでも整理しづらくなる。同サイズは同サイズのカラビナにかけると整理しやすい

大サイズのカム

同サイズをカラビナにかけた場合

中間サイズのカム

←モノワイヤー、パッシブプロテクションの中でも小さいサイズ 4～6kN
パッシブプロテクションにも各種サイズがある。カムほど性能差はないが、効まるものとそうでないものとの差がある

小さ目のカム

4 ギアの選択

必要と思われるプロテクションをギアラックに整理してかける

「これ（#F6）はいらないな…」
「先行ってるね」
「荷物はここに置いて行くよ」

カムの使用する順に揃えている最中

ギアラックにギアをかける順番はサイズ、使用順など、状況、好みがあるが、整理された状態でないと使いづらい

5 カムのセット

取付まではロープを使用しないで登り、取付は落ちればけがをするような位置にあるので、カムで支点を作る

カムをクラックにセット

シングルロープ

⚠️ 取付へのアプローチ

取付へのアプローチでも、落ちればけがをするような個所がある場合があります。取付までのアプローチでロープを出すか出さないかは、登る人たちの判断となります。ルート図にグレードの記載がない、または3級といった表示のアプローチでロープを出すようなら、そもそもそのルートに向かう力が自分たちにあるか再考する必要があるでしょう。

●確保支点を作り、セルフをとる

転滑落する可能性のある場所で、確保点があるなら、ただちに自己確保をとります。何もない場合には自分で確保点をただちに作る習慣が必要です。

カムを効める 👉p43 カムのセット

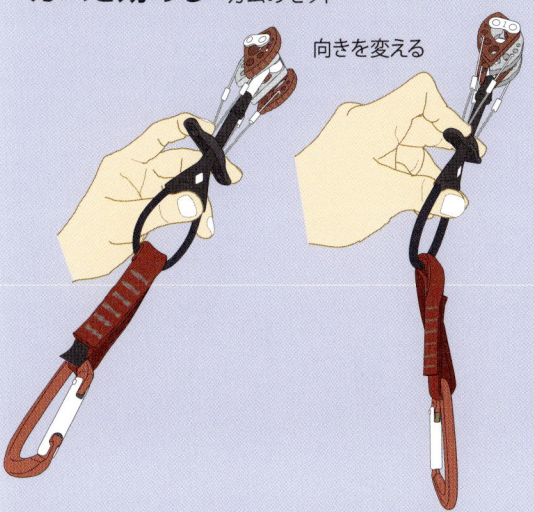

向きを変える

向きを変えるだけでも効き具合は変わる。確保支点は特に念入りにセットした方がよい

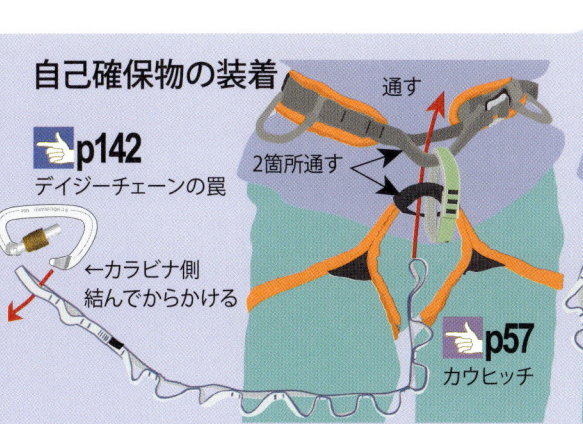

シングルロープ

自己確保物の装着

👉p142 デイジーチェーンの罠

←カラビナ側 結んでからかける

2箇所通す

通す

👉p57 カウヒッチ

通す

2点吊りのハーネスはロープ同様2個所に通す。ロープを通さない側に通した方がロープを結びやすい

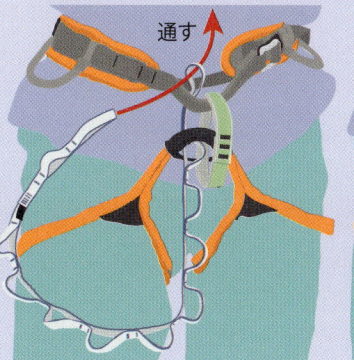

先端を通して締める（カウヒッチ）

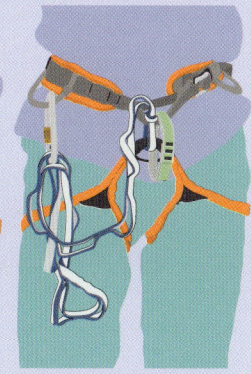

末端、中間ループにカラビナをかけ、適度な長さにする

139

3.システム

●確保支点

確保支点は複数の支点を連結して作成します。連結には流動、固定、半固定分散があります。状況、手持ちの装備により支点の作成方法は変化する。支点が貧弱なときには深い考慮が必要となります。

シングルロープ

2支点の流動分散

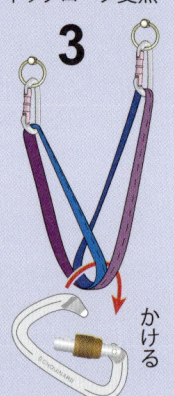

👉⚠️ **p212**
トップロープ支点

1 ←かける→　間をひねる

2 青、紫の長さを合わせる　慣れれば1,2は同時

3 かける

3支点の流動分散

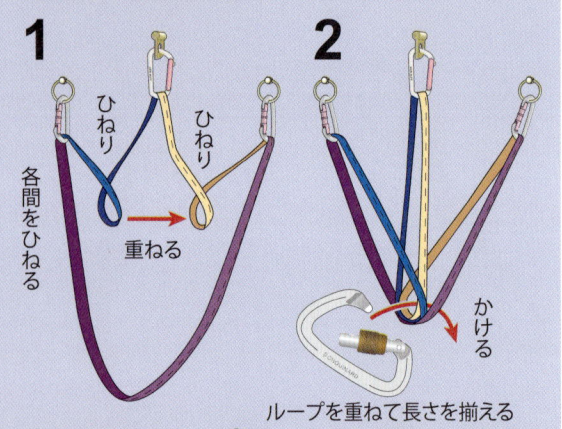

1 各間をひねる　ひねり　ひねり　重ねる

2 かける　ループを重ねて長さを揃える

固定分散

👉⚠️ **p212**
トップロープ支点

長いスリング必携！

ダブルスリングは機能的

3支点の流動分散をオーバーハンド、8の字などで縛る

❌ 15mm幅120cmナイロンスリング1本では長さが足りない

6 支点を作る

流動分散で確保支点を作成
ロープでクローブヒッチを作り自己確保をとる

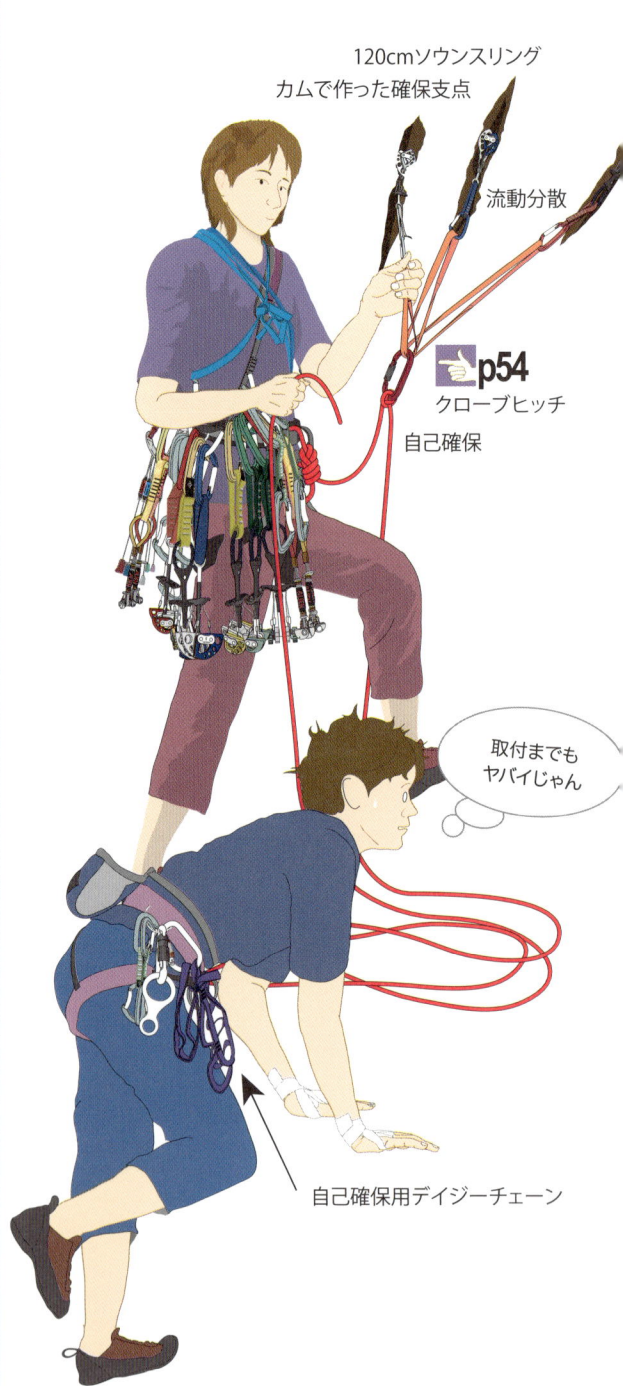

120cmソウンスリング
カムで作った確保支点
流動分散

👉 **p54**
クローブヒッチ
自己確保

💭 取付までもヤバイじゃん

自己確保用デイジーチェーン

7 自己確保

転滑落する可能性のある場所では、ただちに自己確保をとります。自己確保をとる習慣が大切

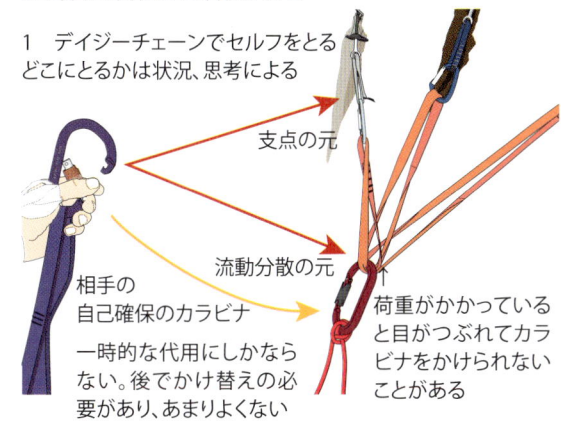

1　デイジーチェーンでセルフをとる
どこにとるかは状況、思考による

支点の元

流動分散の元

相手の自己確保のカラビナ
一時的な代用にしかならない。後でかけ替えの必要があり、あまりよくない

荷重がかかっていると目がつぶれてカラビナをかけられないことがある

デイジーチェーンのセルフは、かけるだけで自己確保がとれ、結びの慣れていない初心者には有効

2　ロープをハーネスに結び、ロープでセルフをとる

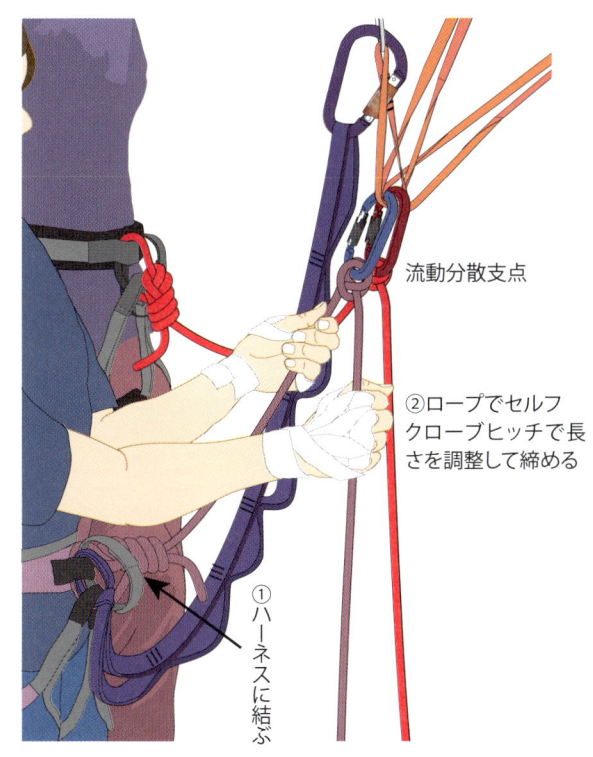

流動分散支点

②ロープでセルフ
クローブヒッチで長さを調整して締める

①ハーネスに結ぶ

自己確保後の8までの作業内容
　ロープが絡まず出るように整える
　リードにギアの受け（不要ギア）渡し（必要ギア）
　確保器にロープをセットしビレイループにセット
　相手の結び目確認
　「ビレイ・オン！」相手に合図
同時進行、状況により順不同

荷重分散　流動と固定1

流動分散と固定分散は一長一短。状況により使い分けられることが望ましい。

	流動分散	固定分散
構造	小 かけるだけで結びなし結びのない分作成が早い	大　←結び目 結びが必要、締まるとほどきにくい。同じ長さのスリングの場合、結び分連結距離が短い。支点間の角度は大きくなるので、支点にかかる荷重は大きい
荷重	均等に荷重 荷重方向が変化しても均等に荷重。状況で流動しない	均等に荷重されない 荷重方向が変化すると一つの支点に荷重
崩壊	延びる　崩壊 崩壊すると支点の距離が延びる	崩壊　延びない 崩壊しても支点の距離は延びない

シングルロープ

かけるだけの違い

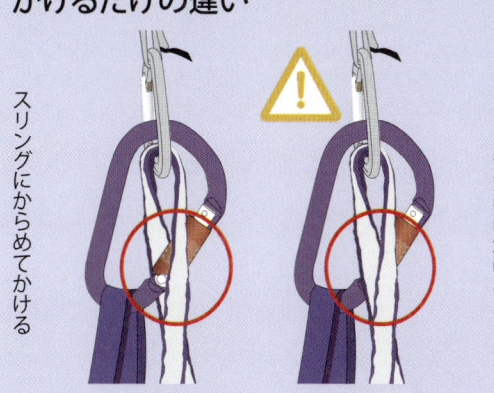

スリングにからめてかける

カラビナだけにかける

バックアップのセルフでもスリングにからめてかけるのと、単純にカラビナにかけるのでは、システム的に大きく違う。安全環付きカラビナを使用しても相手がノーマルゲートのカラビナでは安全環付きカラビナの効力は半減

141

3.システム

⚠️ デイジーチェーンの罠

デイジーチェーンの末端と途中の輪にかけたときには注意。ねじれなしでかけた場合は、何もかかっていないのと同じような状態になります。

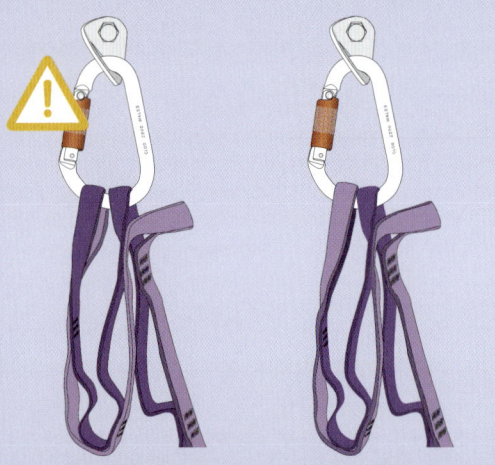

右と左の相違は一目では理解できない。左側が中間部の縫い目がすべて切れた場合に外れる状態

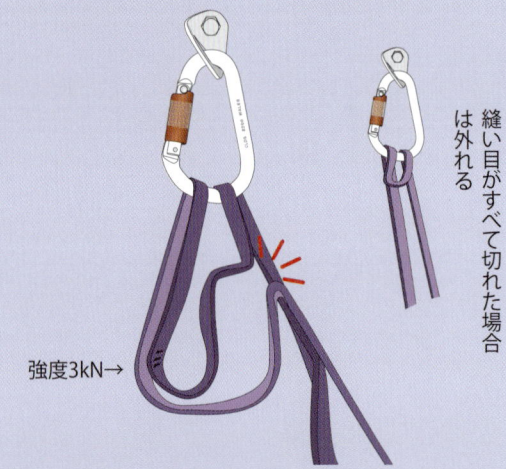

強度3kN→

縫い目がすべて切れた場合は外れる

縫い目が切れた場合は外れる可能性がある。デイジーチェーンの中間部の縫い目の強度は3kN程度で衝撃荷重には耐えられない

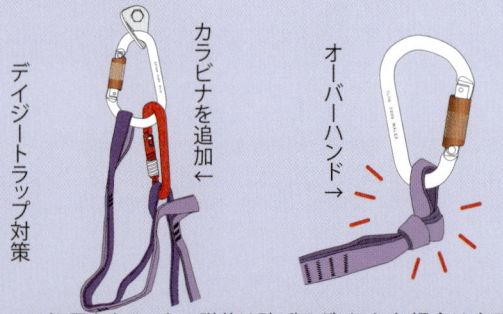

デイジートラップ対策　カラビナを追加←

オーバーハンド→

この処置をとることで墜落は防げるが、切れた場合は自己確保の長さが延びる

シングルロープ

8 確保

リードが登り出した直後、確保支点に最初のプロテクションをとるかとらないかは状況による

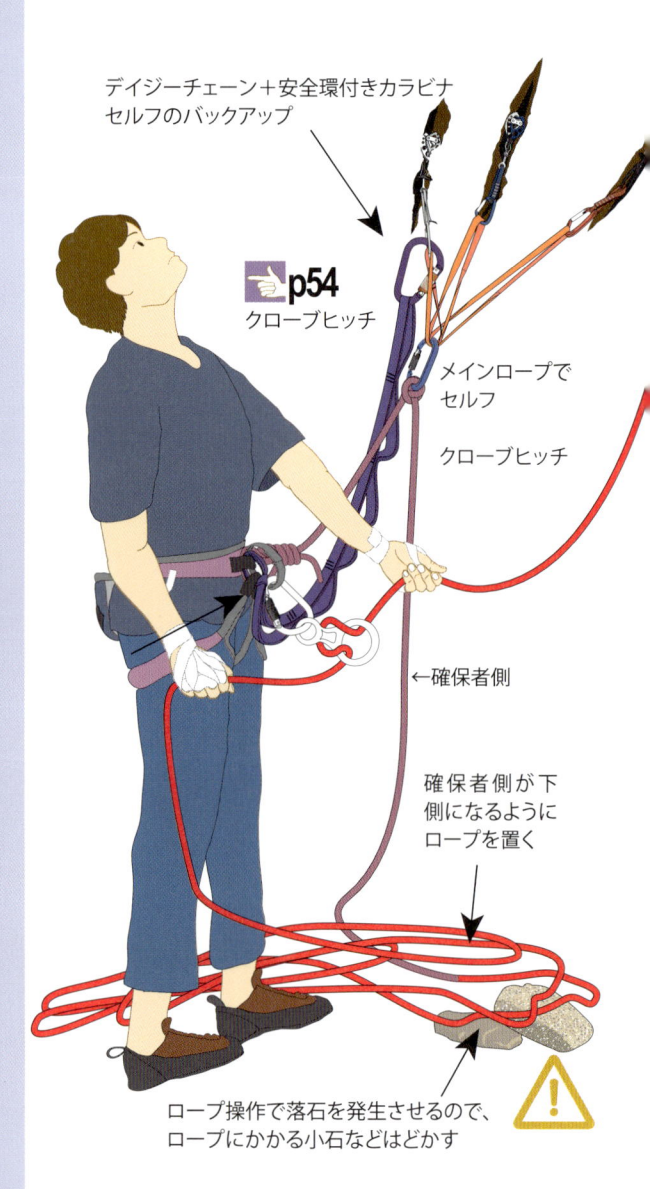

デイジーチェーン＋安全環付きカラビナ
セルフのバックアップ

👉p54 クローブヒッチ

メインロープでセルフ

クローブヒッチ

←確保者側

確保者側が下側になるようにロープを置く

ロープ操作で落石を発生させるので、ロープにかかる小石などはどかす

ロープが置けるようなテラスの場合、地面に置いた方が操作しやすい。上から出るように置くと絡みにくい。落ちてしまうような個所ならセルフのロープに振り分けでかける（p148参照）

9 最初のプロテクション

最初のプロテクションは確保者に直接影響するので重要。よいプロテクションのとれない場合は落ちてはならない、核心部でも墜落は許されないなど、スポーツと根本的な相違がある

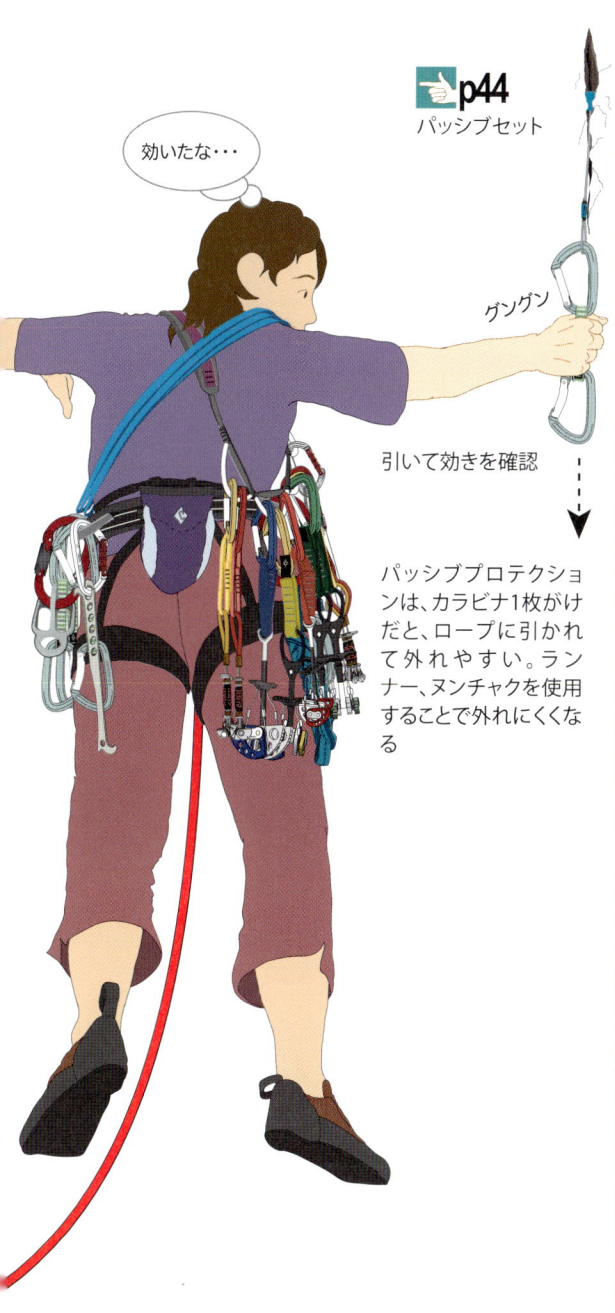

p44
パッシブセット

効いたな・・・

グングン

引いて効きを確認

パッシブプロテクションは、カラビナ1枚がけだと、ロープに引かれて外れやすい。ランナー、ヌンチャクを使用することで外れにくくなる

左側ギアラック装備
ナッツキー、カラビナ、
安全環付きカラビナ、確保器
ヌンチャク3本

パッシブプロテクションセット

最初のプロテクションがパッシブプロテクションの場合は、上下どちらに荷重されてもよいようにセットする。

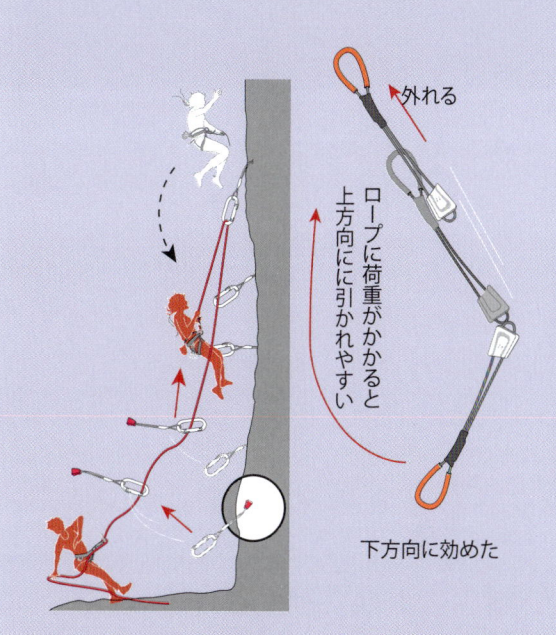

外れる

ロープに荷重がかかると上方向にに引かれやすい

下方向に効めた

シングルロープ

下方向だけに効かした場合、上に引かれると外れる。墜落でなくてもロープを引いただけで外れることもある

上下方向に効かしたセット

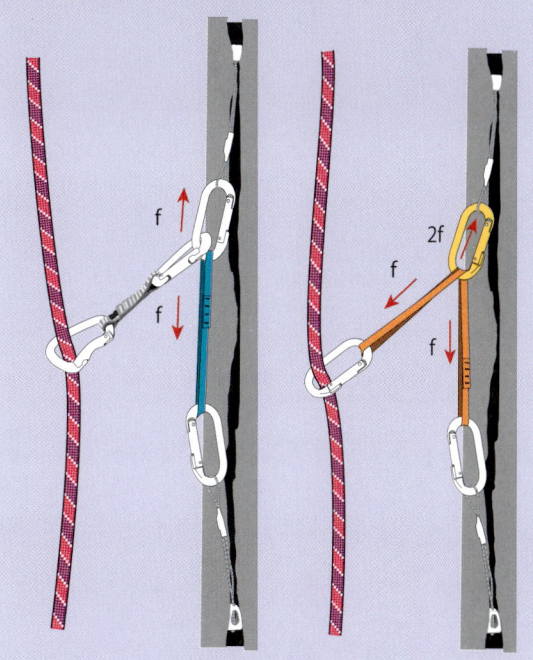

f
f

$2f$
f
f

右の場合は三方向の荷重になり大きな力が働きやすい。左のように上下にうまくセットするのは、スリングの長さなどで難しく、どちらも一長一短である

3.システム

10 プロテクションと流れ

プロテクションをとったら
プロテクションをとったら、余裕のあるうちに次のプロテクションの準備をしておくと効率的。ギアラックの後ろの方のギアは、いざというときには非常にとりづらくなります。

とる位置も先取り
ルートを読むように、プロテクションも先取りして、取る位置と何をとるかを考えます。ギアの整理は、ボルトルートでレストしながらラインを読むのと同じようなものです。

ナチュプロといってもさまざま
ナチュプロ＝割れ目＝クラックにジャミングとは限りません。クラックのないフェースであったり、プロテクションのとれない浅い、あるいは閉じているクラックであることもあります。

☞p200 ジャミング

捨てゴマ：ロープがクラックの奥に入りスタックしないためにカムをセット、プロテクションの使用でない

「次は中間サイズだな‥」

次のギアの準備をする

「ハング下にとれればな‥」

↑クラックが閉じてプロテクションはとれない

☞p43 カムのセット

ハングから出る個所もロープは直角になりやすい。ハンドサイズ以下のクラックがあるとクラックでロープがスタックしてしまうことがある。
ロープがスタックしそうな場合は、捨てゴマでカムをセットしておく手もある

長いランナーはランナウトしているのと同じ。ここで短く取れば、ハングを越えた後ロープが重くなる。重要なのはその結果がどのように影響するか予測することだ

シングルロープ

11 確保点着
1ピッチ目終了点到着

20m ①

登ったライン→

登ったライン→

←フェースでも探せばプロテクションがとれることもある。そこしかないというような場所を見逃すと致命傷

登るラインが直角に曲がるような個所はロープの流れを考慮。特に直角2回は致命傷となりやすい

Ha

1ピッチ目を登るのに使用したナチュラルプロテクション

取付↓

S

←アプローチ

自己確保をとる

確保点に着いたら自己確保をとります。

ボルトはさわる、ヌンチャクをかけて引いてみるなど、強度を確認する習慣をつける

←カラビナのゲート向きも考慮。ハンガーによっては押されるとゲートが開放する場合がある

残りのギア
#AY#AR#C0.75#SL数本

（自己確保をとる前に岩に背を向けて立つことは通常考えられない。図は残りのギアを見せるために岩を背にして立っている）

レッジ、バンド

ヌンチャクに掴まっていたら、結びは片手で行わなければならない

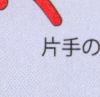

☞ p55
片手のクローブヒッチ

シングルロープ

3.システム

3.システム

●ビレイ解除

ビレイ解除は、1つでも自己確保をとったときか、確保支点を作ってからかは個人により相違があるでしょう。自己確保1つでも解除の合図を送れば、その後の作業中に、確保者はフォローの準備ができるので効率的ですが、1つで解除の合図をした場合には、バックアップがなく危険度は高くなります。また確保支点を作る間に自己確保をとり直しなどを行うと、一瞬の空白状態が発生する場合もあります。手順の違いで、効率性と危険性は変化します。

シングルロープ

カイジョ！！

←安全環付きカラビナを使用していない

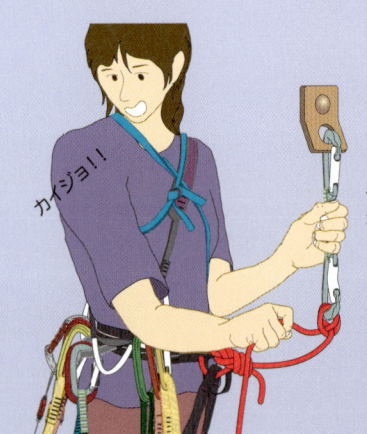

☞ p54
クローブヒッチ

1つの支点からの自己確保。ただしバックアップはない

12 ビレイ解除

自己確保を2カ所から取り、ビレイ解除の合図

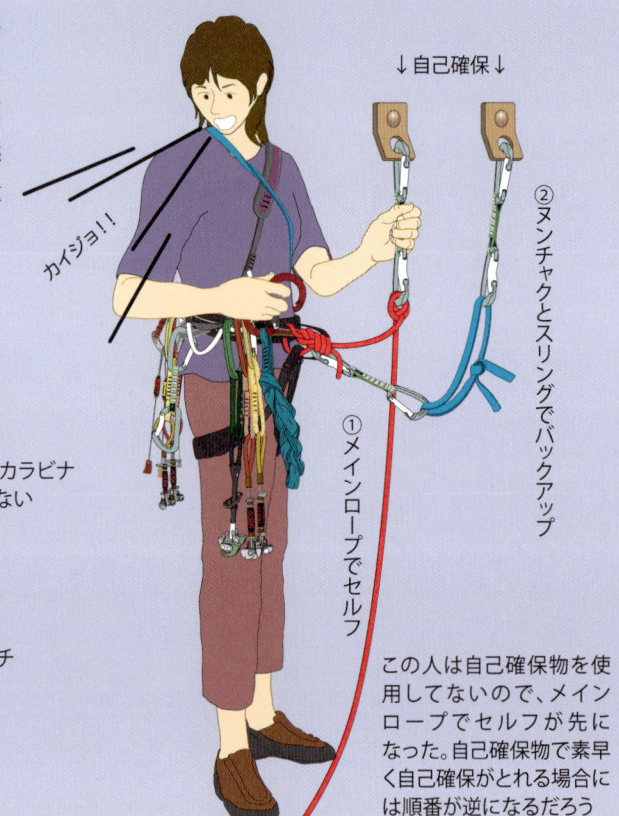

↓自己確保↓

カイジョ！！

②ヌンチャクとスリングでバックアップ

①メインロープでセルフ

この人は自己確保物を使用してないので、メインロープでセルフが先になった。自己確保物で素早く自己確保がとれる場合には順番が逆になるだろう

12 フォロー準備

上を見て合図しないと声が届かない可能性がある

やることいっぱいダ！！

忘れ物確認

→チョークバッグを開ける

解除！

←ビレイ点を回収

解除の合図で確保器を素早く外す。解除と同時にロープを引き上げられることもあるので時間的余裕はない

シューズを履く→

←この下に余っているロープは14で引き上げる。引き上げられるロープを見張る、団子になるなど注意する必要がある

エイト環の場合、カラビナをかけてからロープを外すと落としにくい

146

13 確保支点を作る

この状態になってからビレイ解除の場合もある

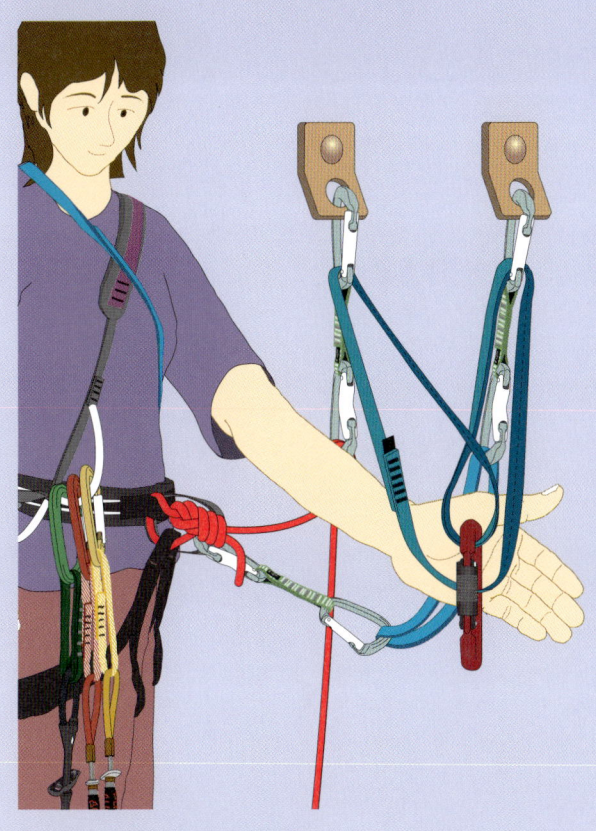

●確保支点

確保支点の作り方はさまざまです。支点の状況、リードの持っている残り装備などで変化し、基本という型は存在しないと考えた方がよいでしょう。登り始める時点ですでに決定されているものかもしれません。

流動分散

2点ともしっかりしたボルトで崩壊の可能性がないこと。フォローの方向が真下でないので、ここでは流動分散で確保点(ビレイ点)を作りました。

三角

右図の三角(日本語名はない。英語ではデストライアングル)は支点にかかる荷重が大きくなり危険だと考える人もいます。長いスリングがなく、しっかりしたボルトなら許容範囲で、状況を見て判断することが大事でしょう。

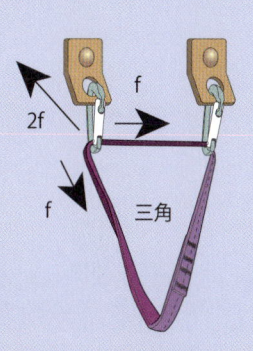

ギアは売り切れ状態で終了点着。デストライアングルなどと言ってはいられない

つるべならロープで支点(→p187)を作ることも方法の一つです。

荷重分散 流動と固定2

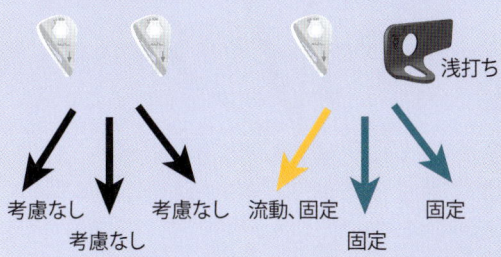

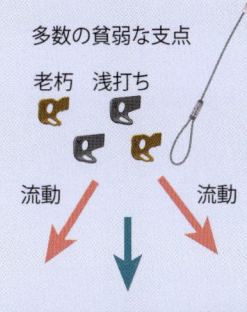

崩壊の可能性なし

考慮なし　考慮なし
考慮なし

1の支点が貧弱な場合
浅打ち
流動、固定　固定

多数の貧弱な支点
老朽　浅打ち
流動　流動

真下の固定分散は均等荷重

確保点を作るとき、支点の信頼性と荷重方向をよく考慮すること。荷重方向は、フォローの確保時だけでなくリードのときがより重要になってきます。しっかりした支点の場合は強度より操作性に重点を置きます。真下のみに荷重のときは支点の種類にかかわらず固定分散が有効

支点の安全環付きカラビナ

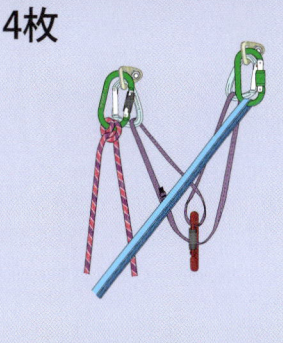

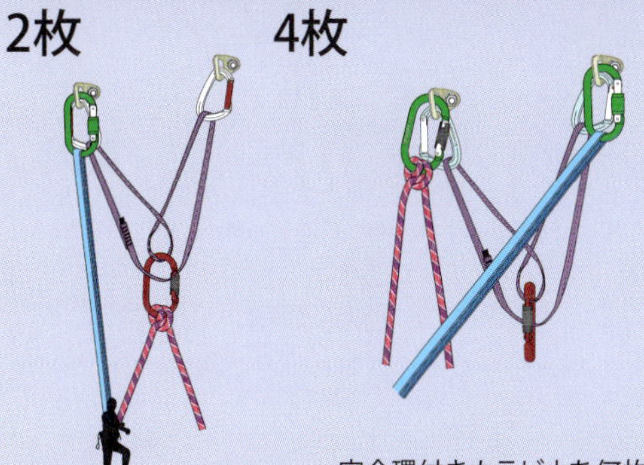

2枚　**4枚**

6枚

安全環付きカラビナを何枚使用するかは個人の判断(図はカラビナが2枚以上入るボルトに限られる)
すべて安全環付きカラビナを使用し、フォロー機能付き確保器を使用するなら、安全環付きカラビナは6枚必要

シングルロープ

3.システム

ロープによる意思の疎通1

　マルチピッチの場合、確保者との距離があり、相手も見えず、声も届かないことがあります。このような場合はロープを引いたときの感触で相手が何をしているのかを判断できるようにならなければなりません。

　確保を始めたとき、いくら張っても相手が動かないときには少しゆるめるなど様子を見るのも重要です。

シングルロープ

14 ロープ引き上げ
ロープを引き上げる

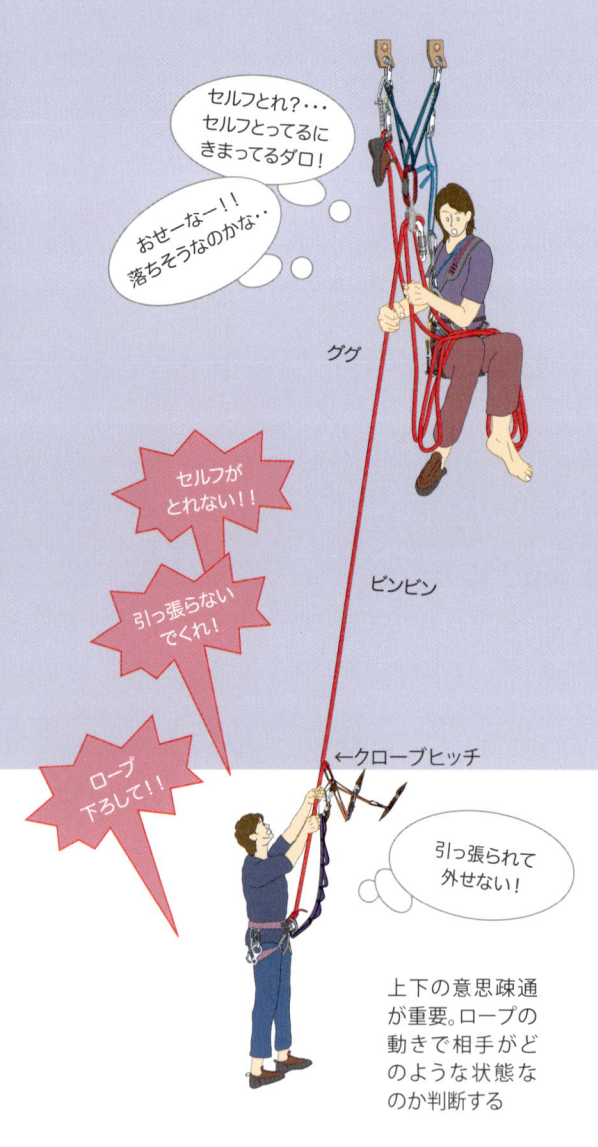

セルフとれ?…
セルフとってるにきまってるダロ！

おせーなー！！
落ちそうなのかな‥

ググ

セルフがとれない！！

引っ張らないでくれ！

ロープ下ろして！！

ピンピン

←クローブヒッチ

引っ張られて外せない！

上下の意思疎通が重要。ロープの動きで相手がどのような状態なのか判断する

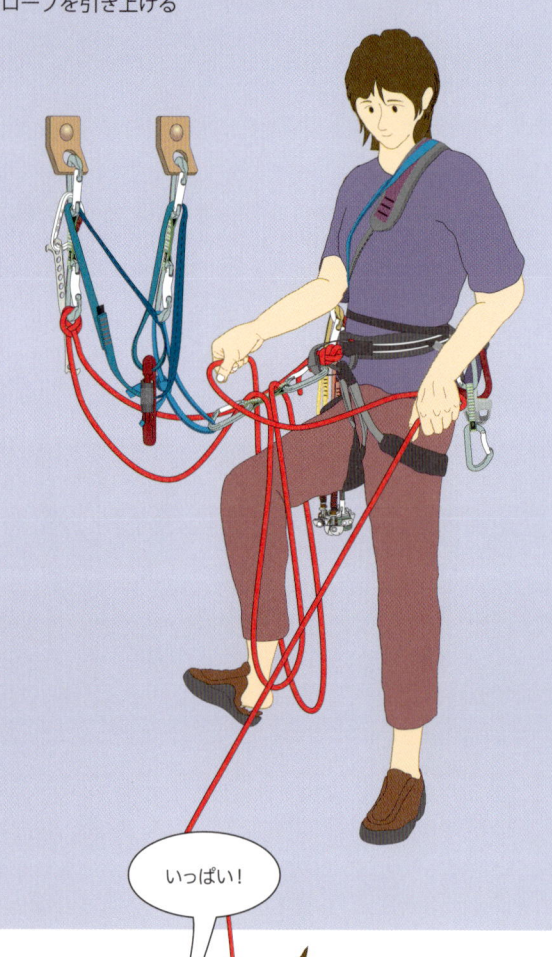

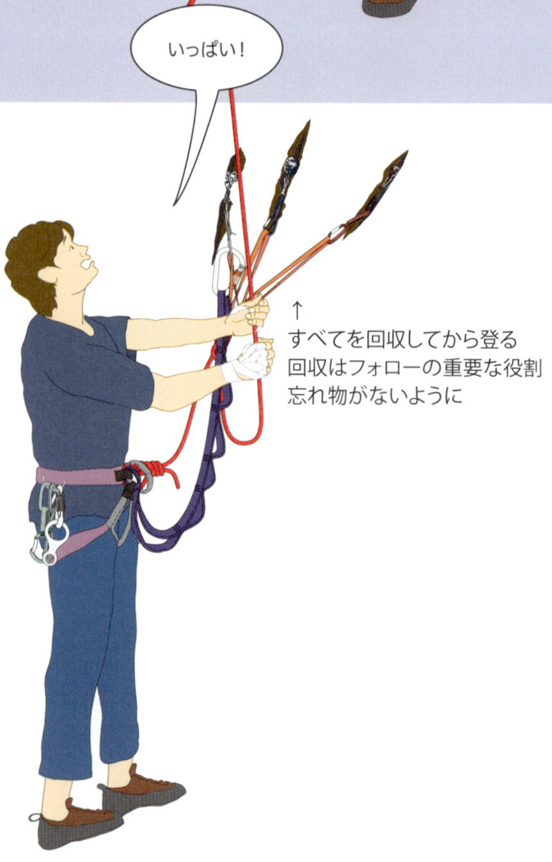

いっぱい！

↑
すべてを回収してから登る
回収はフォローの重要な役割
忘れ物がないように

確保点の回収

　解除の合図があり、フォローはビレイを解除、登る準備を始めます。メインロープがすべて引き上げられ、「登って」の合図までの間に確保支点を回収する場合と、合図があってから回収する場合があり、状況によります。

148

3.システム

15 フォローの確保

フォロー確保機能付き確保器でフォローの確保を始める直前

フォロー確保機能付き確保器

　フォロー機能付き確保器を使用する場合は、安全環付きカラビナが2枚あった方がよい（他の確保器より1枚増加）。機能が増え利便性の増加と引き替えにシンプル性はなくなり、装備が増えます。

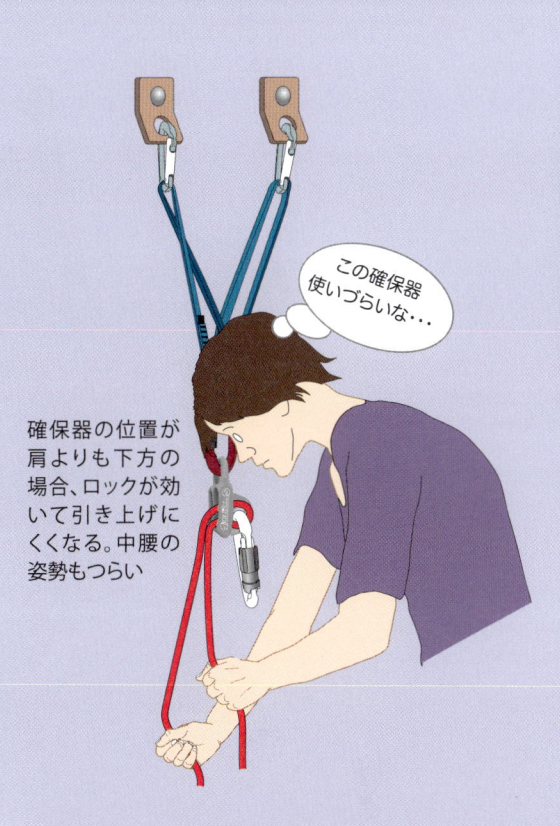

自己確保専用物がないと長さの調整で連結部分が増加し、外れる可能性が多くなる

「ロープいっぱい」の合図で確保器にロープをセット

フォロー確保機能を活用するには支点位置が最大のポイント。位置が悪いと役に立たない

登って！

アップ アップ！

ロープの動きで相手が登り出したか判断する。合図は常に聞こえるものでないので、ロープの動きで判断する必要がある

この確保器使いづらいな…

確保器の位置が肩よりも下方の場合、ロックが効いて引き上げにくくなる。中腰の姿勢もつらい

スリングが長いと、操作づらい

スリングが短いと、横方向の力が大きくなる

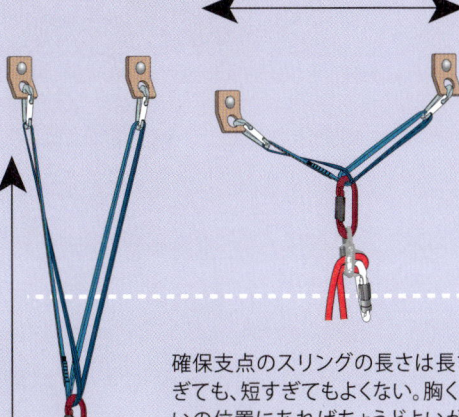

確保支点のスリングの長さは長すぎても、短すぎてもよくない。胸くらいの位置にあればちょうどよいが、常にその位置にできるとは限らない。また、図にはないが距離のある支点の流動分散には注意。1つが外れた場合に落下距離は長い

シングルロープ

3.システム

シングルロープ

パッシブプロテクションの回収

簡単に外れないパッシブプロテクションは無理に引っ張ってもうまくいきません。ワイヤーを傷めるので、ナッツキーを使った方が無難。

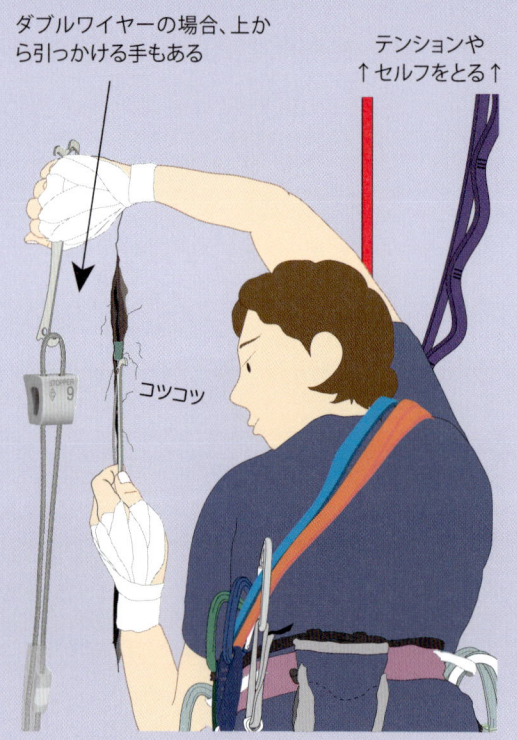

ダブルワイヤーの場合、上から引っかける手もある

テンションや↑セルフをとる↑

コツコツ

フリーにこだわらなければテンションや、別にプロテクションをとり、セルフをとって回収

マズイ！ がない

残置ダ 怒られる‥‥

テンションや墜落など荷重のかかったパッシブプロテクションはナッツキーがないと、回収が困難。バックロープがあれば上から下ろしてもらうこともできるが、このような場合回収できず残置となる可能性が高い。マルチピッチはスピードが重要なので、回収に時間をかけ過ぎないように見極めが大切。絶対に必要なものなら上から下りて回収

16 フォロー

フォローは、リードが設置したプロテクションをすべて回収しながら登る。最初のプロテクションを回収するところ

フォローもフリーで登るなら、回収中もホールドに掴まるなどしなければならない

👉 **p44**
パッシブプロテクションの回収

ヌンチャクを持って上に引く。ただし簡単に外れるとき

バンドリーがない場合は、スリングをたすき掛けにすれば対応できる

17 フォロー

ハング下のトラバース

タイトに効められたカムの回収

ギリギリ狭い個所に効められたカムは、トリガーを完全に引かないで動かすと、逆に狭い個所により効まってしまう

完全に引いていると思っているが、わずかだがまだ引ける。このような場合は、最後の引きが肝心

👉 **p42** カムの回収

「引っ張らないで！」

フォローが見えないときには、自分が登ってきたルートを思い返しながらの確保が必要

👉 **p201** ハンドジャミング

グイグイ

リードのプロテクションのとり方によっては、フォローの方が怖い思いをすることがある

シングルロープ

カムの移動

ロープが屈曲する部分に効められたカム

張る

クラックの奥へ移動

ロープの張りで上へ

ロープのたるみで下へ

たるむ

「張ってるのに…」

ピンピン

スタック気味でロープが重くなっている。確保者は張り気味のつもりでもタルタルの場合もある

スタックしたロープは外れる方へ引く、振るなどすると外れる可能性あり

「張れ！！！！」

ロープを下に引く、振る

タルタル

ロープの張りとたるみの動きに合わせて動く。シンハンド以下ではホジリキーや平らな薄いプレート（ザックのフレームなど）にナッツキーをテーピングで巻き付けて回収しなければならないこともある

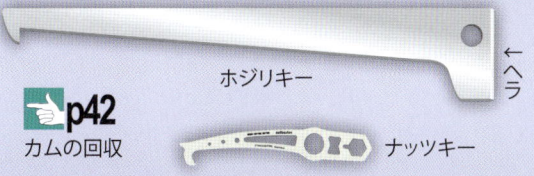

👉 **p42** カムの回収

ホジリキー ←ヘラ

ナッツキー

151

3.システム

セルフをどこからとるか

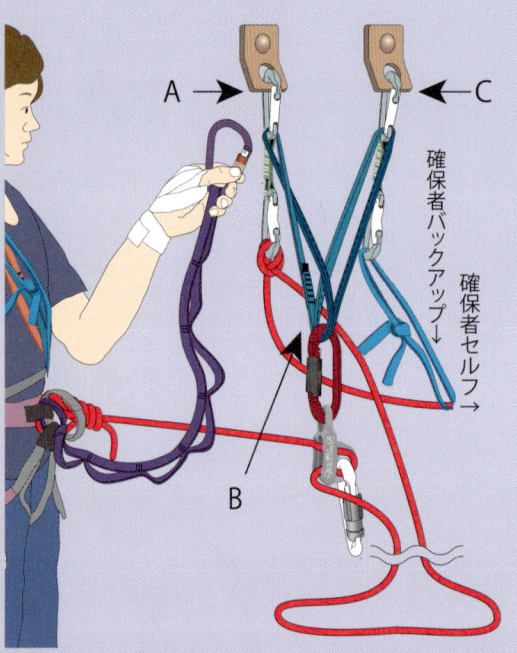

A →　← C

確保者バックアップ →
確保者セルフ →

B

デイジーチェーンとメインロープでセルフをとる。デイジーは素早くセルフをとれるため、デイジーが先になる。とる場所は状況、考え方で違う

A	B	C
デイジーチェーン		メインロープ
メインロープ		デイジーチェーン
デイジーチェーン	メインロープ	
メインロープ		デイジーチェーン

シングルロープ

18 セルフをとる

終了点に着いたら自己確保をとります。「とる」は外すではなくセットするという意味

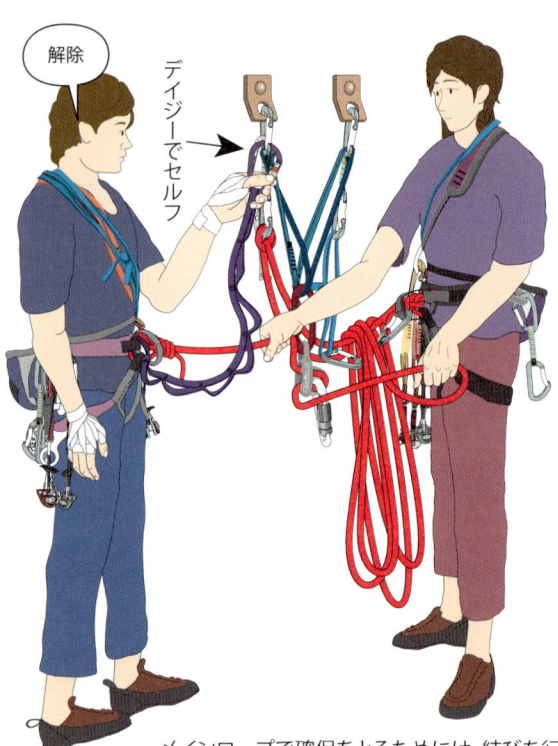

解除

デイジーでセルフ

メインロープで確保をとるためには、結びを行わなければならない。自己確保物を使用の場合カラビナをかけるだけなので素早い

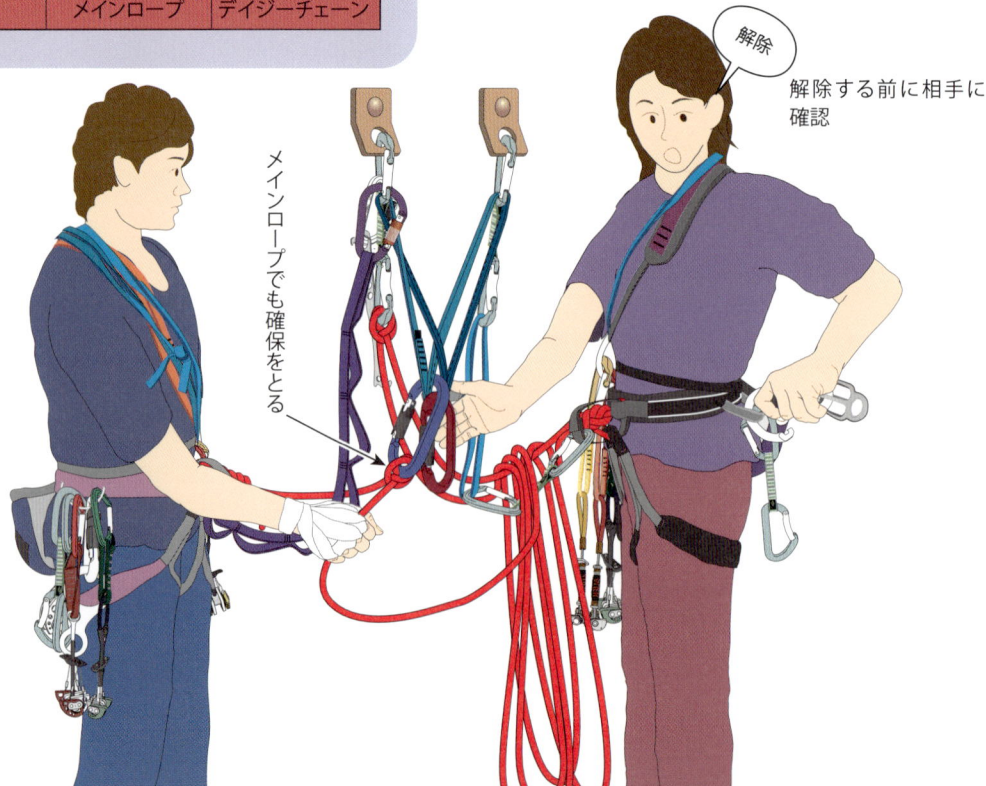

解除

解除する前に相手に確認

メインロープでも確保をとる

セルフはバックアップをとる。この場合先にとったデイジーチェーンがバックアップ的要素になる

152

19 ギアの受け渡し

フォローはリードへ回収したギアを渡し、次のピッチの確保の準備を行います。リードは渡されたギアを整理し、リードの準備をします

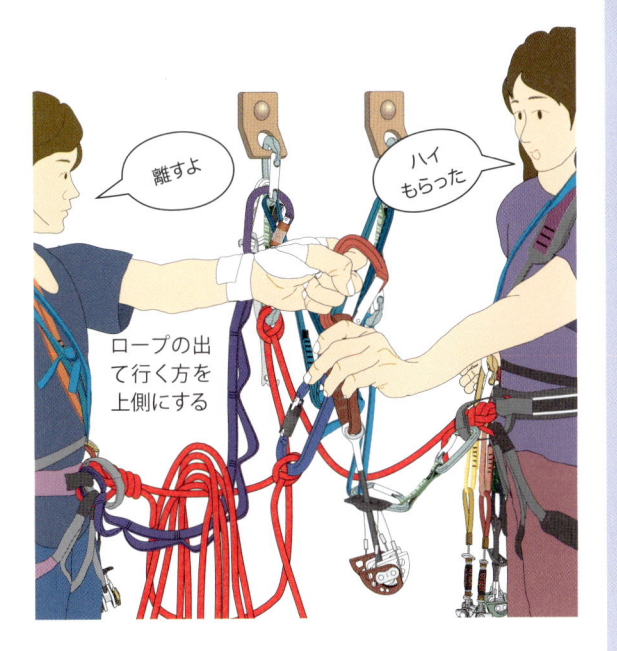

「離すよ」
「ハイ もらった」

ロープの出て行く方を上側にする

20 確保

リードする人が準備している間に、確保の準備を行います
リードの確保はハーネスで行う

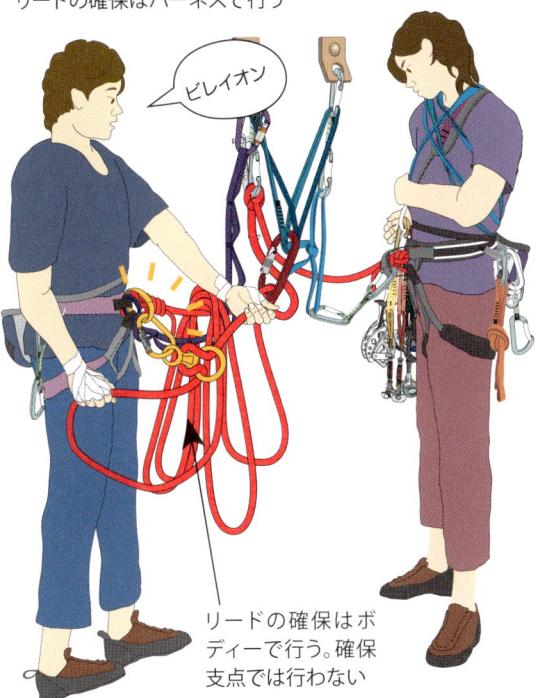

「ビレイオン」

リードの確保はボディーで行う。確保支点では行わない

ロープの受け渡し

ギアの受け渡しにはロープも含まれる。ロープをそのまま受け取り、出て行く側を下側にして置くと、確保中ロープがこんがりやすくなる。受け取るとき上下を逆さにすると出やすいロープ位置になる

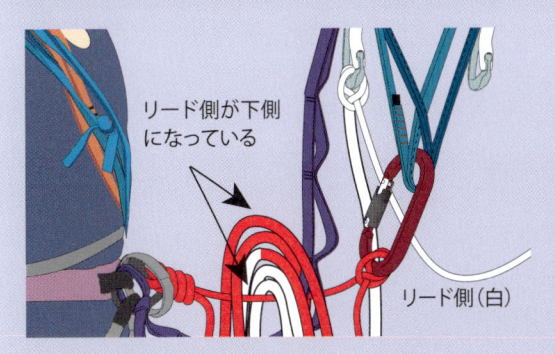

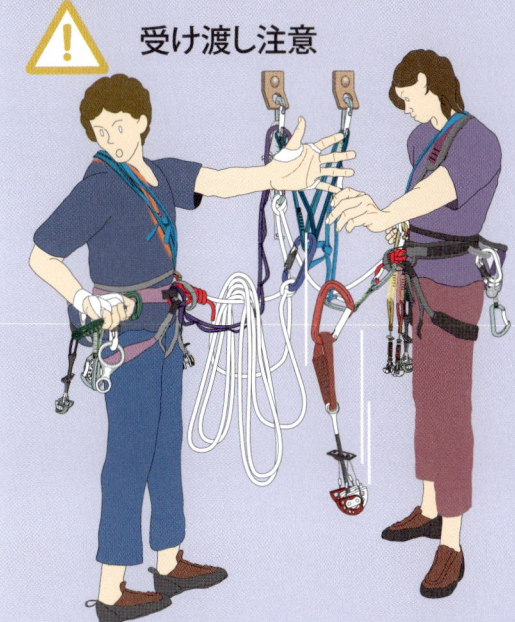

リード側が下側になっている

リード側（白）

⚠ 受け渡し注意

お互いの動きがバラバラ。お互いの意識がずれると物を落とすなどにつながる

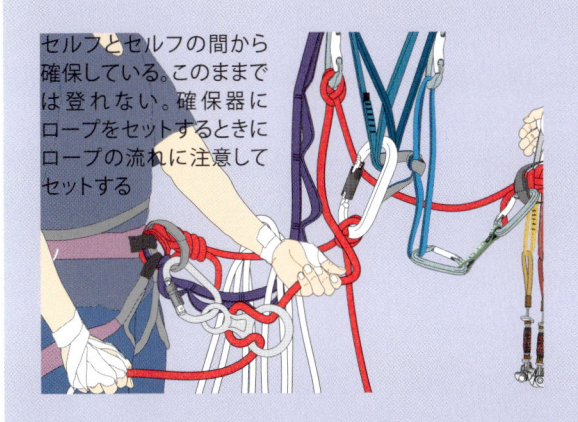

セルフとセルフの間から確保している。このままでは登れない。確保器にロープをセットするときにロープの流れに注意してセットする

シングルロープ

3.システム

ナッツ、リングボルトの用途外使用

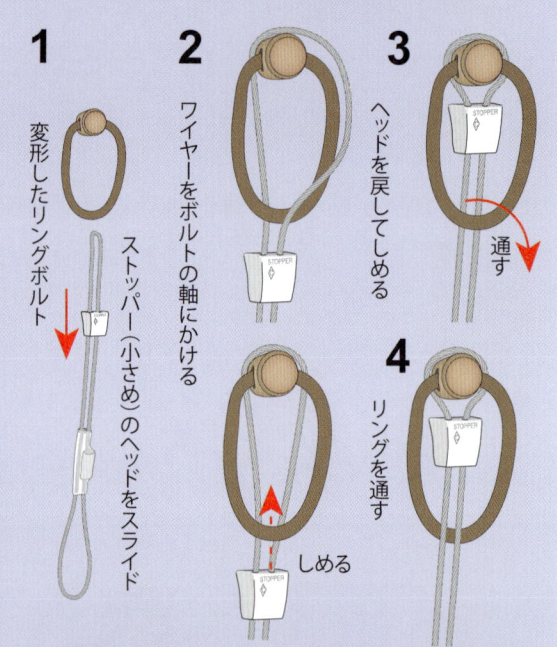

1 変形したリングボルト

2 ワイヤーをボルトの軸にかける / ストッパー（小さめ）のヘッドをスライド

3 ヘッドを戻してしめる / 通す / しめる

4 リングを通す

リング部分が軟鉄なのは、リングの変形で軸への衝撃を緩和するため。硬鉄のリングでは軸のくさびの元部分が先に折れ強度が低下する。そのことから軸に直接ストッパーをかけるのは強度低下になると考えられるが、心理的には変形したリングを使用したくない

再利用式ハンガー

キャロットハンガーの利点は、ハンガーを再利用できること、登る人自身が持参することにある。また岩に残置するのはボルト類の中では最低限のアンカー部分のみ

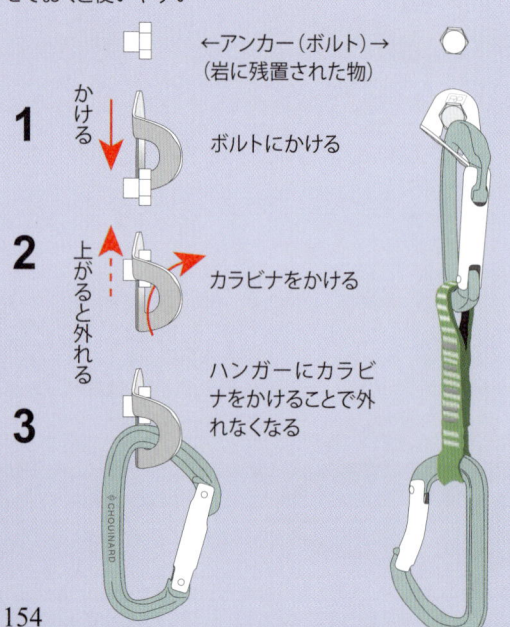

キャロットハンガー→
（装備として必要）
チョークバッグに忍ばせておくと使いやすい

←ボルトにかける
←カラビナをかける

←アンカー（ボルト）→
（岩に残置された物）

1 かける / ボルトにかける
2 上がると外れる / カラビナをかける
3 ハンガーにカラビナをかけることで外れなくなる

シングルロープ

21 セカンドピッチ

2ピッチ目はフェースを登ります

←歪んだリングを使用せず

やっぱダブルだったかな

スリング、ヌンチャクなどがなくなったときに、ランナー代わりにナッツを代用

↑フェース（スラブ）でもよく探すと小さなカムがとれる場合がある

カンテ→

懸垂を考慮に入れない場合、ダブルかシングルロープかの選択は、ルートの内容による。難しいフリーが続くような場合は、シングルロープの方が機能的。ルートが直線的ではなく、ロープ抵抗が大きい場合はグレードより形状の方が優先される可能性が高い

154

2ピッチ目終了点は平らなテラス。ボルトはないので、取付同様ナチュプロで確保点を作り、セカンドを確保します

ロープ重いナ…

←巻いてない

平らなテラスの場合は、ロープをあえて巻く必要はなく、巻く分効率が悪い

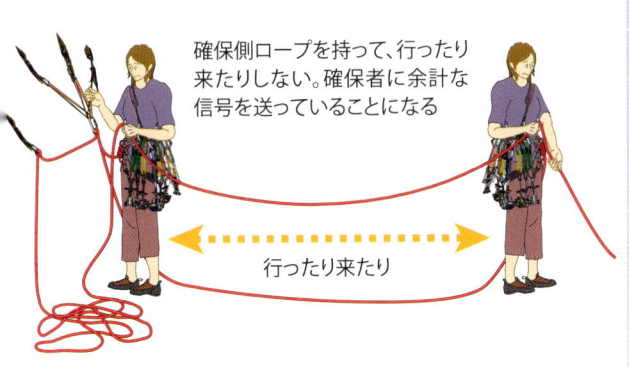

確保側ロープを持って、行ったり来たりしない。確保者に余計な信号を送っていることになる

行ったり来たり

スリングでは対応できない長さはロープで対応できる。通常と違う確保点に作り慣れてないと支点工作に時間が必要

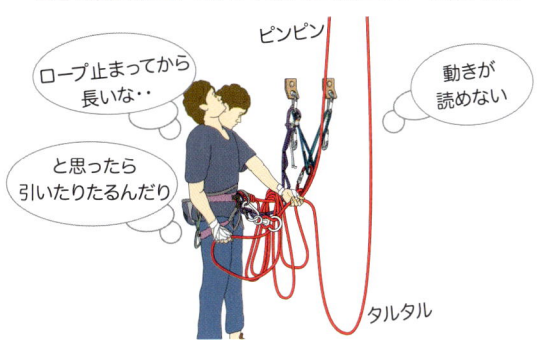

ピンピン

ロープ止まってから長いな··

動きが読めない

と思ったら引いたりたるんだり

タルタル

リードは確保者にわかるロープの動きをする。コールで叫び続けているのは上下の意思疎通ができていない証

3.システム

確保点と確保位置

　フォローを確保する場合、地形に合わせた位置で確保するとロープの流れ具合を大きく変えることができます。常に確保点のそば（真下）が最も確保しやすい位置とは限りません。流れの悪い状態のロープは、フォローの動きを掴みづらい、ロープの引き上げに無駄な力を使う、ロープを傷めるなど、すべてにおいてよくありません。

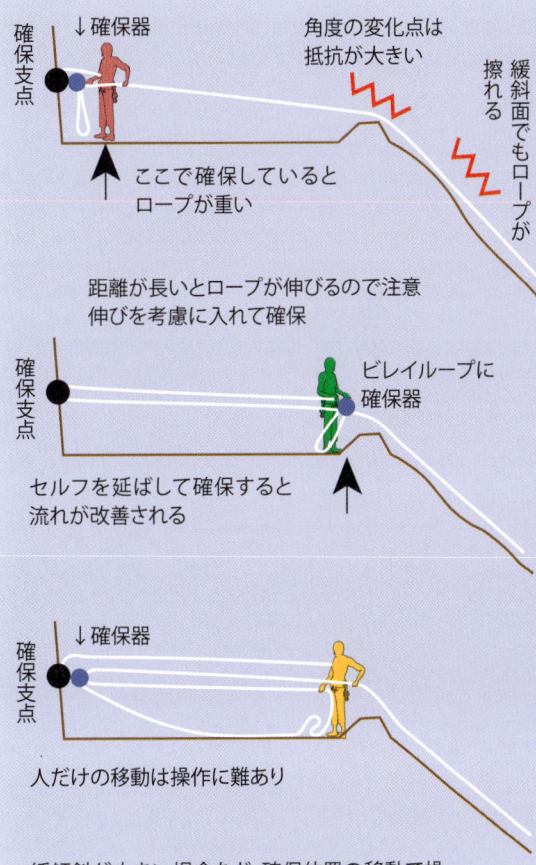

確保支点　↓確保器　角度の変化点は抵抗が大きい　緩斜面でもロープが擦れる

ここで確保しているとロープが重い

距離が長いとロープが伸びるので注意
伸びを考慮に入れて確保

確保支点　ビレイループに確保器

セルフを延ばして確保すると流れが改善される

確保支点　↓確保器

人だけの移動は操作に難あり

緩傾斜が大きい場合など、確保位置の移動で操作性が変化。状況に対応できることが必要

シングルロープ

ロープによる意思の疎通2

　ロープの動きはリードと確保者の通信手段です。リードしている人は、何をしているか確保者にわかるようにロープを動かすことが重要。ビレイ点到着後、ロープがしばらく止まってから、行ったり来たりを繰り返すなどの動作は、確保者を混乱させる信号を送っていることになります。特にロープぎりぎりになったときに問題が発生します。

155

3.システム

ムンターヒッチたぐる

👉 **p60**
イタリアンヒッチ
ムンターヒッチ

a1 たぐる
右、左手同時動作
引く
上げる

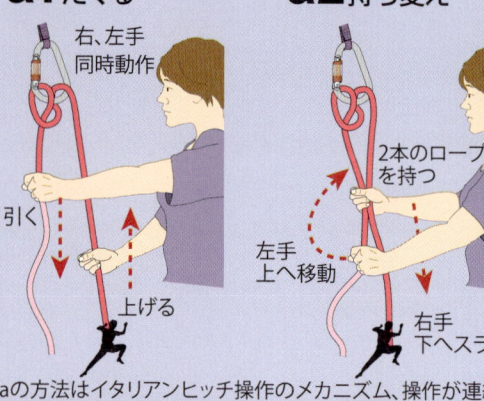

a2 持ち変え
2本のロープを持つ
左手上へ移動
右手下へスライド

aの方法はイタリアンヒッチ操作のメカニズム、操作が連続的に速くなるとbになる

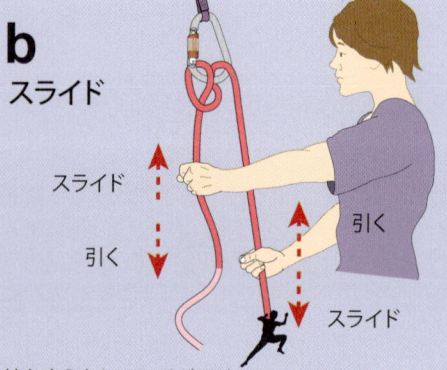

b スライド
スライド
引く
引く
スライド

持ち変えなしで両手が同時にスライドする。フォローが速く登って来るようなときは、持ち変えでは追いつかない

イタリアンヒッチ戻す（ゆるめる）

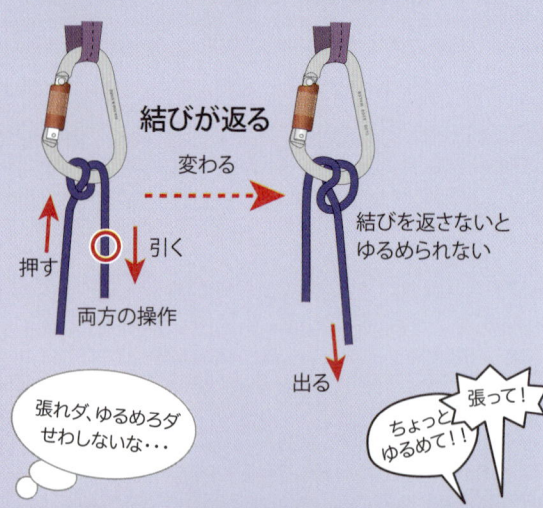

結びが返る
変わる
押す
引く
両方の操作
結びを返さないとゆるめられない
出る

張れダ、ゆるめろダ
せわしないな…

ちょっとゆるめて！！
張って！

結びを返し、ロープをゆるめる。右の状態でロープが滑り出すと素手のグリップビレイでは困難。しっかり押さえて、すぐたぐれるように待つ。返った状態で「テンション！」「張って!!」と言われたら、荷重がかかる前にヒッチを戻す。返った状態で荷重がかかったロープを押さえるのは握力を使う

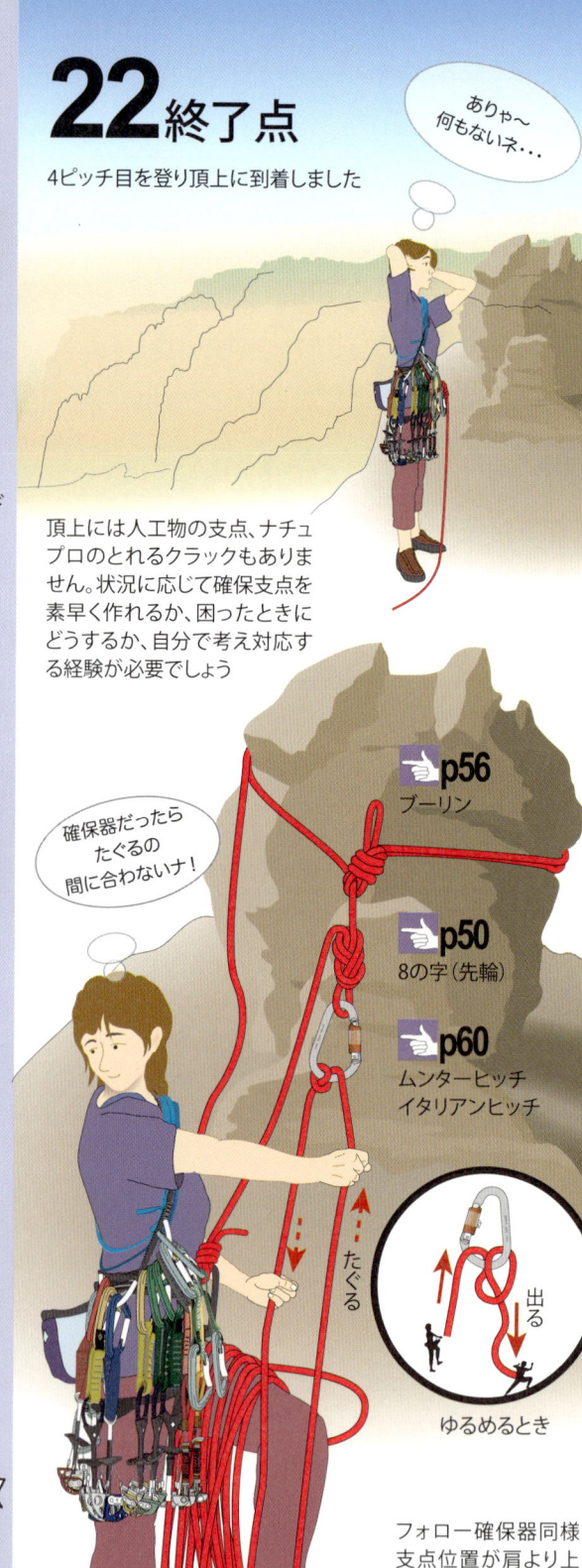

シングルロープ

156

22 終了点

4ピッチ目を登り頂上に到着しました

ありゃ～何もないネ…

頂上には人工物の支点、ナチュプロのとれるクラックもありません。状況に応じて確保支点を素早く作れるか、困ったときにどうするか、自分で考え対応する経験が必要でしょう

👉 **p56** ブーリン

👉 **p50** 8の字（先輪）

👉 **p60** ムンターヒッチ
イタリアンヒッチ

確保器だったらたぐるの間に合わないナ！

たぐる
出る
ゆるめるとき

フォロー確保器同様支点位置が肩より上部にないと操作しづらい
たぐる側の向きが違うと、慣れの問題もあり、かえってたぐりが悪くなることもある

23 下降路

頂上、ルート終了点から下降路とは限りません。終了点から下降路への移動もショートピッチあります

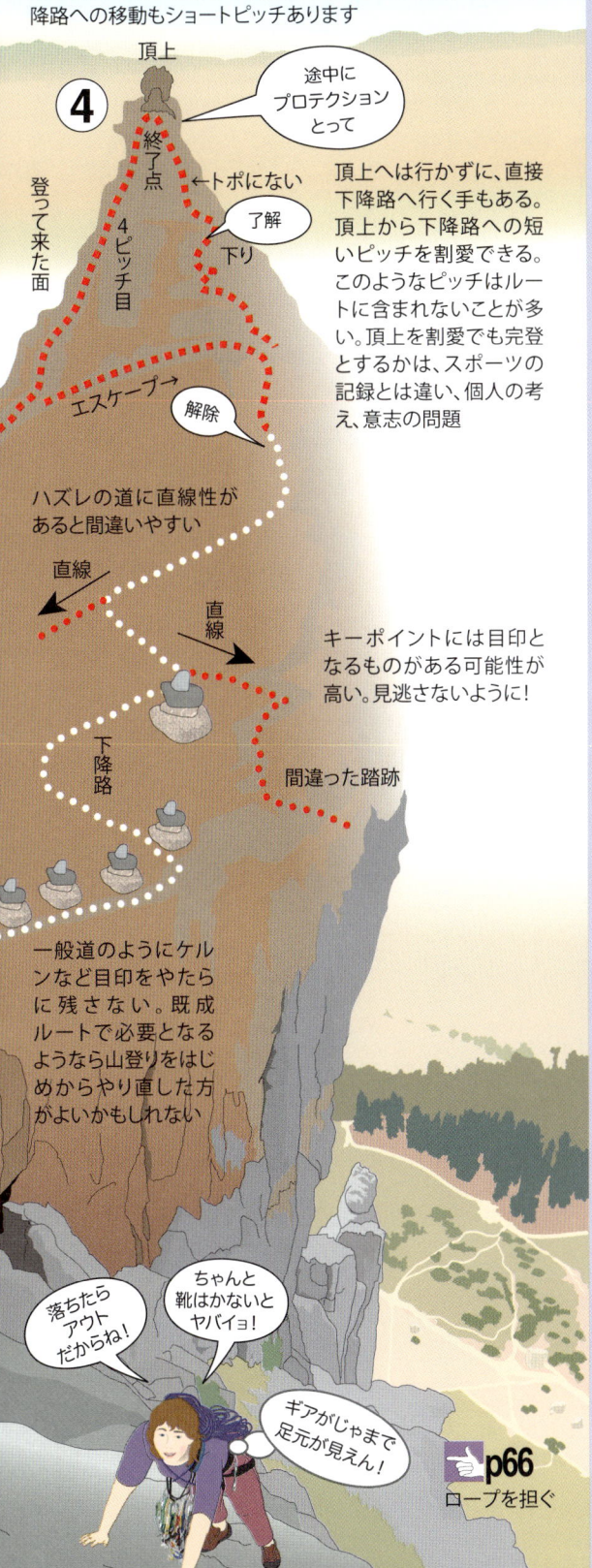

図中ラベル:
- 頂上
- ④
- 終了点
- 4ピッチ目
- 登って来た面
- 途中にプロテクションとって
- トポにない
- 了解
- 下り
- エスケープ→
- 解除
- ハズレの道に直線性があると間違いやすい
- 直線
- 直線
- 下降路
- 間違った踏跡
- キーポイントには目印となるものがある可能性が高い。見逃さないように!
- 落ちたらアウトだからね!
- ちゃんと靴はかないとヤバイョ!
- ギアがじゃまで足元が見えん!
- 👉p66 ロープを担ぐ

頂上へは行かずに、直接下降路へ行く手もある。頂上から下降路への短いピッチを割愛できる。このようなピッチはルートに含まれないことが多い。頂上を割愛でも完登とするかは、スポーツの記録とは違い、個人の考え、意志の問題

一般道のようにケルンなど目印をやたらに残さない。既成ルートで必要となるようなら山登りをはじめからやり直した方がよいかもしれない

● 下降の危険

下降路の場合はロープでの確保がなくなり、落ちることが許されない個所がしばしば存在します。登り終わって安心ではなく、平らな地面に戻るまで気を許さないことが重要です。

下降路は、「路」といってもクライマーがロープを付けずに歩けた所なので、その内容は一般縦走路よりはるかに危険です。ルートをうまく見つけられず無理矢理下降すると窮地に陥ってしまいます。「確実に歩ける」「道に迷わず歩ける」山歩きの基本的な経験を積んでいることは登攀を行う人にとっては非常に重要なことです。

会話:
- 歩くのかったるい!
- 下降路知ってんの?
- 歩いた方が危なくないよ
- 懸垂の方が早いよ!

下降路があっても、下降路を知らない場合などは懸垂下降の方が効率的な場合もある。懸垂下降か下降路かは状況に左右される

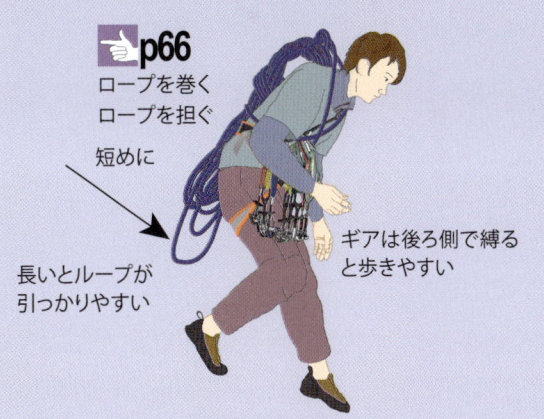

👉p66 ロープを巻く ロープを担ぐ

短めに
長いとループが引っかかりやすい
ギアは後ろ側で縛ると歩きやすい

下降は歩きやすいように装備を調える

● 下降を考慮に入れた装備

下降路のことを考慮に入れ、ザック、運動靴などを持つか持たないかは、登る人の考えによる。装備が増えると登りの快適度、スピードは落ちるが、下降時の快適度は増す

シングルロープ

3-3 バックロープ

●設定

3-2では歩いて下れたのでロープ1本でした。今回は懸垂下降でしか下りることができません。懸垂の長さは1本のロープの半分以上の長さがあるので、懸垂下降のためにロープをもう1本余分に持って登ります。

またピッチ毎にリードが入れ替わる(フォローした人が次のピッチをリードする)「つるべ」というスタイルで登ります。

懸垂のためのロープなので、軽い、細いロープ(ツインロープ:ロープの種類)を引きずって(バックロープ:ロープの用途)登ります。ロープの使用方法は状況により変わります。

1)リードする人が2本のロープを引きずる
「2本で登るよ」「バックロープ持って行くよ」「ダブルで登るよ」(この場合はロープ種類ではなくシステム、固定的なシステム名はない)などと言う。確保はシングルロープ(メインロープ:用途)だけで行います。

2)リードする人は1本のロープで登る
リードする人は1本で登り、フォローが登るときにもう1本のロープを引きずって登ります(バックロープ)。

対象者

3-2に加えて懸垂下降のセット、練習を行ったことがある人。懸垂下降失敗の事故は多く、侮れないシステムの一つです。

ルート

手段=フリー、人工(3pでフォロー墜落、登り返し)
プロテクション=ナチュプロ、下降支点ボルトあり
長さ=125m(1ピッチ目40m、2ピッチ目45m、3ピッチ目20m、4ピッチ目20m)

●3-3の内容

1時間ほどのアプローチで岩場の基部にたどり着きました。目的のルートの取付まで少し悪い個所がありそうです。フルセットのギアは重いので慎重に取付へ上がりましょう。30年ほど前に登られたルートですが、訪れる人はまれで、初登時の状態が保たれています。

ロープ2本(懸垂下降のため)、つるべ

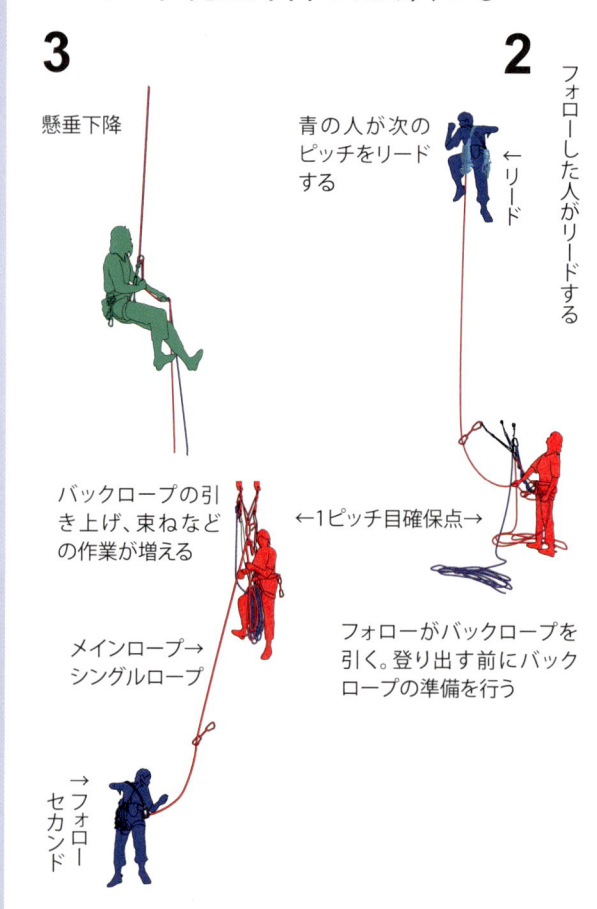

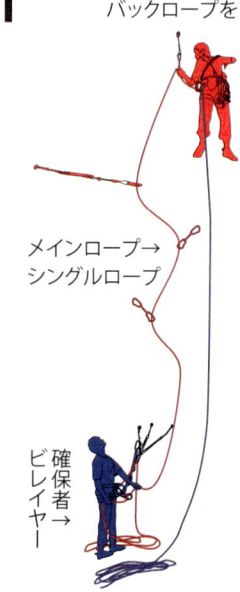

3 懸垂下降

2 青の人が次のピッチをリードする ←リード

フォローした人がリードする

バックロープの引き上げ、束ねなどの作業が増える

←1ピッチ目確保点→

メインロープ→シングルロープ

フォローがバックロープを引く。登り出す前にバックロープの準備を行う

→フォローセカンド

1 バックロープをリードが引く

←トップリード

メインロープ→シングルロープ

←バックロープ
ツインロープ60m
通常バックロープにプロテクションはとらない
2本のロープをリードが引いても負担にならずに登れるようなときには効率的
荷上げ、フォローのお助けロープなどにも使用することができる

確保者→ビレイヤー

「射楯岩IV峰」ルート図

懸垂下降
👉 p165〜174

3ピッチ目
👉 p164〜165
トラバース

2ピッチ目
👉 p163
つるべ

1ピッチ目
👉 p161〜162
バックロープ

準備
👉 p160
バックロープ

········· ルート
········· アプローチ
········· 懸垂

射楯岩4峰：a郡z村からγ林道終点,アプローチ1.5時間
県有地、国立公園指定地。標高1900m付近
岩質：花崗岩
3-3ルート：125m

メインロープ　確保に使用
↑シングルロープのマーク
重量：約53〜75g/m、直径：約9.1〜11mmのロープ

バックロープ　懸垂に使用
↑ツインロープのマーク
重量：約37〜42g/m、直径：約7.7〜8mmのロープ

準備

3-4のダブルロープのようですが、システムは違い、バックロープは、特別な場合以外プロテクションをとらず、確保もしません。

1ピッチ目

リードがバックロープを引いて登ります。確保者はメインロープで確保します。

2ピッチ目、つるべのシステム

リードと確保者がピッチごとに入れ替わるリード＆フォローのシステムです。フォローで登ってきた人が2ピッチ目をリードで続けて登ります。このピッチはリードがバックロープを持って行くのは負担が大きいため、フォローに持ってきてもらうことにします。フォローは登り始めるときに、バックロープの処理を行い登ります。

3,4ピッチ目

トラバースぎみのワイドクラックを登り頂上へ。

懸垂下降

1本のロープでは長さが足りないため、2本のロープを連結して懸垂下降します。バックロープはこのために持ってきました。

●装備

3-2より1ピッチの長さが長いためプロテクションが倍くらい必要になります。

ロープ

シングルロープで登り、懸垂下降のためのツインロープを引いていきます（確保には使用しない）。装備的に3-2と違うのはこの点だけです

ギアラック

ギアが多くない場合は小ルループなしのギアラックでもまったく問題ありません。40m以上のピッチでギアをフルに2セット以上持った場合は二連、ループ付きのギアラックの方が利便性がはるかに高く、機能の差は歴然です。長期使用できるので先を見越した購入をした方が無難です。

団子になるロープ

ロープの整理の仕方により団子（固まってぐしゃぐしゃの状態）になりやすさが大きく変わります。団子状態ではロープを使用するのは困難です。またキンクの多く入った状態のロープも団子になりやすく、強度も低下します。

団子になるロープの原理

下図は団子になる一例、出る側が下側にあると団子になりやすい

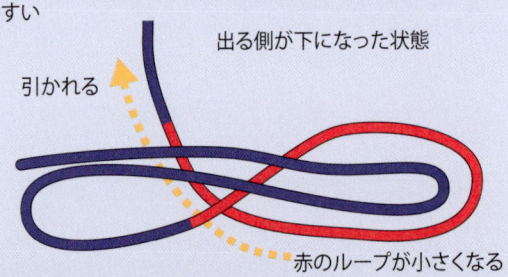

出る側が下になった状態
引かれる
赤のループが小さくなる

赤のループが小さくなったとき、青の上側になりやすい。下側になればヒッチにならず団子になりにくい

☞p231
ハーフヒッチ

赤部分が青に巻き付く

ロープが引かれるとループ同士で自然にハーフヒッチになる

必ず回避できる訳ではないが、ロープを出る側を上にすることで、団子状態を回避しやすい。ピッチ交代でのロープの受け渡し、懸垂でロープを投げるときなどロープを巻いたときは常にこの状態が発生しやすい

ザックどうする？
水持ってきたいナ…
運動靴持ってく？

装備は多くなればなるほど、登りの快適度は減る。小さなザックでもあるとないとでは手間、速さに相違。必要最小限の選択が重要

バックロープ

1 準備

登り出す前の準備の一つとして、バックロープが出やすいようにメインロープと同様にロープの出る順の処理を行う

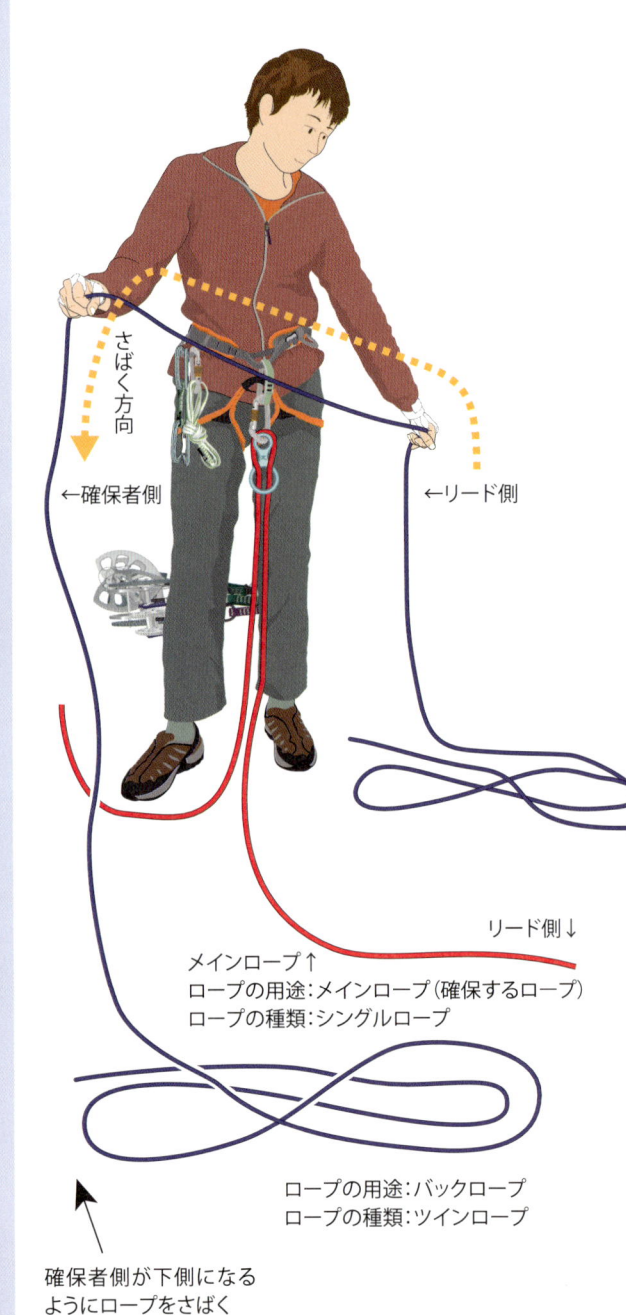

さばく方向
←確保者側
←リード側

メインロープ↑
ロープの用途：メインロープ（確保するロープ）
ロープの種類：シングルロープ

リード側↓

ロープの用途：バックロープ
ロープの種類：ツインロープ

確保者側が下側になるようにロープをさばく

ロープが絡まることなく出るようにロープを末端からさばく。細いロープは太いロープよりもからまりやすい。ここでは軽量化のためツインロープを使用している。シングルロープ、ダブル（ハーフ）ロープでも可能

3.システム

2 確保

リードがバックロープを引きながら登る。確保者はメインロープで確保しながらバックロープも流す

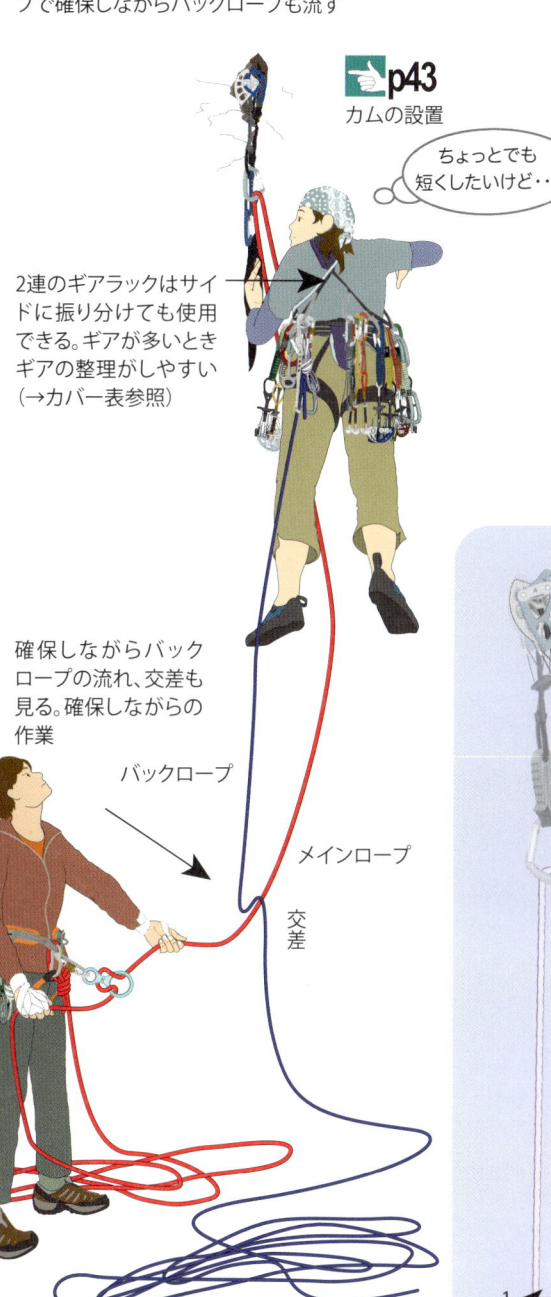

p43 カムの設置

「ちょっとでも短くしたいけど…」

2連のギアラックはサイドに振り分けても使用できる。ギアが多いときギアの整理がしやすい（→カバー表参照）

確保しながらバックロープの流れ、交差も見る。確保しながらの作業

バックロープ
メインロープ
交差

取付が安定している場所では確保支点、自己確保は必要ない。「1」でバックロープの処理をしていれば、団子になりにくい

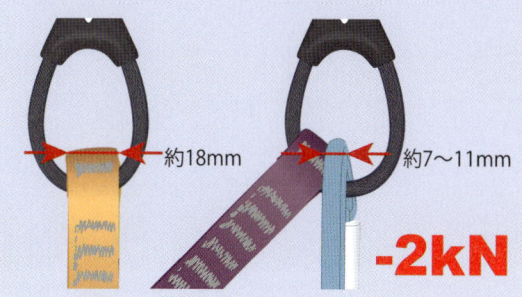

約18mm　約7〜11mm

-2kN

サムループにカラビナをかけてのセットは最大-2kNの強度低下（説明書記載、要因の記載なし）。
スリング幅とカラビナ幅の相違で、ワイヤーの折り曲げ具合が変化するなら、ワイヤーループ式のものすべてに当てはまる可能性があり、2kN程度のナッツ類はスリングをかけた方がよいのだろうか・・・

荷重分散 流動と固定3（次頁確保支点）

半固定分散は流動分散と1支点または複数の支点を固定分散で組み合わせた確保支点。下図は信頼性の薄い1支点を固定した場合の例。半固定分散は説明のための本書のみの用語で一般的な呼び方は不明[※1]。

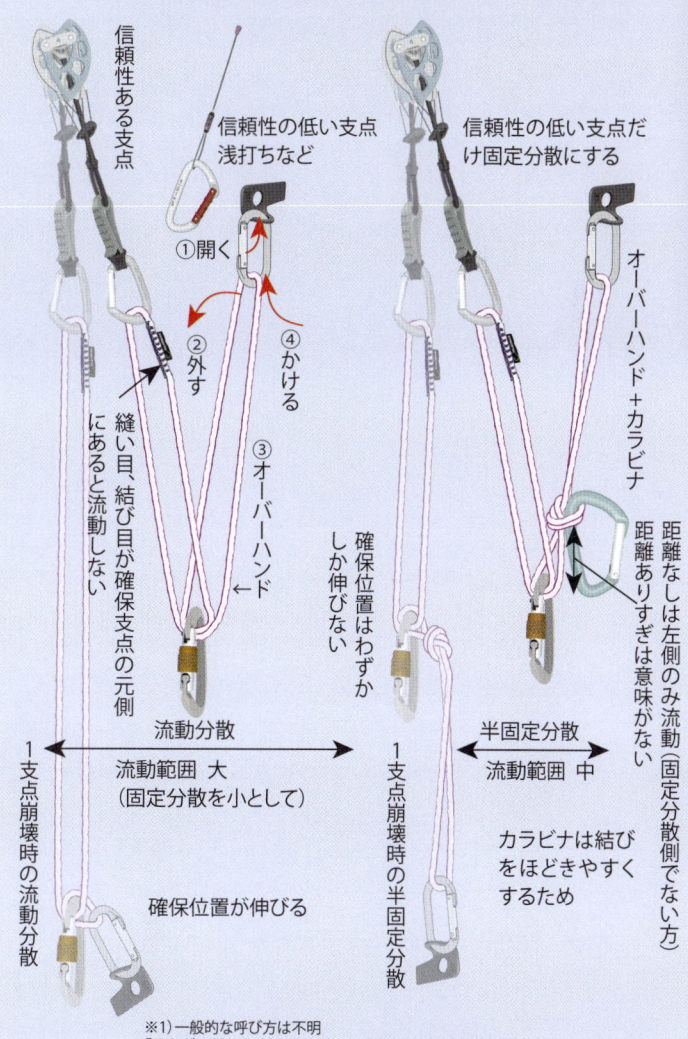

信頼性ある支点
信頼性の低い支点 浅打ちなど
信頼性の低い支点だけ固定分散にする

①開く
②外す
③オーバーハンド
④かける

オーバーハンド＋カラビナ

縫い目、結び目が確保支点の元側にあると流動しない

確保位置はわずかしか伸びない

距離なしは左側のみ流動（固定分散側でない方）
距離ありすぎは意味がない

流動分散
流動範囲 大（固定分散を小として）

半固定分散
流動範囲 中

1支点崩壊時の流動分散
確保位置が伸びる
1支点崩壊時の半固定分散

カラビナは結びをほどきやすくするため

バックロープ

※1）一般的な呼び方は不明
「それダメだから、結んでおけよ」と教わった。固定分散に含まれて呼ばれているのかもしれないが、機能に相違はある

2本のロープの束ね

2本のロープの引き上げは、1本ずつ引き上げて別々に束ねる方法と、2本同時に引き上げひとまとめで束ねる方法がある。どちらも一長一短。急いでいなかったら、後のことを考えると別々に引き上げたほうが無難。

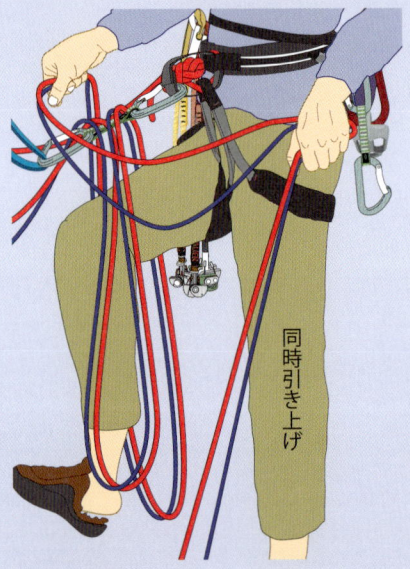

同時引き上げ

同時に引き上げ
そのときは効率的だが、次ピッチ確保でロープが団子になりやすい。ただしつるべのときは、巻かれた逆順で出すので影響が出にくい

伸びる半固定

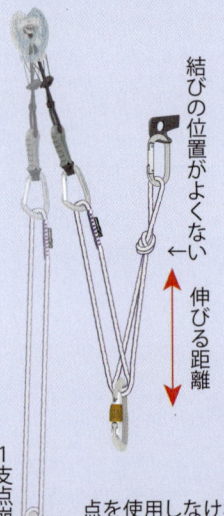

結びの位置がよくない

伸びる距離

1支点崩壊時

支点の距離が伸び、流動分散と変わらない結果になる。信頼性のない確保支点を使用しなければならなかった時代の対策。カムでしっかりした支点を使用できるなら、支点の数を増やさず、使用しない方が確実

バックロープ

3 ロープ引き上げ、確保

バックロープが先で、メインロープを後に引き上げる

確保点に不安があるため、第1プロテクション代わりのカムをセット。次ピッチのリードが行うことを先どり

👉 **p185**
確保点を考える2

セルフのバックアップなので荷重はかからないが、他人のカムだと嫌がられる可能性あり

半固定分散 ←

別々引き上げ ←

別々に引き上げ
同時引き上げより時間が必要だが、後で効率的。どちらのロープから引き上げるか決めておくとお互いの良い合図になる。バックロープから先だとフォロー者は準備に若干ゆとりが持てる

ロープの引き上げの振動で結びになることもある。細いロープほど団子になりやすい

「ロープ来ないな?」

クネクネ

→ 団子

「キャメロク2個にキャメゴかよ!!」

ロープ引き上げ時、フォローが最後までロープの監視

4 フォロー

「重くて登れん!!」

←バックロープ(荷物)
←メインロープ(確保)

「結び目になってる!」

団子は無理に引き上げず、フォローが外すのでもよい。バックロープは重いギアを引き上げることにも使える

末端はフリー →

3.システム

5 つるべ

フォローが2ピッチ目をリード(つるべ)します。

「青回収したけどエイリアン効いてるから」

←第1プロテクション

つるべは登ってきた人が登り続けるのでピッチの交代のロス時間が少ない。第1プロテクションは早めにとる方が強いシステムになる

「了解!」

フォローが確保点まで来ないで、そのまま登り続けることもある(→p159ルート図参照)

流れが悪くて回収→

6 フォローがバックロープ

バックロープをフォローが引きずって登ります。末端の面倒を見る人がいないので、注意する必要がある

メインロープ→

ピッチ毎にバックロープを誰が持って行くかお互いに確認しておいた方がロスが少ない。リードが引いた方が効率的

① バックロープ引き上げ
② 出る側が上になる処理をする

途中のテラス

つるべのピッチの交代

つるべのシステム(2ピッチ連続して登る)は、3-2のつるべでないシステムより一般的。ピッチ交代時フォローは休むことなく、次ピッチを登ることがシステムを効率的に使用することになる。時間の短縮と装備の軽量化はマルチピッチでは最重要項目。

フォローが次のピッチを登り出す前に、確保点でセルフをとりギアの整備などはよく行われる。セルフをとらずにそのまま連続して登れれば非常に効率的だが実際には難しい。フォローは回収時にギア整理を行いながら登る。確保者は自分の持っているギアを整理し、渡す準備でロスタイムを少なくする。

フォロー確保機能付き確保器で、フォロー確保機能を使用した確保は、確保者は楽をできるが確保のセットし直しなどで効率が落ちる。フォロー機能の効率的な使用は、フォローが頻繁にテンションが入るときで、お互い実力範疇のルートを登る場合には無駄な装備を持っていることになる。

	つるべ	つるべでない
体力	連続して登るための持久力が必要	リードの負担が大きい
時間	確保者の交代がない。ピッチ交代のロス時間が少ない	ロープ、ギアの受け渡し、確保準備などに時間がかかる

マルチピッチの弱点

ピッチの交代時は、確保点以外にプロテクションが存在しないので、第1プロテクションをとるまでの間がシステム上最弱な時です。確保点が貧弱な場合は確かな第1プロテクションを早くにセットすれば最弱な時を回避できます。確保点、ピッチの交代方法は状況に応じて変化し、「5つるべ」の方法が最良ではない(→p186参照)。

途中に棚、テラスなどあるときは、バックロープをすべてそこまで引き上げると、ロープのひっかり、重さ対策になる。引き上げたロープは出る側が上になるように処理。ロープが出て行く間に途中で全部下に落ちないように。落ちたロープの振動が大きいと微妙な登りの最中では致命的。引き上げるかの判断はロープの流れを読むこと。上でバックロープを無理なく引き上げられるなら途中に引き上がる必要はない

バックロープ

3.システム

トラバース

トラバースは真っ直ぐに登ることとは違った考慮が必要。リードは自分だけでなく、フォローが墜落したときのことも考慮してプロテクションをセットすることも必要です。

「引っ張るナ!!」

トラバースの場合は張りすぎも禁物になる

「怖くて行けない!!」

ランナウトしていると、怖くてフォローできない状況もある。フォローのことも考慮したプロテクションのセットも重要。トラバースだけでなく、奥に深いチムニーでも同様の状況がある。チムニーの場合はプロテクションがとれないこともあり、フォローでも落ちられない場合もある

👉 p216
ヒント5人工手段

「戻れない!!」

フォローが戻れないことで時間がかかってしまうこともある

大きなカムは、カム開き防止の棒を差すと携帯しやすい。使い捨ての木の枝でも代用できる

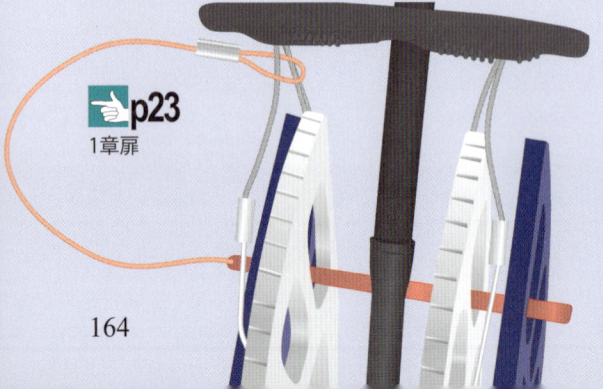

👉 p23
1章扉

バックロープ

7 トラバース

3ピッチ目は右上ぎみのワイドクラックを登ります

トラバースで傾斜のある壁面で墜落すると完全に壁に戻れなくなる。リードには適度なプロテクション間隔でも、フォローが墜落したときの考慮もした方がよい

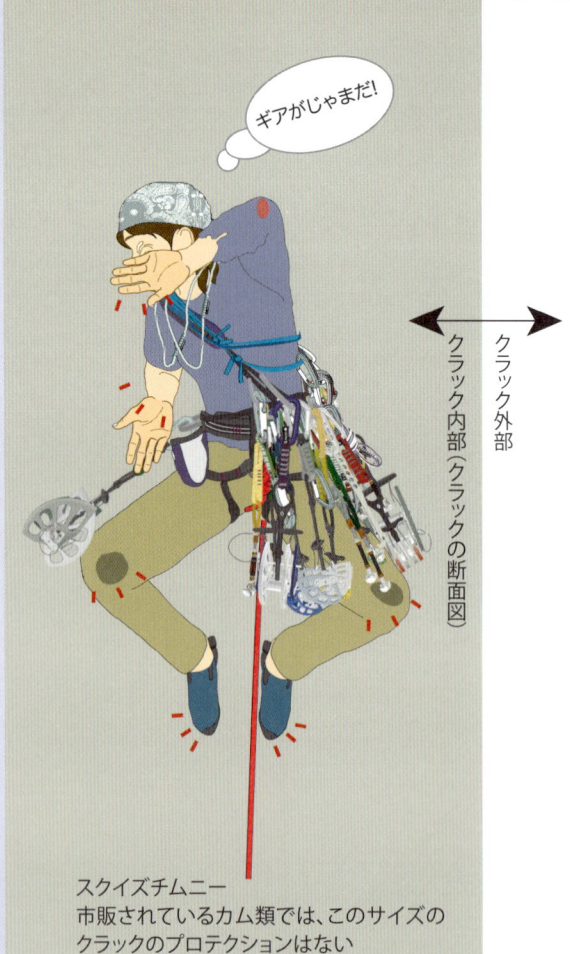

仰向け

「ギアがじゃまだ!」

クラック外部 ← → クラック内部（クラックの断面図）

スクイズチムニー
市販されているカム類では、このサイズのクラックのプロテクションはない

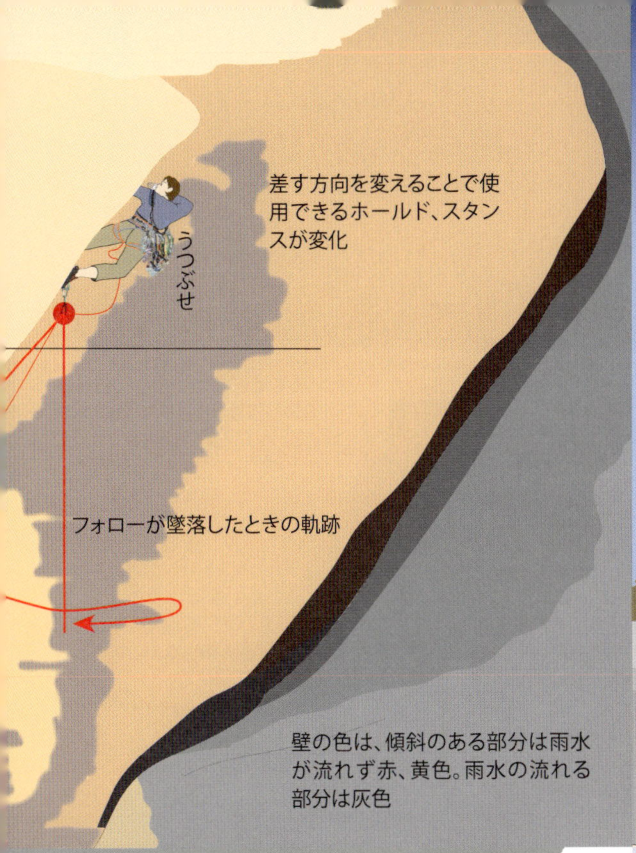

3. システム

差す方向を変えることで使用できるホールド、スタンスが変化

うつぶせ

フォローが墜落したときの軌跡

壁の色は、傾斜のある部分は雨水が流れず赤、黄色。雨水の流れる部分は灰色

8 終了点

4ピッチすったもんだといろいろありましたが、無事岩頭の頂上に立つことができました。これから地面へ下りるために懸垂下降を行います

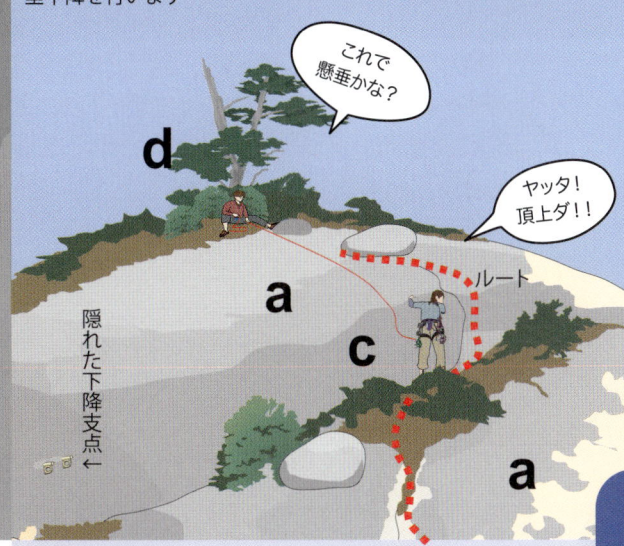

これで懸垂かな？

ヤッタ！頂上ダ！！

ルート

隠れた下降支点 ←

バックロープ

個人の体形差で、登りに差が発生することがある。差す腕側をどちらにするかでも登りやすさが変化。差す方向を右、左側と表現するが、斜上の場合うつぶせ、仰向けのイメージが強い

かぶったオフウィズズじゃないか

仰向け

クラックに入れる側のギアラックにギアをかけない方がよい

外足が重要な前進力 ロープを踏むと動けなくなる

📖 p203
ワイドクラック

オフウィズス
フィスト以上のサイズでハンドジャムは効まらない

下降の位置1

ロープをセットする前に、回収するときのロープの動きを読むことが重要。過去に登られているルートであるなら隠れた場所によい下降支点がある可能性もあり、手近な場所で安易に下降するとロープの回収に困難をきたします。下降支点がないときは下降路がある可能性があるのでよく探すことです。前任者たちはボルトなしで下降しているので安易な下降ボルトの設置は慎むべきでしょう

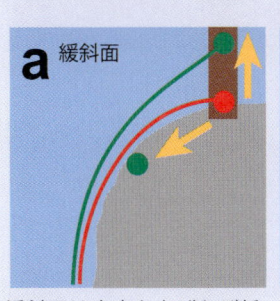

a 緩斜面

緩斜面は支点を上げれば抵抗が減る

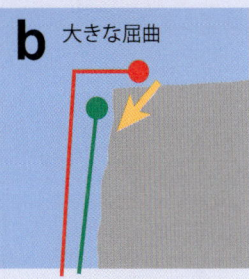

b 大きな屈曲

大きな屈曲は抵抗が非常に大きい

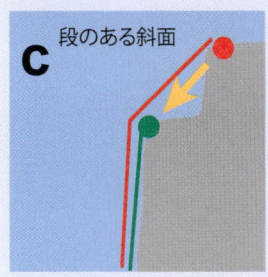

c 段のある斜面

下の段があると大きな屈曲になり抵抗が高い

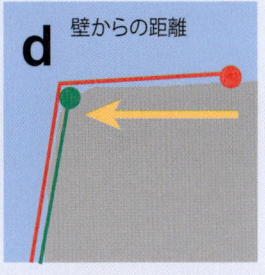

d 壁からの距離

壁から離れると大きな屈曲で大きな抵抗になる

165

9 下降点移動＆ロープセット

ルートの終了点が下降点とは限らない。下降点を見つけて、移動し、残置の懸垂支点にロープをセット。回収するときの最終状況を想定してセットすることが肝心

自然物を利用した支点 →

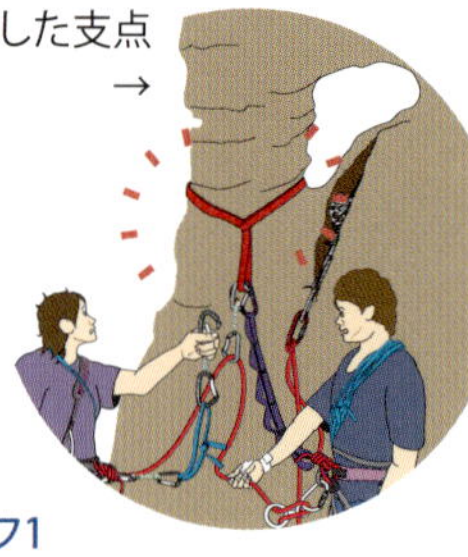

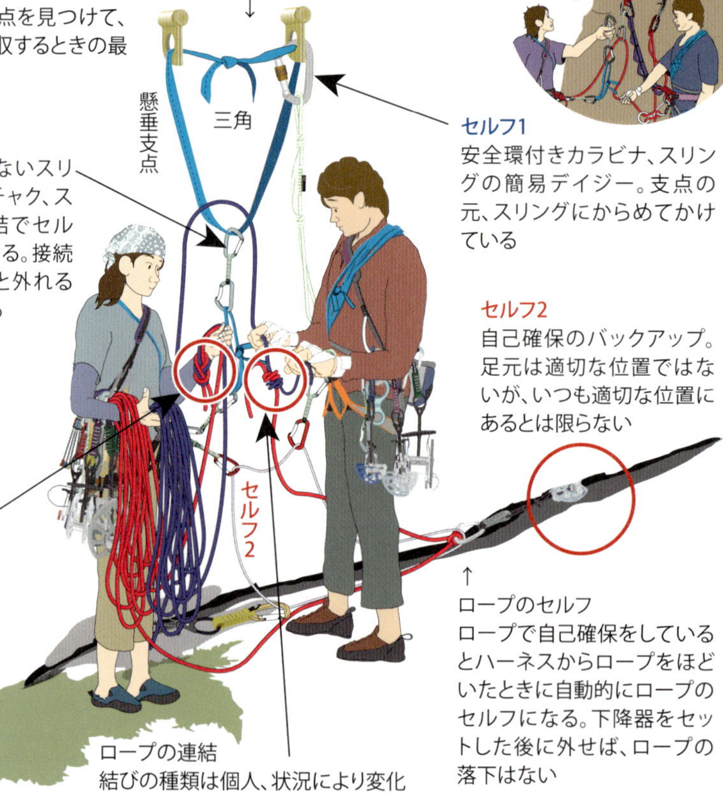

残置（ボルト、スリング）は必ず強度を確認。傷んだスリングは交換

懸垂支点

三角

セルフ1
支点の元でないスリングにヌンチャク、スリングの連結でセルフをとっている。接続個所が多いと外れる確率は上がる

セルフ1
安全環付きカラビナ、スリングの簡易デイジー。支点の元、スリングにからめてかけている

セルフ2
自己確保のバックアップ。足元は適切な位置ではないが、いつも適切な位置にあるとは限らない

懸垂 / クライムダウン / 右拡大図

懸垂かクライムダウンで、終了点から下降点へ移動。クライムダウンは、短い距離でも横着せずに確保した方がよい

末端処理
ロープ末端のスッポ抜け防止の結び目。必要に応じて行う

ロープのセルフ
ロープで自己確保をしているとハーネスからロープをほどいたときに自動的にロープのセルフになる。下降器をセットした後に外せば、ロープの落下はない

☞ p58 連結

ロープの連結
結びの種類は個人、状況により変化

バックロープ

ロープのセット　利点と欠点

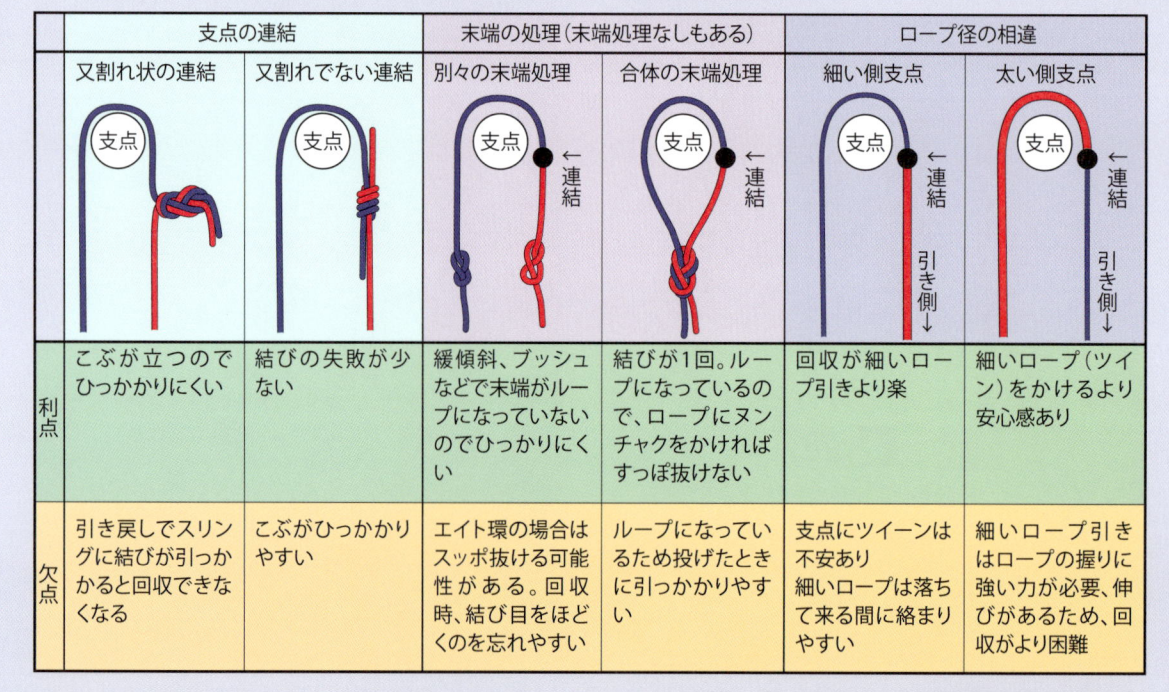

	支点の連結		末端の処理（末端処理なしもある）		ロープ径の相違	
	又割れ状の連結	又割れでない連結	別々の末端処理	合体の末端処理	細い側支点	太い側支点
	支点	支点	支点 ←連結	支点 ←連結	支点 ←連結 ↓引き側	支点 ←連結 ↓引き側
利点	こぶが立つのでひっかかりにくい	結びの失敗が少ない	緩傾斜、ブッシュなどで末端がループになっていないのでひっかりにくい	結びが1回。ループになっているので、ロープにヌンチャクをかければすっぽ抜けない	回収が細いロープ引きより楽	細いロープ（ツイン）をかけるより安心感あり
欠点	引き戻しでスリングに結びが引っかかると回収できなくなる	こぶがひっかかりやすい	エイト環の場合はスッポ抜ける可能性がある。回収時、結び目をほどくのを忘れやすい	ループになっているため投げたときに引っかかりやすい	支点にツイーンは不安あり 細いロープは落ちて来る間に絡まりやすい	細いロープ引きはロープの握りに強い力が必要、伸びがあるため、回収がより困難

ツインロープとシングルロープの懸垂の場合、心理的にツインロープを支点にかけるのは躊躇するものがある

懸垂の支点を作る （残置スリングがない、交換のとき）

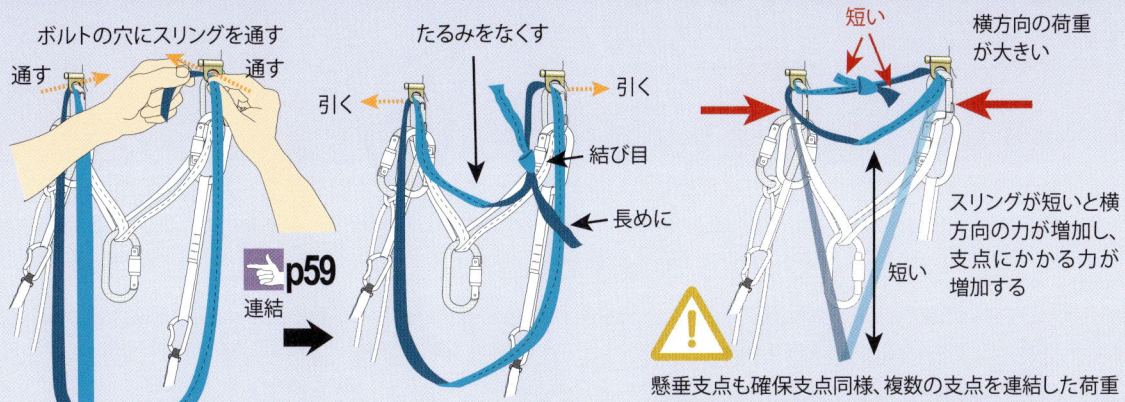

ボルトの穴にスリングを通す
通す　通す

たるみをなくす
引く　引く
結び目
長めに

→ p59 連結

短い
横方向の荷重が大きい

スリングが短いと横方向の力が増加し、支点にかかる力が増加する

短い

図のボルト（RCCボルト）はカラビナがかかっているとスリングを通すのに困難

テープはテープ結び、ロープはダブルフィッシャーマンで、スリングを作る

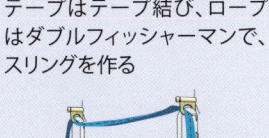

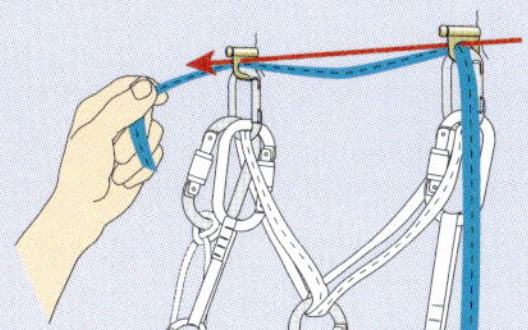

懸垂支点も確保支点同様、複数の支点を連結した荷重分散。三角は強度的に弱いが、連結長さ（スリング長さ）が最短、他の分散より通す穴が大きいため回収時、抵抗が少ない。RCCボルトにじかにスリングもよくない、残置可能なカラビナ、スリングが十分にあれば他の方法がよい

図のように通すと結び目がロープのかかる位置に来ることが多い

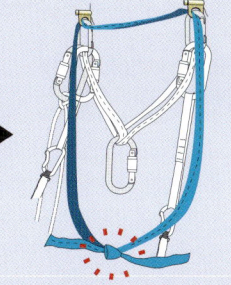

スリングの結び目はロープのかかる所でない方が操作性がよい

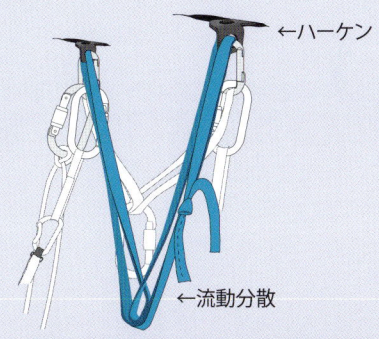

←ハーケン
←流動分散

横方向に効められたハーケンの場合は、横方向の力の考慮も必要だろう

バックロープ

ロープのセット　上下は結び目が下側、左右は結び目が引かれる方

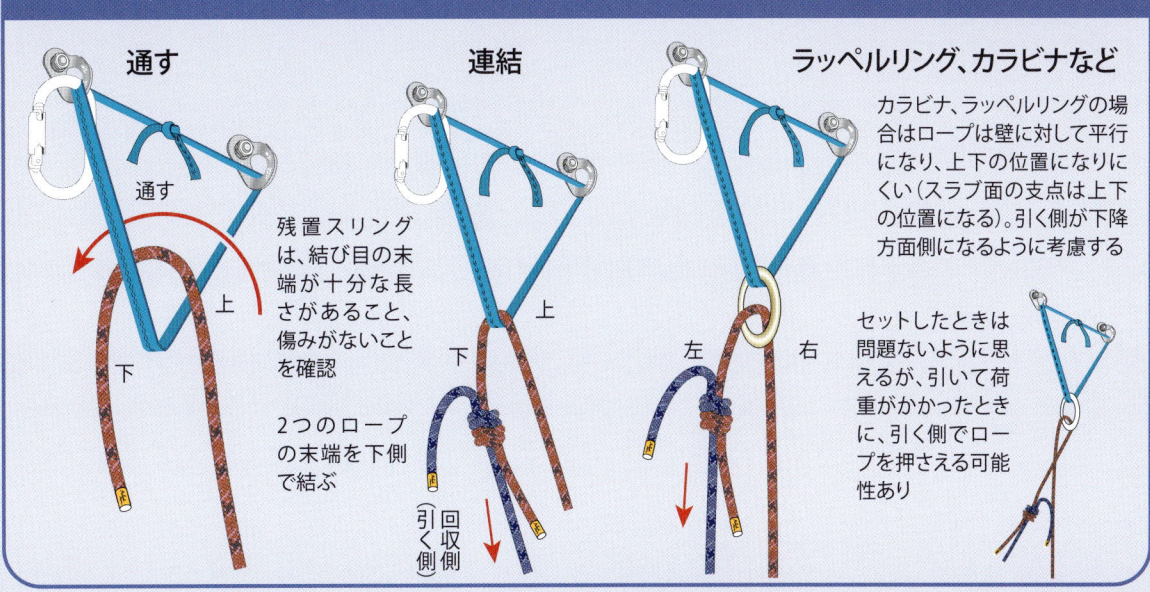

通す
通す
上
下

残置スリングは、結び目の末端が十分な長さがあること、傷みがないことを確認

2つのロープの末端を下側で結ぶ

連結
上
下
回収側　引く側

ラッペルリング、カラビナなど
左　右

カラビナ、ラッペルリングの場合はロープは壁に対して平行になり、上下の位置になりにくい（スラブ面の支点は上下の位置になる）。引く側が下降方面側になるように考慮する

セットしたときは問題ないように思えるが、引いて荷重がかかったときに、引く側でロープを押さえる可能性あり

10 ロープを投げる

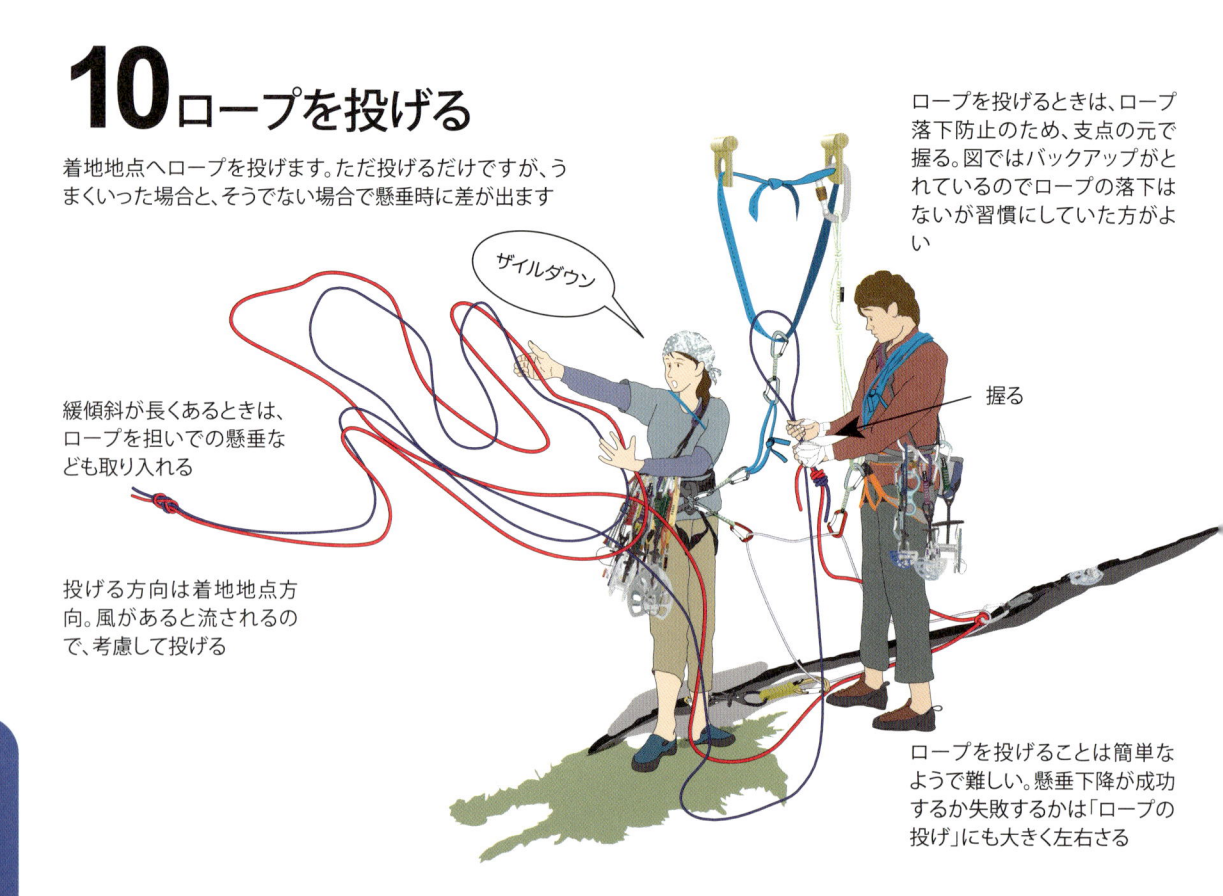

着地地点へロープを投げます。ただ投げるだけですが、うまくいった場合と、そうでない場合で懸垂時に差が出ます

ロープを投げるときは、ロープ落下防止のため、支点の元で握る。図ではバックアップがとれているのでロープの落下はないが習慣にしていた方がよい

「ザイルダウン」

緩傾斜が長くあるときは、ロープを担いでの懸垂なども取り入れる

握る

投げる方向は着地地点方向。風があると流されるので、考慮して投げる

ロープを投げることは簡単なようで難しい。懸垂下降が成功するか失敗するかは「ロープの投げ」にも大きく左右さる

バックロープ

ロープを投げる前の考慮

	緩斜面	距離	段差	障害物	方向（平面図）風
状況	緩斜面ではロープは落ちていかない。斜面にたまったロープは団子になりやすい	壁から離れた支点は投げられない。回収も困難	下の段で引っかかるか、ある程度段の下へ落ちるが全部は落ちない	ブッシュ、ピナクルなど障害物に引っかかる	①風にロープが流される。流された場所で引っかかるかこともある ②上昇気流が強いと舞い戻る
	団子をほどくためにロープから手を放しての作業が必要	壁ぎわまでロープを引きずる、運ぶ作業	緩斜面同様に懸垂中のロープ作業が必要	懸垂中のロープ作業が必要。高い木の枝にひっかかると回収が困難なこともある	下降方向にロープがないと下降しにくい。ロープを引く作業。両手が必要なときあり
対策	①緩斜面分先に流す、分けて投げることで短い緩斜面は対応可能 ②斜面が長い場合は上から流してもらう	①支点を変える ②スリングなどで支点を延ばす。地面位置の支点で壁から3m離れたら回収困難になる可能性高い	①下段への懸垂で懸垂を分ける ②上から流してもらう	①障害物を避けて投げる ②上から流してもらう	①風量を計算して風上へ投げる ②強風、上昇気流が強いときは上から流してもらう

3.システム

分けて投げる

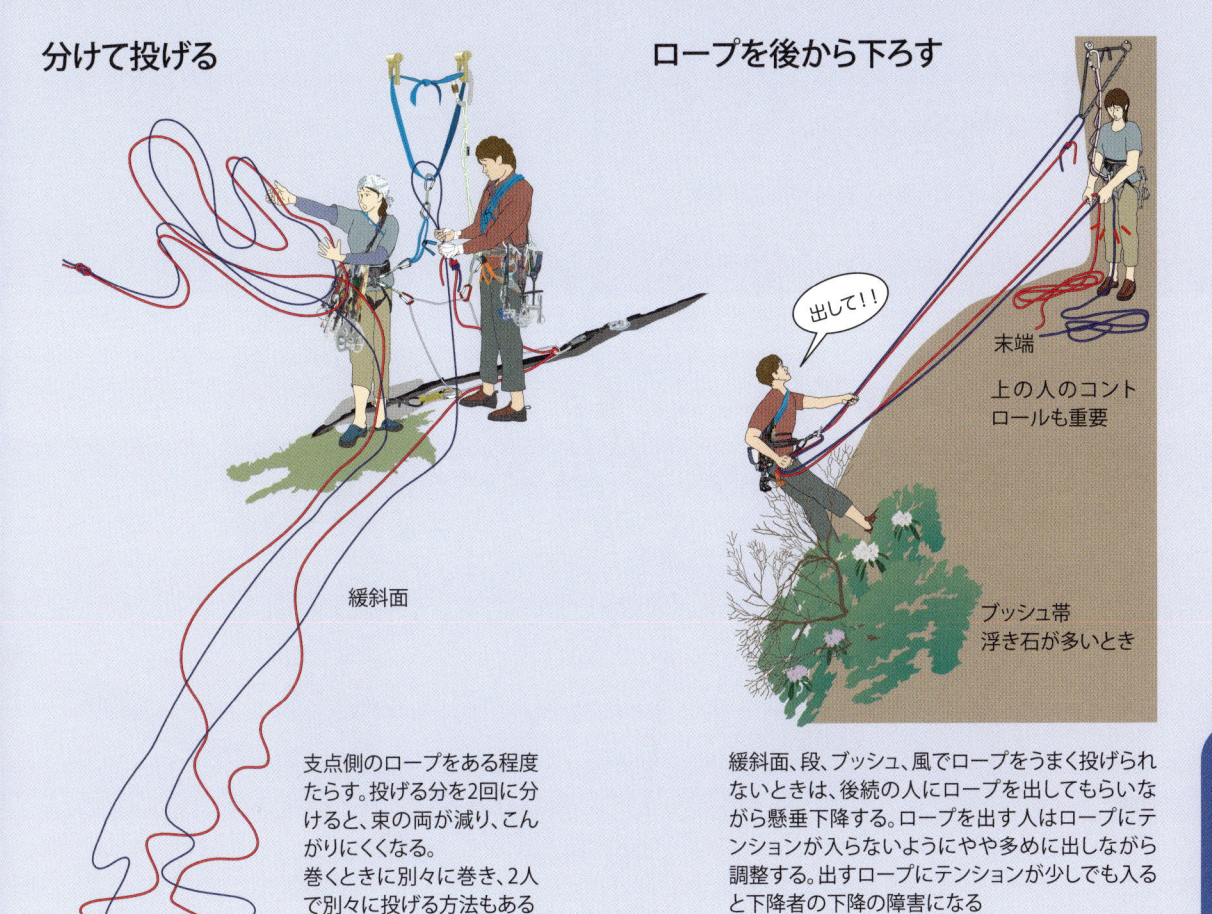

支点側のロープをある程度たらす。投げる分を2回に分けると、束の両が減り、こんがりにくくなる。
巻くときに別々に巻き、2人で別々に投げる方法もある

緩斜面

ロープを後から下ろす

出して！！

末端

上の人のコントロールも重要

ブッシュ帯
浮き石が多いとき

緩斜面、段、ブッシュ、風でロープをうまく投げられないときは、後続の人にロープを出してもらいながら懸垂下降する。ロープを出す人はロープにテンションが入らないようにやや多めに出しながら調整する。出すロープにテンションが少しでも入ると下降者の下降の障害になる

バックロープ

下降点の位置2

足元の下降点
ぶら下がるまでセルフを別にとっておいた方がよい

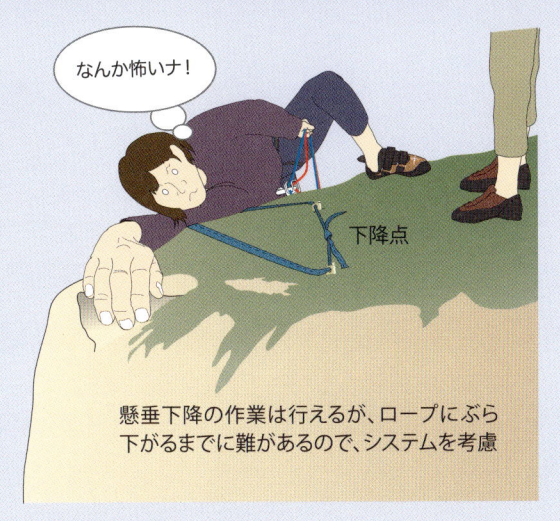

なんか怖いナ！

下降点

懸垂下降の作業は行えるが、ロープにぶら下がるまでに難があるので、システムを考慮

上方向の位置にない下降点は、ロープにぶら下がるまでに難がある。平らな岩頭の頂などでは、足元の懸垂点となることがある

下方の下降点
手は届くが、懸垂下降の作業は行いにくい

なんかスゲー怖いナ！

下降点

このような作業の場合はセルフをとった方がよい

自分位置より下方の下降点は、懸垂下降の作業が行いにくい。図のような位置の下降点は、ロアーダウンのために設置されたものが多い

3.システム

11 下降器セット

下降器をセットしてから自己確保を外し、懸垂下降開始

先に下降する人は、次の支点工作のため余分にスリングなどの装備を持つ

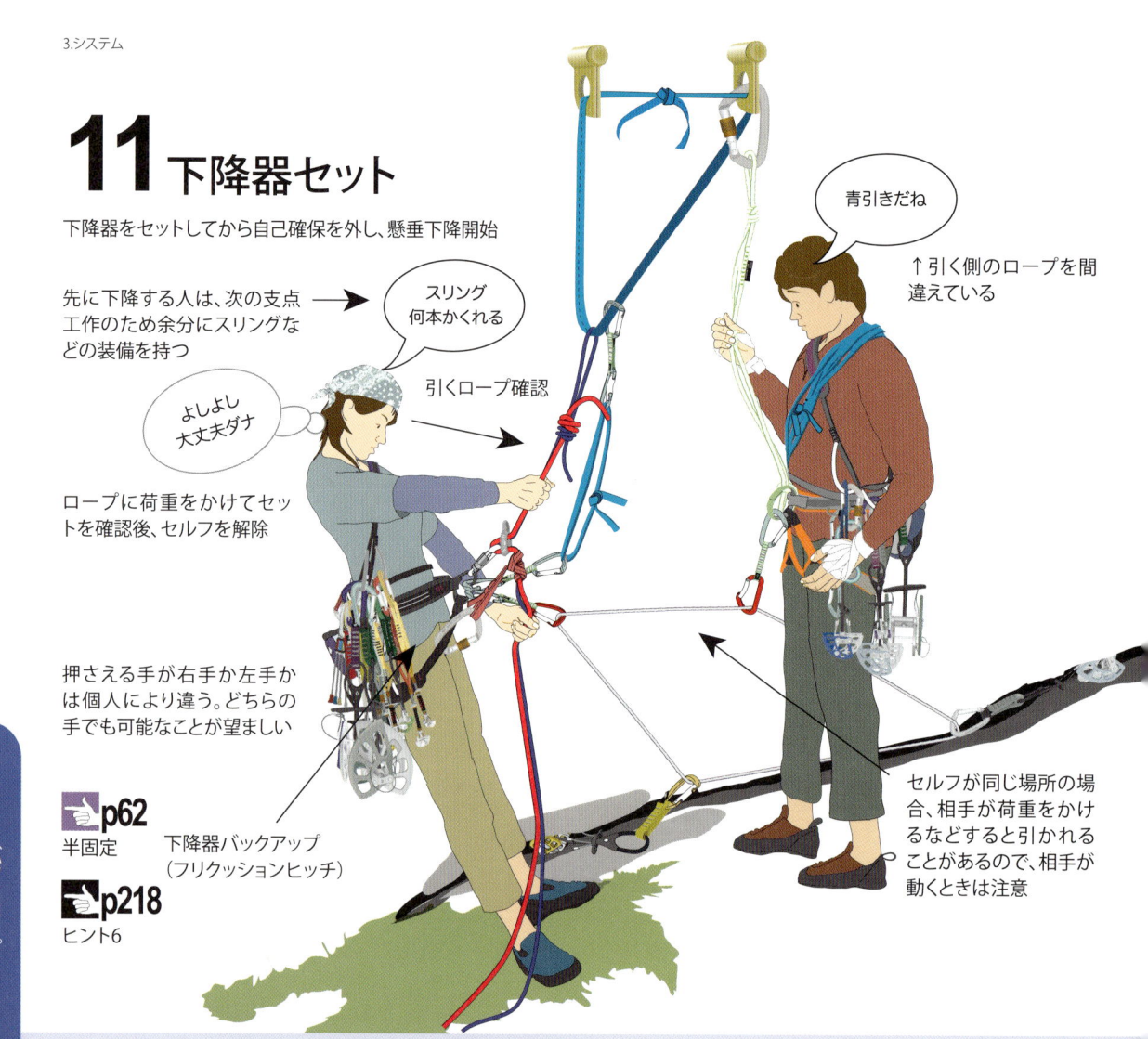

「スリング何本かくれる」

「よしよし大丈夫ダナ」

引くロープ確認

「青引きだね」

↑引く側のロープを間違えている

ロープに荷重をかけてセットを確認後、セルフを解除

押さえる手が右手か左手かは個人により違う。どちらの手でも可能なことが望ましい

👉 **p62**
半固定

下降器バックアップ（フリクションヒッチ）

👉 **p218**
ヒント6

セルフが同じ場所の場合、相手が荷重をかけるなどすると引かれることがあるので、相手が動くときは注意

バックロープ

⚠️ 下降器を落とす

「アッ!!」

👉 **p35**
カラビナでの懸垂

👉 **p61**
イタリアンヒッチ

下降器を落とさないことが重要。下降器がなくても懸垂下降のできる技術を身につけておけば、いざというときには役立つ

⚠️ 末端すっぽ抜け

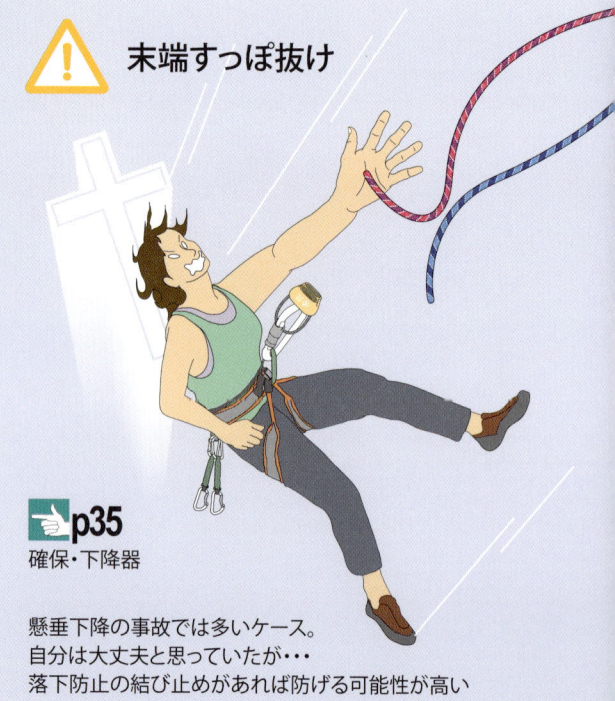

👉 **p35**
確保・下降器

懸垂下降の事故では多いケース。
自分は大丈夫と思っていたが・・・
落下防止の結び止めがあれば防げる可能性が高い

12 懸垂下降

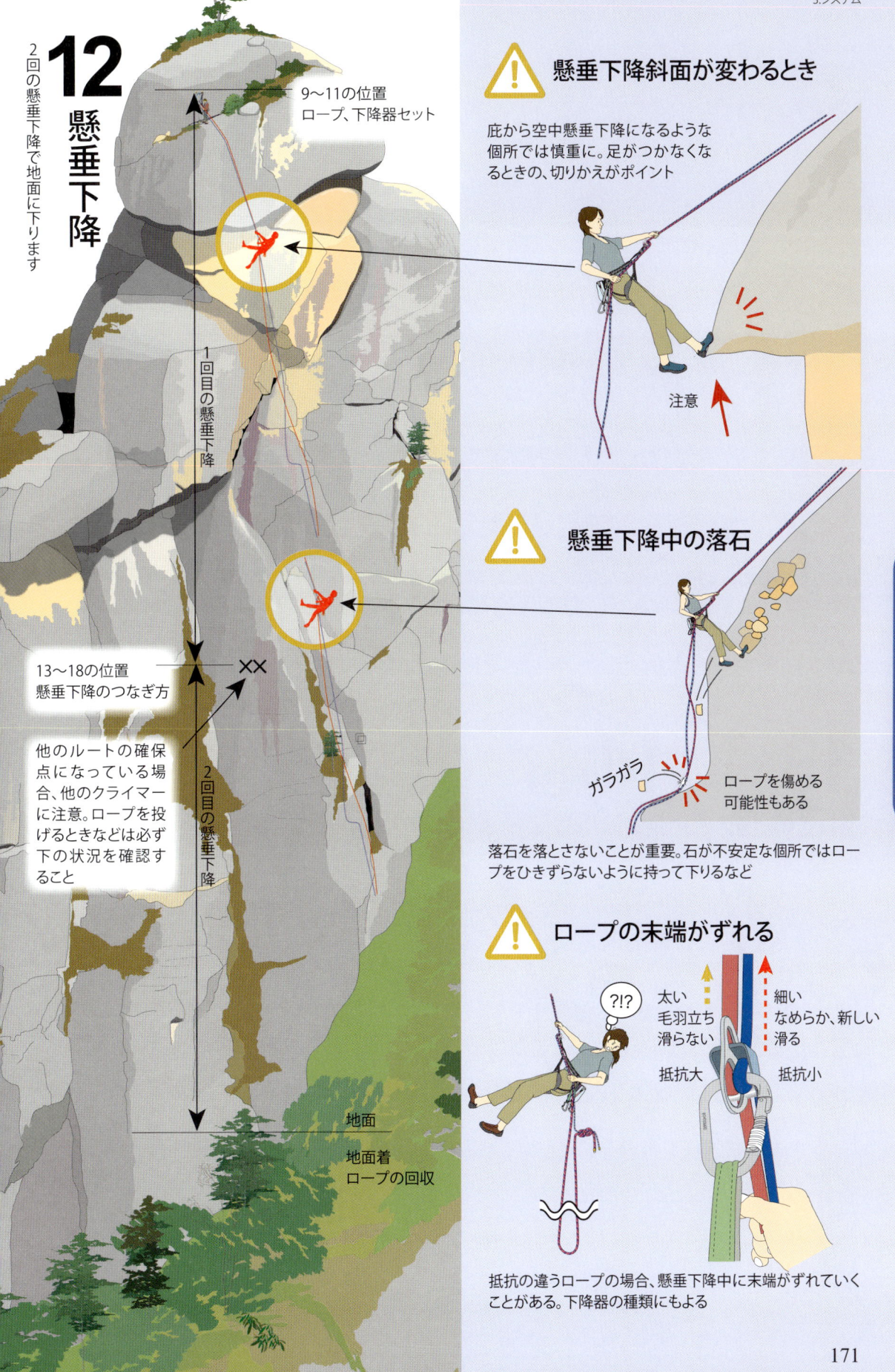

2回の懸垂下降で地面に下ります

9〜11の位置
ロープ、下降器セット

1回目の懸垂下降

13〜18の位置
懸垂下降のつなぎ方

他のルートの確保点になっている場合、他のクライマーに注意。ロープを投げるときなどは必ず下の状況を確認すること

2回目の懸垂下降

地面
地面着
ロープの回収

⚠️ 懸垂下降斜面が変わるとき

庇から空中懸垂下降になるような個所では慎重に。足がつかなくなるときの、切りかえがポイント

注意

⚠️ 懸垂下降中の落石

ガラガラ

ロープを傷める可能性もある

落石を落とさないことが重要。石が不安定な個所ではロープをひきずらないように持って下りるなど

⚠️ ロープの末端がずれる

?!?

太い
毛羽立ち
滑らない
抵抗大

細い
なめらか、新しい
滑る
抵抗小

抵抗の違うロープの場合、懸垂下降中に末端がずれていくことがある。下降器の種類にもよる

バックロープ

3.システム

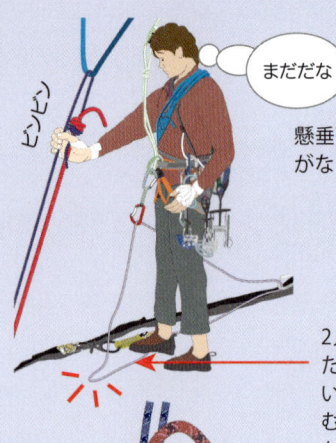

まだだな

懸垂下降中はコールがなくても判断可能

2人で使用していたセルフは1人がいなくなるとたるむ。たるみすぎのセルフは短くする

懸垂途中に、団子ほどき作業などで、荷重を抜いている可能性もある

コールがないときは、ロープの張り具合を確認する。懸垂中なら荷重がかかっている。荷重が抜けていたときは2本のロープを軽く引くなどでチェックする。少し待ってから下降器をセットした方がよい。下で回収確認作業をしようとしてもロープが引けず確認できない

15 回収確認、合図

回収できるか確認する。先に下りた人の重要な役目 回収の確認が上への合図になる

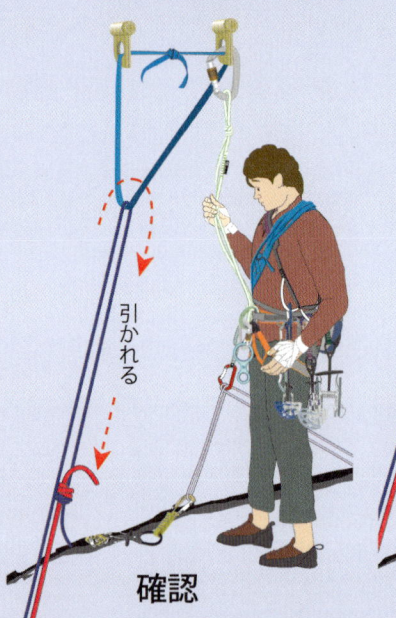

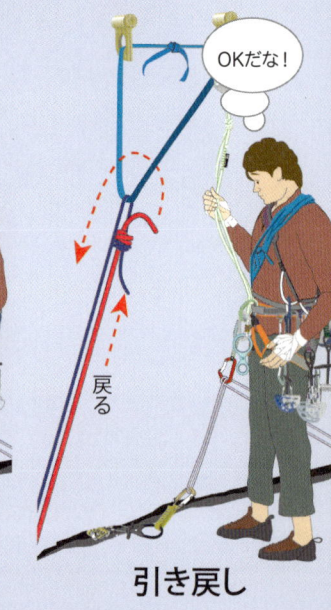

OKだな！

確認　　引き戻し

コールがなくてもロープの動きで判断できる

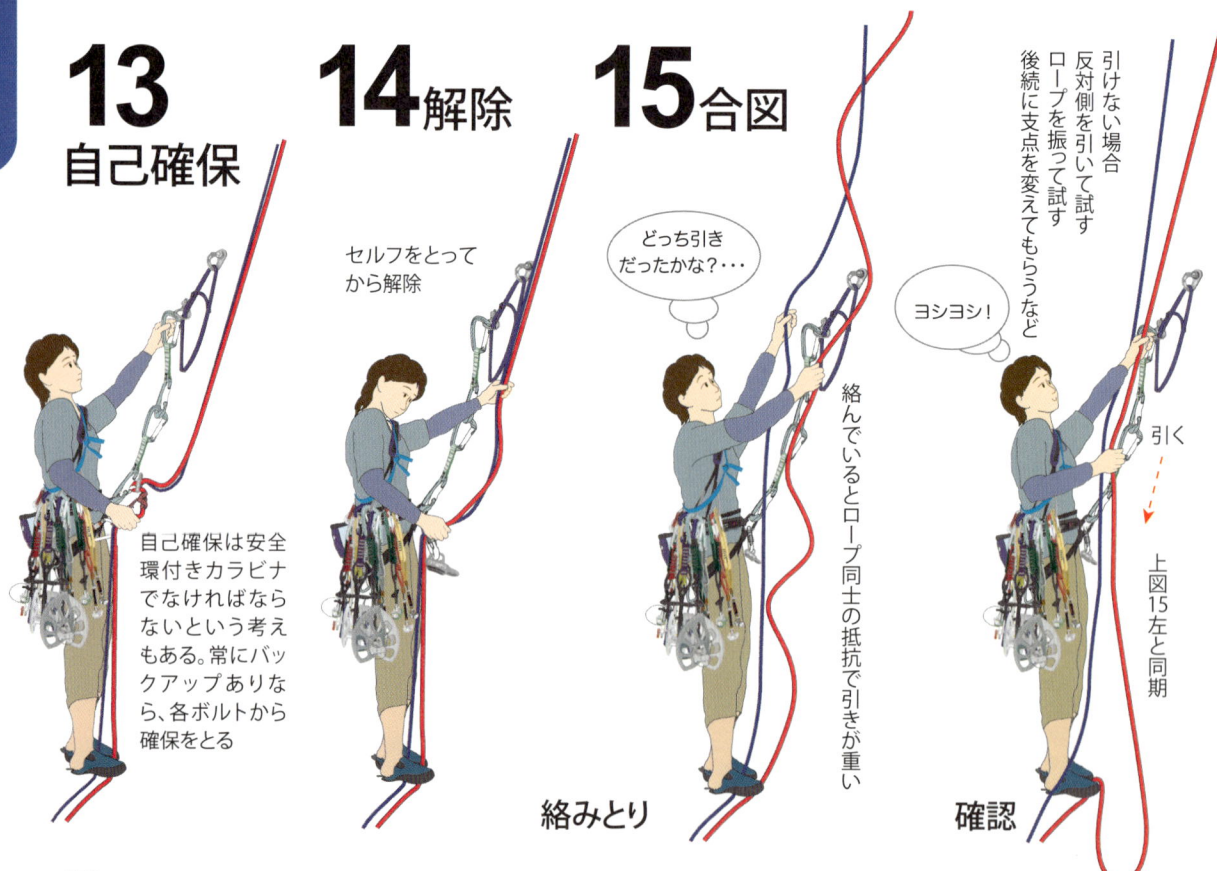

バックロープ

13 自己確保

自己確保は安全環付きカラビナでなければならないという考えもある。常にバックアップありなら、各ボルトから確保をとる

14 解除

セルフをとってから解除

15 合図

どっち引きだったかな？…

絡んでいるとロープ同士の抵抗で引きが重い

絡みとり

ヨシヨシ！

引く　上図15左と同期

引けない場合反対側を引いて試すロープを振って後続に支点を変えてもらうなど

確認

3.システム

回収できないケース

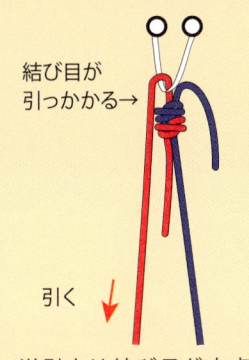

結び目が引っかかる→

引く

逆引きは結び目が支点に引っかかり回収できない。この場合は逆を引けば回収可

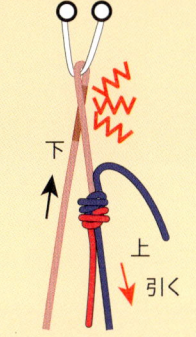

下 上
引く

上側が下側を押さえて回収できない

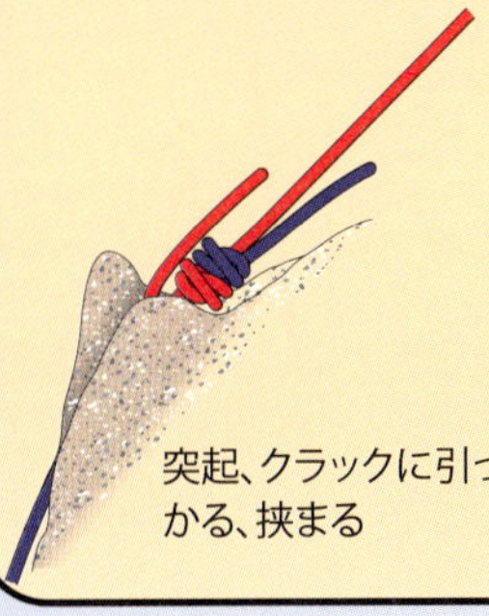

又割れの結び
(8の字、オーバーハンド)

突起、クラックに引っかかる、挟まる

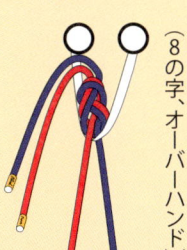

逆引き、引き戻しでスリングに結び目がかかる

16 後続下降

回収可能なように下降する。
回収可能か不可は、最後に下降する人の責任

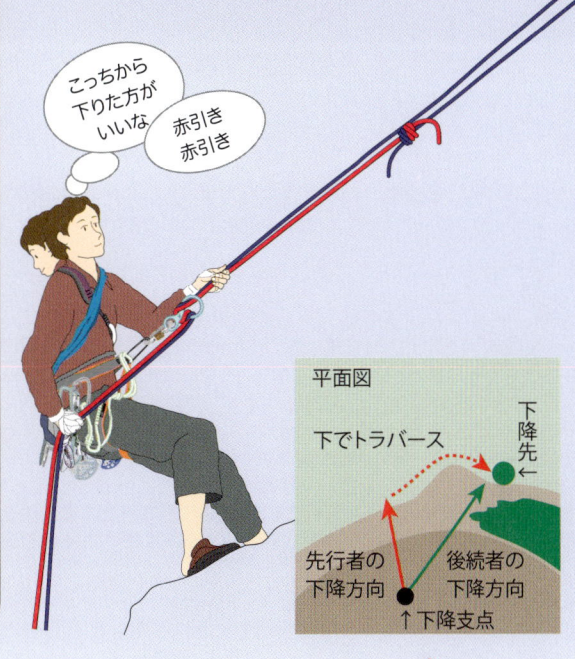

こっちから下りた方がいいな

赤引き赤引き

平面図
下でトラバース
下降先
先行者の下降方向
後続者の下降方向
↓下降支点

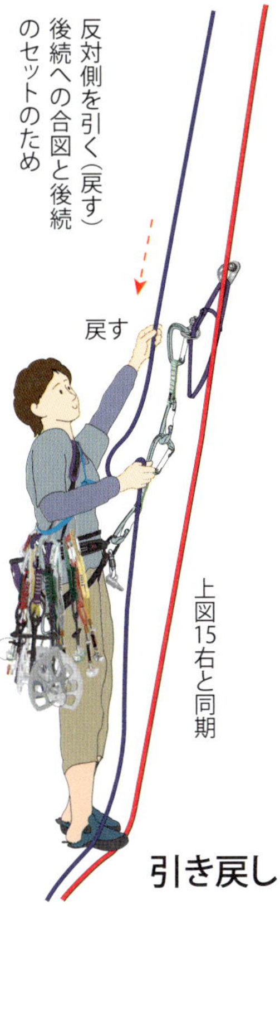

バックロープ

反対側を引く(戻す)後続への合図と後続のセットのため

戻す

上図15右と同期

回収の確認で合図は送れているが、口頭でも合図することが多い

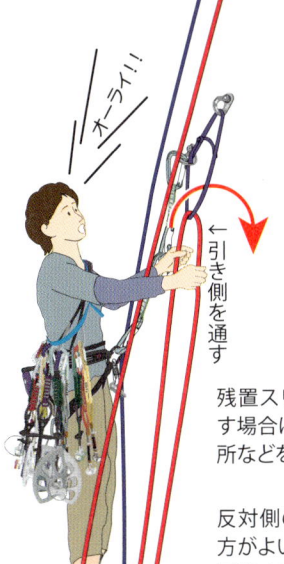

オーライ!!

←引き側を通す

引き戻し

準備

17 着

確保点に着いたら自己確保をとる

青引き青引き

残置スリングにロープを通す場合は、スリングの通す場所などをよく確認する

反対側のロープは離さない方がよい。たるみを持たせて固定する手段もある

3.システム

⚠ 回収時ロープによる落石

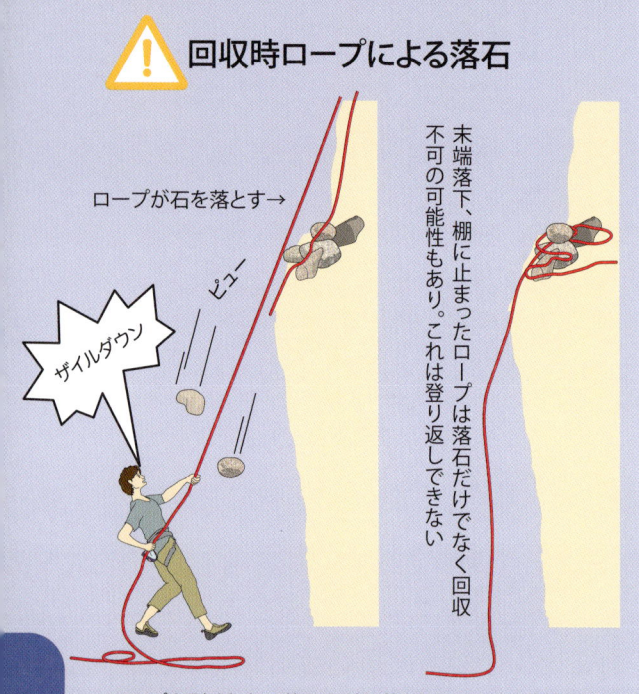

ロープが石を落とす→

ザイルダウン

末端落下、棚に止まったロープは落石だけでなく回収不可の可能性もあり。これは登り返しできない

ロープを引くときに落石などを落としてしまうことがある。ロープを引かない人は安全な場所に避難

バックロープ

回収できないとき

角度が緩くなり抵抗が小さくなる→

押さえていたり、挟まって↓いる個所が外れる

移動

壁から離れて引く
引く位置を左右に変える

ロープを振る

👉 p190
登り返し

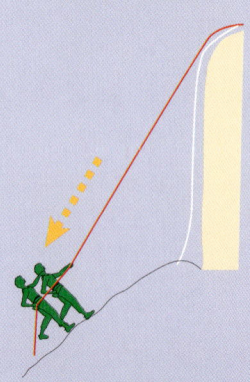

下降器にぶら下がるなど力任せで引く

どうしても回収できないときは、登り返し、下降点を変更する。登り返しは登高器がなければプルージックなどスリングを利用する

18 回収

ロープを引き回収
懸垂点にロープをセット
地上まで繰り返す

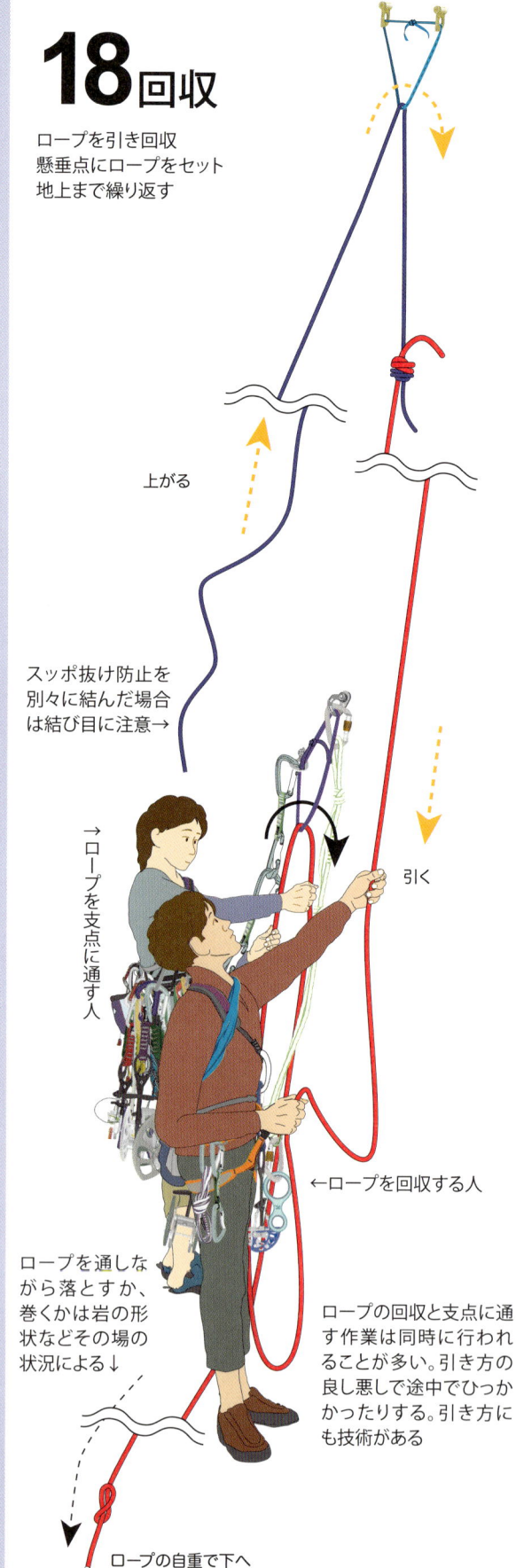

上がる

スッポ抜け防止を別々に結んだ場合は結び目に注意→

→ロープを支点に通す人

引く

←ロープを回収する人

ロープを通しながら落とすか、巻くかは岩の形状などその場の状況による↓

ロープの回収と支点に通す作業は同時に行われることが多い。引き方の良し悪しで途中でひっかかったりする。引き方にも技術がある

ロープの自重で下へ

3-4 ダブルロープ

2人と3人のスタイル

3-4のルート
マルチピッチ
ダブルロープ

1 1日目2人

ダブルロープ（ハーフロープ）
リードは2本で登る

←リード

確保者

フォロー2本

サード、ラスト、最後など→

2 2日目3人

リードは2本で登る
フォローは1本ずつで登る

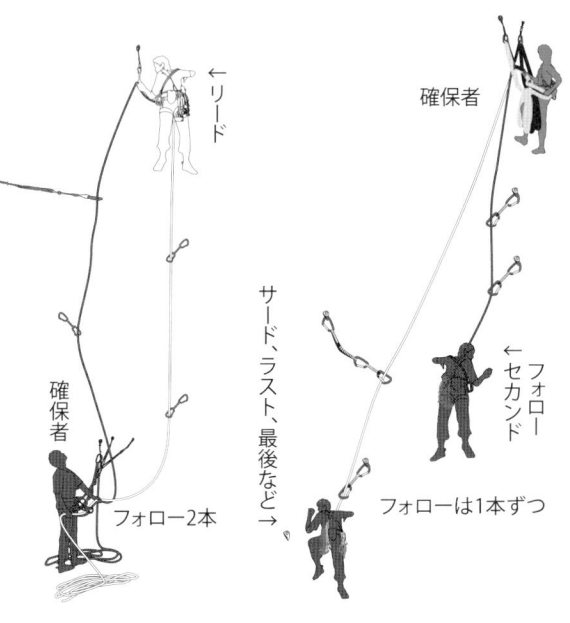

確保者

←フォロー
セカンド

フォローは1本ずつ

ユマーリング

→登高器

→あぶみ

エイドの手段その他のプロテクション

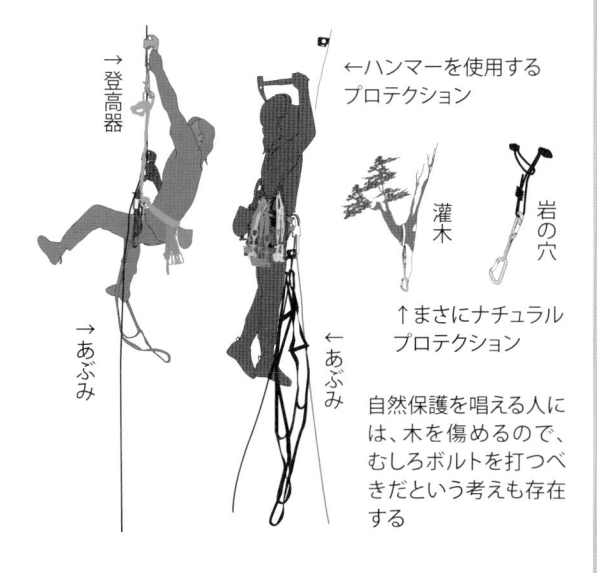

←ハンマーを使用するプロテクション

灌木

岩の穴

↑まさにナチュラルプロテクション

自然保護を唱える人には、木を傷めるので、むしろボルトを打つべきだという考えも存在する

●設定

　地図では標高差約150mと読める岩です。別の頂に立ったときに気がついた、ポスターに写っていた岩かもしれません。アプローチもよくわからないが、あっちの方向だろうと山の中へ入ります。取付までは右往左往し、地図はまったく役に立たないことを知りました。しかし、運よく樹林の中から白い岩らしきものを昼過ぎに発見しました。取付から見た岩は形がよくわからず、目指した岩か定かではありませんが、よさそうな岩なので喜んで登ることにしました。

　3-4では1日目は2人でつるべで登ります。2日目はロープを装備を使用して登り（ユマーリング）、3人で登ります。ロープはダブルロープを使用します。

対象者

　マルチピッチ経験者同士で、相手が何らかの事態で動けなくなった場合でも対処できるだけの力を持っている。緊急事態が起きたらとにかく救助を求めようという実力不足、他力本願の人はここでの対象者にはなりません。装備においても、状況に応じた的確な使用ができる人に限られます。

ルート

手段＝フリーとエイド
プロテクション＝ナチュプロ、ハーケン、ボルト
長さ＝約100m。ルート図はなく、岩の遠景図のみ

●装備

3-3の装備以外にエイド/人工登攀装備が含まれます。

プロテクション

プロテクションは3-2で使用した物以外に、ハーケン、ボルト（残置ではない）も使用します。

登高器

1本のロープを登る装備。2個右左で一対。バラの製品もあり。

あぶみ

フリーで登ることができない場合の、前進手段に使用します。

●3-4の内容

シングルとダブル、ダブルとツインロープの相違

ダブルにするかシングルにするかはロープの「流れ」「距離」「切断」の3つから判断します。

フィックス（FIX）、懸垂

取付にたどり着くまでに時間がかかり、時間切れとなります。再度登りを続けるために、ロープを固定して懸垂し地面へ下ります。

ユマーリング

残置したフィックスロープを使って前回の終了点までユマーリングで登ります。ユマーリングは手持ちの装備によりセットの仕方が変化します。

3人のシステム

リードは2本のロープを引き、2人のフォローは1本ずつで登ります。

エイド

エイドの必要がありそうだったので、エイドの装備も持って来ました。プロテクションにハーケン類とボルトも使用します。

ダブルロープ（ハーフロープ）

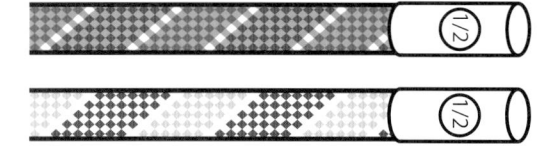

ダブルロープのマーク↑

2本を結んで使用する
重量：42〜54g/m、直径：8.1〜9mmのロープ

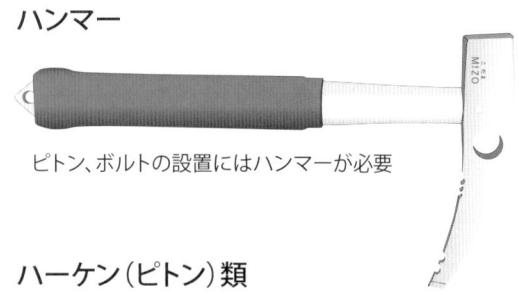

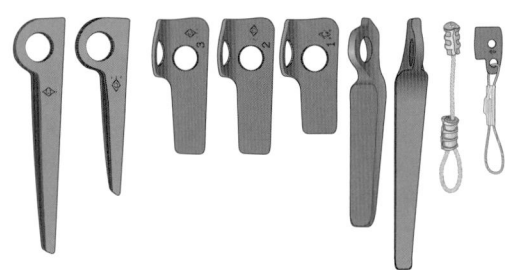

ハンマー

ピトン、ボルトの設置にはハンマーが必要

ハーケン（ピトン）類

ハーケンもクラックのサイズ毎に各種サイズがある。大きさが同じでも厚みが違うものもある

ボルト設置道具

ジャンピングは岩に穴を掘る道具。使用するボルト径に合った物が必要

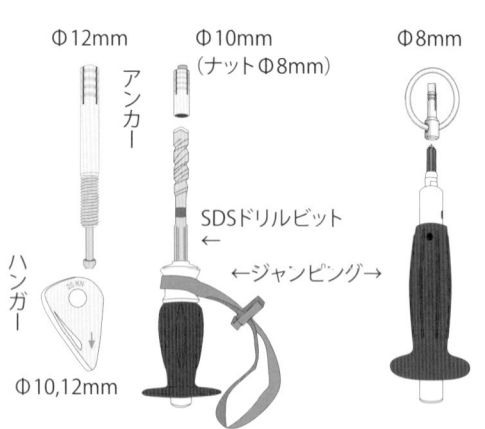

Φ12mm　Φ10mm（ナットΦ8mm）　Φ8mm

アンカー
SDSドリルビット　←ジャンピング→
ハンガー
Φ10,12mm

アンカーの径で掘る穴とハンガーの径が変化。掘る穴の径はビット交換で可能。組み合わせを間違えると役に立たない

Φ8mmのみ、刃先の研磨はグラインダーで可能

「不明岩」概念図

不明岩：A郡から県道γ号線経緯β林道終点
県有地、国立公園。標高1800m付近
岩質：花崗岩
アプローチ：なし

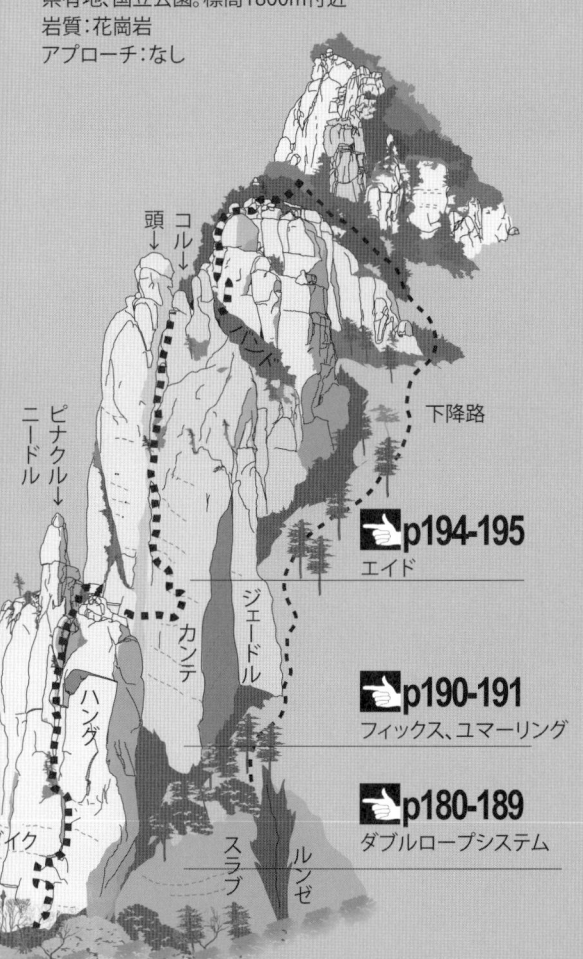

p194-195 エイド

p190-191 フィックス、ユマーリング

p180-189 ダブルロープシステム

ルート図の記号凡例

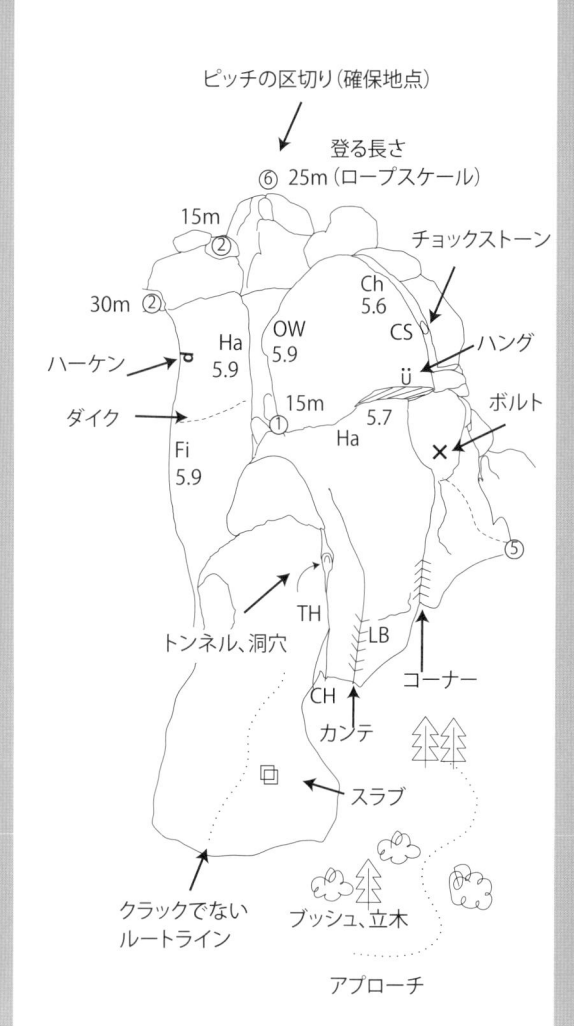

ピッチの区切り（確保地点）
登る長さ
⑥ 25m（ロープスケール）
チョックストーン
ハーケン
ダイク
ハング
ボルト
トンネル、洞穴
コーナー
カンテ
スラブ
クラックでないルートライン
ブッシュ、立木
アプローチ

岩の形状を表す記号

Ch	∥	チムニー
fCh		フレアードチムニー
Sq		スクイズチムニー
OW		オフウィズス
fist		フィスト
Ha		ハンド
TH		シンハンド
Fi		フィンガー
thin		シンクラック
flake		フレーク
dike	-----	ダイク
ridge		カンテ、リッジ
corner		ジェードル、コーナー
LB		レイバック
Ü		オーバーハング、ルーフ

プロテクションを表す記号

× ⊗	ボルト
p	ハーケン
	エイドではハーケンのサイズも記載されることがある
k	ナイフブレード
L	ロストアロー
R	ラープ
N	ナッツ
FやC	カムデバイスは#F3などで記載、表記はまちまち
T	チューブチョック
□	スラブまたはフェース

その他の記号

s.b.	スリングビレイ
CS	チョックストーン
⌒	テラス
□	レッジ

ダブル（ハーフ）とシングル

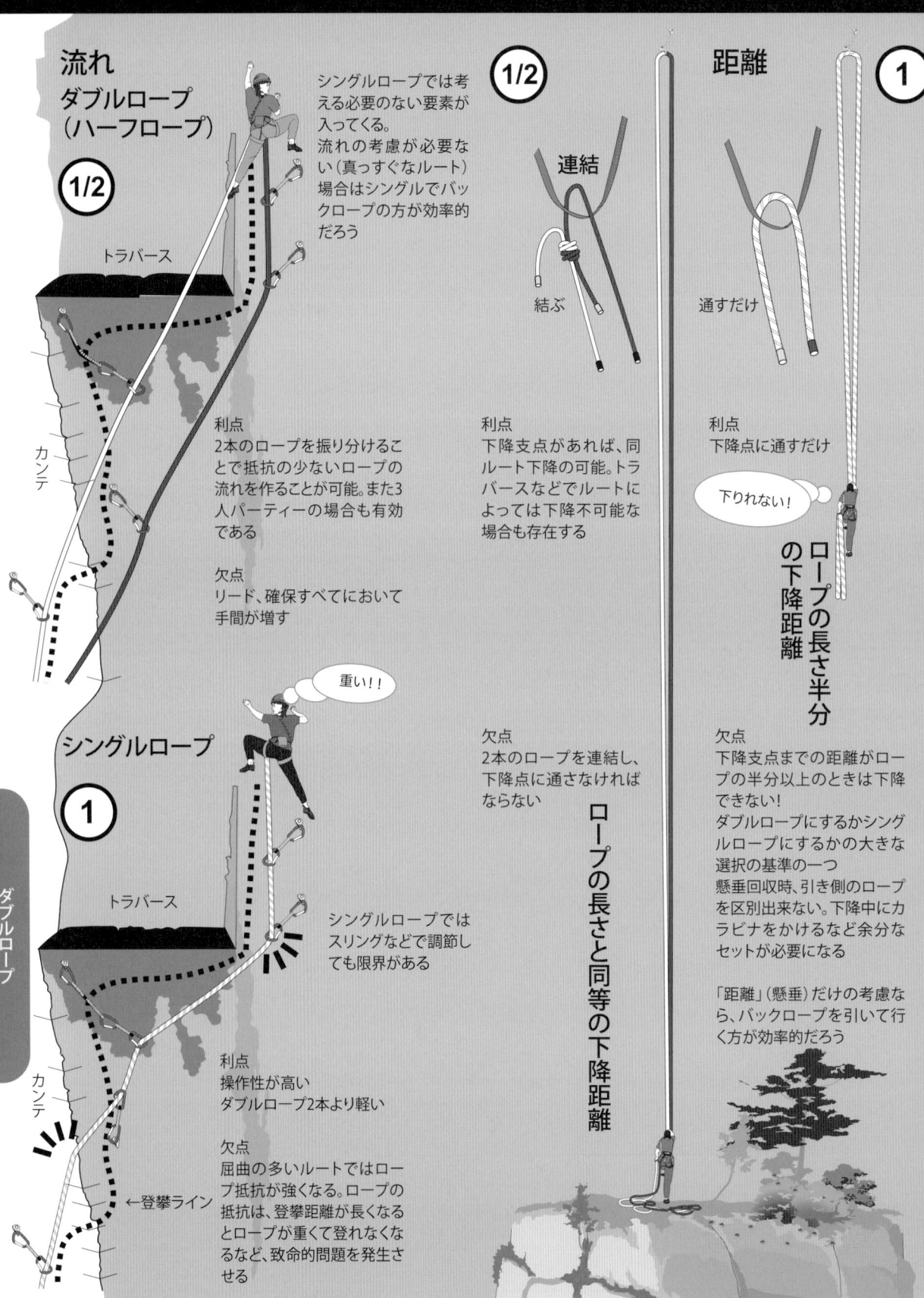

流れ
ダブルロープ（ハーフロープ） 1/2

シングルロープでは考える必要のない要素が入ってくる。
流れの考慮が必要ない（真っすぐなルート）場合はシングルでバックロープの方が効率的だろう

トラバース
カンテ

利点
2本のロープを振り分けることで抵抗の少ないロープの流れを作ることが可能。また3人パーティーの場合も有効である

欠点
リード、確保すべてにおいて手間が増す

シングルロープ ①

重い！！

トラバース
カンテ
←登攀ライン

利点
操作性が高い
ダブルロープ2本より軽い

欠点
屈曲の多いルートではロープ抵抗が強くなる。ロープの抵抗は、登攀距離が長くなるとロープが重くて登れなくなるなど、致命的問題を発生させる

1/2

連結
結ぶ

利点
下降支点があれば、同ルート下降の可能。トラバースなどでルートによっては下降不可能な場合も存在する

欠点
2本のロープを連結し、下降点に通さなければならない

ロープの長さと同等の下降距離

距離 ①

通すだけ

利点
下降点に通すだけ

下りれない！

ロープの長さ半分の下降距離

欠点
下降支点までの距離がロープの半分以上のときは下降できない！
ダブルロープにするかシングルロープにするかの大きな選択の基準の一つ
懸垂回収時、引き側のロープを区別出来ない。下降中にカラビナをかけるなど余分なセットが必要になる

「距離」（懸垂）だけの考慮なら、バックロープを引いて行く方が効率的だろう

3. システム

切断[※1]

落石
(バイルカット)

岩角(ナイフエッジ)

利点
1本ダメになった場合の
バックアップがある

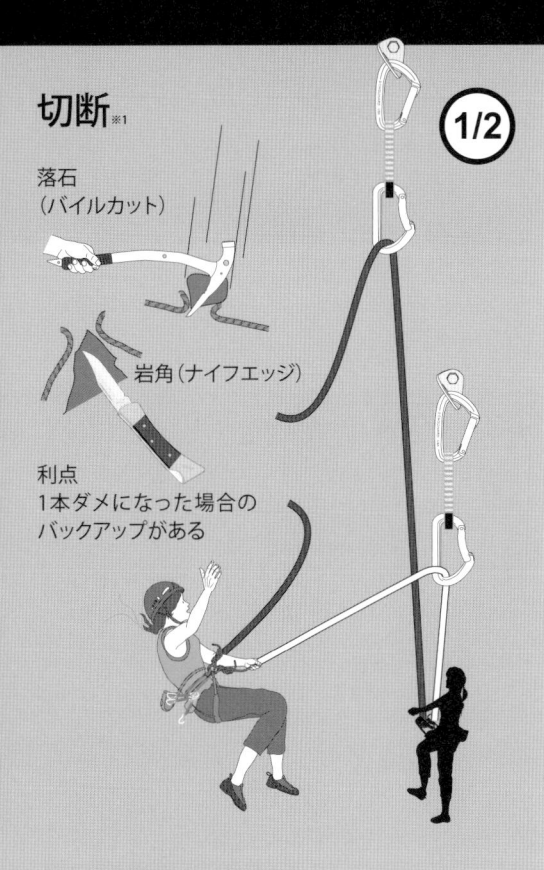

ロープは、製造技術の進歩により過去のロープより岩角で切れにくくなっている。ゲレンデよりマルチピッチの大きな壁は、落石の可能性が高い。ロープ切断を考慮した場合、ダブルロープに大きな利点がある。またアイスクライミングのフォローの場合はバイルでロープカットしてしまうことがある

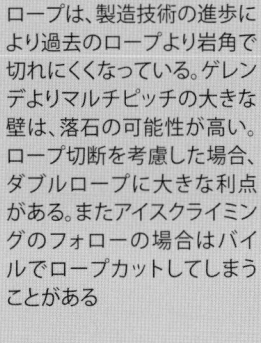

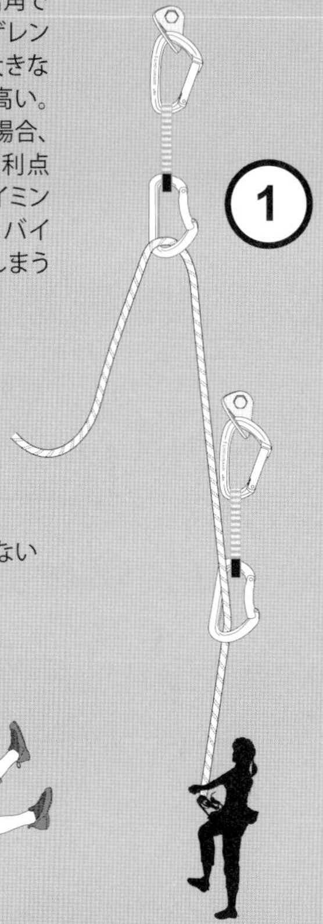

欠点
バックアップはない

切れた!

※1) 切断
ロープ性能の向上で、バックアップ的な概念は薄れつつあるかもしれない。「流れ」と「距離」がダブルロープにするかの絶対的要因とするなら、「切断」は保険としての二次的要因になるだろう

ダブルとツイン

流れ

1/2

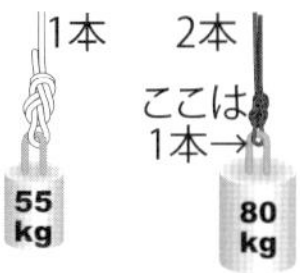

別々にかけることでロープの流れを調整可能

強度、伸び

1本 55kg / 2本ここは1本→ 80kg

規格に相違、スペックの単純比較は無理あり。細いツインの方がはるかに伸びる[※2]

ツインのメリットは軽量化

常に2本ずつ。シングル同様ランナーで調整が必要

墜落

白に荷重→
黒にも荷重→

墜落時荷重に時間差あり、黒の支点まで落ちなければ白のみ。黒はバックアップ

同時に荷重 ロープ同士はすれにくい

墜落時2本同時に荷重。同時に荷重のためカラビナの中でロープはすれにくい

セット

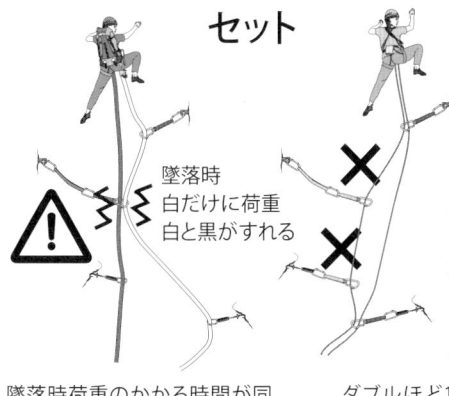

墜落時 白だけに荷重 白と黒がすれる

墜落時荷重のかかる時間が同時でないため一つのカラビナの中でロープ同士がすれる

2本同時に荷重なのでロープ同士がすれにくいかどうかは状況次第。通常ダブルロープの1個所がけと同じ状況が発生している可能性がある。1個所で2枚カラビナを使用すれば解除できるが、軽量化は損なわれる

常に2本ずつといわれるが、懸垂時、懸垂支点にかかるのは1本。細いツインに慣れてないと心理的に不安あり

ダブルほど1本では強度がない

※2) 細いツインの方がはるかに伸びる
カタログ記載の伸び率ダブル約8.5〜10、ツイン約7.6。数字の比較ではダブルの方が伸びる。測定方法が違うので比較できない

179

3.システム

1 結ぶ
ロープを2本結ぶ

ヨシヨシ

グッグッ

ロープは
2本結ぶ

結び目を確認！

プロテクションは
ナチュプロのみ↓

←2本のロープが
最初から絡まない
ように

↓ダブルロープ

ダブルロープ↓

2 登る
人工の装備を規制した場合の登攀では、もしもの時に退却は
クライムダウン

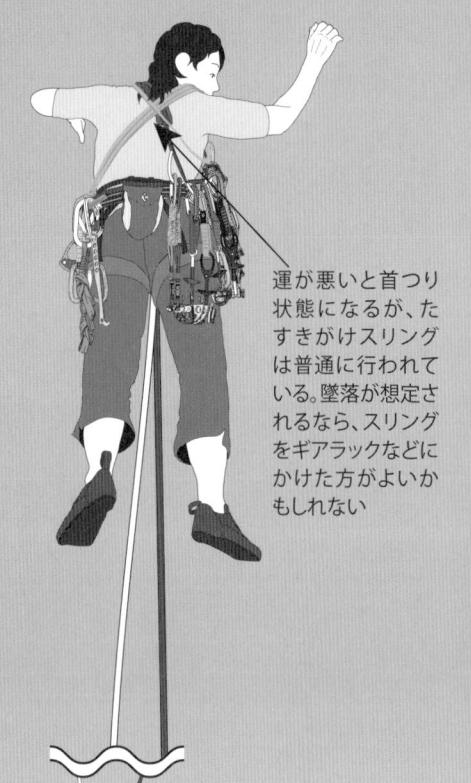

運が悪いと首つり
状態になるが、たすきがけ
スリング
は普通に行われて
いる。墜落が想定さ
れるなら、スリング
をギアラックなどに
かけた方がよいか
もしれない

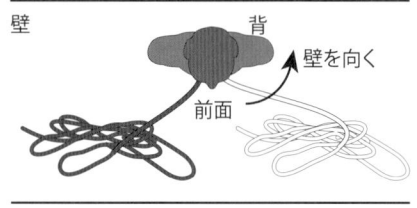

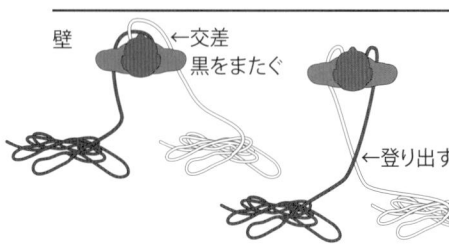

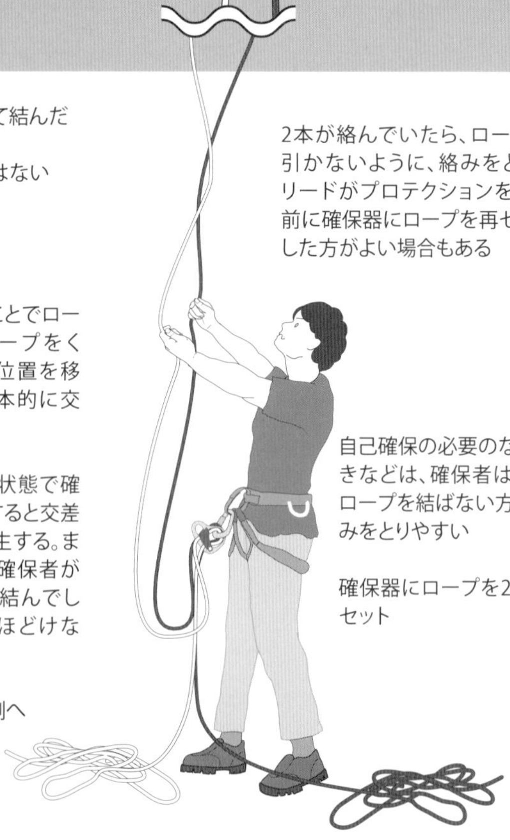

2本が絡んでいたら、ロープを
引かないように、絡みをとる。
リードがプロテクションをとる
前に確保器にロープを再セット
した方がよい場合もある

自己確保の必要のないと
きなどは、確保者は先に
ロープを結ばない方が絡
みをとりやすい

確保器にロープを2本
セット

ダブルロープ

壁 / 背 / 壁を向く / 前面
壁に背を向けて結んだ
ロープの絡みはない

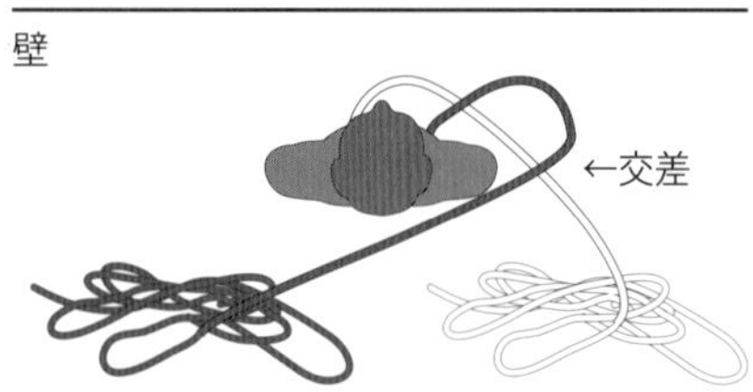

壁 / ←交差
壁の方を向くことでロープが交差。ロープをくぐっても束の位置を移動しないと基本的に交差のまま

確保者がこの状態で確保器をセットすると交差は最初から発生する。またこの状態で確保者が先にロープを結んでしまうと絡みはほどけない

壁 / ←交差 黒をまたぐ
←登り出すと交差は確保者側へ

3 1本目のクリップ

1本目のクリップに1本か2本クリップは、状況、リードの考えによる

↑プロテクションがプアーなときは、固め取りなど行う

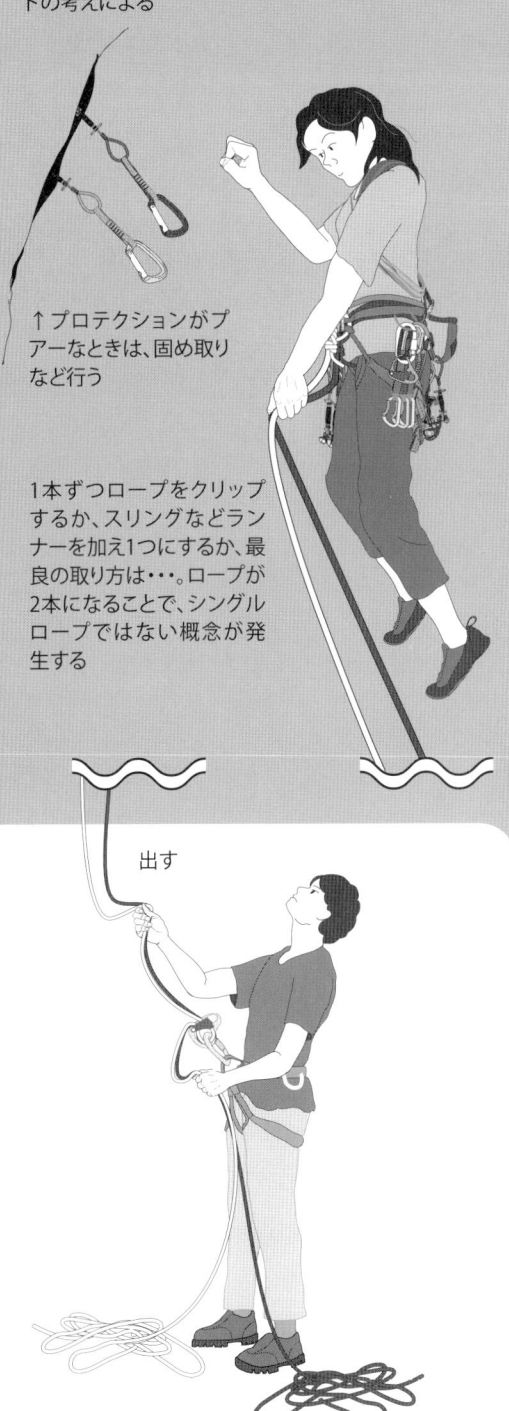

1本ずつロープをクリップするか、スリングなどランナーを加え1つにするか、最良の取り方は・・・。ロープが2本になることで、シングルロープではない概念が発生する

出す

ロープをたぐり合わせて出す。1本クリップの場合でも2本まとめて出すかは、確保者の技術や考え方による

1本目のクリップの考え方

ダブルロープの場合、1本目に2本クリップと、1本だけクリップする場合がある。これはリードの考えによるものが大きい。下図は2ピッチ目以降。1ピッチ目では確保者より落ちることは少ない

1本クリップの場合

利点
- ロープ抵抗小 トラバース時は有効
- 荷重は1本のロープのみ→
- 2本クリップするよりロープが伸びるので衝撃が吸収される

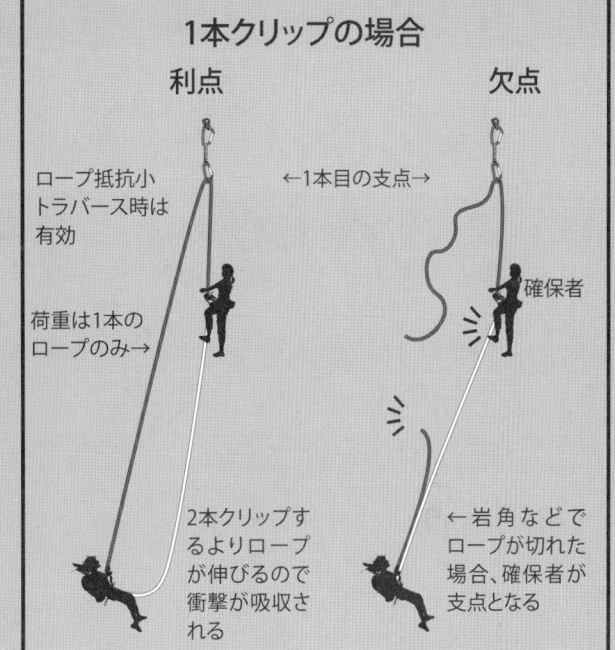

欠点
- ←1本目の支点→
- 確保者
- ←岩角などでロープが切れた場合、確保者が支点となる

2本クリップの場合

欠点 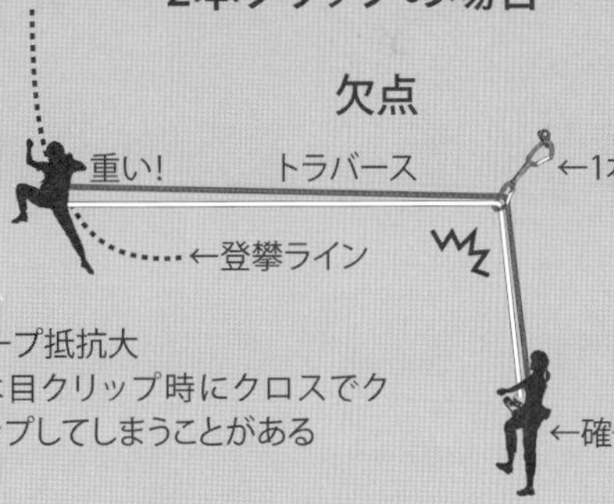
- 重い！ トラバース ←1本目の支点
- ←登攀ライン
- ←確保者
- ロープ抵抗大
- 2本目クリップ時にクロスでクリップしてしまうことがある

利点
- 墜落の可能性がある場合、しっかりしたボルトプロテクションで、岩角にロープが当たらない場合は、物理的には1本（2本クリップの場合は径の太いロープをクリップしたのと同じことになり、伸びによる吸収が低下する）。だが、心理的には2本。実際には状況に応じる
- 1本目の支点→
- ←1本切れてもバックアップがある。心理的にも2本クリップは安心感あり

ダブルロープ

常に交互ではない

状況により片方のロープのクリップが連続することもある。このような状況（a〜b間）はシングルロープ状態である

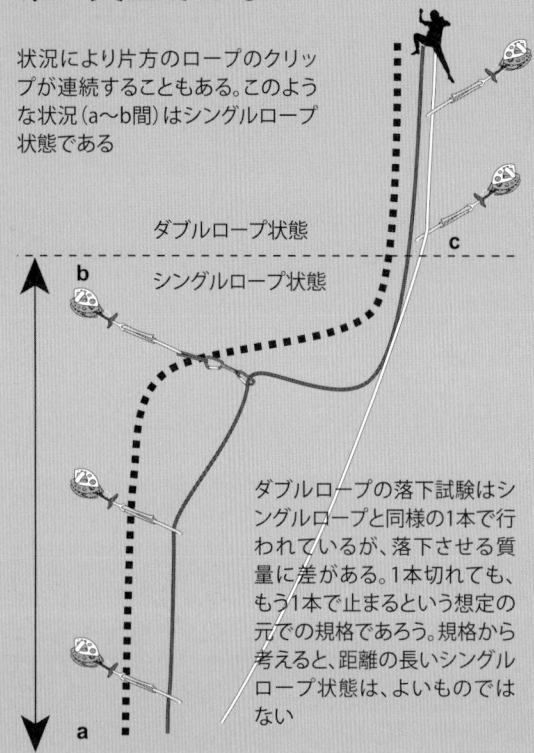

ダブルロープ状態
シングルロープ状態

ダブルロープの落下試験はシングルロープと同様の1本で行われているが、落下させる質量に差がある。1本切れても、もう1本で止まるという想定の元での規格であろう。規格から考えると、距離の長いシングルロープ状態は、よいものではない

ロープを交差させない

シングルロープでは発生しない

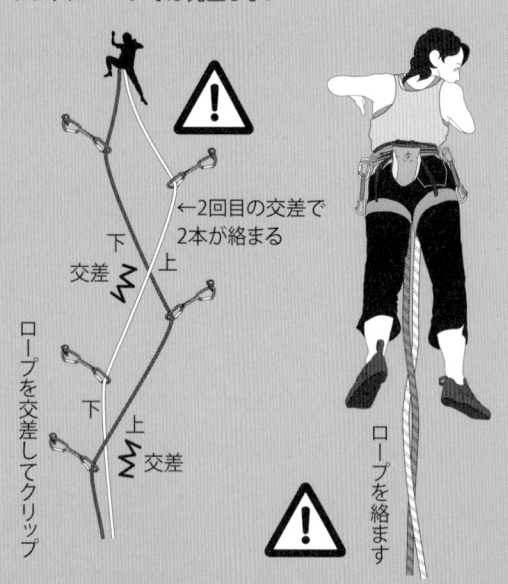

←2回目の交差で2本が絡まる

下 交差 上

ロープを交差してクリップ

下 上 交差

ロープを絡ます

ロープが真っすぐに伸びるようにランナーで調節する。2本のロープを交差させてのクリップは厳禁。ロープどうしが擦れ、摩擦抵抗で重くなる。最悪はロープどうしの摩擦で切断の可能性もある

4 クリップ

2本のロープに交互にクリップ

考慮しなければならないのは、ロープの屈曲で抵抗が増すこと。抵抗が高くなると、距離が長くなったときに非常に重いロープを引きずることになる

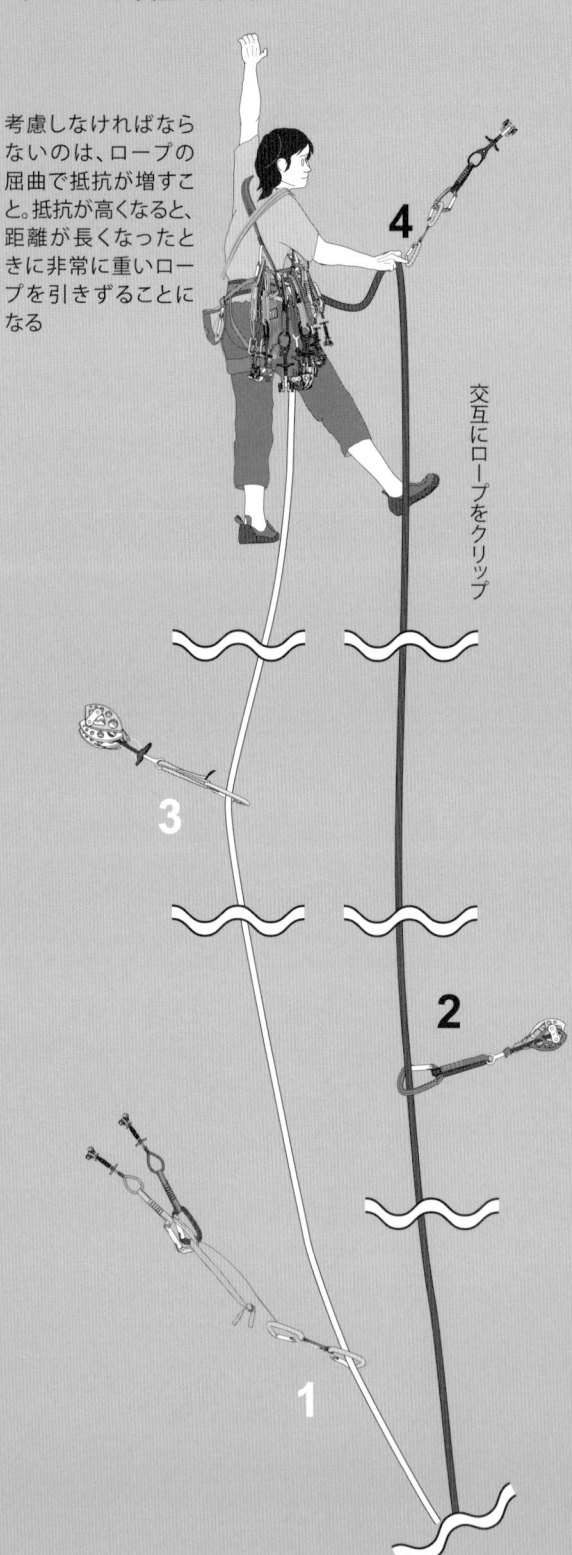

交互にロープをクリップ

4' ダブルロープの確保

ダブルロープの確保の例

a 2本ずつ

常に2本同時操作

2本をまとめての操作は、たるみとりなどができない

●利点
シングルロープのように扱うので操作は容易
●欠点
クリップ後のたるみとりはできない。最終プロテクションが外れた場合はたるみの分落下距離は大きくなる。トラバースなど片側だけ出て行くようなときも同様に落下距離は大きくなる

b 1本ずつ

●クリップ時

停止　出す

クリップ側だけ、たぐりに合わせて出し、余分なたるみは戻す

●クリップ直後

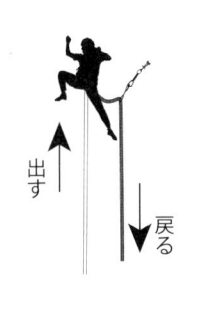

出す　戻る

クリップ側はロープが戻る。たるみが大きければとる

登りに合わせて出す

黒だけ握りスライド　　　白だけ握りスライド

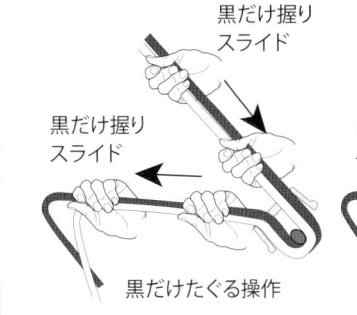

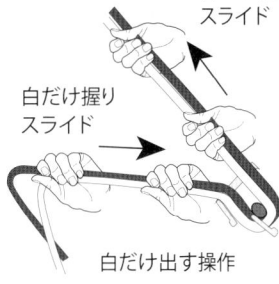

黒だけ握りスライド　　　白だけ握りスライド

黒だけたぐる操作　　　白だけ出す操作

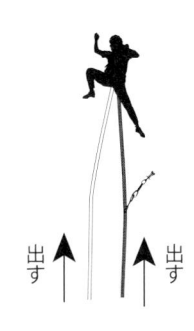

●2本同時に動くとき　　●2本同時に動かないとき

出す　出す　　　　　　停止か戻る　出す

ダブルロープ

3.システム

他パーティーへの考慮

「先行パーティーいるな」

先行パーティーがいる場合は、時間的問題だけでなく、確保点、人為落石などの考慮も必要になる。ルートに取り付く以前に考慮しなければならないことは始まっている

柔軟なピッチの区切り

「ここで切るかな?」

←トポ確保点
→先行パーティー
トポではルートの中間→

ルート図だけに頼らず、状況に応じた対応が必要だろう

ロープの真ん中の印

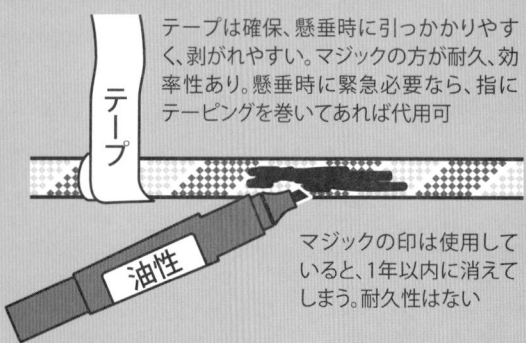

テープ

油性

テープは確保、懸垂時に引っかかりやすく、剥がれやすい。マジックの方が耐久、効率性あり。懸垂時に緊急必要なら、指にテーピングを巻いてあれば代用可

マジックの印は使用していると、1年以内に消えてしまう。耐久性はない

ロープの真ん中マークがなくなったら、油性マジックで印しをつける。製品によってはロープを痛める報告もあるので、ナイロン性衣類などに書いて試し、化学反応のチェックをすれば良いだろう。心配ならロープ専用マーカーもあるが、塗った場所の滑りが悪くなり、固くなる

ダブルロープ

5 確保点を考える1

ピッチをどこで切るかを考えます

ロープ、ギアの残量でピッチを切れる場所を判断する。ロープ、ギアが尽きてからでは遅い

↑テラス
↓彼女はここにいる
→ダイク
←狭い場所は確保しづらい→
レッジ、バンド→

残量は目安。多めにいう人や少なめにいう人がいるので、相手の癖を知っていることも大事

ロープ残量
「あとどのくらい?」

←ギア残量

足がまったくつかないようなビレイ(スリング・ビレイSB、ハンギング・ビレイ)はつらい

「あとジュウゴ!」

「ウーン…」

確保者は、半分ぐらいから「半分」「15」「10」「5」「3」など、ロープの残量mを登攀者に告げる。残量は見た目のおおよその値。トポなどで、距離が分かっている場合には必要ない

↓ギア不足ランナウトぎみ

確保点を考える 2

確保点の手順はシステムにより大きく変化します。「確保点交代型」、「次のピッチセット型」はここだけの名称で一般名ではありません

次のピッチの最初のプロテクションをセット。ロープをかけてテラスに、クライムダウン

フォローの確保の支点となるので、曖昧なプロテクションなら行わない方がよい

b 次のピッチセット型

セット＆クライムダウン

←フォロー側が上になるようにクリップ。交代したときにそのまま登れる

ボディビレイでトップロープ状態の確保

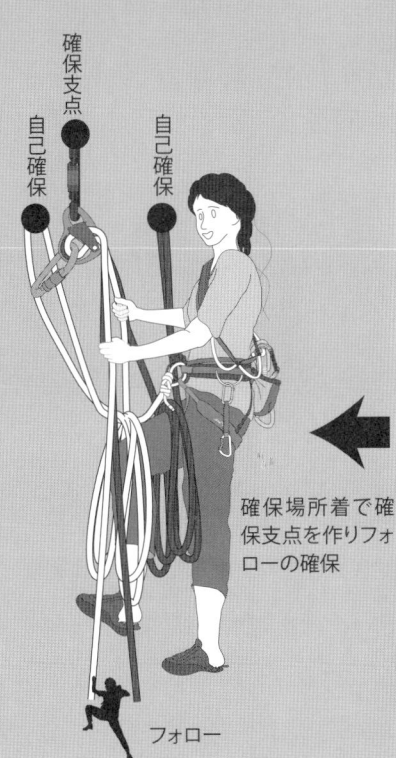

慣れないとここからロープを引き上げ、確保器にセットしてしまう

a 確保点交代型

確保支点
自己確保
自己確保

確保場所着で確保支点を作りフォローの確保

フォロー

テラス

確保場所着

自己確保

フォロー

ダブルロープ

●利点
ロープいっぱいまで延ばすことが可能
●欠点
最初のプロテクションをセットする前の墜落は確保者自身が墜落の支点になる

確保場所より上に支点をとり、フォローの確保を行うかは状況や、パーティーのシステムによる。プロテクションに余裕がなければ不可能。確保場所でルートが大きく屈曲するような場合も難しい

●利点
ピッチ交代後、最初のプロテクションがセットされているので、確保器の再セットを行う必要がない
●欠点
セットのために、登り下りしなければならない

確保点を考える 3

ダブルロープの場合もさまざまな支点の作り方があり、その一例です。どの方法がよいかは、登っている人の慣れによって異なります。

ルートとなっている場所でも、確保点で人工物の支点があるとは限りません。ピッチを切ろうと思ったとき、玉切れで、だれかが残した物を使用しなければ確保できなかったということでは、自分の力で登れたことにはならないでしょう。

「確保点で考える」ではなく瞬時に判断することが必要。そのためには、多くのケースを経験することでしょう

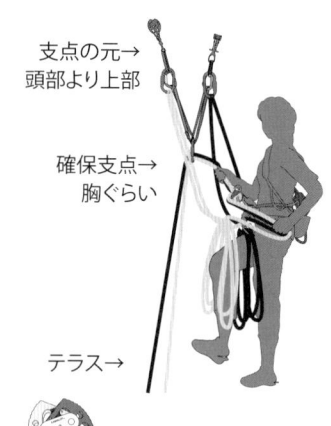

支点の元→頭部より上部

確保支点→胸ぐらい

テラス→

下図は人間が小さく描かれているので、実際の位置と大きく違う。どの方法でも支点の元は上部に。確保支点が胸より下になると操作しづらい。自己確保物を使用した場合はまた違ったものになる。カム2つの支点では実際には不安が大きく、持ち玉があれば補強した方がよい

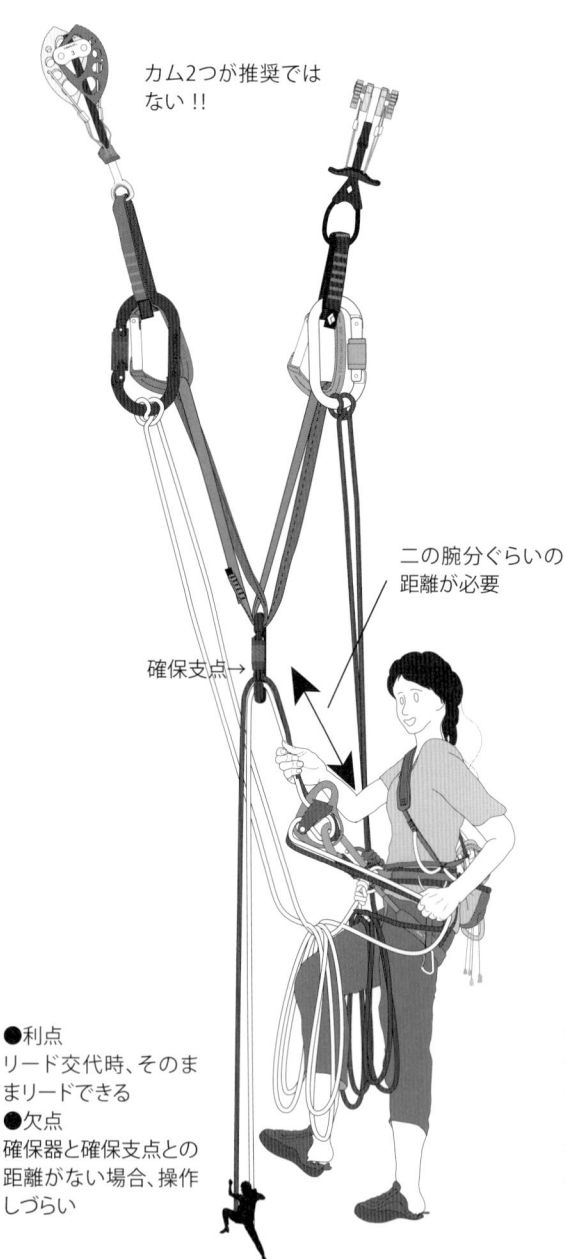

カム2つが推奨ではない！！

バネ式の自動戻りロック

スクリュー式のネジロック

二の腕分ぐらいの距離が必要

確保支点→

腰より低いとたぐりが困難

バケツ型確保器の場合はグリップビレイに近い状態になる

●利点
リード交代時、そのままリードできる
●欠点
確保器と確保支点との距離がない場合、操作しづらい

●利点
フォローの確保が楽
●欠点
リード交代時に確保器を付け直さなければならない

ダブルロープ

Z型 | **フォロー確保器**

3.システム

確保の手の操作

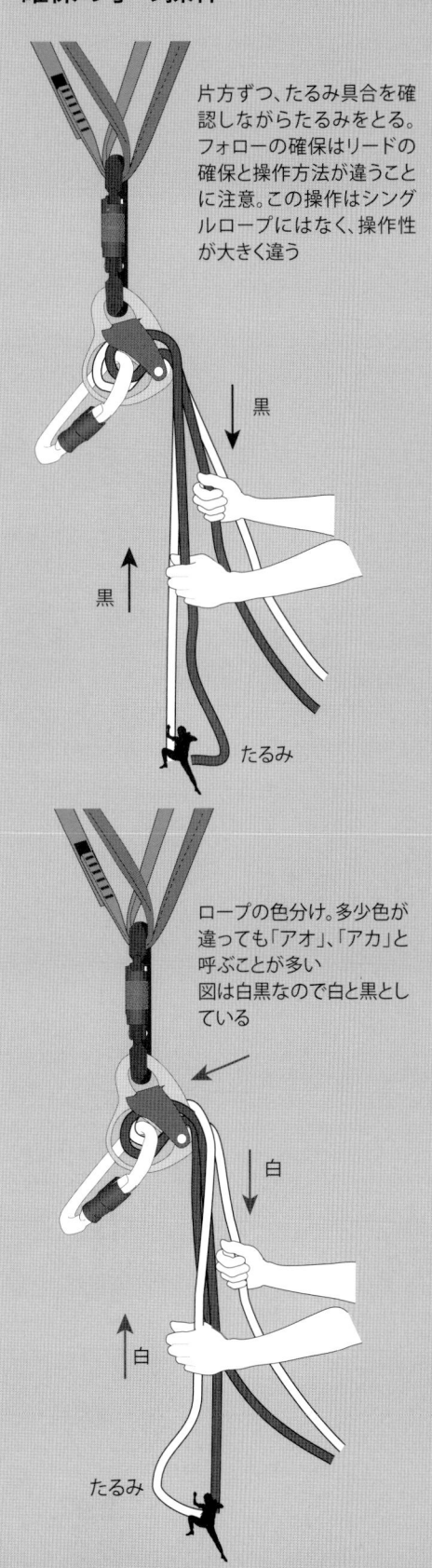

片方ずつ、たるみ具合を確認しながらたるみをとる。フォローの確保はリードの確保と操作方法が違うことに注意。この操作はシングルロープにはなく、操作性が大きく違う

黒

黒

たるみ

ロープの色分け。多少色が違っても「アオ」、「アカ」と呼ぶことが多い
図は白黒なので白と黒としている

白

白

たるみ

ダブルロープ

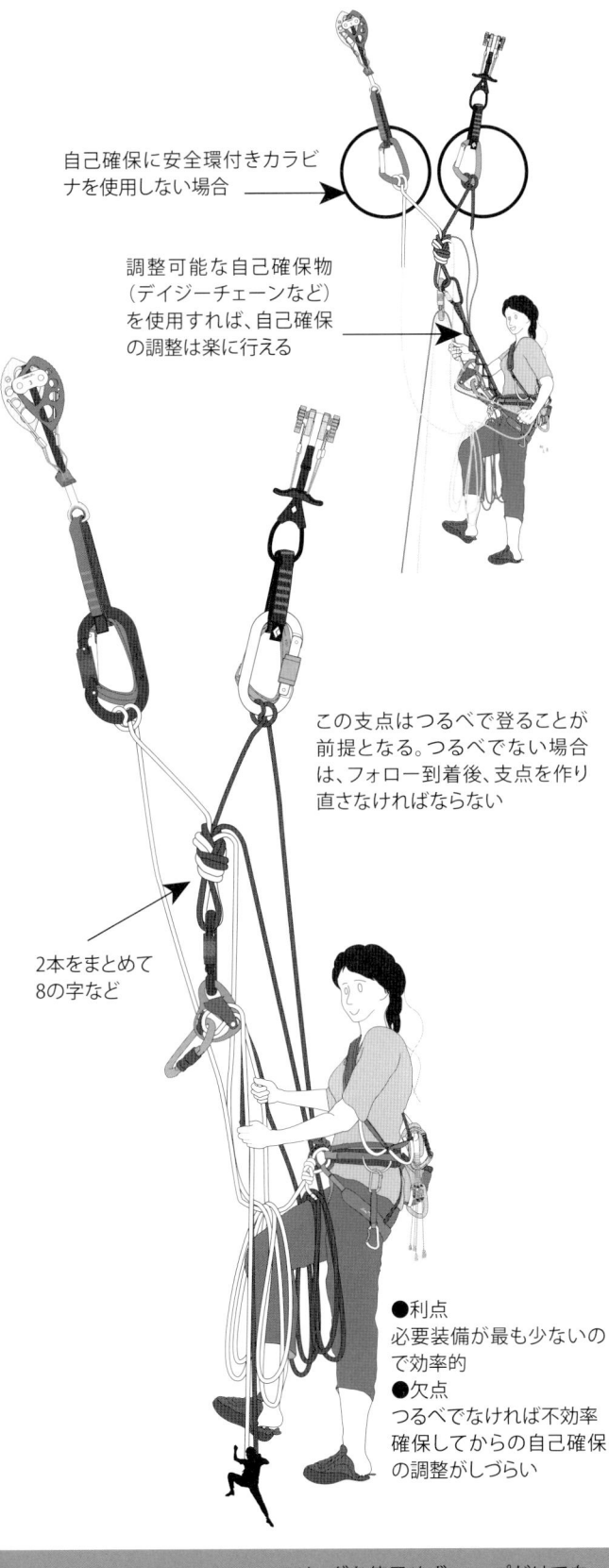

自己確保に安全環付きカラビナを使用しない場合

調整可能な自己確保物（デイジーチェーンなど）を使用すれば、自己確保の調整は楽に行える

この支点はつるべで登ることが前提となる。つるべでない場合は、フォロー到着後、支点を作り直さなければならない

2本をまとめて8の字など

●利点
必要装備が最も少ないので効率的
●欠点
つるべでなければ不効率
確保してからの自己確保の調整がしづらい

ロープで支点

スリングを使用せず、ロープだけで自己確保、支点を作ったもの

187

3.システム

6 解除

1. 自己確保
2. 解除の合図

3. ロープを引き上げる
（図の状態）
または確保支点作成後、
ロープ引き上げ

引く

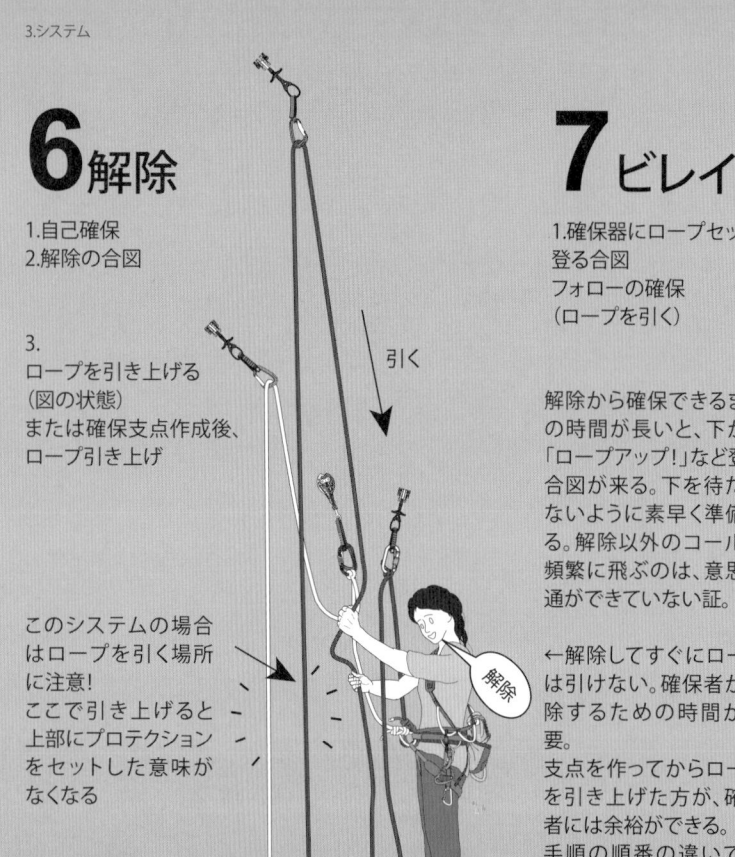

このシステムの場合はロープを引く場所に注意！
ここで引き上げると上部にプロテクションをセットした意味がなくなる

解除

7 ビレイオン

1. 確保器にロープセット
   登る合図
   フォローの確保
   （ロープを引く）

解除から確保できるまでの時間が長いと、下から「ロープアップ！」など登る合図が来る。下を待たせないように素早く準備する。解除以外のコールが頻繁に飛ぶのは、意思疎通ができていない証。

←解除してすぐにロープは引けない。確保者が解除するための時間が必要。
支点を作ってからロープを引き上げた方が、確保者には余裕ができる。
手順の順番の違いで効率が変化。お互いが相手の手順を理解していること

片方だけがたるみすぎないように調整して確保

6.1 解除

1. 解除の合図で解除
2. ロープを結ぶ
   （交差がないように）
3. シューズを履く
4. 装備を持つ
5. ロープがいっぱいになるのを待つ

解除

解除後、ロープいっぱいまで引き上げられるまでの時間は短い。図のような状態では上の人を待たせることになるだろう。
1) ロープを結んでいない
2) シューズを履いていない

7.1 フォロー

フォロー者は回収しながら登るため、装備が徐々に増加します。

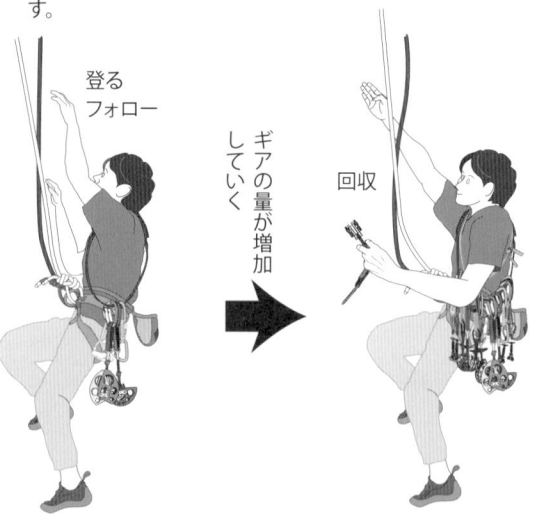

登るフォロー

素早く準備
上を待たせない

ロープの引き具合で確保されていることを確認して登る

ギアの量が増加していく

回収

リードがほとんどのギアを使用した場合には、最終的にフォローの方が装備量が多くなり、登りに影響することもある

ダブルロープ

8 リードの交代

1. フォロー確保点着
2. フォロー自己確保をとる（p152参照）
3. ギア受け渡し（p153参照）
3. セルフ解除（下図、リードの交代）

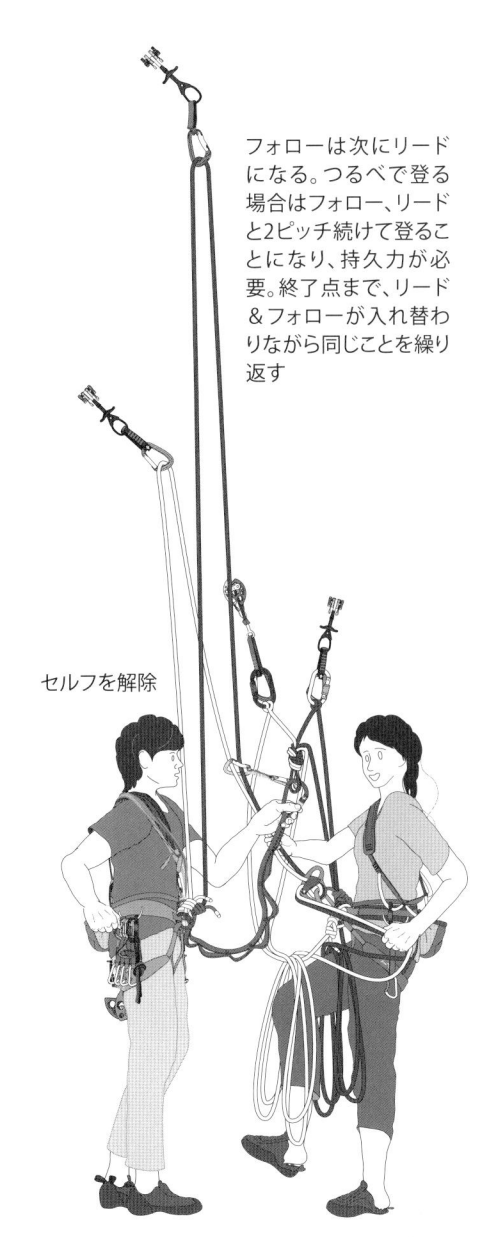

次のピッチセット型　　確保点交代型

なんかヤバイかも！

……@!@

この間トップロープ状態

システムでリスクが変化する。次のピッチセット型が必ずしも最良の方法ではなく、状況に左右される

セルフを解除

フォローは次にリードになる。つるべで登る場合はフォロー、リードと2ピッチ続けて登ることになり、持久力が必要。終了点まで、リード＆フォローが入れ替わりながら同じことを繰り返す

確保支点のプロテクションの相違
最初のプロテクションをとる前の墜落

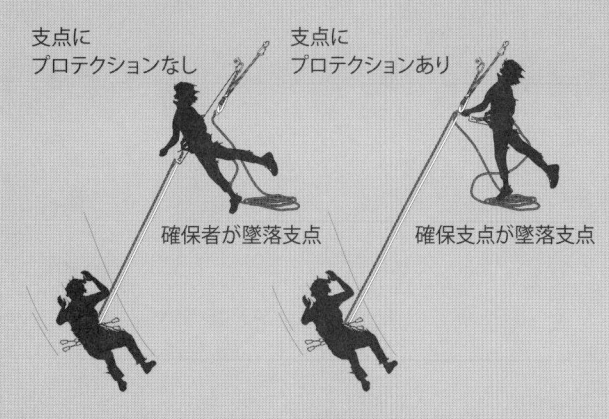

支点にプロテクションなし　　支点にプロテクションあり

確保者が墜落支点　　確保支点が墜落支点

●利点
確保者が墜落の衝撃を緩和
●欠点
確保者のダメージが大きい。飛ばされたときにロープから手を離すなどの可能性もある

●利点
確保者のダメージが少ない
●欠点
確保支点のダメージが大きく、支点が破壊される可能性もある

セルフを解除するのを忘れて、登り出すことがある。その上、リードは確保者がロープを出していないと勘違いすることもある

確保点にプロテクションをとるかとらないかはリードの考えや、しっかりしたボルトであるかなどの状況による。リードが1本目のクリップをとったら、外すか外さないかも状況による

ダブルロープ

9 フィックス

フリーだけでは登れそうもなく、時間も足りそうもないので下降することにします。エイドの装備を持って再度来ることにしました。装備も増えたため、仲間を増やし3人で登ることになります。

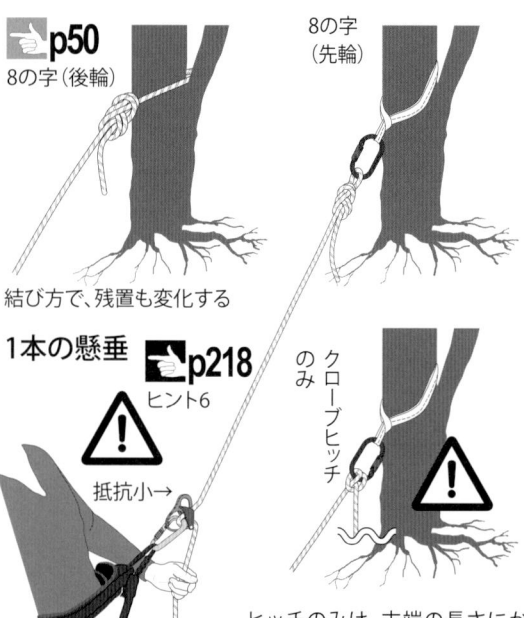

☞p50

8の字（後輪）

8の字（先輪）

結び方で、残置も変化する

1本の懸垂
☞p218 ヒント6

クローブヒッチのみ

抵抗小→

バックアップを行うか、考慮した方がよい

ヒッチのみは、末端の長さにかかわらずフィックスに適さない。ほどきやすさを考慮なら、末端処理（エバンス）などを追加する

ロープ1本の懸垂は抵抗が小さい。ダブルロープ、細目のシングルロープの場合は特に注意。通常の懸垂のつもりで行うと止まらなくなる

下降路

「どう？下りれる？」
「フィックスだな！！」
「懸垂しないとダメみたい」
「勘いいな！」

壁からの下降路は一般登山道でないことが多い。クライマー道の歩行は、登山の基礎的知識や勘も必要になる。ギアをぶら下げてのブッシュ帯の通過は、ギアを落としやすいので注意

10 登り返し

ロープを登り返します。aは懸垂したロープの場合。bはフィックスしたロープの場合。下降する時点での状況で、ロープのセットは変化します。

a 2本のロープ

スリングの種類（テープ、ロープ）太さ、幅などで巻き数が変化。巻き数が少なすぎても多すぎても使いやすさが悪くなる。手持ちの装備で対応できることが必要

ヒッチによっても締まり具合、動かしやすさが変化する。手の位置はヒッチを見せるためで実際の位置とは違う→

☞p62 ←プルージック

☞p63 バックマン→
テープの場合はロープスリングより巻き数が多く必要。この図では滑る

図のフリクションヒッチが推奨ではない。ヒッチはロープ径、スリングの種類、径、幅などで使いやすさがことなる

懸垂でロープを回収できないときはこの登り返しで回収になる。この状態では登高器で登り返しはできない。片側末端を固定するなどが必要。ただし伸びが大きい。懸垂したロープでもフィックスに転用できるが、結び目の確認ができないことにやや問題あり

ダブルロープ

b 1本のロープ

👉 **p47** 登高器

フィックスしたロープを登り返します。

1. ロープにユマールセット
2. ユマールとハーネス連結

安全環付きカラビナ
確保器以上に操作中に外れる可能性があるので、ロックの付いたカラビナの方が安心感がある

👉 **p142** デイジーチェーンの罠

デイジートラップ対策
結びを作れば、途中の縫い目がすべて切れても外れない

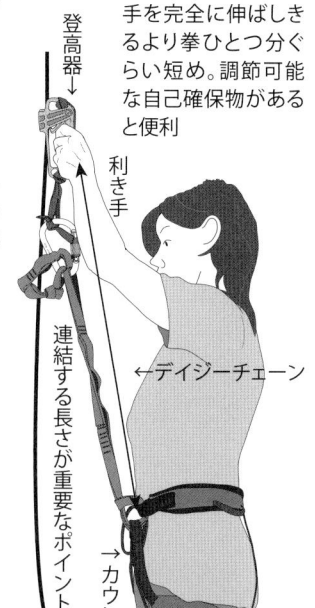

登高器
連結する長さが重要なポイント
←デイジーチェーン
→カウヒッチ
利き手

手を完全に伸ばしきるより拳ひとつ分ぐらい短め。調節可能な自己確保物があると便利

その他の方法

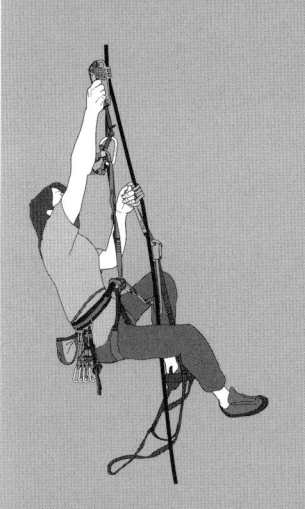

👉 **p47** 登高器1つ

登高器1つの場合は上側が登高器、下側がフリクションヒッチの方が効率的。

👉 **p32** 自動ロック式確保器

自動ロック式確保器だけでも傾斜が緩ければ可能(確保側の手を離すとメーカー仕様範囲外)。プルージックなどで、あぶみを加える場合は確保器の上側

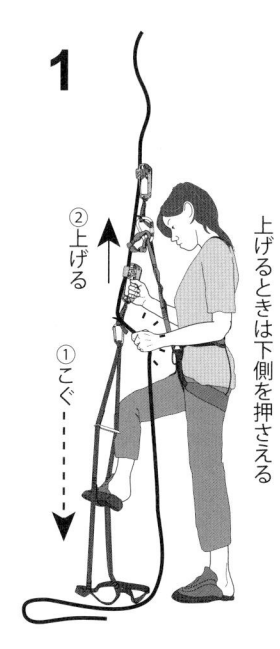

1
①こぐ
②上げる
上げるときは下側を押さえる

ロープの伸びがなくなるまで伸ばす。この作業をしないと、ロープにぶら下がることができない

2
ぶら下がり
上げる
下側にバックアップ

図のような体勢になるのはかぶった壁で空中をユマーリングする場合。垂壁以下は壁に足が着くので、上体は起きる。下側のバックアップもデイジーチェーン、安全環付きを使用すれば外れる可能性が減る

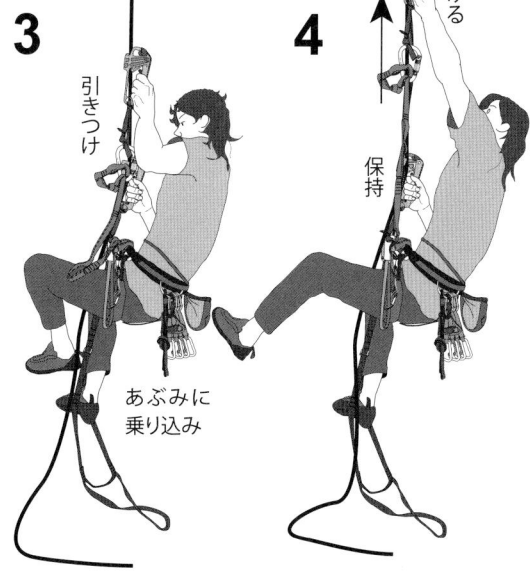

3
引きつけ
あぶみに乗り込み

この瞬間が長くなると力の浪費が大きい。3~4はデッドポイントするような動き。引きつけも手の力だけに頼りすぎると消耗が大きい

4
上げる
保持

上のユマールを上げ、ハーネスにぶら下がる。2~4を繰り返す。フロッグスタイルという足の力重視の方法もある

11 3人で登る

3人で登る場合、フォローはロープ1本、2人で登る場合との相違。リードは自分が登るためと、フォローのためのロープの流れを2人のとき以上に考慮しなければならない

3人のつるべ（フォローした片方が次ピッチのリード）はビレイ点でロープの結び直しが必要になり、つるべにすると逆に時間がかかりやすい。3人目はフィックスをユマーリングの別手段もある

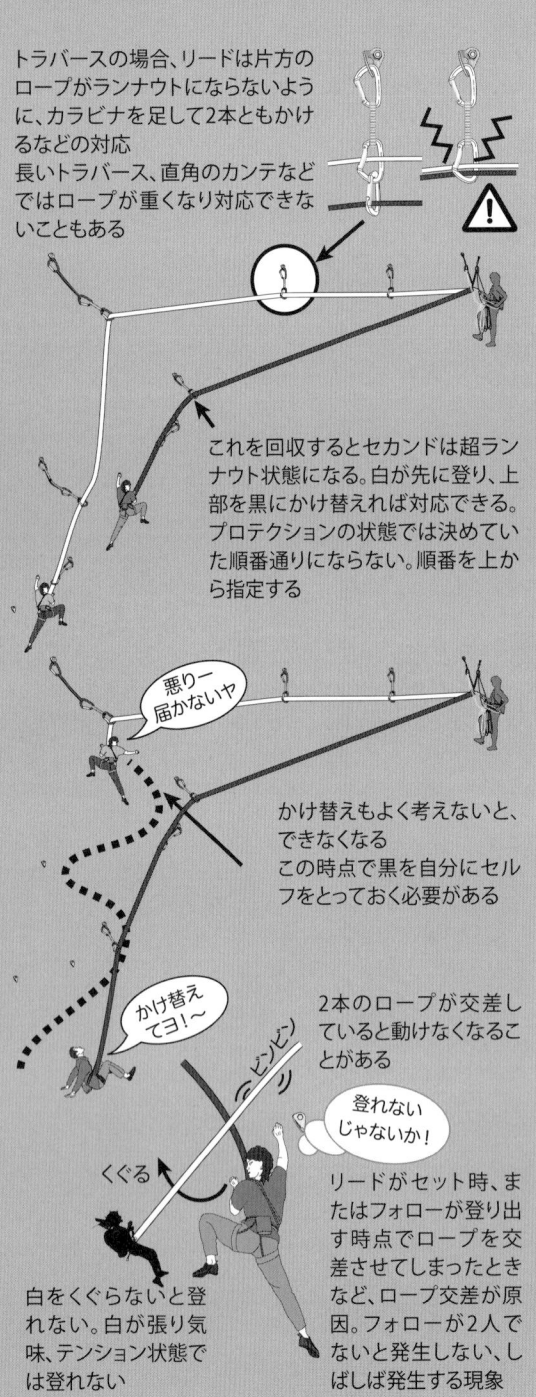

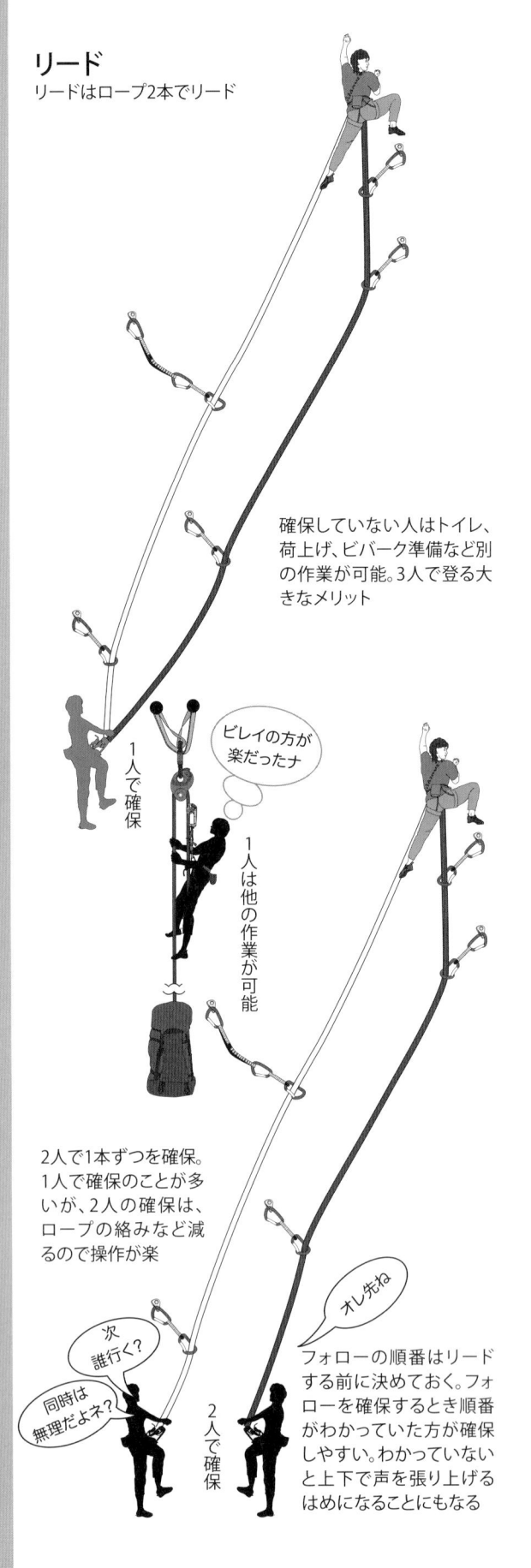

トラバースの場合、リードは片方のロープがランナウトにならないように、カラビナを足して2本ともかけるなどの対応
長いトラバース、直角のカンテなどではロープが重くなり対応できないこともある

これを回収するとセカンドは超ランナウト状態になる。白が先に登り、上部を黒にかけ替えれば対応できる。プロテクションの状態では決めていた順番通りにならない。順番を上から指定する

「悪りー届かないヤ」

かけ替えもよく考えないと、できなくなる
この時点で黒を自分にセルフをとっておく必要がある

「かけ替えてヨ!〜」
「ビンビン」
「登れないじゃないか!」

2本のロープが交差していると動けなくなることがある

リードがセット時、またはフォローが登り出す時点でロープを交差させてしまったときなど、ロープ交差が原因。フォローが2人でないと発生しない、しばしば発生する現象

「くぐる」
白をくぐらないと登れない。白が張り気味、テンション状態では登れない

ダブルロープ

リード
リードはロープ2本でリード

確保していない人はトイレ、荷上げ、ビバーク準備など別の作業が可能。3人で登る大きなメリット

「1人で確保」
「ビレイの方が楽だったナ」
「1人は他の作業が可能」

2人で1本ずつを確保。1人で確保のことが多いが、2人の確保は、ロープの絡みなど減るので操作が楽

「次誰行く?」
「同時は無理だよネ?」
「オレ先ね」
「2人で確保」

フォローの順番はリードする前に決めておく。フォローを確保するとき順番がわかっていた方が確保しやすい。わかっていないと上下で声を張り上げるはめになることにもなる

192

1人ずつのフォロー
フォローはロープ1本ずつでフォロー

フォローは各自
1本ずつで登る

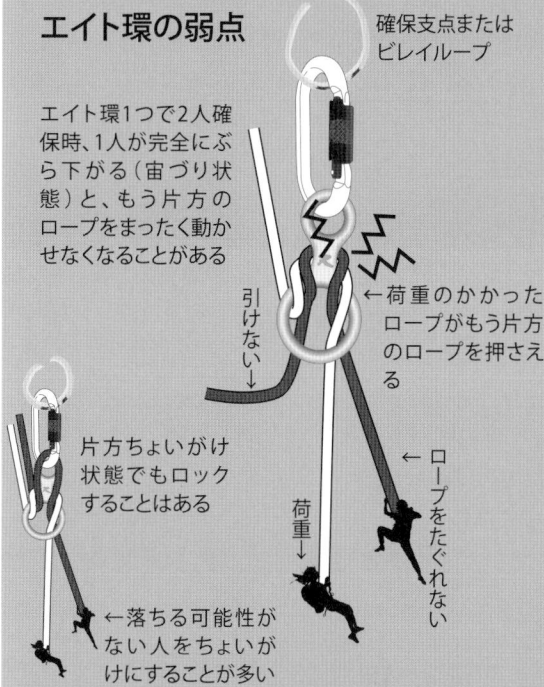

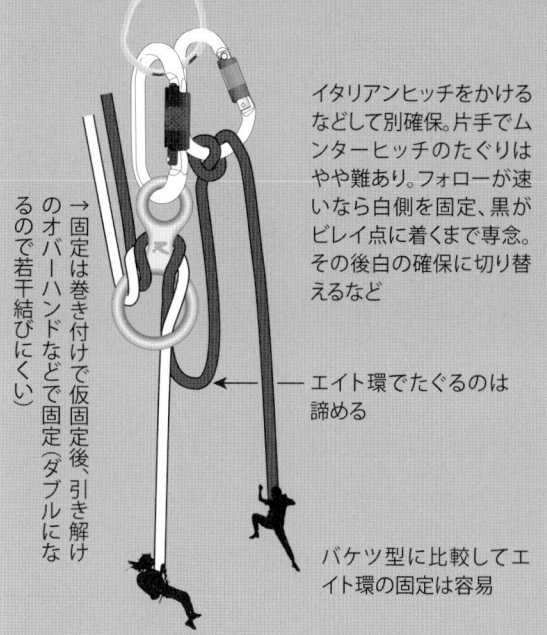

セカンドは最後に登る
人のことを考慮しながら
ランナー、プロテクショ
ンを回収する

早く順番
来ないかな

↑セカンドが自分側に
かかっていたものをか
け替えた

同時登攀の確保は
2倍以上の仕事

↑セカンドの登り待ち
3番目に登る人＝
サード、ラスト、最後など

2人同時のフォロー（同時登攀）

引っ張らないで！

黒（青）
ゆるめて！

白（赤）
アップ

2人同時のフォロー

2人同時に登る場合（同時登攀）は2人
を同時に確保。1人ずつ登るより時間短
縮になる。同時登攀はルート、メンバー
などの状況による。ロープが弛むときは
引かれるまで待つなどの配慮する

エイト環の弱点

確保支点または
ビレイループ

エイト環1つで2人確
保時、1人が完全にぶ
ら下がる（宙づり状
態）と、もう片方の
ロープをまったく動か
せなくなることがある

引けない

←荷重のかかった
ロープがもう片方
のロープを押さえ
る

←ロープ
をたぐれ
ない

荷重↓

片方ちょいがけ
状態でもロック
することはある

←落ちる可能性が
ない人をちょいが
けにすることが多い

イタリアンヒッチをかける
などして別確保。片手でム
ンターヒッチのたぐりは
やや難あり。フォローが速
いなら白側を固定、黒が
ビレイ点に着くまで専念。
その後白の確保に切り替
えるなど

→固定は巻き付けで仮
固定後、引き解け
のオーバーハンドなどで固定（ダブルにな
るので若干結びにくい）

エイト環でたぐるのは
諦める

バケツ型に比較してエ
イト環の固定は容易

●シングル、ダブル兼用ロープ
この軽さの重要性は使用しないと体感できない。細い分耐
久性は落ちる。特にシングルの確保、懸垂（ダブルでも）は
細いロープ専用の確保器がよい。体感では墜落時非常に
伸びる

シングルロープ規格を2本で使用は用途外使用（実際に使
用されている）。長いピッチではロープの重さを感じる。ま
たロープの伸びによる衝撃吸収力は小さくなる

ハーケンの規制

ハーケン類を規制しているルートでのハーケンの使用は避けるべきです。トポなどには「クリーンエイド（ナチュプロのみのエイド）」と記載されてます。

ハーケン類はわずかずつながらも岩の元の状態を変化させてしまいます。多くの人が当たり前のように使用していても、それを使用せずに登る人には元の状態で登ることは不可能となってしまいます。

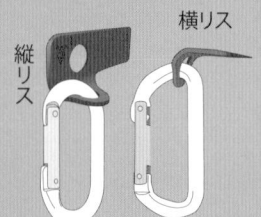

縦リス／横リス　穴が2つあるのは縦、横両方のクラックに対応のため。横はどちらの穴にかけれるが、アゴを効かすため図の方がよい

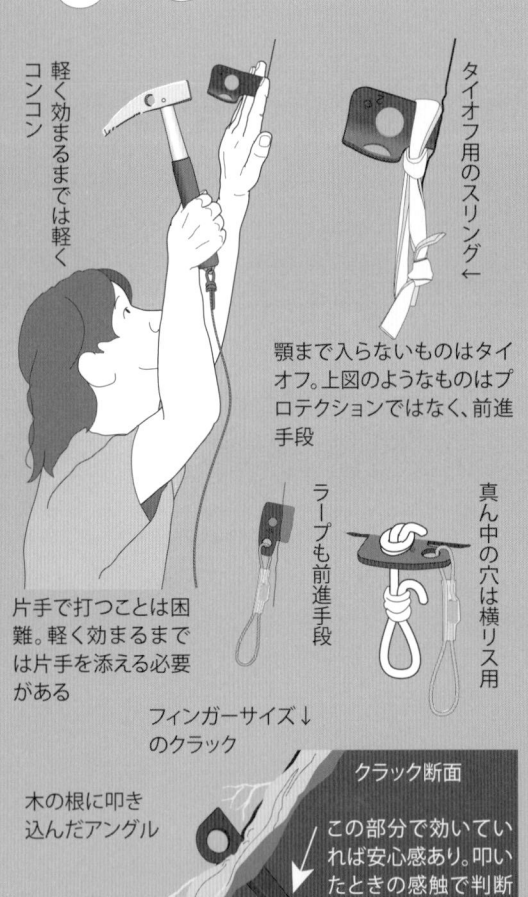

軽く効まるまでは軽くコンコン

タイオフ用のスリング←

カンコンコンコーン

顎まで入らないものはタイオフ。上図のようなものはプロテクションではなく、前進手段

片手で打つことは困難。軽く効まるまでは片手を添える必要がある

ラープも前進手段

真ん中の穴は横リス用

フィンガーサイズ↓のクラック

木の根に叩き込んだアングル

クラック断面
この部分で効いていれば安心感あり。叩いたときの感触で判断できることもある

木の根→

アングルサイズのピトンは、エイリアンなどで対応できる可能性があるが、泥や木の根で塞がったクラックには有効。岩に打つのと違い、音、打ったときの感覚で効いているかが判断しにくい。上から下りて掃除すればナチュプロ設置、フリーで登ることが可能になる可能性が大きい

12 ハーケンを打つ

ナチュラルプロテクションのとれない細いクラックに使用します。ナチュラルプロテクションを使用できる個所でハーケンを打つことは大きな問題となります

←効まるにつれ高音になる。音で判断は要経験。効めた後あぶみに荷重をかけてテスティング

←ハンマーのセルフ　細いロープスリングなど。手を十分に延ばせる長さ

←エイド装備が加わると装備がさらに増加し重くなる。短い間隔でピトンを打ちながらのエイドはこの比でない

岩の穴↓

→タイオフ

自然物も重要なプロテクションとなる。そのためのスリングも装備として必携

←フッキング

フックを使用してあぶみに乗るときは、テスティングして慎重に荷重する。フリーとなっているルートでのフッキングもホールドを破壊する可能性がある

エッジに引っかけるだけ

ダブルロープ

13 岩を掘る

ナチュラルプロテクション、ハーケンが使用できない場合の、最終手段としてのプロテクションの設置です

岩を掘る1

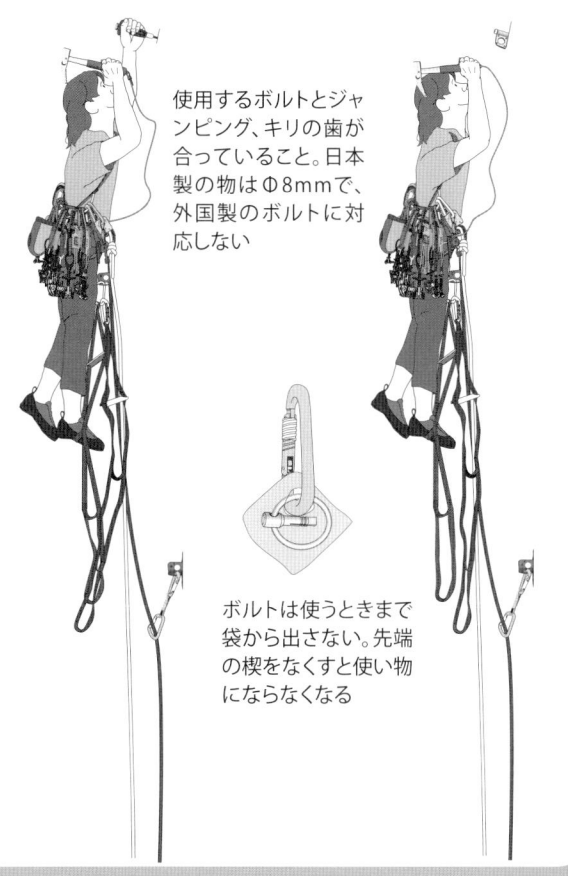

使用するボルトとジャンピング、キリの歯が合っていること。日本製の物はΦ8mmで、外国製のボルトに対応しない

ボルトを埋める

ボルトは使うときまで袋から出さない。先端の楔をなくすと使い物にならなくなる

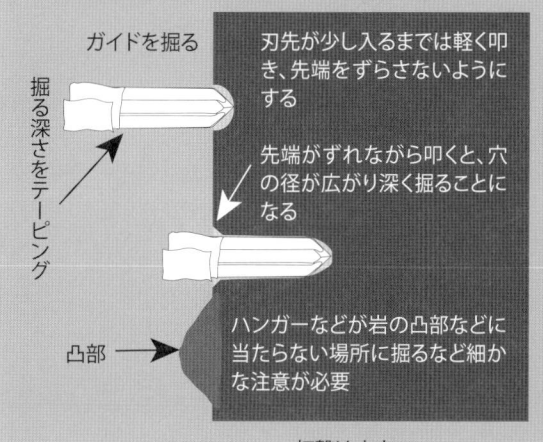

岩を掘る2

掘った穴に引っかける
バッドフック

ボルトを打つほどの深さの穴を掘らず、ちょっとひっかける程度の穴を掘りフッキングする。再利用されているうちに岩が欠けて使えなくなる

岩を掘る3

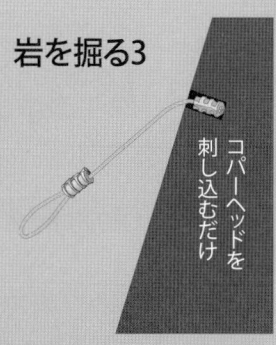

コパーヘッドを刺し込むだけ

ボルトと同じ程度の穴を掘り、コパーヘッドを刺し込む。プロテクションとして使用されている地域もあり、懸垂の支点としても使用されることもある

ボルトを打つことは

グラウンドアップ、ラップボルト手段にかかわらず、ボルトを打つ行為は未来への遺産を消却することと同じです。現在の技術（フリーで登る技術、装備の技術）では不可能なルートであっても、未来には登れるようになるかもしれません。

ルートとしてすでに存在しているところ周辺に新たにボルトを打つことは、「道」の破壊につながります。それ故に最初に「道」を開いた人の責任は重いものともなります。その人のフリーで登る技術、精神力によりボルトの設置される個所、数は変化し、打たれたボルトの評価はその後の歴史が判断を下すことになります。10年程度はその時代の流れがあり、正当な評価が下せないでしょう。

ガイドを掘る
掘る深さをテーピング
凸部

- 刃先が少し入るまでは軽く叩き、先端をずらさないようにする
- 先端がずれながら叩くと、穴の径が広がり深く掘ることになる
- ハンガーなどが岩の凸部などに当たらない場所に掘るなど細かな注意が必要

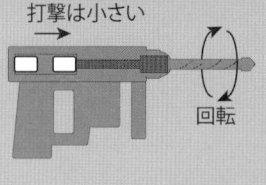

打撃は小さい
回転

ハンマードリルの打撃力がそれほど大きくないように、回転がポイント。叩くだけでは速く掘れない

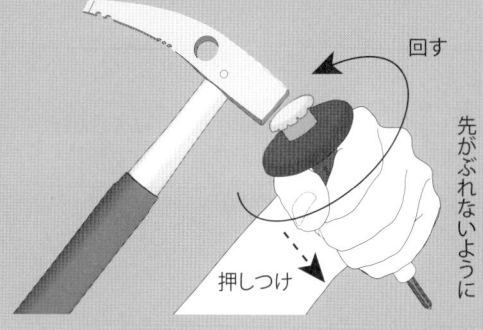

回す
押しつけ
先がぶれないように

ハンマードリルと同じように、ハンマーがヒットする瞬間にジャンピングを回す。ハーケン同様に少し穴が掘れるまでは強く叩かない

3-5 その他（荷上げ、ソロ）

荷上げ

壁の大きさにともない、荷物の量が増加します。背負って登ることが困難な場合、荷物の引き上げ作業が必要になります。

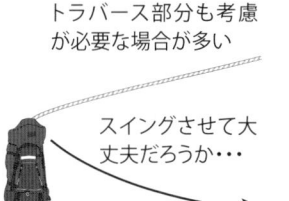

緩傾斜は摩擦抵抗が高くなり、引き上げが困難になる

かぶっていない壁は、ちょっとした岩のでっぱりなどで荷物がひっかかり、引き上げられない

トラバース部分も考慮が必要な場合が多い

スイングさせて大丈夫だろうか・・・

装備：ストッパー内蔵滑車、登高器
システム：1/2
力：体

支点
自己確保

ストッパー内蔵の滑車があると効率的

自己確保にテンションとなったらユマールを上げる

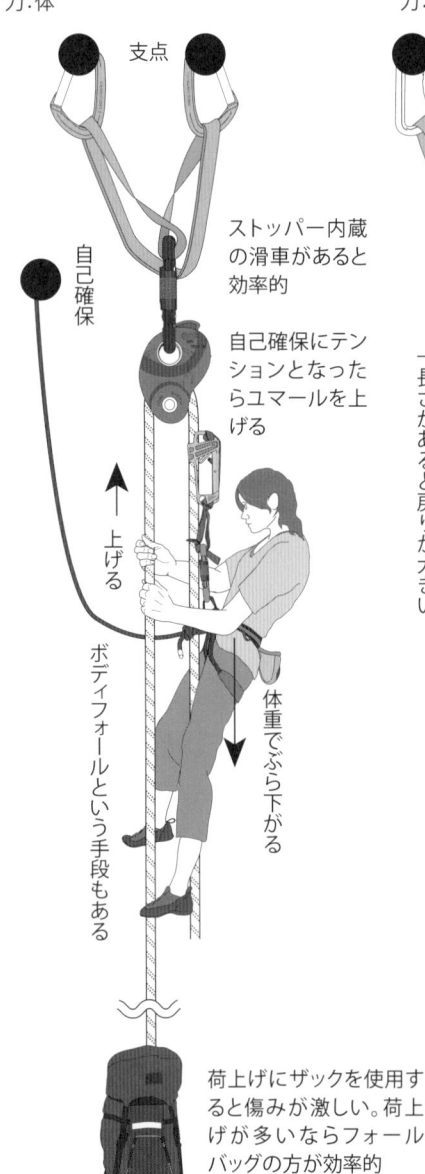

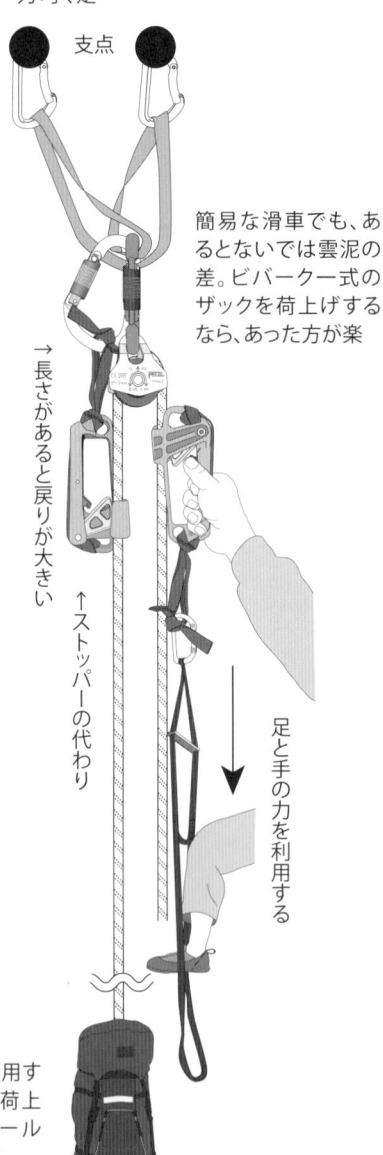

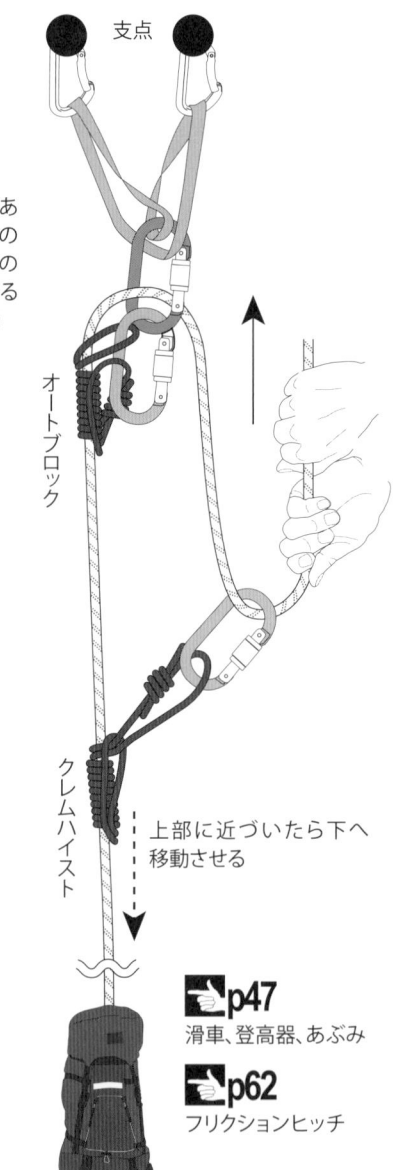

↑上げる

ボディフォールという手段もある

体重でぶら下がる

荷上げにザックを使用すると傷みが激しい。荷上げが多いならフォールバッグの方が効率的

装備：滑車、登高器、あぶみ
システム：1/2
力：手、足

支点

簡易な滑車でも、あるとないでは雲泥の差。ビバーク一式のザックを荷上げするなら、あった方が楽

→長さがあると戻りが大きい

→ストッパーの代わり

足と手の力を利用する

装備：カラビナ、スリング
システム：1/3
力：手

支点

オートブロック

クレムハイスト

上部に近づいたら下へ移動させる

👉 p47
滑車、登高器、あぶみ

👉 p62
フリクションヒッチ

> 3.システム

ソロ

このシステムで、筆者は墜落や墜落覚悟の登攀は行っていないので、確実に墜落を止められるかは不明です。

3 確保器セット

使用に難がある
●欠点
人間の確保者のようにはいかない
ロープの自重で勝手に繰り出しが戻る
クリップ動作にロープがうまく出ない

（吹き出し）ソロソロ登るかな…

ここで使用しているものは、ソロ用の確保器ではない。ソロ専用のデバイスとしてWren Industryからある

確保器

ロープセット方向に注意！

ロリーはロック状態を保持（手動）できる。その他の自動ロック確保器は荷重が抜けると解除されてしまう

確保支点→

反対の末端はスッポ抜け防止のこぶを作るか作らないかは登る人の考え次第。こぶがじゃまになることもある

固定側末端が上側
（確保支点）
固定した末端

2 ロープさばき

ロープが絡まずに出るように、固定側が上側になるようにさばく。これを怠ると登っている間に、下で団子になって、どうにもならなくなる

さばき方向
末端←
上側→
下側↑

1 支点をつくる

ソロで最初から困ることは、確保支点が取付真下付近にないこと

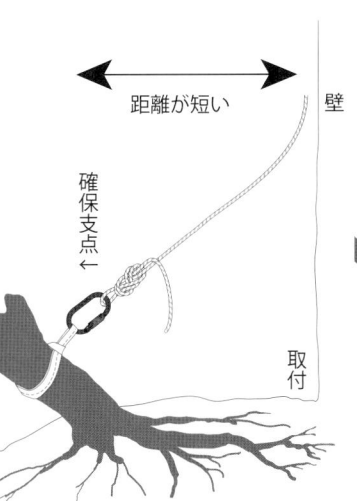

距離が短い
壁
確保支点←
取付

クローブヒッチ↓

最初のプロテクションのとれる個所に逆方向にカムを効かせればたるみをなくせる

距離が長い
↑たるむ

取付から距離がある支点の場合、横の分のたるみが大きいため、墜落したときには墜落距離が長くなる

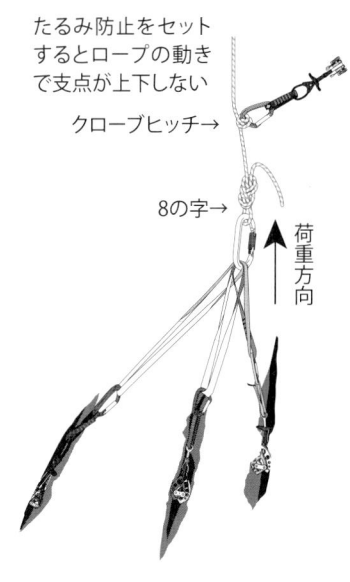

たるみ防止をセットするとロープの動きで支点が上下しない

クローブヒッチ→
8の字→
荷重方向

カムを支点にする場合は上方向に効かす。取付で複数使用するので、持ち玉が通常より少なくなる

その他

197

4 プロテクション

上部にセットするよりも確保器の前にセットした方が効率的ではあるが…

←口でロープをくわえてたぐる。2本ぶら下がっているので、どちらにたぐるか迷うこともある。確保側でない方を肩にかけておく手段もある

次のプロテクション分たぐる

結びでこぶを作れば止まる可能性は高い

たぐった長さ

たぐったロープは、たぐった直後は左図のようになっても、右図のように自重で下方へ下がる

実際→

ロープは2本下がる→

たぐりは下方でとぐろを巻く←

垂直なら確保点←

緩斜面チムニー内のCS

登り始めのうちはロープ自身の重量があまり影響しないので、たぐりは比較的楽

次のプロテクション分までロープを出しておく。たぐる分も含め余分に出しておいた方が、クリップしやすい

確保者の確保に例えると、超たるたる、見ていない状態のビレイにあたる

ロープの半分以上登る場合はフリーの末端側に注意

5 下降、登り返し

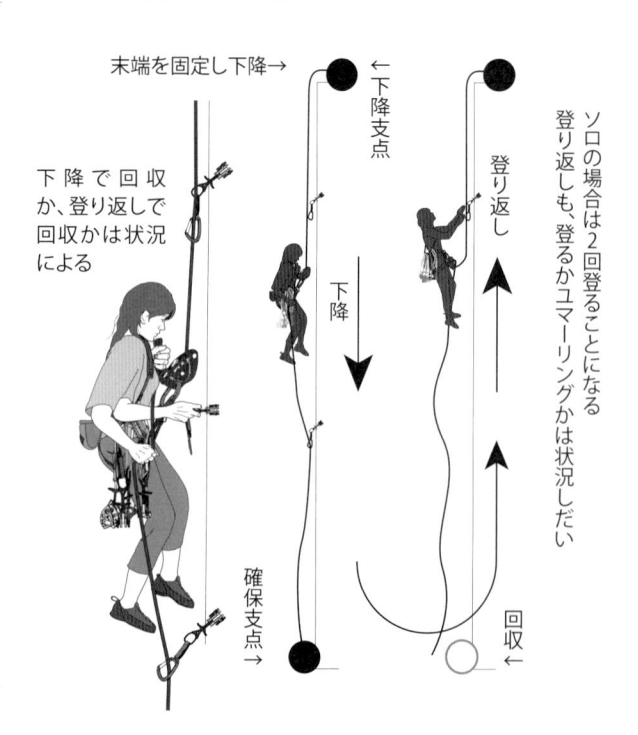

たぐった分墜落する（確保器が動作した場合）。確保はスタティックビレイのような状態

←確保器は下を向き、ロックしていてもロープ自重で自然に解除されてしまうこともある。安心できない

墜落

墜落しないことが重要

下降で回収か、登り返しで回収かは状況による

末端を固定し下降→

←下降支点

下降

確保支点→

登り返し

ソロの場合は2回登ることになる登り返しも、登るかユマーリングかは状況しだい

回収←

その他

4 動作

4-1 クラック　p200
手、足
動作
ワイドクラック

4-2 フェース　p204
ホールド、手の動き
スタンス、体勢
動作

4.動作

4-1 クラック

手

クラック（割れ目の中のホールドではない）自体をホールドにし、クラックの中で手を詰まらせることをジャミングといいます。クラックの幅で指、手の入れ方が変わります。入れた形にはそれぞれ名前があり、クラックのサイズを表す表現にも使用されてます。

足

クラックに足を効かすのは爪先（トウジャム）と足（フットジャム）の２つです。ワイドクラックの場合は足全体などの別の動作が必要になります。足先の入らないクラックの場合にはクラック周辺のスタンスを探して置くことになります。

図の記号
- 力のかかる接地点
- ジャミングを効かす時の動作

クラックのサイズは個人の手の大きさ（サイズ）により、体感する難しさも大きく変わることがあります。手の小さな女性と大きな男性との差は、カムのワンサイズ分くらい違うこともあります。

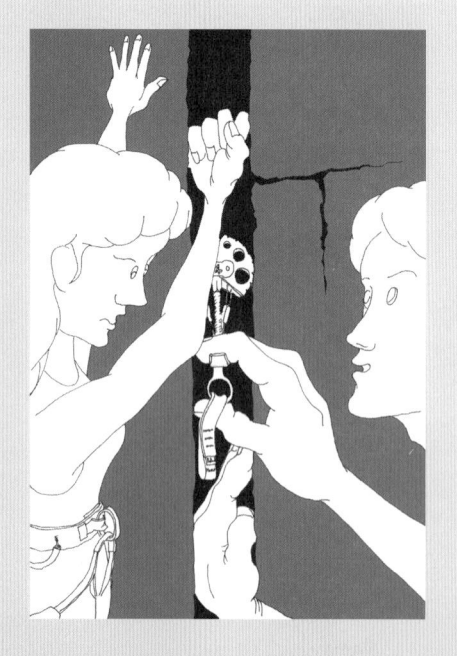

「貴様のハンドは私のフィスト」
クラックは手のサイズで大きく変わる

細い ← クラックの幅 → 狭い
#AY F0.5　　#AGR F1　　#AR F1.5 C0.5　　#C0.75　#F2 C1

フィンガー

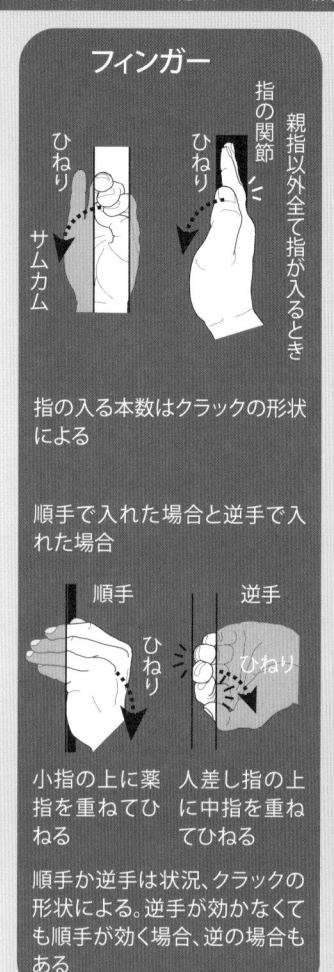

ひねり／ひねり／指の関節
サムカム
親指以外全て指が入るとき

指の入る本数はクラックの形状による

順手で入れた場合と逆手で入れた場合

順手　逆手
ひねり　ひねり

小指の上に薬指を重ねてひねる｜人差し指の上に中指を重ねてひねる

順手か逆手は状況、クラックの形状による。逆手が効かなくても順手が効く場合、逆の場合もある

シンハンド

縦か横にさすかはクラックの形状によるだろう

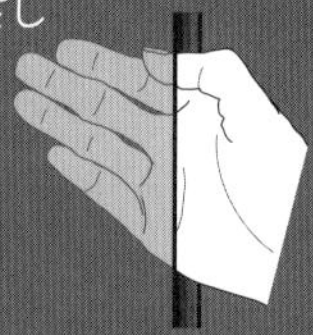

横ざし

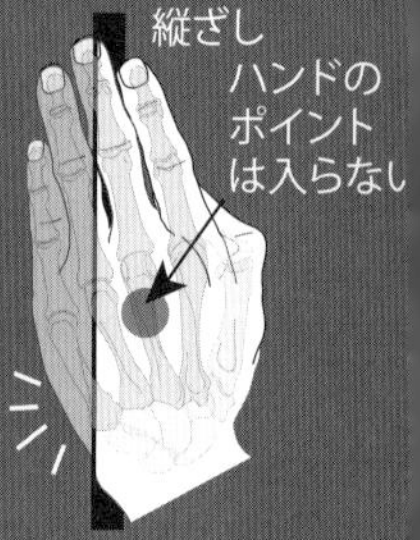

縦ざし
ハンドのポイントは入らない

ねじ込んだ皮でジャムする感じ

ハンドまでの足

トウジャム

上から見た図
親指を入れて、ひねり

足の親指の役割は大きい。実際にはシューズを履いているので、足指のイメージ

フットジャム

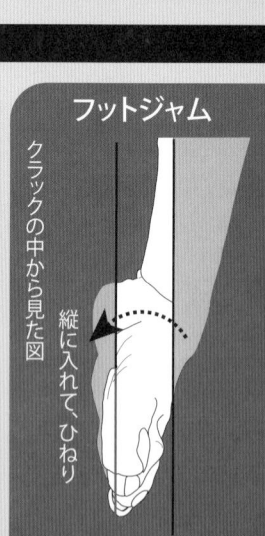

クラックの中から見た図
縦に入れて、ひねり

ひねり具合で効き具合が変化。ただしひねりが強いと痛い

4.動作

狭い←クラックの幅→広い　　　　　　　　　　広い←クラックの幅→スカスカ

#C1 #F2.5　　　#F3 #C2　　#F3.5　　#C3　　#F4 #旧C3.5,新4　　　　#旧C4

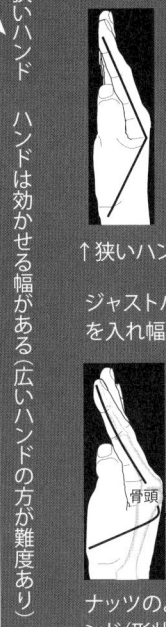

動作

ハンド

狭いハンド ハンドは効かせる幅がある（広いハンドの方が難度あり）

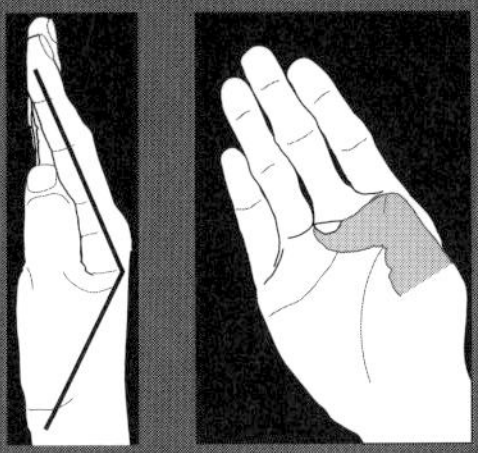

#F2.5 #C1

#F3 #C2

広いハンド オフハンド

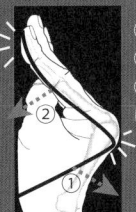

親指を折る

↑狭いハンドはねじ込む

ジャストハンドは軽く力を入れ幅を広げる

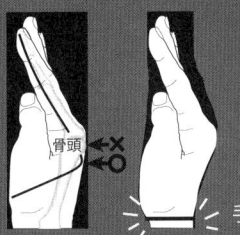

骨頭 ×/○

手首

ナッツのように手首で効めたハンド（形状に依存）は楽

①手の甲側の力
②指側の反りの力
①②の力で幅を広げる

フィスト

拳を入れて握る。拳の側面でジャム

気持ち

広目のフィストは拳を気持ち回転させる

両手の拳

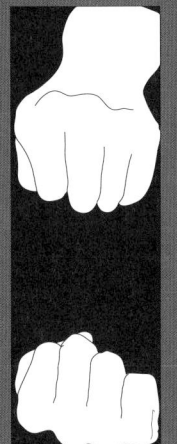

上手 順手の拳

両手をフィストで決めたら動かすときは同時に動かす（ポンプアップ）こともある

下手 逆手の拳

リービテーション

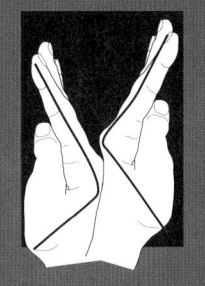

甲を内側に少しずらして両手のハンドジャム。足で立てる傾斜が緩いときなど

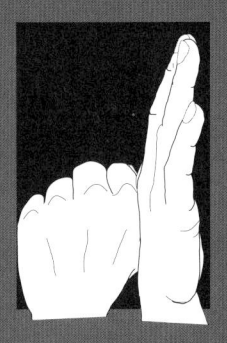

フィストと逆手ハンドのリービテーション。両手ハンドの場合より広目に対応できる

フィスト、ワイドの足

ヒールトウ

ハンドジャムのように効かせる幅がある

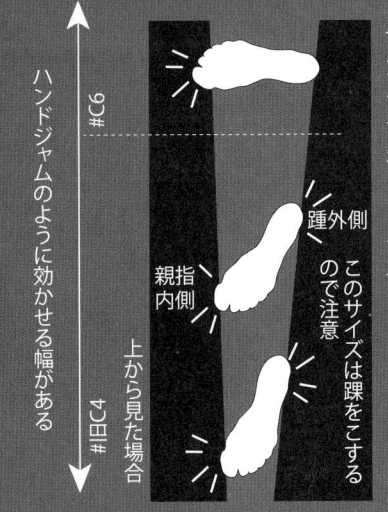

#C6

#旧C4

親指内側

踵外側

このサイズは踝をこするので注意

→スクイズ　オフウィズス←

横から見た場合

上から見た場合

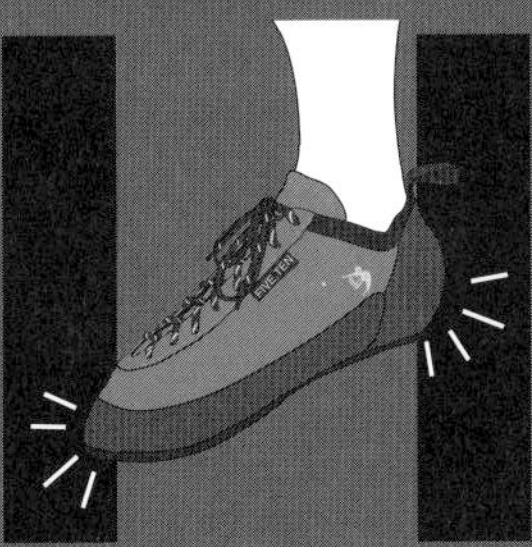

ヒールトウとニー&ヒールのコンビネーション

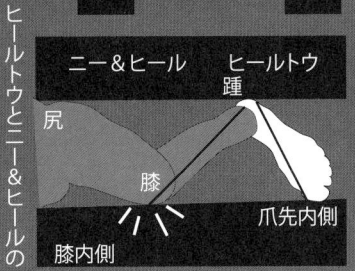

ニー&ヒール　ヒールトウ
尻　　　　　　　踵
膝
膝内側　　　　　爪先内側

Tスタック

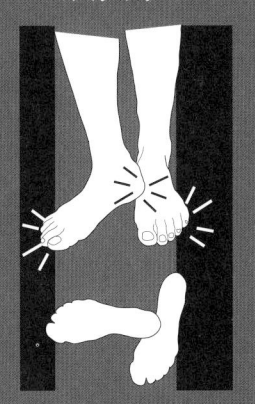

足より広い。足のリービテーション。Tスタックも上側の足の角度で効かせる幅が大きい

動作

ハンドクラック (Ha)

図は登り方の一例で、クラックの形状や個人の登り方などで、常にこの動きではない

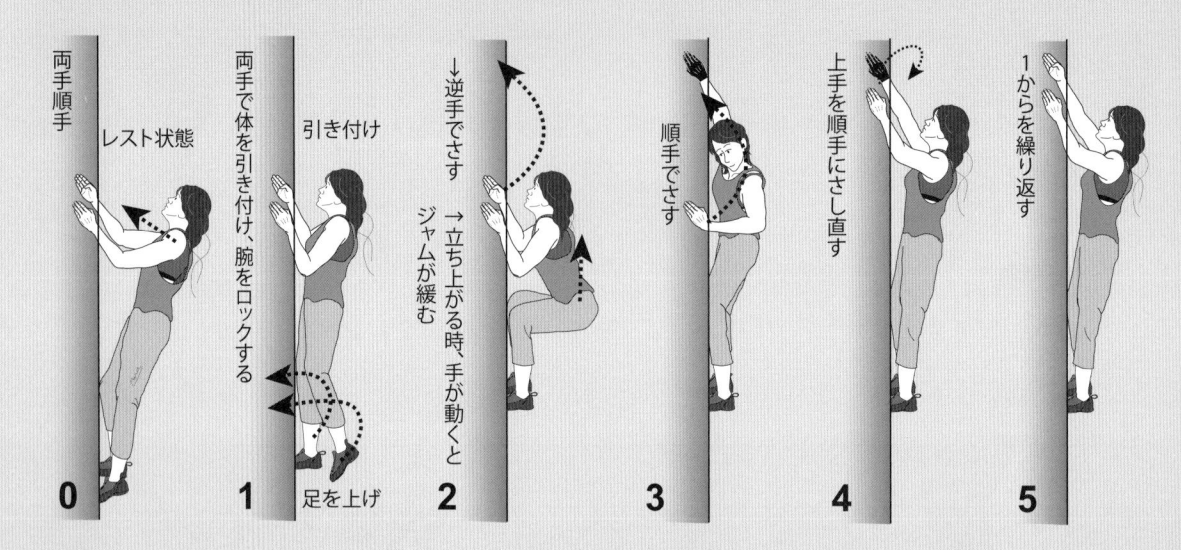

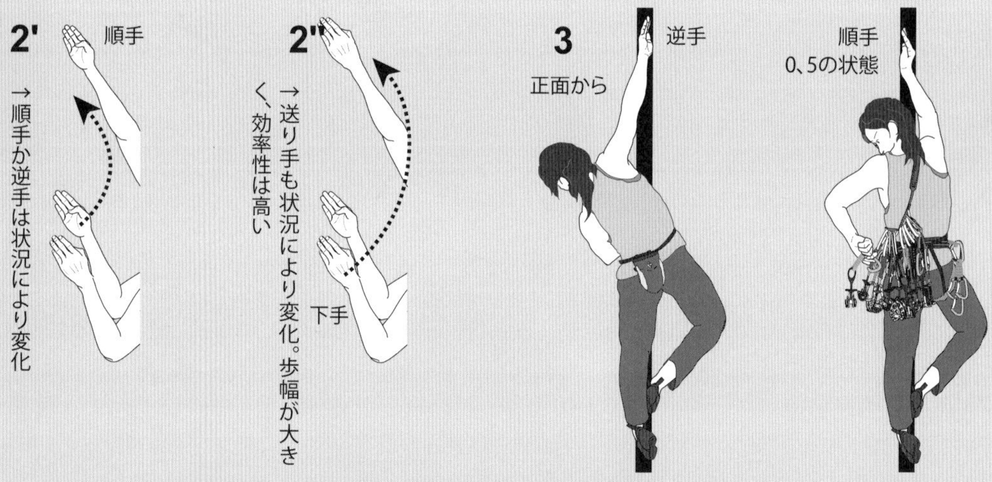

0 両手順手／レスト状態

1 両手で体を引き付け、腕をロックする／引き付け／足を上げ

2 →逆手でさす／→立ち上がる時、手が動くとジャムが緩む

3 順手でさす

4 上手を順手にさし直す

5 1からを繰り返す

2' 順手／→順手か逆手は状況により変化

2" →送り手も状況により変化、く、効率性は高い／下手

3 正面から／逆手

順手 0、5の状態

プロテクションセットは、0と5が効率的。ギアラックの向き、サイズにあったギアがあるか、そのギアがすぐに取れるかなどセットまでにもいろいろとある

プロテクションセットをどの位置にセットするか。持ちゴマとクラックの形状による条件と、登りやすさか、墜落のためかなどによりセットする場所も一定ではない

レイバック (LB)

←カンテ持ちと足の突っ張りでバランスをとり登る方法。クラックの幅に関係なく、レイバックできるかできないかはクラックの形状できまる。オフウィズス、チムニーでもレイバックで登れれば、速い。ただし消耗も速く、プロテクションの問題が生じることもある

「ジャミングできなくたって登れるもんネ！」

ぶら下がり／突っ張り

上に効かす場合は次に指す手も考慮する必要がある／上／前

「どこに効めようかな…」

ワイドクラック

ワイドクラックと一言で言っても、実際にはフェースとクラックの相違のように、登りに歴然と差のある二種類のクラックがあります。

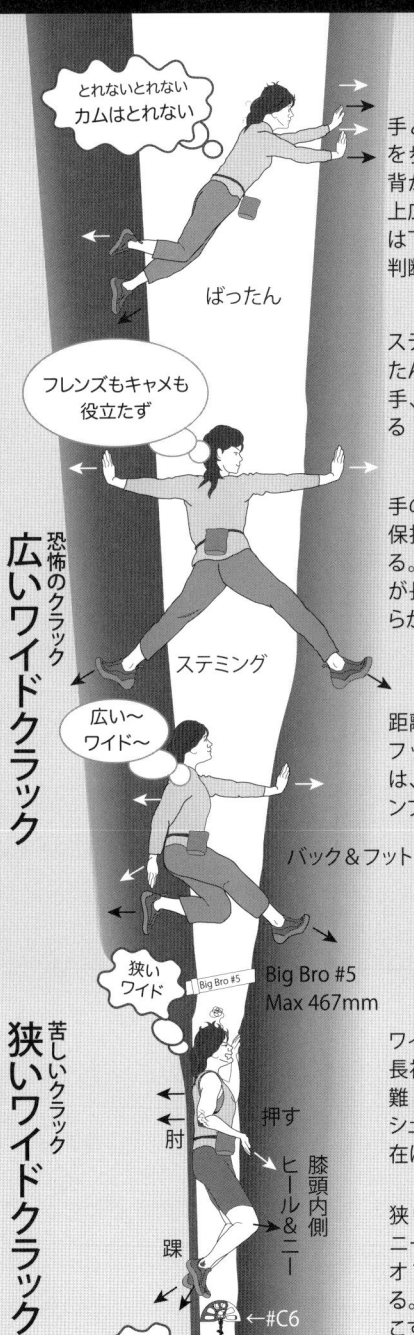

チムニー (Ch)

チムニーサイズのクラックの場合、プロテクションがない場合があり、精神的人工登攀が不可能なため、登る精神力が必要とされます。チムニーにボルトを打つことは大きな問題を発生させる可能性があり、ダメだと思ったときには落ち着いてクライムダウンすることが無難です。

恐怖のクラック / 広いワイドクラック

- とれないとれない カムはとれない
- ばったん
- 手と足で両方の壁を歩くように登る。背が高い方が有利。上広がりのチムニーは下からでは広さを判断しにくい

- フレンズもキャメも役立たず
- ステミング
- ステミングからばったんの切り替えは片手、片足の2点になる
- 手の突っ張りで体を保持し、両足を上げる。体が大きい、足が長い、股関節が柔らかい方が有利

- 広い〜ワイド〜
- バック&フット
- 距離の長いバック&フット、ステミングは、手より太股がパンプ

フレアードチムニー (fCh)

体が入った感覚は薄い

ヒールトウ

内側が狭まっているが広くてジャミングが効かないか、完全に閉じているようなチムニー。奥が浅く、オープンブックのようなフレアードチムニーはカムが片効きの状態になりやすい

苦しいクラック / 狭いワイドクラック

- 狭いワイド
- Big Bro #5 Max 467mm
- 押す
- 肘
- ヒール&ニー
- 膝頭内側
- 踝
- #C6
- ハーハーゼーゼー
- 登れない 上がらない
- 奥足
- ニー&ヒールトウ
- スリスリ
- ウッ！
- 外足 ヒールトウ

ワイドを登るときは長袖、長パンツが無難。踝が隠れるシューズがよいが現在は入手困難

狭いスクイズチムニーは人によってはオフウィズスになる。顔を回して鼻がこすれる程度ならスクイズチムニーは十分に可能

スクイズチムニー (Sq)

体が入るサイズ

肘

肘と手の平でジャムする。足は両足をカエルのように開く場合と片側に寄せる場合があり、状況による

オフウィズス (OW)

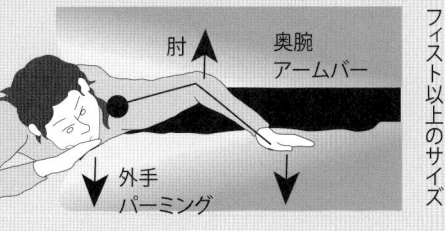

フィスト以上のサイズ

肘 / 奥腕アームバー / 外手パーミング

肘と手の平でジャムする。奥手、足で体を保持、外足で前進

4-2 フェース

ここに出て来る単語は、会話を行う上で必要です。単語を知らないと、何を話しているか会話も成り立たない場合もあります。

動作

ホールド

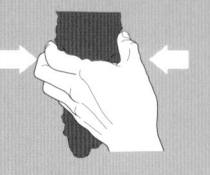

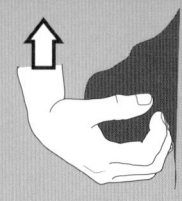

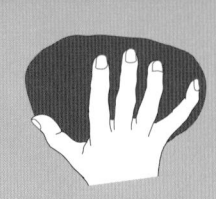

ガバ　　カチ／エッジ　　ピンチ　　ポケット　　アンダー　　パーミング

持ち方の相違

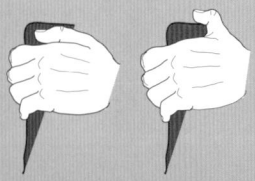

親指をかけないときとかけたとき

親指をかけるか、かけないかで、保持力が大きく変化する場合がある。どう持つかは、ホールドの形状によるものと、個人の指の強さ、癖による

タンデュー　　アーケ

指を伸ばし筋で持つ場合と指を立てて持つ場合がある。タンデューにするかアーケにするかは、ホールドの形状、個人の指、手の筋の強さによる

手の動き

持ち替え（1〜3）

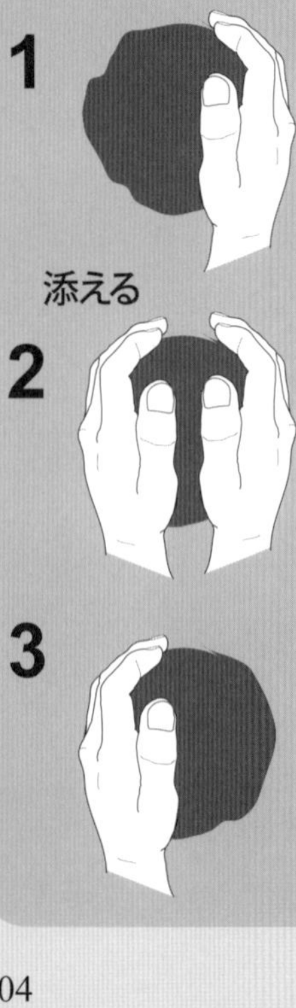

1
添える

2

3

中継

ホールドを持ち替えることで、反対側の手を次のホールドへ移動できる

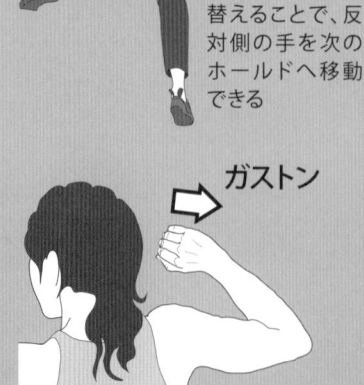

ガストン

クロス

前面

背面

前面のクロスは珍しくないが、背面のクロスは少ない

レスト

ホールドから手を離し手を振る。レストのときの体勢は重要

スタンス

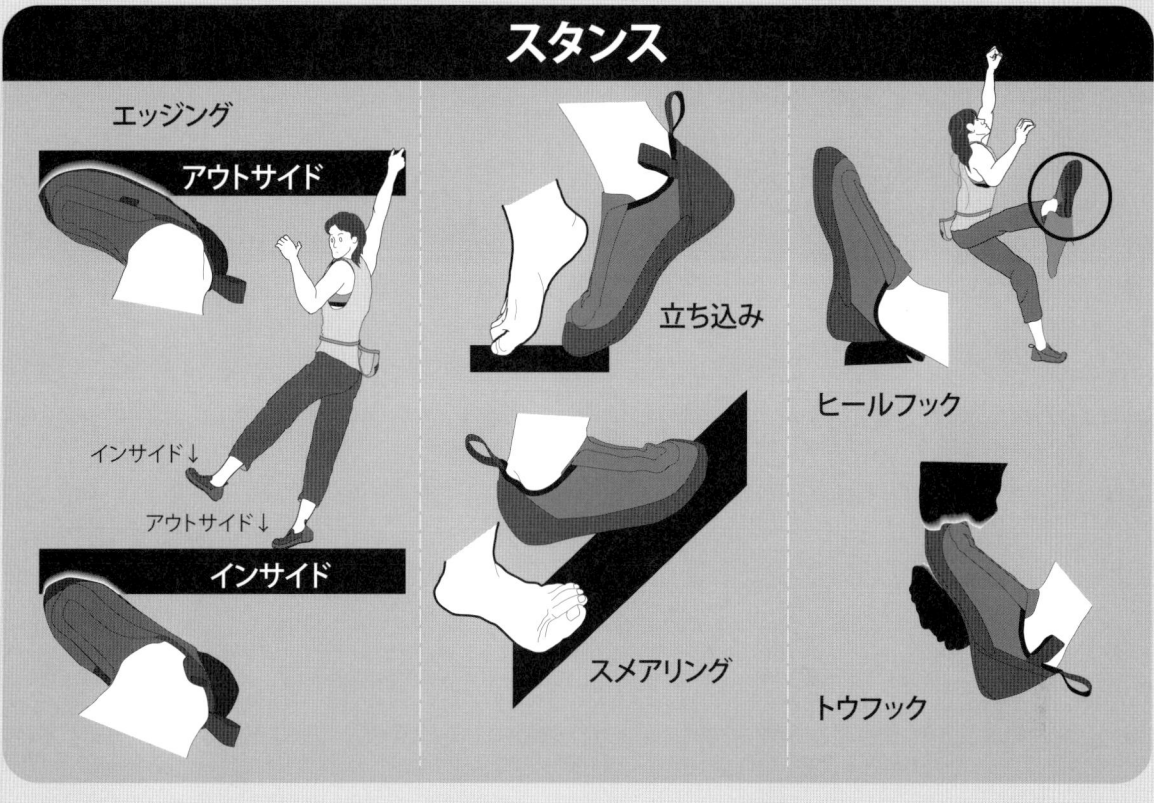

エッジング
- アウトサイド
- インサイド↓
- アウトサイド↓
- インサイド

立ち込み

スメアリング

ヒールフック

トウフック

体勢

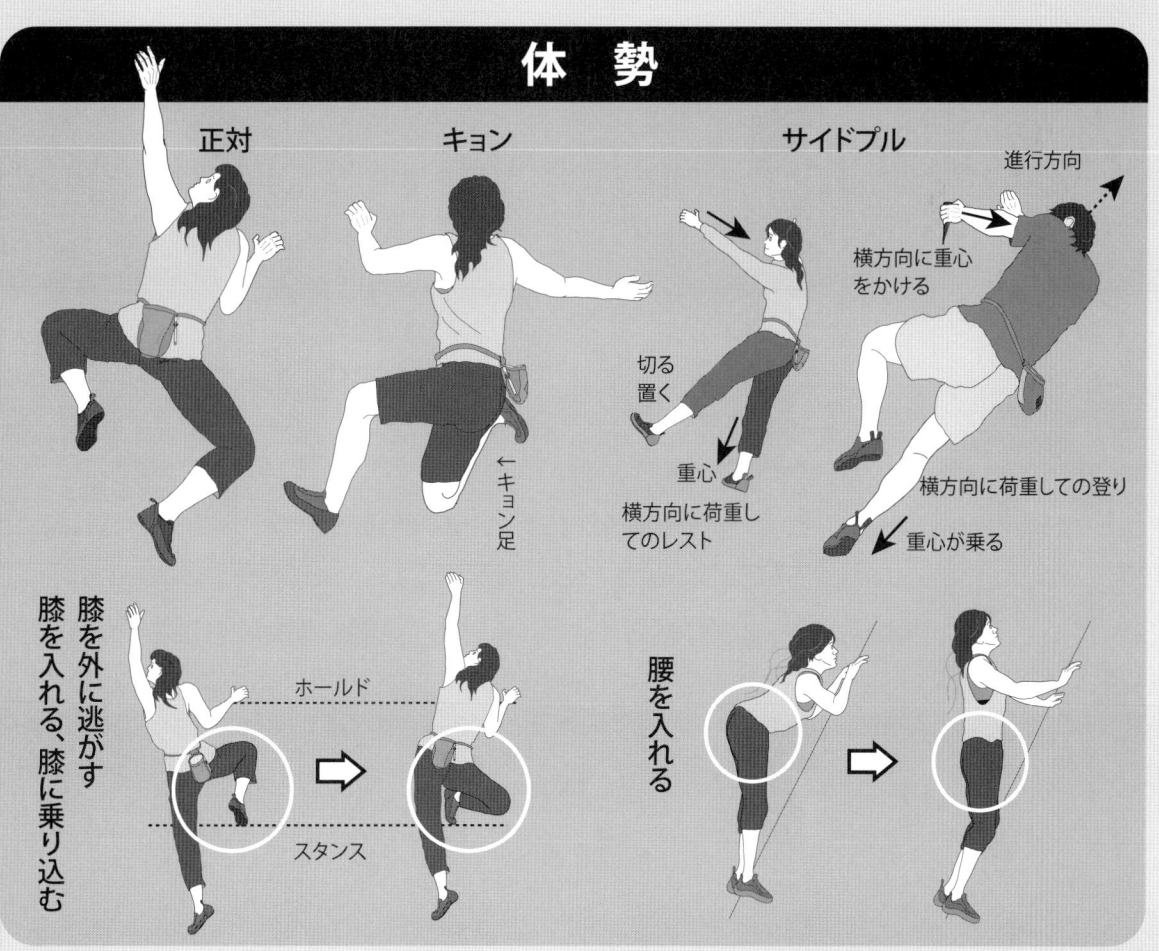

正対

キョン
←キョン足

サイドプル
- 進行方向
- 横方向に重心をかける
- 切る
- 置く
- 重心
- 横方向に荷重してのレスト
- 横方向に荷重しての登り
- 重心が乗る

膝を外に逃がす
膝を入れる、膝に乗り込む

ホールド
スタンス

腰を入れる

205

動作

●スタティック
引きつけなどでじわりとホールドを取りにいく。持続的力を出し続ける

●ダイナミック
勢いの反動を利用してホールドを取りにいく。スタティックな動作に比べ、より遠くのホールドを掴むことができ、加速によるエネルギーで力の出す量を減らすことが可能なときもある。ただし掴めなかった場合には墜落する

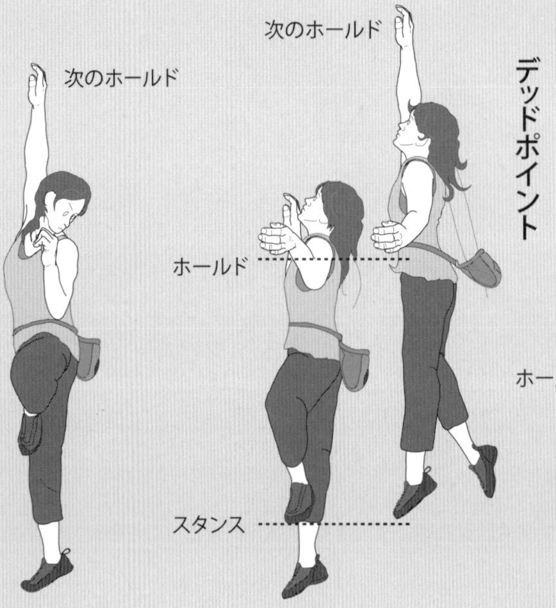

ランジ

次のホールド

デッドポイント

次のホールド

ホールド

スタンス

ダブルダイノー（両手のランジ）

次のホールド

ホールド

スタンス

スタティック

ダイナミック

ニーバー／ニーロック

白いウンコにニーロックでノーハンドレスト

ニーバー、ニーロックは動作でなくスタンスととらえるべきかもしれない

プッシング

プッシングも動作でなくホールドととらえるべきかもしれない

↓

マントリング

押す

ジャンプ

登りの動作範疇に入るか疑問はあるが、このような状況は存在する。これもダイナミックなムーブなのかもしれない

5 ヒント

ヒント1　アプローチ　　　　　　p208
アプローチに無理があるとき

ヒント2　トップロープ　　　　　　p210
リードに無理があるとき

ヒント3　人工手段1　　　　　　p214
1本目クリップができないとき

ヒント4　ハングドッグ　　　　　　p215
フリーで登れないとき

ヒント5　人工手段2　　　　　　p216
吊り上げ、フリーで登れないとき

ヒント6　懸垂下降　　　　　　p218
懸垂下降に不安あるとき、バックアップなど

ヒント7　ギア不足　　　　　　p219
スライド、かけ替え、回収

ヒント8　敗退1　　　　　　p220
ボルトルートで抜けられないとき

ヒント9　敗退2　　　　　　p220
アプローチで転滑落、リード中に墜落で足をけがしたとき

ヒント10　敗退3　　　　　　p222
ダブルロープでピッチが抜けられないとき

ヒント11　応答なし　　　　　　p223
マルチピッチで応答なし

ヒント12　テーピング　　　　　　p224
ジャミング用のテーピング

ヒント1 アプローチ 危険個所の対応

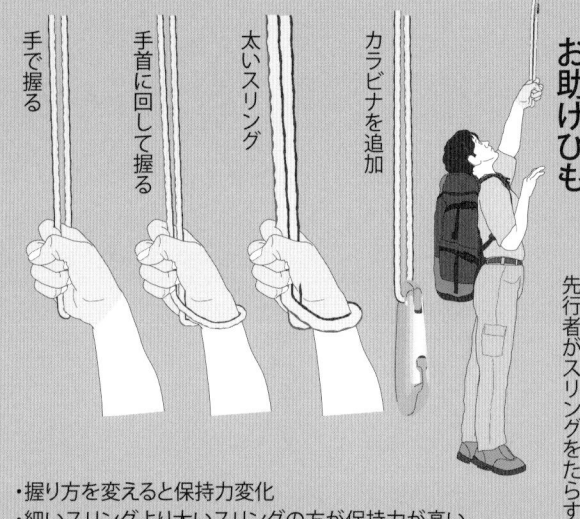

●危険個所の通過

岩場へのアプローチには、落ちたら危険な個所がしばしば存在します。パーティーのリーダーとなっている人がはっきりしている場合は、リーダーとなる人が全員の力量を判断し対応しなければなりません。そうでない場合には経験のある人が全員の力量をしっかり見据え、対応する必要があるでしょう。また、初心者は危険個所の通過に不安があるならそのことをはっきりと伝え、助けてもらうことが重要です。

また、そこであえて意思を声に出さなければならないパーティーは、意思の疎通が完全にできていないともいえます。マルチピッチへ出かけるならばお互いの力量を把握し、意思の疎通を十分に行っておく必要があります。

お助けひも

2m程度の悪い段差ならスリングを上から垂らすなどで越えられる可能性があります。また後続者が後ろから押すなどのサポートで容易に通過できる場合もあります。

荷上げ

ギア、ロープの入ったザックを担いだままと、空荷で登ることは雲泥の差があります。ザックだけ荷上げすれば空荷で登れます。

フィックス(FIX)

トラバースの危険個所はフィックスを張り、セルフをとって通過することで危険度を下げることが可能です。ただしセットする者の力量次第では、あってもないに等しい状況もある。

お助けひも — 先行者がスリングをたらす

残置は強度確認
使用後回収
ゴミは残さない

- 手で握る
- 手首に回して握る
- 太いスリング
- カラビナを追加

・握り方を変えると保持力変化
・細いスリングより太いスリングの方が保持力が高い
・カラビナを加えるだけでも効果は高い

絶対に落ちないことが前提。この場合の転滑落は致命的になる可能性あり。またスリングに指が残り滑ると指を痛める。チョンボを使用しない方が逆に問題なく通過できることもある。設置者が使用者の力量を把握することが重要なポイントである

荷上げ

p56 ブーリン
p52 ブーリン/ボーライン

必要ならザックのセルフも→
スリングでザックを引き上げる。重い場合はスリングをたぐらず、持ったままバックする
ロープ反対側末端でセルフをとった例
引き上げ場所が不安定ならセルフをとって作業する

手で引き上げられなければロープ、ギアなどを分けるか、装備を使用(→p196参照)。日帰りなのに手で引き上げられないほど重いザックは荷物に問題あり。初心者を同行の場合、出発時にザックの重量確認

荷上げ後、空荷で登る

距離あるときはロープで引き上げる

距離を上げるときは天蓋の上に重心が来るようにバランスをよくした方が引き上げやすい。荷上げは岩にすれてザックを傷めるので、薄いザックは避けた方がよい

重心

フィックス

この方法は回収に支点まで戻らなければならない。数人の場合は最後の人が回収しながら渡るのも手段の1つ

不確かなホールドは、根元を押さえつけるるように掴む。引いてはならない

中間支点を固定するのは張りのあるフィックスにするため。たるんだフィックスは落ちる距離が長くなる。中間支点を固定するかは状況次第

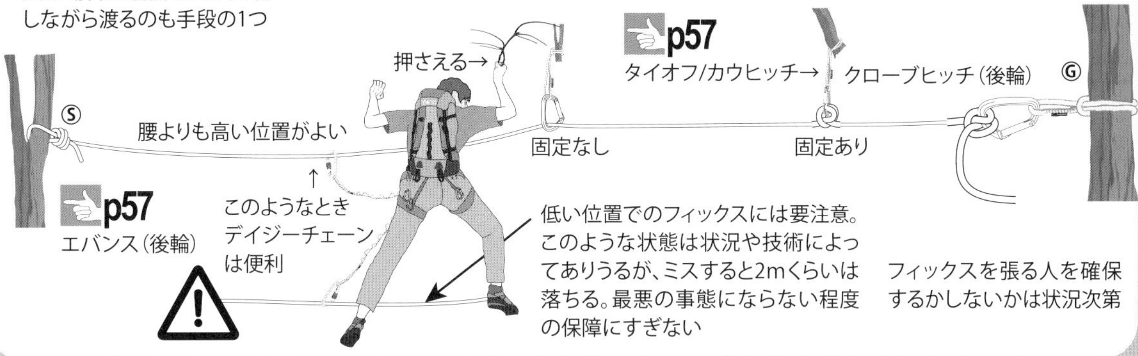

押さえる→
タイオフ/カウヒッチ→ クローブヒッチ（後輪）
👉 p57
腰よりも高い位置がよい
固定なし　固定あり

👉 p57
エバンス（後輪）

このようなときデイジーチェーンは便利

低い位置でのフィックスには要注意。このような状態は状況や技術によってありうるが、ミスすると2mくらいは落ちる。最悪の事態にならない程度の保障にすぎない

フィックスを張る人を確保するかしないかは状況次第

中間支点の考え方

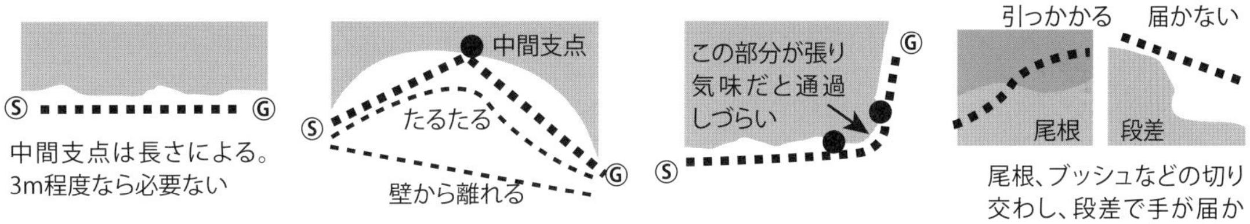

中間支点は長さによる。3m程度なら必要ない

中間支点
たるたる
壁から離れる
中間支点がないとフィックスはたるたるか、壁から離れる

この部分が張り気味だと通過しづらい
相手が見えなくなるので2人の場合は注意

引っかかる　届かない
尾根　段差
尾根、ブッシュなどの切り交わし、段差で手が届かない地点の張り気味は通過しづらい

固定の中間支点張り方

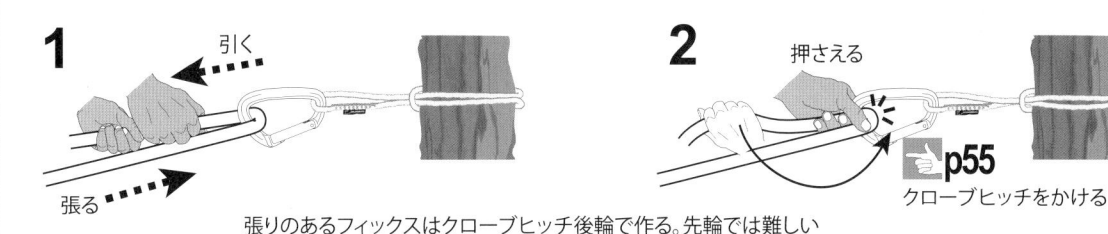

1 引く／張る
張りのあるフィックスはクローブヒッチ後輪で作る。先輪では難しい

2 押さえる
👉 p55
クローブヒッチをかける

中間支点の通過

中間始点の通過時、セルフの空白をなくす

かけ替え　かける
カラビナなどを加える
かける

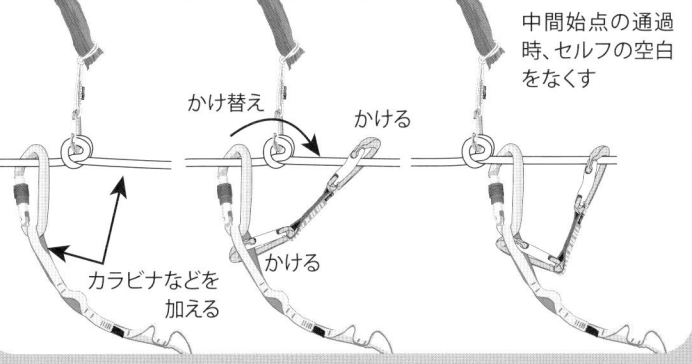

回収可能なフィックス

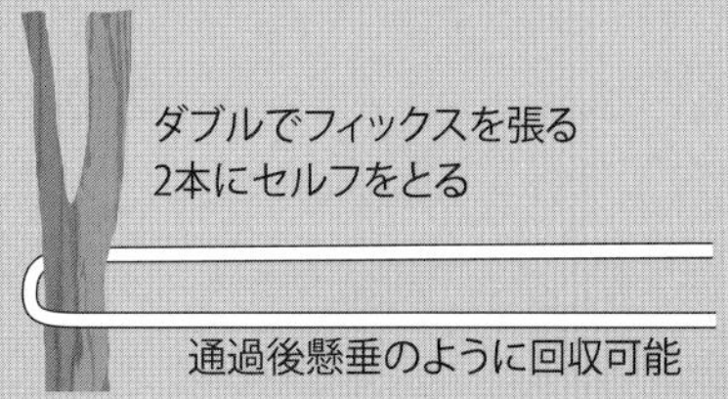

ダブルでフィックスを張る
2本にセルフをとる

通過後懸垂のように回収可能

中間始点を必要としない短い距離や状況に限られる。または最後の人が中間始点を回収しながら通過。短い距離はスリングの連結でお助けひもにした方がロープを出すより効率がよい。メンバー、状況で判断で迷う

ヒント2 トップロープ リードに無理があるとき、上部の支点で登る方法

登りを覚えるための手段

自転車の乗り方を覚えるまで、補助車輪を付けて自転車の乗り方を習得したことはないでしょうか。クライミングにも登り方を覚えるための登り方があります。トップロープは初めてクライミンを行う人には登り方、装備の使用方法などを覚えるために有効な方法です。

トップロープはリードクライミングに比較して墜落の恐怖感が小さく、クライミングにおいて重要な精神面での負荷が小さいので、初心者が初めての登りを行う場合に精神面を気にすることなく技術の習得を行うことが可能です。

自転車で何度も転倒、よろめき走行しながら補助なしで走れるようになったように、クライミングも勇気を出して、徐々にリードの技術を身につけていことです。

リードとトップロープの相違

手段	リード	トップロープ
墜落距離	大きい	小さい
リードの装備	多い	ヌンチャク1本程度
ロープの傷み	結びから約3mまでが傷む	全体的に擦れる、伸びる
墜落の恐怖感	大きい	リードに比べ小さい
技術	大きい	リードに比べ小さい

墜落の恐怖感、技術はトップロープだけでは経験できない。トッププロープは精神面での負荷が小さいので、リードの比べて達成感なども小さくなるが、リードの手法を理解するまでは必要
トップロープはルートを長時間占拠してしまうことになるので、周りの状況、トップロープの支点の設置方法を判断して使用することが重要です

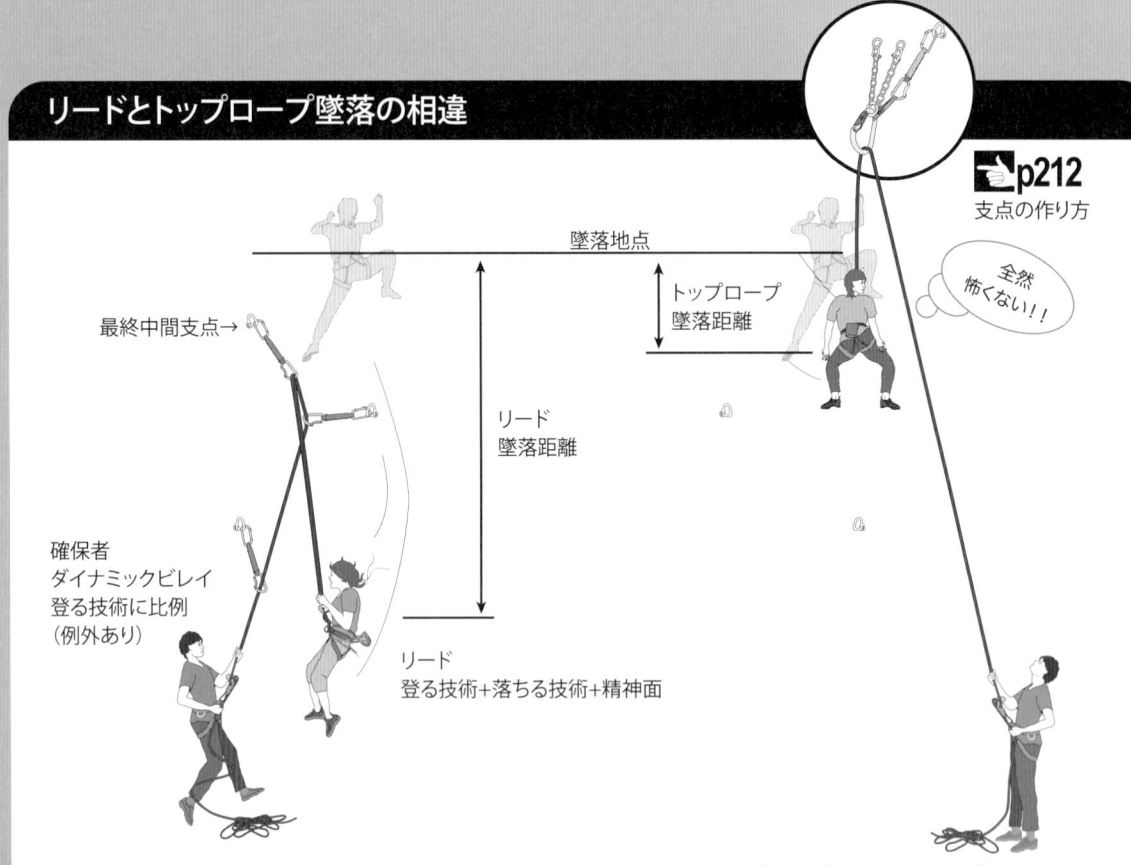

リードとトップロープ墜落の相違

p212 支点の作り方

全然怖くない！！

墜落地点
最終中間支点→
トップロープ墜落距離
リード墜落距離
確保者
ダイナミックビレイ
登る技術に比例
（例外あり）
リード
登る技術+落ちる技術+精神面

リード墜落距離＝墜落地点から最終中間支点の距離×2+ロープの伸び+α
トップロープ落下距離＝ロープの伸び+α
α＝確保者技術、状況などの差（αは非常に大きな値にもなる）

トップロープのグラウンドフォール
トップロープも危険が多く、決して安全ではない！

● 未熟な確保者

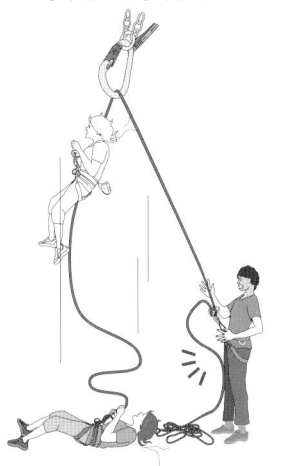

● 支点崩壊

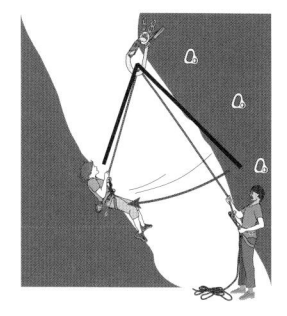

● 登り始め

1m登ったときの落ちる長さの比較

支点

約4.7m＝59m×0.08

約0.7m＝9m×0.08

支点

30m

5m

テンション

1m

地面

トップロープの長さで落ちる距離は変化

↑地面より下がる＝グラウンドフォール

ロープの伸びる長さ＝さロープ長×伸び率

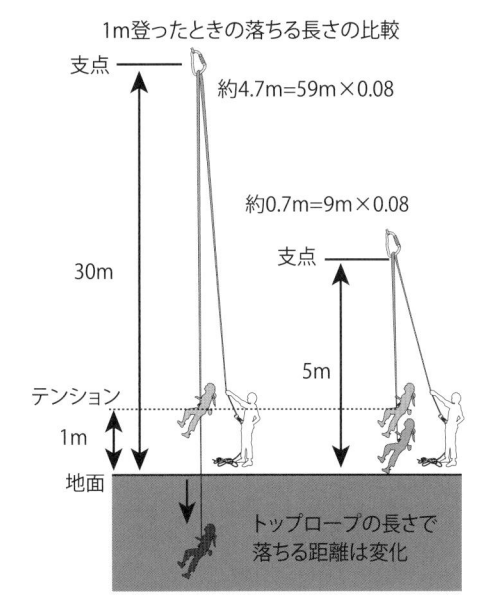

登り始めでのテンションは、リード、確保者ともに注意が必要。特に距離のあるトップロープでは、ロープが伸びるので、確保者はロープを張りぎみの方がよい。登り始め1mくらいでは、トップロープでもグラウンドフォールする可能性がある。図は細かな点、＋αを省いた理論上のもので、実際とは相違がある

● 形状1

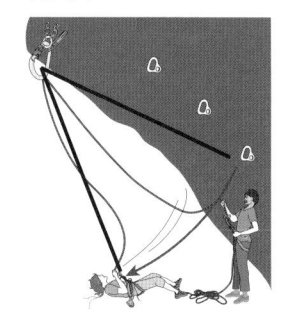

● 形状2

悪い確保位置

ロープに激突

落下の軌跡

確保者も引きずられることもある

確保者の位置が悪い

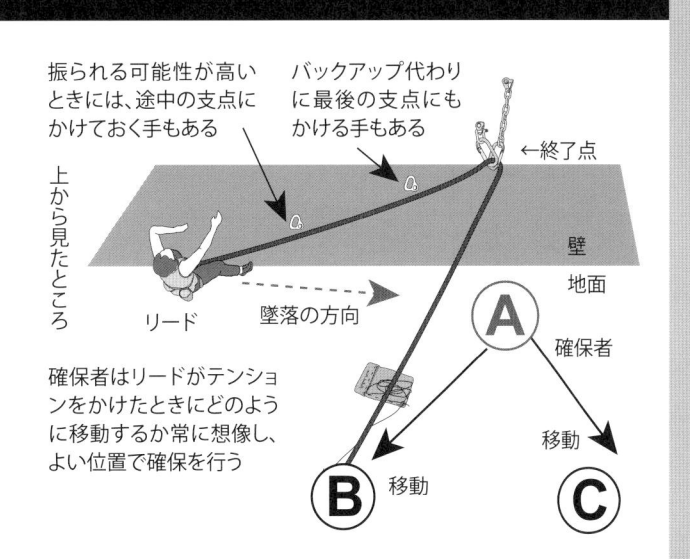

振られる可能性が高いときには、途中の支点にかけておく手もある

バックアップ代わりに最後の支点にもかける手もある

←終了点

上から見たところ

リード

墜落の方向

壁

地面

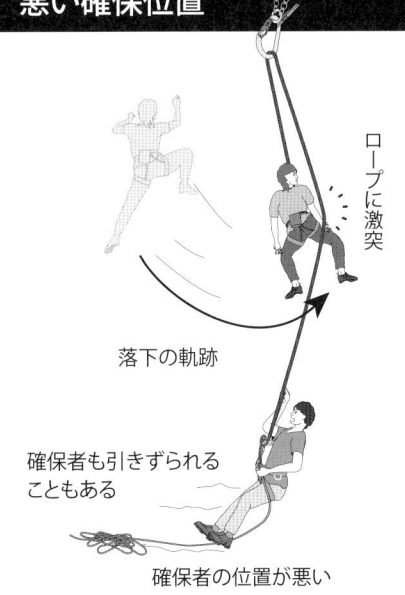

確保者はリードがテンションをかけたときにどのように移動するか常に想像し、よい位置で確保を行う

Ⓐ 確保者

Ⓑ 移動

Ⓒ 移動

5.ヒント

トップロープ支点の作り方

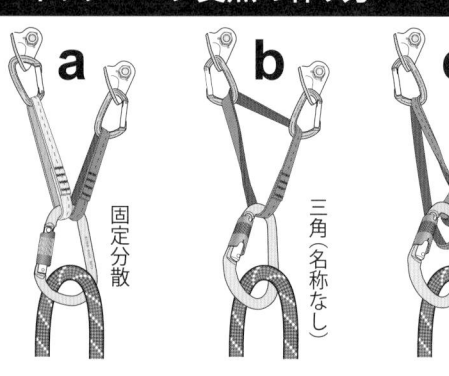

a 固定分散
b 三角（名称なし）
c 流動分散

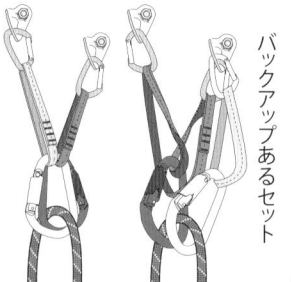

バックアップあるセット

1つが破損したときのために必ずバックアップがあるべきとすると、a～cはロープ1本に完全環付きカラビナ1枚であること、bとcはスリング1本でセットされていることから、すべてダメということになる。しかし現実にはどれも使用されている

ハーネスの接続

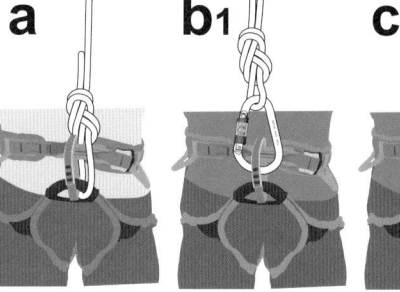

a 結び
b1 安全環付きカラビナ1枚
c カラビナ1枚
b2 安全環付きカラビナ2枚

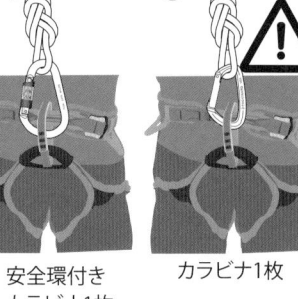

時間短縮、結びができないときなどにカラビナが使われるが、結びがきちんとできるなら結んだ方が確実。トップロープでハーネスに連結したカラビナはゲートが開放されやすい。安全環付きカラビナでも開放してしまうことがある

トップロープ支点の失敗

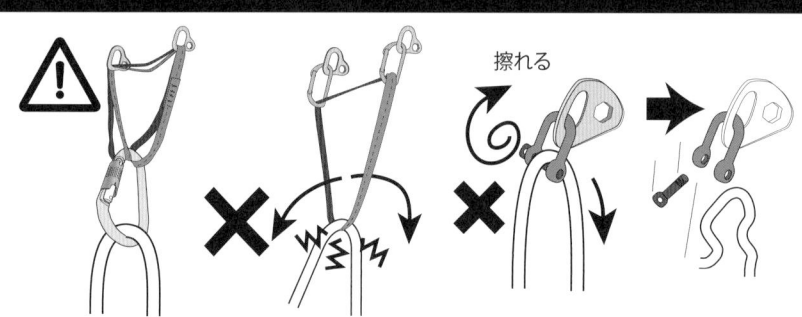

- エッジのあるものにじかにスリング
- スリングにじかにロープは、摩擦でスリング切断
- 擦れる／ネジが回されて落下
- 1つの支点が壊れたとき、ロープは外れる 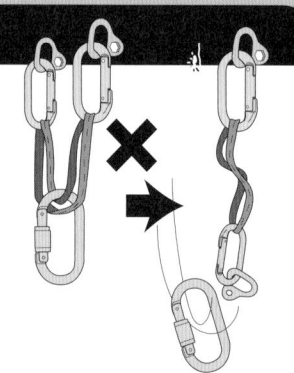

支点の作り方（自然物の利用）

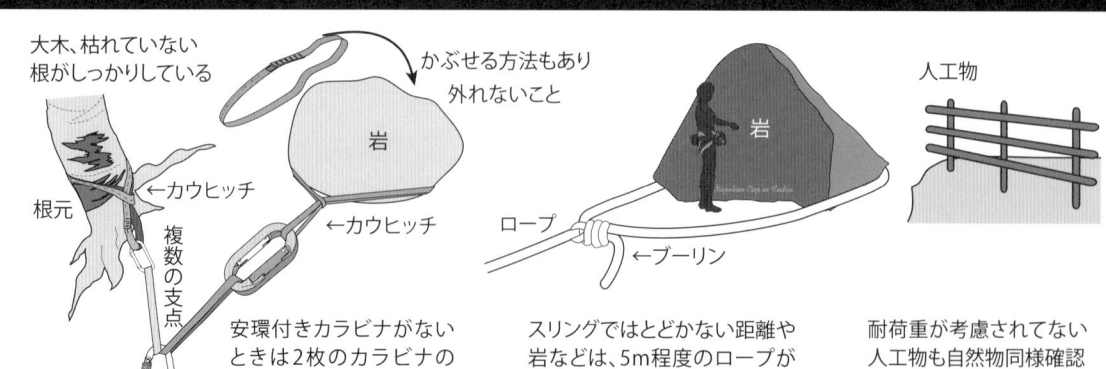

- 大木、枯れていない根がしっかりしている　根元　←カウヒッチ　複数の支点
- かぶせる方法もあり外れないこと　岩　←カウヒッチ　安環付きカラビナがないときは2枚のカラビナのゲートを逆にする
- 岩　ロープ　←ブーリン　スリングではとどかない距離や岩などは、5m程度のロープがあれば対応しやすい
- 人工物　耐荷重が考慮されてない人工物も自然物同様確認

ロープの流れの考慮

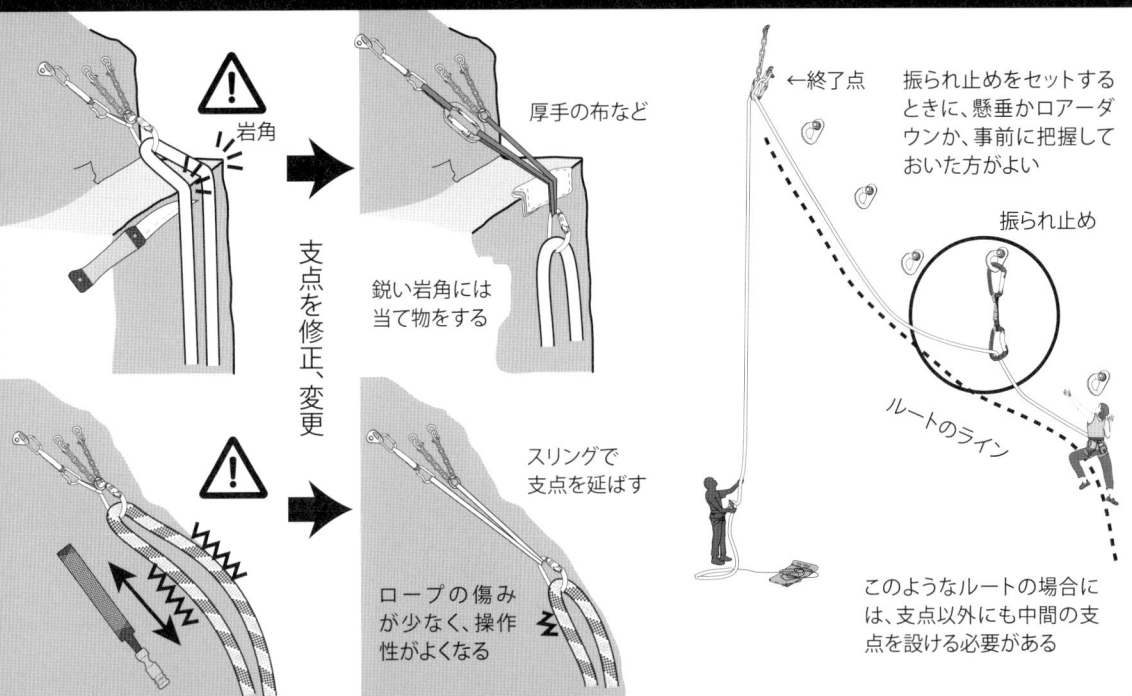

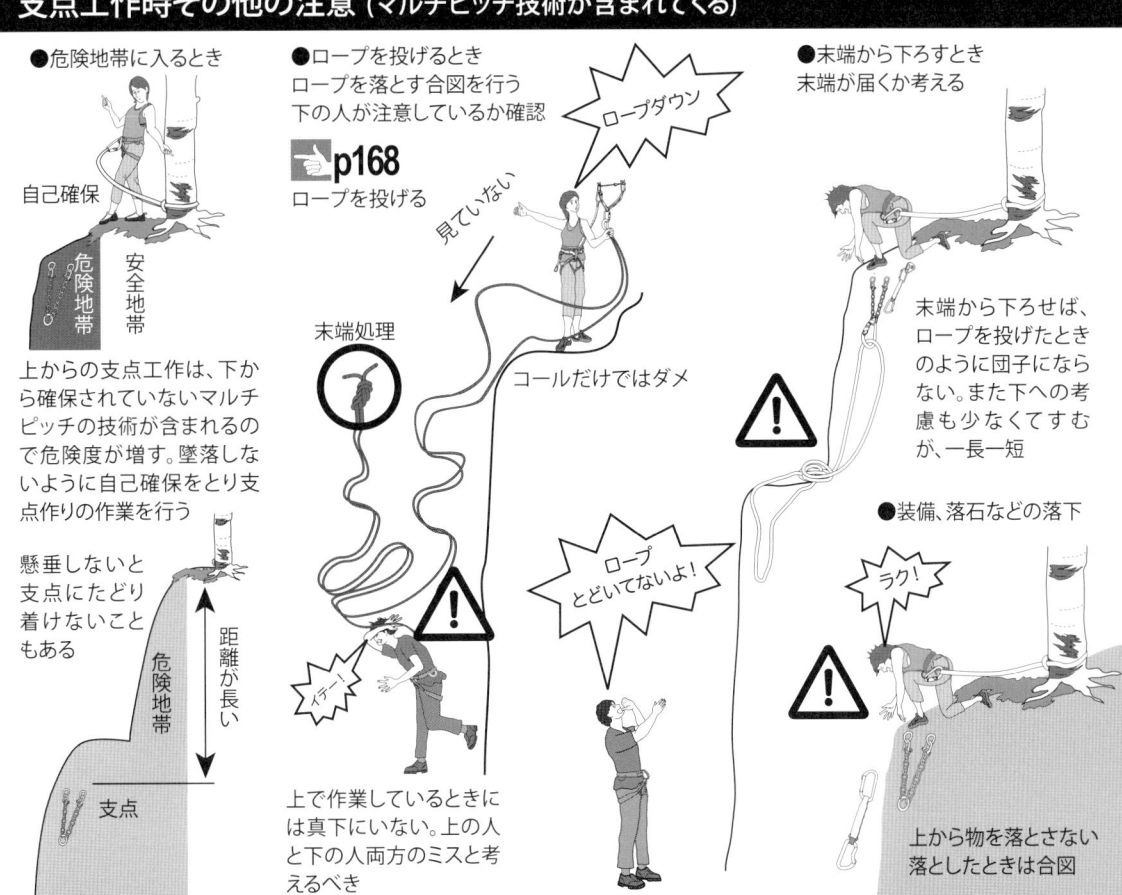

岩角

支点を修正、変更

厚手の布など

鋭い岩角には当て物をする

スリングで支点を延ばす

ロープの傷みが少なく、操作性がよくなる

←終了点

振られ止めをセットするときに、懸垂かロアーダウンか、事前に把握しておいた方がよい

振られ止め

ルートのライン

このようなルートの場合には、支点以外にも中間の支点を設ける必要がある

ヒント

支点工作時その他の注意 (マルチピッチ技術が含まれてくる)

●危険地帯に入るとき

自己確保

危険地帯 / 安全地帯

上からの支点工作は、下から確保されていないマルチピッチの技術が含まれるので危険度が増す。墜落しないように自己確保をとり支点作りの作業を行う

懸垂しないと支点にたどり着けないこともある

距離が長い

危険地帯

支点

●ロープを投げるとき
ロープを落とす合図を行う
下の人が注意しているか確認

p168
ロープを投げる

ロープダウン

見ていない

末端処理

コールだけではダメ

イテー!

ロープとどいてないよ!

上で作業しているときには真下にいない。上の人と下の人両方のミスと考えるべき

●末端から下ろすとき
末端が届くか考える

末端から下ろせば、ロープを投げたときのように団子にならない。また下への考慮も少なくてすむが、一長一短

●装備、落石などの落下

ラク!

上から物を落とさない
落としたときは合図

213

ヒント3　人工手段1　1本目がクリップできないとき

　フリーで登ることができないとき、部分的に人工で登る手段があります。

台に乗る

　離陸ができないときの人工手段です。梯子や椅子などを使用した場合には持ち帰るでしょうが、ケルンを積んだような場合には、誰もが同じように登るとは限らないので、元の状態に戻しておくことが重要です。

木クリップ（プリクリ）

　1本目のクリップ前に墜落の可能性があるようなとき、先に1本目にロープをかけ、最初だけトップロープで登る手段です。

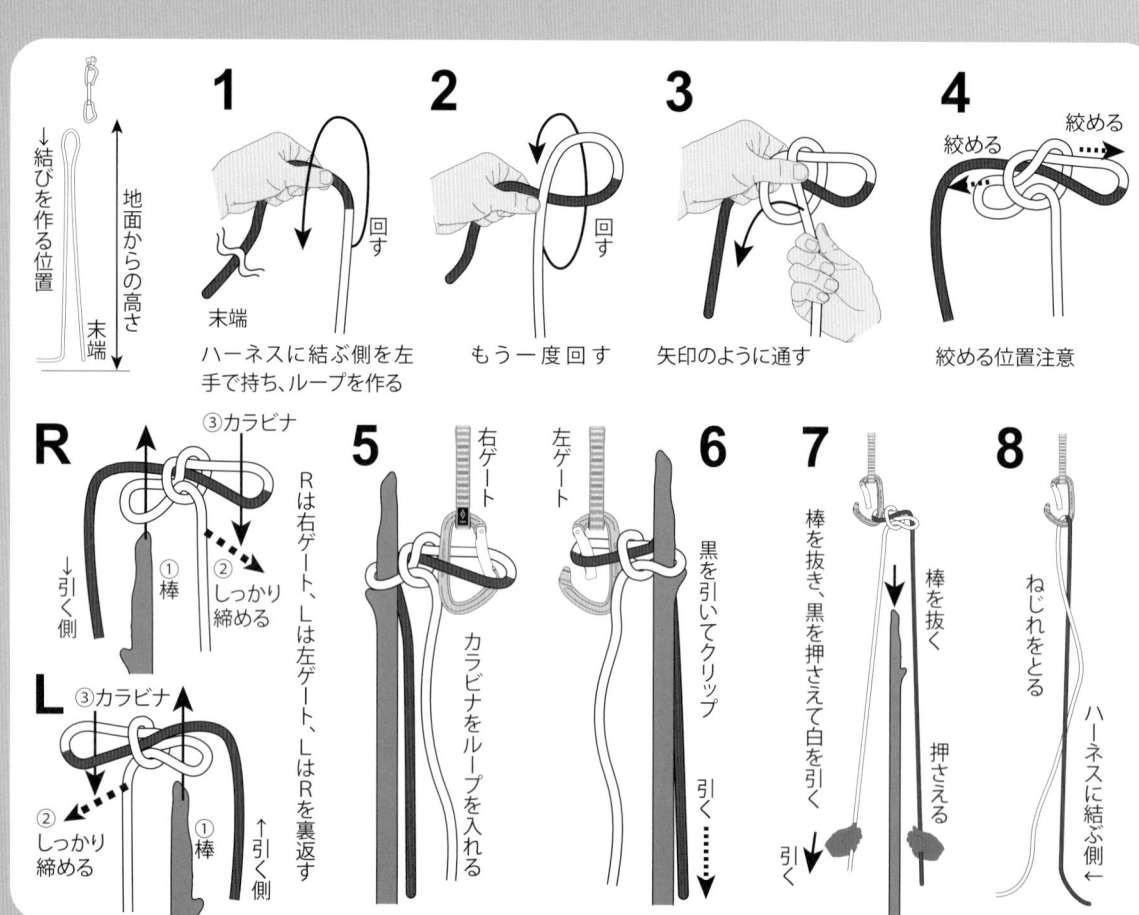

台に乗ることで離陸が可能になる

やっと登れる！

積んだケルンは元に戻す。誰もが使用するとは限らない

1 ハーネスに結ぶ側を左手で持ち、ループを作る　末端　回す

2 もう一度回す　回す

3 矢印のように通す

4 絞める位置注意　絞める　絞める

↓結びを作る位置　地面からの高さ　末端

R ①棒　②しっかり締める　③カラビナ　↓引く側　Rは右ゲート、Lは左ゲート、LはRを裏返す

L ①棒　②しっかり締める　③カラビナ　↑引く側

5 右ゲート　左ゲート　カラビナをループを入れる

6 黒を引いてクリップ　引く

7 棒を抜き、黒を押さえて白を引く　棒を抜く　押さえる　引く

8 ねじれをとる　ハーネスに結ぶ側←

ヒント4 ハングドッグ

●トップロープ状態で解決

ハングドッグは、フリーで登れないときにフリーで登れるように、できない個所を繰り返し行い、できるようにする手段です。習得できていないムーブなどを解決するのに効率的で、自分自身の実力より難易度の高いルートに取り付いたときによく行います。フリーで登る実力を向上させるためには、ラップボルトと切り放せない手段です。

1 ムーブできなくて次まで行けない

フリーの解除

2 ヌンチャクがかかっていれば掴む（A0）。届かないような場合は、下から棒を上げて木クリップする手段もある

3 下ろして／下ろしてもらい、できていない部分を解決する。下からの登りに比較してはるかに効率的

ムーブを固める

4 やった！ムーブできた！／できない個所を何度も練習することが可能になる

ブロックしました／休むときにはセルフをとれば、ロープと確保者は息がつける

登ってるよ！／登るって言ってくれないと分かんないよ…／ハングドッグの確保も荷重を抜くタイミングなど経験が必要なことが多い

手がボロボロだ…／疲れてムーブができない／長時間ハングドッグの場合、順番待ちしている人がいないかなど周囲の状況に注意する。ハングドッグしている人は時間の経過がわからないことが多いので、確保者がリードに注意を促すことも必要

ヒント5 人工手段2

　傾斜の強い壁、ハングなどで墜落すると、壁から離れた宙づり状態になります。壁から離れると壁を登ることができないので、ロープを登り壁に戻る人工手段が必要になる。

吊り上げ

　確保者にロープを張ってもらい、ロープを引きつけた弛みを利用して少しずつ上がります。確保者の張りと引きつけを離すタイミングが重要ですが、最低限の引きつける腕の力と腹筋力がないと上がれません。吊り上げは墜落地点へ戻るためにスポーツ的な岩場では頻繁に行われ、傾斜の強い壁でハングドッグするために必要な技術です。

ロープ登り

　吊り上げは確保者に手伝ってもらい登る方法ですが、装備を使用すれば自分でロープを登ることも可能。「自己脱出」とも呼ばれている人工手段、あるいは登高器を使用しないユマーリングです。

その他の人工

　その他の人工にはロープを利用したものと、あぶみを利用したものがる。

吊り上げ

1 握る — 瞬間的な両手の保持力と腹筋
2 引きつけ — 上がる距離
3 離す — 離す瞬間、腰を入れる。タイミングが悪いとまったく上がらない。1～3を繰り返す

ロープに手が届くなら、吊り上げよりごぼうの方が楽

1～2 宙づりで支える
3 上がった分下がる

確保者は荷重をかけてロープを張る。体重差がある場合は最終支点の真下でぶら下がらないと、上でいくらもがいてもまったく上がらず、かえって下がる

吊り上げの振動でカムが動き外れる可能性あり

カム支点での吊り上げは避けた方が無難

確保者側はロープを弛めないように。手で押さえているとずれてしまうので、固定した方がよい

図で使用している装備
●上側
プルージック Φ=6mm　L=45cm
安全環付きカラビナ
セルフ　W=14mm　L=55cm
●下側
プルージック W=5mm　L=120cm
安全環付きカラビナ
セルフ　W=14mm　L=45cm

図は完全な空中（→p191空中状態参照）ではなく、膝が壁に当たるくらい。p164のピッチで落ちるとこの状態になる。使用例は身長、手足の長さで変化する。スリングが1本もないロープの登り返しは非常に困難。ロープを登るための装備を緊急用に常に身に付ける（登る装備と別）ことを義務づけている山岳会もある

「クソー！！落ちちゃった登り返しだ」

スリング上側
結び　プルージック
用途　上側のセルフ

スリング下側
結び　プルージック
用途　下側のセルフ&あぶみ

8の字
ロープは解かない

手の長さと上側のスリングの長さがポイント
上側のセルフ
8の字の上にセルフ
下側セルフ
カウヒッチ

スリングの長さ 膝～膝下ぐらい

図のようにスリングをセット。上側のセルフの長さ、下側にあぶみをセットするのがポイント

膝を外へ逃がして立ち上がる
足を入れる

あぶみ用のスリングに立ち上がれば、あとはユマーリング（→p191参照）の動作を行う。装備的にはすべてスリングで代用しているだけの違い

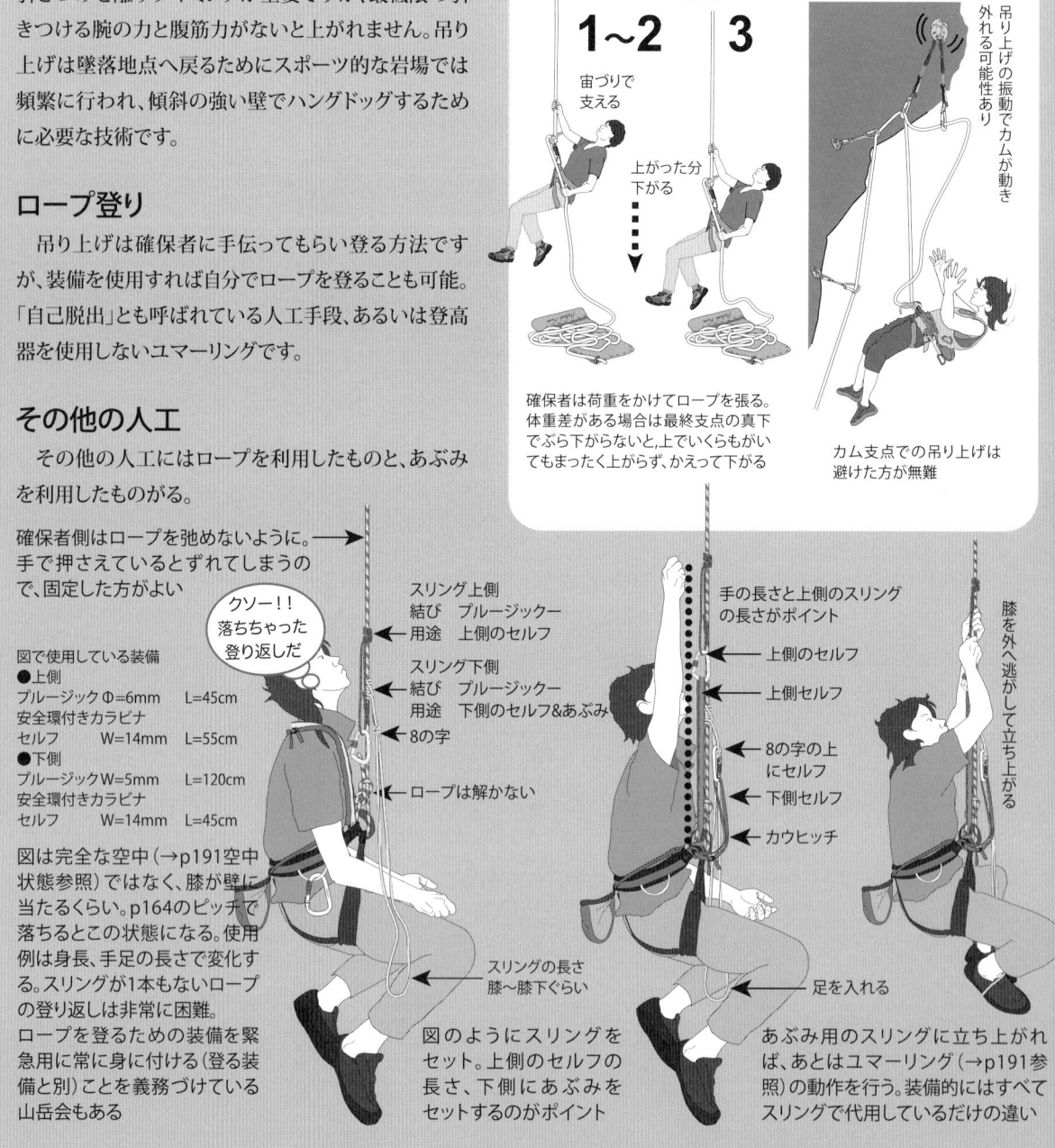

5.ヒント

A1

ヌンチャクを掴むのはA0

ヌンチャクとスリングのあぶみ

スリングやヌンチャクの連結で足輪を作り、それに乗る。A0（p215）より遠くが取れる

テンショントラバース

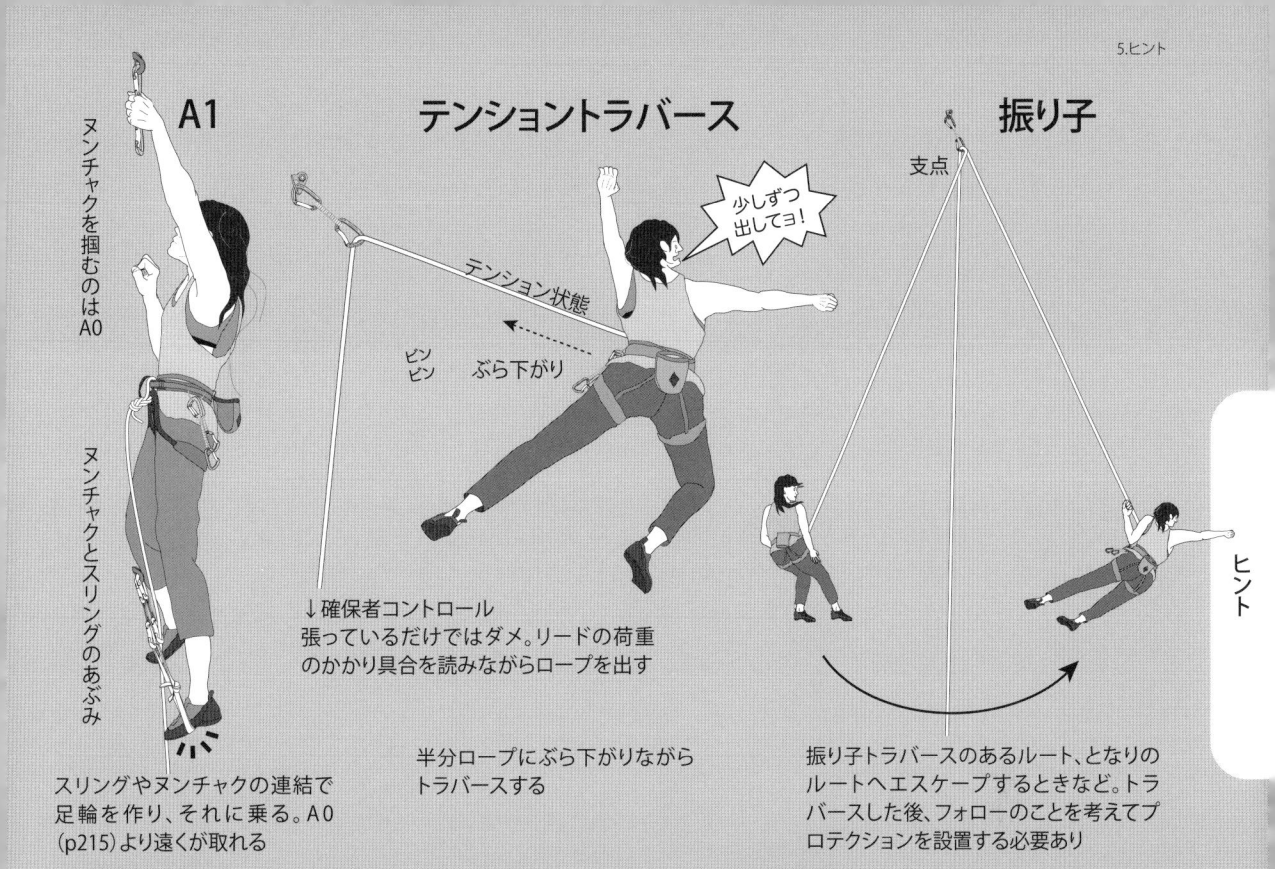

テンション状態

ピンピン　ぶら下がり

「少しずつ出してョ！」

↓確保者コントロール
張っているだけではダメ。リードの荷重のかかり具合を読みながらロープを出す

半分ロープにぶら下がりながらトラバースする

振り子

支点

振り子トラバースのあるルート、となりのルートへエスケープするときなど。トラバースした後、フォローのことを考えてプロテクションを設置する必要あり

あぶみを使用した人工（A1）　登攀を行うにはフリー同様必須の技術、手順

あぶみのかけ替えも手順、技術により効率が大きく変化し、トータルで登攀時間に影響を及ぼす。装備を使用する技術が多く含まれる

1 市販の4段あぶみは3段目から乗ると効率的

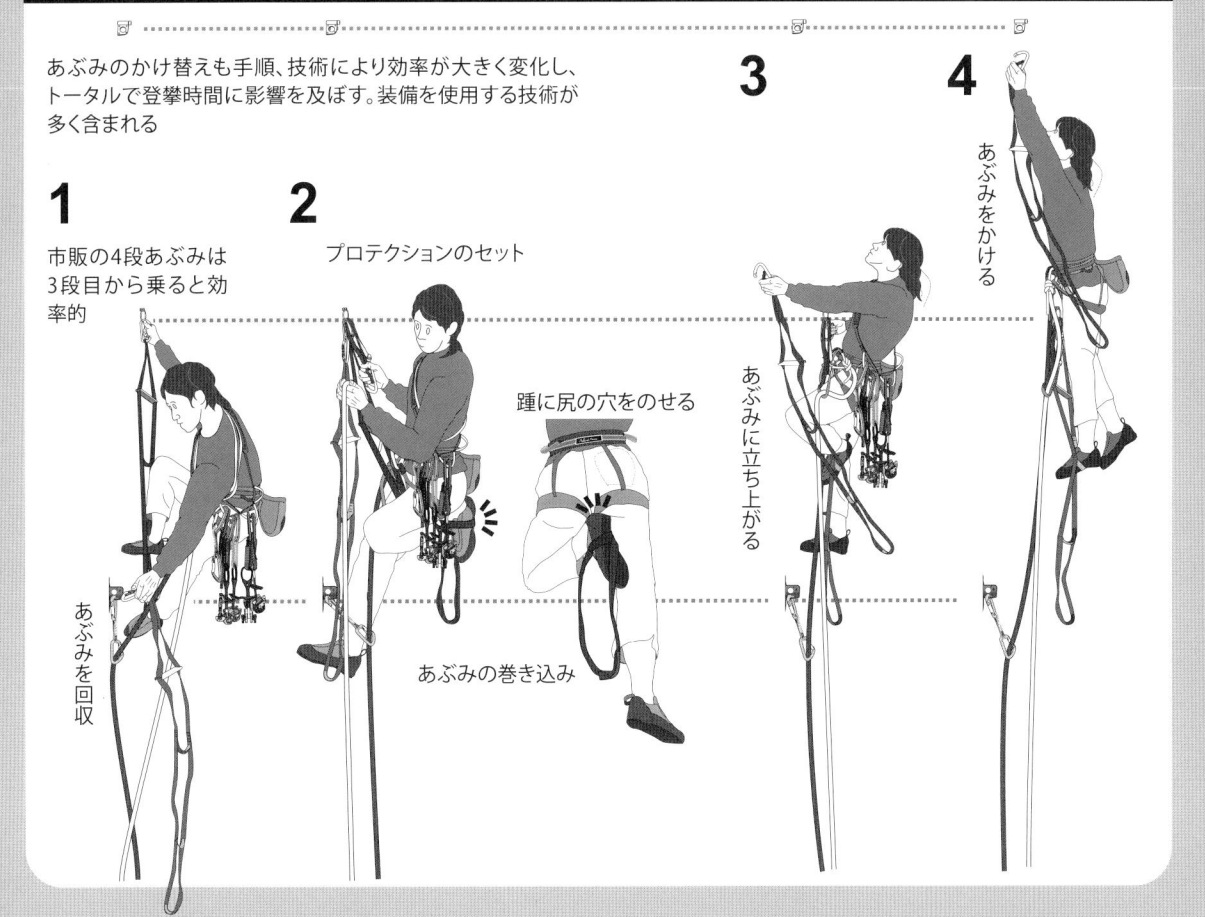

あぶみを回収

2 プロテクションのセット

踵に尻の穴をのせる

あぶみの巻き込み

3 あぶみに立ち上がる

4 あぶみをかける

217

ヒント6 懸垂下降　懸垂下降に不安があるとき、バックアップなど

懸垂下降に不安あるとき

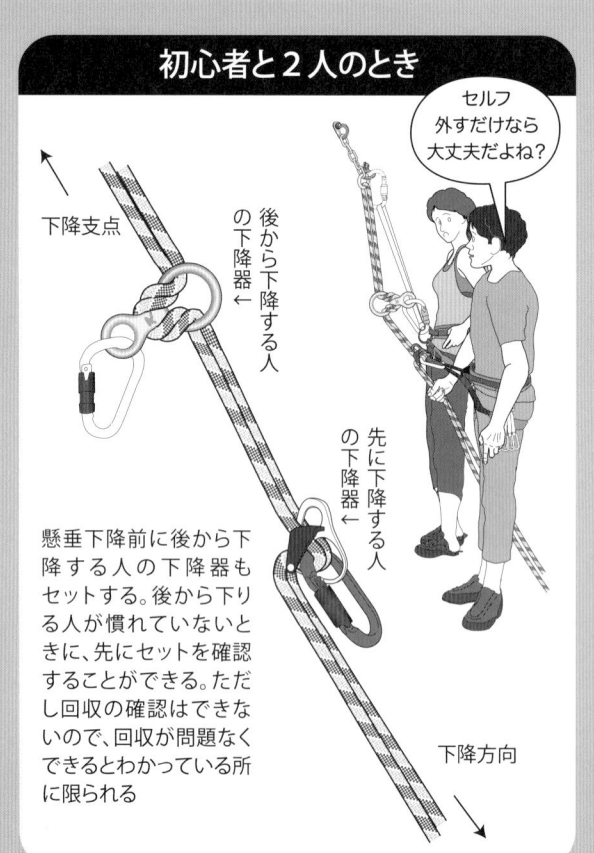

下でバックアップ

自己確保
懸垂下降用ロープ
確保ロープ
怖いな…
下で下降を調整
引く

上でバックアップ

初心者と2人のとき

セルフ外すだけなら大丈夫だよね？

下降支点
後から下降する人の下降器
先に下降する人の下降器
下降方向

懸垂下降前に後から下降する人の下降器もセットする。後から下りる人が慣れていないときに、先にセットを確認することができる。ただし回収の確認はできないので、回収が問題なくできるとわかっている所に限られる

バックアップ

下降器の他にスリングでフリクションヒッチを行う。荷物が重いとき、下降器の制動が弱いとき、下降中に作業が入りそうなとき（ロープを解くなど両手を離すなど）などに有効。懸垂下降中の落石などで意識を失っても落下しない。新素材のスリングは素材の性質を理解して使用

バックアップの取り付けは個人によりさまざまで経験的な運用が必要。下降時はヒッチに手を添えて下降する

● ビレイループ
○ 下降器下部にヒッチ
テープスリング、ロープスリング、カラビナ

バックアップを確実に効かすために下降器をスリングで延ばしている

a 巻き付け

● レッグループ
○ 下降器下部にヒッチ
テープスリング、カラビナ

末端ギリギリで手を離しても止まっているが、いかにも危ない。バックアップは、末端スッポ抜け防止ではない

b マッシャー　末端

● ビレイループ
○ 下降器下部にヒッチ
テープスリング、カラビナ

ヒッチがきつく絞められないので末端付近や、重量が重いときにずれていく

c

プルージック

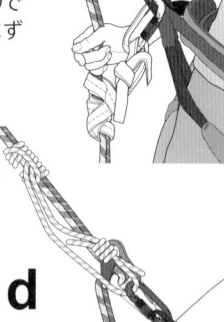

● ビレイループ
○ 下降器上部にヒッチ
ロープスリング、カラビナ

下降器上部にヒッチのセットをした場合、ヒッチが締まったときは解除しづらい

d

ヒント7 ギア不足 スライド、かけ替え、回収

残り玉2発、どうする？

まだ半分はあるな…
あと2つか…

持ち玉が尽きてきたときどうするか！

●スライド
スライドはトリガーを軽く引き、クラックから抜かずにそのまま上部へずらす。スライドには三つの違った使われ方がある。今にも落ちそうで常にトップロープ状態で登りたいとき、持ち玉が少なくなって来たときの緊急処置としてずらすとき、効まりのよい個所に効め直すとき

●かけ替え
上にプロテクションをセットしたあと足元のプロテクションを回収し再利用する。この方法は効率は悪いが、プロテクションが足りそうもないと判断したときの緊急対策になる

●回収
残り玉が完全に足りないと判断したとき、クラックに合うサイズのプロテクションを使い果たしたときなど、ロアーダウンで下ろしてもらい、必要なプロテクションを回収して上に戻る。ロアーダウンするときには複数のプロテクションで下りた方がよい

回収

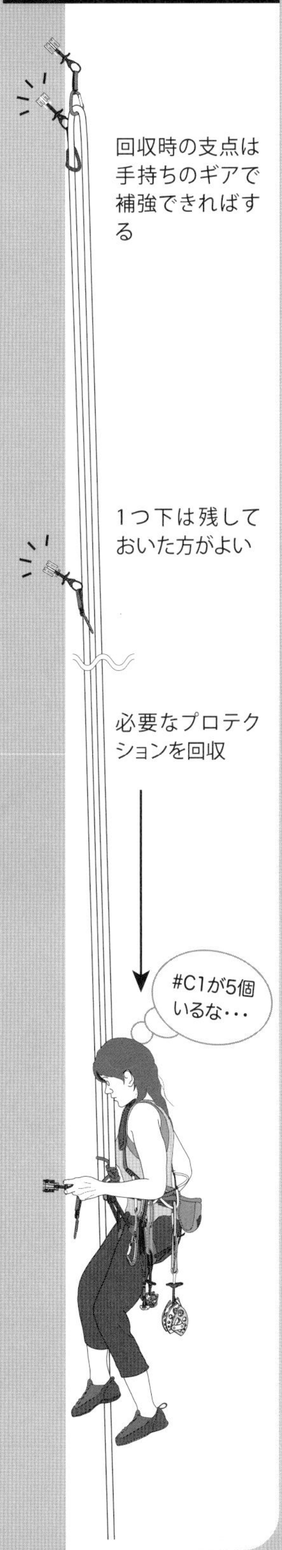

回収時の支点は手持ちのギアで補強できればする

1つ下は残しておいた方がよい

必要なプロテクションを回収

#C1が5個いるな…

スライド

上にずらす
可能ならクラックから抜かない
トリガーを引き

ここの方がいいなというフリ
ズルじゃないズルじゃない
スライドしたら効いてない

かけ替え

←上にセット後下を回収

5.ヒント

ヒント8　敗退1　ボルトルートで抜けられないとき

●敗退という手段

　敗退は、上に登れないときそこから下りる手段です。ロアーダウンできる範囲なら、ヌンチャクや敗退ビナを残置すれば下降できます。墜落が前提とされるスポーツ的なルートでは、ヌンチャクを回収しての飛び降りも手段の一つです。敗退ビナはカラビナが1枚しか入らないようなハンガーやRCCボルトの場合には、後から登る人への登りの障害になることもあります。情報のないルートを登る場合には仕方がないかもしれませんが、情報があるゲレンデなどでは元の状態を保つことが大事です。

スリングでの敗退

　ロープ長さの3分の1の高さの場合には、スリングと懸垂で残置を残さずに敗退することが可能です。ただしこの場合の支点は1カ所なので、その支点が十分に確かである場合に限られる。

→回収　行きまーす　→飛び降り　ヒエ〜！

飛び降りて回収する
最後はクライムダウン

↓回収ビナ
→捨てビナ

敗退ビナ持っててよかった

ヒント9　敗退2　けがによる敗退

　アプローチでの転滑落、リード中の墜落などによる歩行困難者の搬送法も覚えておきたい。ロープがある場合はロープで背負子を作った方がスピード、効率性が高い。相手を担ぐ力が必要。距離が長い、道が悪い、担がれる人の意識が薄いなどの場合、バリエーションで固定した方が担ぎやすい。

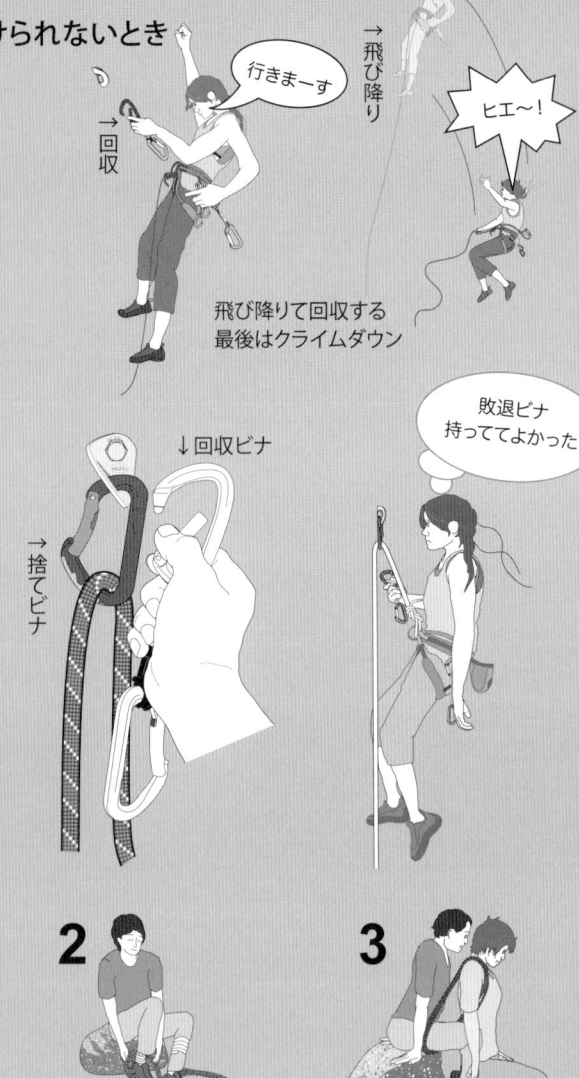

2 地面より高い位置に座らせ、輪を搬送者の足から腰まで入れる

3 地面からの立ち上がりは困難

1a p65 ロープを巻く
直径がポイント　x
肩　尻　肩
ヴァリエーションは末端を長く　輪を2つに分ける

1b 長円のループ
肩　x　x　肩
約2x
長円のループで巻いた方が縛り位置が横になるので座りやすい。但しp65の方法では巻けないので時間がかかる

4 スリングで縛る
スリングで縛らないと、数本づつ肩から外れてくる

ヴァリエーション
長くした末端で2人を縛る。複数で担ぐときにも長い末端を利用できる

残置なしのスリング敗退　図はセルフをとっているボルトの拡大図

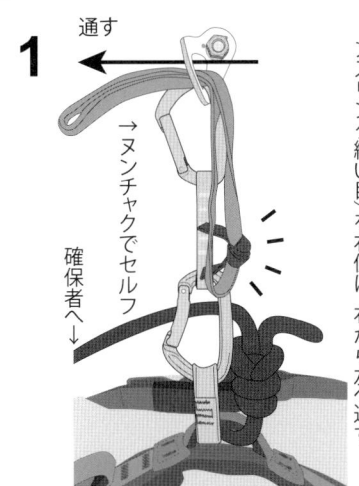

1 通す　→ヌンチャクでセルフ　確保者へ→

1はロープのテンションからビレイループに確保をとり、ロープを外した状態。スリングの結び目（ソーンスリング縫い目）を右側に、右から左へ通す

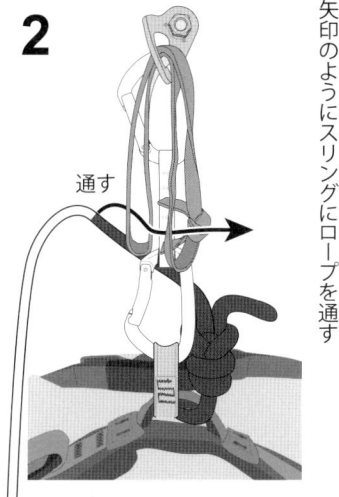

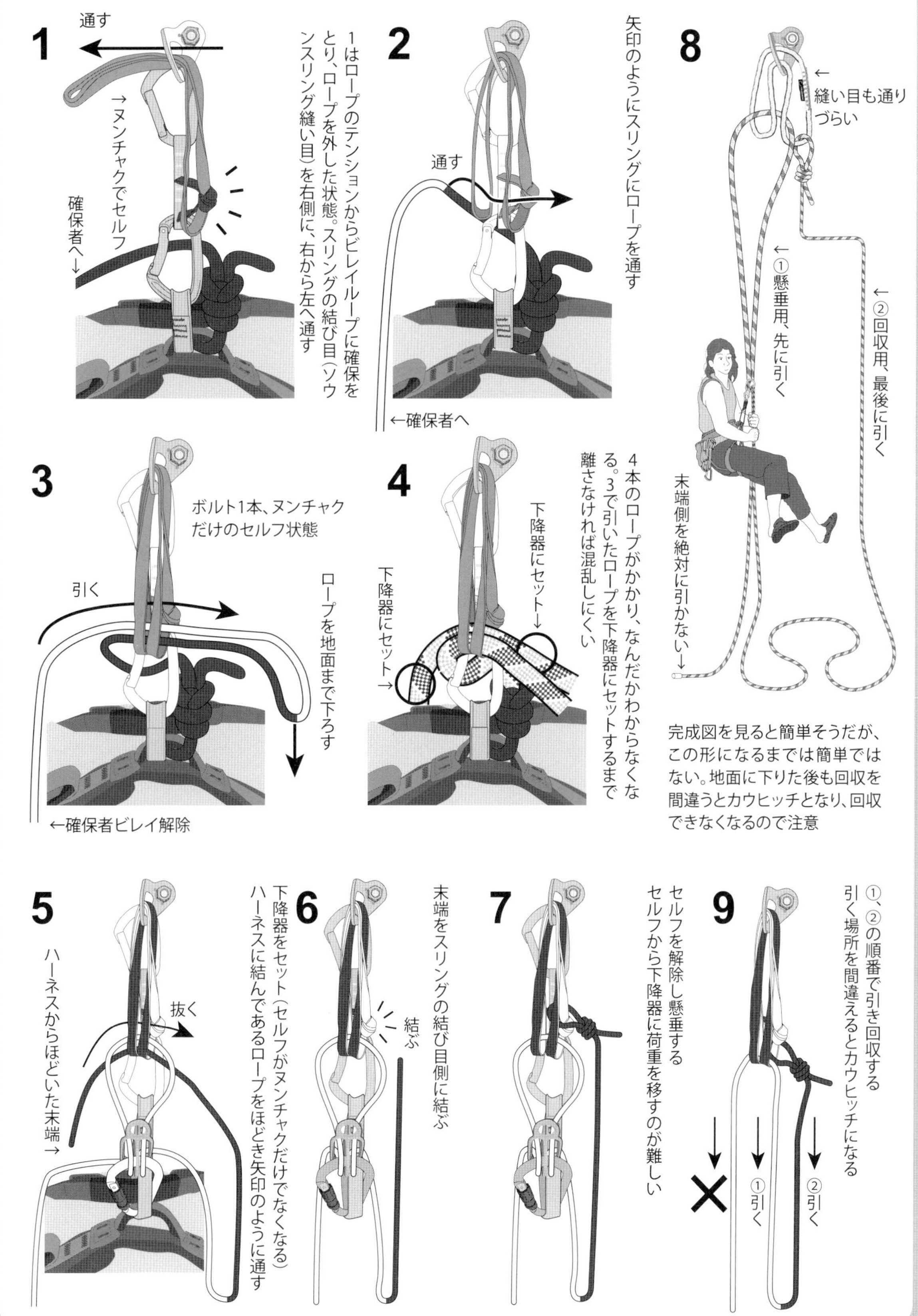

2 通す　←確保者へ

ロープのテンションからビレイループに確保をとり、ロープを外した状態。スリングの結び目（ソーンスリング縫い目）を右側に、右から左へ通す

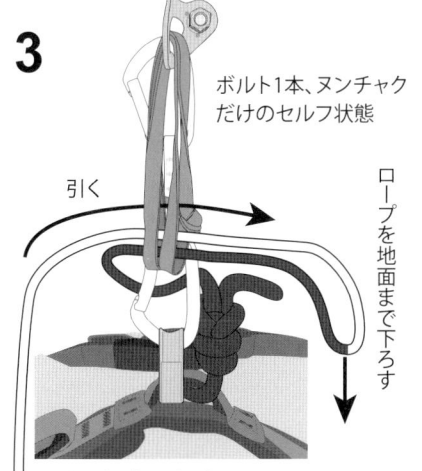

3 引く　←確保者ビレイ解除

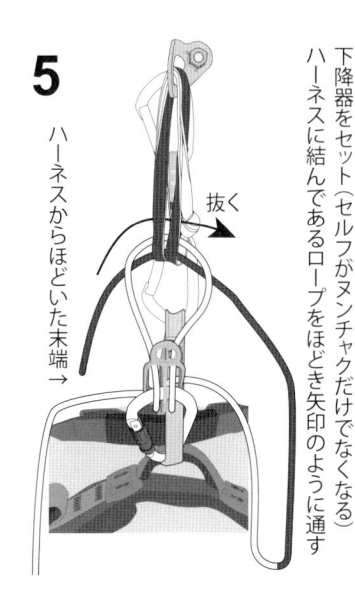

ボルト1本、ヌンチャクだけのセルフ状態　ロープを地面まで下ろす

4 下降器にセット→　下降器にセット→

4本のロープがかかり、なんだかわからなくなる。3で引いたロープを下降器にセットするまで離さなければ混乱しにくい

8 ←縫い目も通りづらい
←①懸垂用、先に引く
←②回収用、最後に引く
末端側を絶対に引かない

矢印のようにスリングにロープを通す

完成図を見ると簡単そうだが、この形になるまでは簡単ではない。地面に下りた後も回収を間違うとカウヒッチとなり、回収できなくなるので注意

5 抜く　ハーネスからほどいた末端→

ハーネスからほどいた末端

6 下降器をセット（セルフがヌンチャクだけでなくなる）ハーネスに結んであるロープをほどき矢印のように通す

7 結ぶ

末端をスリングの結び目側に結ぶ

9 ①引く　②引く　×

セルフを解除し懸垂するセルフから下降器に荷重を移すのが難しい

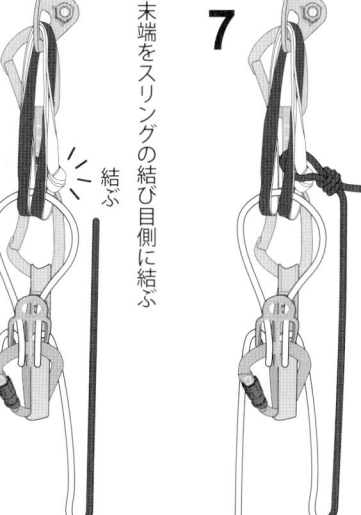

①、②の順番で引き回収する引く場所を間違えるとカウヒッチになる

ヒント10 敗退3 ダブルロープでピッチが抜けられないとき

ダブルロープでロープが半分以上出ているときの敗退は、シングルロープの場合と違った手段を選択することが可能。この方法は緊急時に下降しなければならなくなった状況でも使用することができる

a ロアーダウン
下図はロアーダウンでの敗退時、敗退の支点はロープ半分までは残置となる。支点ごとにほどき、結ばなければならないので効率は悪い

b 懸垂
敗退個所で懸垂という手段もある。支点が1つにならないようにバックアップをとるか、1つ下の支点まではロアーダウンなど方法は多くある

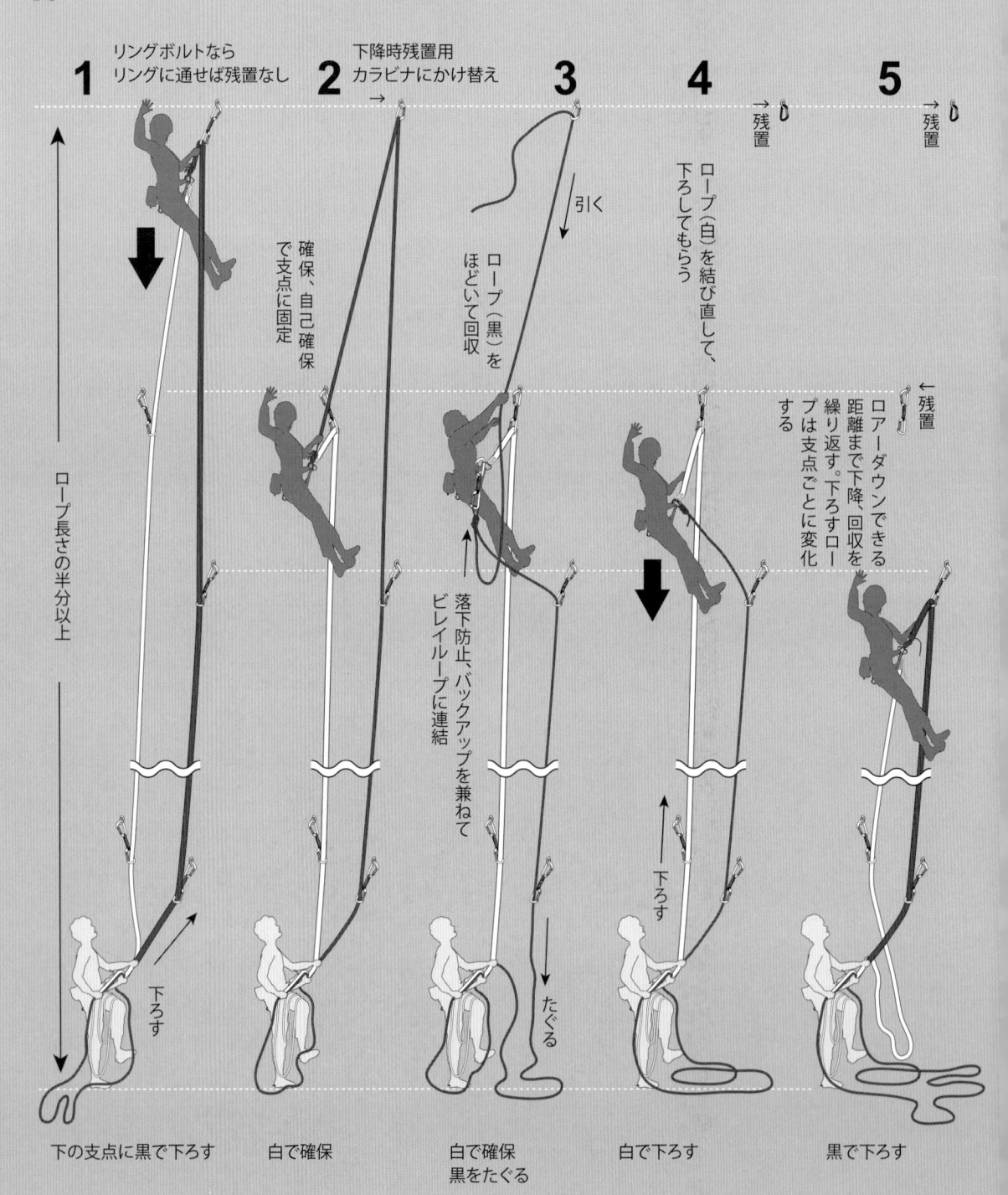

1 リングボルトならリングに通せば残置なし

ロープ長さの半分以上

下の支点に黒で下ろす

2 下降時残置用カラビナにかけ替え

確保、自己確保で支点に固定

白で確保

3 ロープ(黒)をほどいて回収

引く

落下防止、バックアップを兼ねてビレイループに連結

たぐる

白で確保 黒をたぐる

4 →残置

ロープ(白)を結び直して、下ろしてもらう

下ろす

白で下ろす

5 →残置

←残置

ロアーダウンできる距離まで下降。回収を繰り返す。下ろすロープは支点ごとに変化する

黒で下ろす

ヒント11 応答なし マルチピッチで応答なし

最悪に近い状態

ハングで宙づり

応答なし

レッグループ式のハーネスで意識ない場合は頭が逆さになる。この状態が長時間続くと後遺症などの発生につながり、救出は時間との勝負になる

オーオーイ！

墜落で支点より上部に飛ばされた。実際にはロープが10m程度では、上部に飛ばされることもあるだろうが、半分以上出ている場合はロープが衝撃を吸収する

確保者のセルフは、メインロープとデイジーチェーンでセルフをとっている。メインにテンションが入り、デイジーはたるんでいる

支点はナチュプロ
墜落の衝撃でカムが逆方向に向いた

ロープ半分以下

テラス

●どうする…

マルチピッチでパートナーの応答がないときの対処は、状況に応じて変化する。視認できれば次にやるべきことはわかりますが、視認できず応答もない（見えず聞こえずの状況はしばしば発生する）場合に、ロープの動きだけで相手の状況を想定できるようになることが重要。ロープの動きが止まったとき、その前後のロープの流れで判断できることが多くある。

墜落で応答ないとき

リードが墜落してその衝撃で応答がないときや、明らかに死亡が確認ができるような場合、ロープがその時点までにどのくらい繰り出されているか、リードがどういう状態で停止しているのか（ハングで宙づりなど）、日没で暗くなりかけている、天候が悪化しそう——。いろいろな設定に応じたケーススタディーをしておくべきでしょう。

●設定
2人パーティー、他に人は見あたらない、谷間で携帯圏外（通信手段なし）、半日で登る予定で空荷
3ピッチ目終了点直下の核心部で墜落、下降路はある
60mロープ（ダブルロープ）は半分以上出ている
確保者手持ちのギア
支点＝カラビナ2枚、スリング1本、カム3個、ヌンチャク2本
自己確保＝セルフ用デイジー、安環1枚、カラビナ1枚
他＝確保器＋安環1枚、スリング2本、ヌンチャク1本

確保者が自由に動けるようになるには？
（確保者も飛ばされているので宙吊り）
ロープの固定をどのようにするか？
（ロープを握っているので両手は離せない）
リードのロープを手持ちのギアだけで固定できるか？
（リードがほとんど持っている）
リードの位置までどのように上がるか？
（スリング、登降器の有無、数）
確保支点まで下ろすか、上げるか？

ヒント12 テーピング ジャミング用のテーピング

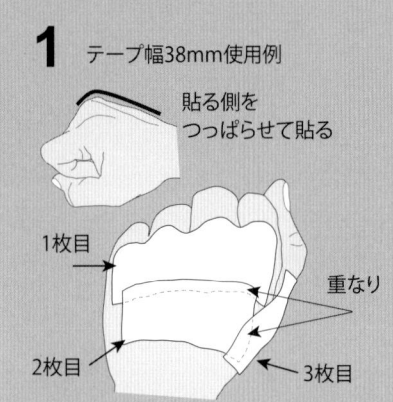

1 テープ幅38mm使用例

貼る側をつっぱらせて貼る

1枚目／2枚目／3枚目／重なり

2枚目は1枚目より短目、3枚目はフィストなどなければなくてもよい。テーピングの縁などめくれがないように、しっかり押さえる。反対の手の平で圧着する

2 貼りながらテープを出す。先に多く出すと皺になる

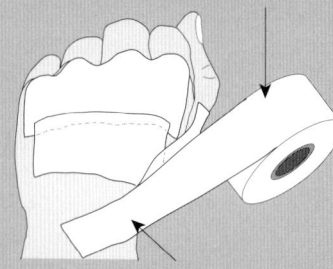

貼り始めはしっかり押さえて貼り、皺のないことがポイント

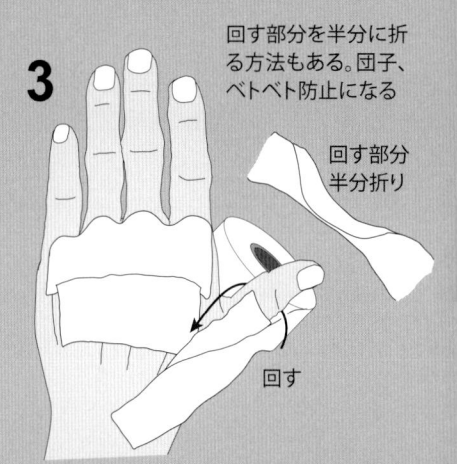

3 回す部分を半分に折る方法もある。団子、ベトベト防止になる

回す部分半分折り／回す

指に回すときは緩めに。回したあと握りきつくないか確認。ここでの調整がポイント。きついとパンプしやすい

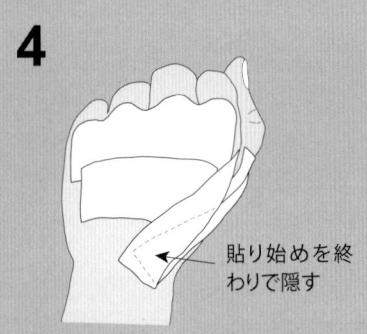

4 貼り始めを終わりで隠す

皺にならないように貼る。1枚貼る毎にしっかり上から押さえる

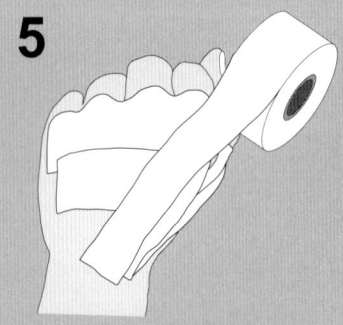

5 重ねて貼る。甲側に貼るときには拳にして甲側の皮を伸ばす

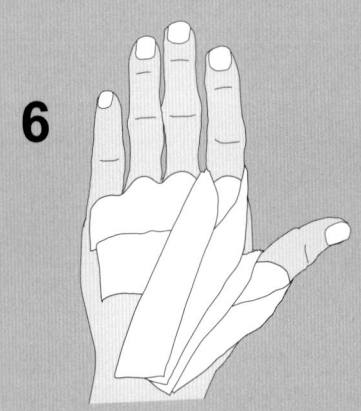

6 親指同様に人指し指にも回す

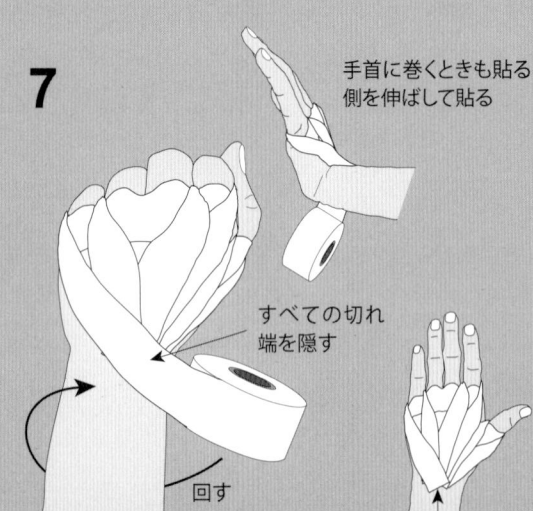

7 手首に巻くときも貼る側を伸ばして貼る

痛い、荷重の大きくかかるジャミングの場合、中指にも巻く場合もある

すべての切れ端を隠す／回す

小指にも5〜6のようにして貼る。手首に回してすべての切れ端を隠す

ここで切る　手首は別にして巻く方法もある

8 ジャムダコのできる位置　甲側の岩に止めるポイント

ワイドクラックの場合、袖がまくり上がる。団子になった袖でクラックに腕を入れられないことを防ぐため、袖を一緒に巻いてしまう方法もある。袖傷み防止にもなる

6 索引

あ〜ん　　　　　　　　　226

A〜Z　　　　　　　　　236

索引には本文中の関連事項なども含まれています

あ

アーケ(p22,204) 指をたててホールドを持つ持ち方。

アームバー(p39,203) 手の平、肘、肩の腕全体でクラックにジャムする方法。

アールシーシー(RCC)ボルト(p46) 日本オリジナル(現在市販されている製品はモチヅキ製)のボルト。リングボルトより強度はあるが強度表示はない。スポーツクライミング用ではなく、ハーケン同様のプロテクションと考えるべきであろう。ハンガーを必要とするボルトの設置に比べ、道具、重量などの点ではるかに効率的なボルトであり、実績は古い。

アイス(p5) 「アイス行ってきました」「アイスやる?」などアイスクライミングの短縮形。

アイスクライミング(p5) 氷の滝、氷結した急傾斜部分を主に登ること。10m程度のものから1日では登りきれないルートまで、また、登る対象によってスポーツ的なものから登攀的なものまである。80年代に現在のダブルアックスのスタイルが登場したことで、アイスクライミングの分野が出来上がった。90年代になると、アイススクリューや装備の進歩により、リーシュレスでよりフリー的に登る傾向が可能になった。また、氷だけではなく、岩の部分もアックスで登られるようにもなりだし、ラップボルトによるボルトの設置なども行われるようになった。2000年に入って競技もさかんになり、80年代における岩登りと同じように重要な分岐路にあるのではないだろうか。道を先導する人々にその宿命がかかっていると思われる。アックスを使用して登るアックスクライミングがエイドかフリーかはグレーゾーンである。現時点ではリーシュレス、ノーテンションで登れればフリーで登ったといわれているが、今後の歴史が判断を下すことになるだろう。

後輪(p12) 結ぶ個所の輪が始めにできていない結びの手順。

アッセンダー 登高器参照

アメリカンエイド フリーでない手段参照

アルパイン[アルパインクライミング](p5) 山を登るスタイルのひとつ。「アルプス風に登る」が語源。極地法でないスタイルを指す。「本チャン」という言葉があるものの、アルパインクライミングと「本ちゃん」クライミングが同じものかは個人により差があるが、外的要因の高い登攀と大きく括れば間違いはない。

アルミニウム合金製 アルミに不純物を混ぜ強度を高くしたもの。混入物の種類により強度が変化し、#6000,#7000などのように表示されている。ギアの多くはアルミニウム合金製。

アレート 岩の名称参照

アンカー(p46,176) ボルトなどの支点のこと。

アングル(p46,176,194) 幅広で大きめのハーケン類。

安全環付きカラビナ[安環、環付ビナ、環付、ロッキングカラビナ](p28) ゲートの開放を固定する環が付いたカラビナ。ゲートの固定の方法はネジとバネ式。スクリュー、オートロック、トリプルロックなどがある。固定機能のないカラビナに比較してゲートが開放しにくいだけで、状況では勝手に開放してしまうこともあるので安全はない。

イタリアンヒッチ[ムンターヒッチ、半マスト結び](p13,60,156) 確保、下降に使用できるひっかけ。

岩の名称
面状の凹んだ部分(p177) クーロアール(仏)、ルンゼ(独)
面状の凹んだ直角に近い部分(p177) ジェードル(独)、コーナー、凹角
尾根状の部分(p177) カンテ(独)、アレート(仏)、リッジ
尾根状の凹んだ個所(p177) コル、窓、乗越
壁の面状の部分個所(p134) バットレス、フェース、スラブ
独立してとんがった部分(p177) ジャンダルム、ピナクル、ニードル、峰
庇状になった部分(p177) オーバーハング、ルーフ、庇
壁の中の平らな部分 バンド(p177)、テラス(p155)、レッジ(p145)
草、木の生えている部分(p177) ブッシュ、草付、藪

岩の種類
火成岩 花崗岩(p177)、安山岩など
堆積岩 石灰岩(p70)、チャート、凝灰岩、砂岩(p134)、礫岩など

インクノット クローブヒッチ参照

岩トレ ゲレンデでの岩登りの練習のこと。スポーツ的ゲレンデ、ジムの場合にはその登り自体が多くの人の場合主目的のため岩トレといわない。「本チャン」に対する言葉として使われる。

ウィップラッシュ現象 震動によりカラビナのゲートが開放する現象。墜落時などロープとの摩擦による震動でゲートが開放しロープが外れてしまうことがある。ワイヤーゲートの場合はゲート自体がねじれのバネ構造のため、他のゲートよりも震動による開放が発生しにくいといわれている。

ウンコ[コルネ(英)](p71) 石灰岩にできたつらら石状のホールド。ウンコは日本語。ホールドのピンチ参照(p22,204)。

エーゼロ(A0)(p215) 人工のグレード。プロテクションなどを掴むなどして登ること。フリーでない手段参照。

エーティーシー(ATC)(p32,34) ブラックダイヤモンド社の確保器の製品名。

エーワン(A1)(p217) 人工のグレード。足輪やあぶみなどを使用して登る登り方。日本では日本式人工のグレードとアメリカンエイド(AA)のグレードを区別して呼ぶことがある。会話であえてエーエーワンといわないのは、お互いが内容を把握しているからであろう。フリーでない登りの手段参照。

エイド(p194〜195) フリーでない手段参照

エイト環(p10,32〜34) 本書では確保・下降器。確保器限定とする製造元もある。また確保器として使用する場合も小さな穴でバケツ型確保器のように使用と限定している場合もある。下降器として開発された。日本でも下降にエイト環を使用しても、確保にはグリップビレイかカラビナを使用していた時代があり、確保に使用されだしたのは80年代になってから。

エイリアン(p36〜37,138) CCH(Colorado Custom Hardware)社が製造していたカムデバイス。創業、開発者(David Leon Wagoneer)の他界で流通が一時途絶えたが、現在Fixe Climbing社が製造を受け継いだ。カム内にスプリングを内蔵することで小さな作りを可能にしている。本体軸は非常にしなやか。カム鋼材は6061の軟らかいアルミニウム合金。岩の食い込みはよいが、他のデバイスに比較し消耗は早い。細いクラックでは非常に有効なデバイス。小さなカムデバイス(サムループ、全体のバランス)はエイリアンが基本になっている。クラックの内側になる部分を小さく外側を大きくした、カムのサイズの異なるもの(オフセット)もある。

エス縫り[S縫り] 縫り参照

エバンス[末端処理、緩み止め](p52,56〜57,156) ハーネスに結んだロープの末端処理に使われる結び。この結びの名称はほとんど使われていない。8の字結びはその結び自体がほどけにくい結びなので、末端処理を加える人は少ないかもしれないが、ブーリンを使用する人の多くは末端処理と合わせてひとつの結びとしていることが多いと思われる。8の字結びで末端処理を加えるか加えないかは個人の考え方による。

エッジング(p205) エッジのあるスタンスに立つこと。

エッセンシャルズ 99年以降のブラックダイヤモンド社の確保・下降器の総称。

オートブロック(p13,63) ロープにスリングを巻き付けてカラビナをかけたもの。

オーバーハング ルーフ参照

オーバーハンドノット(p59,66) 結びの名称。

奥足(p203) つま先、踵、膝を使った足づかい(ニー&ヒールトウ)。

奥腕(p203) オフウィズで、クラックの奥に入れた腕。手前は外手。

オフウィズ(p164,203) フィストより広く、スクイズより狭いクラックのサイズ。半身が入るサイズともいわれる。体の右か左どちら側を入れるかで、登りやすさが変わることが多い。どちらを基準とするかによるが、経験による勘が必要となる。肩、膝が入るか、フェース部分のホールド、スタンスの有無などの条件により、困難度は大きく変わる。前進の推進力は外足によるものが大きく、前進したあと奥足の差し替え時に奥腕、外手、外足で体の保持が難しい。クラックの中に入りすぎたり、無理矢理もがくのでなく、手足をきちっと決めるのが前進のポイント。膝が効まるサイズなら動かなければレスト可能。

オフハンド(p201) ハンドには広く、フィストは入らないサイズ。ワイドハンドより幅があることになるが厳密でない。

オフフィンガー フィンガーには広く、シンハンドは入らないサイズ。甘いフィンガー。

オンサイト ルートの情報なしで、1回でレッドポイントすること。過去に人が登っているかの情報は問われない。

か

ガースヒッチ(p57) カウヒッチ参照

カーンマントル（p27）　ロープの構造。独語で「芯を被った」の意。芯（コア）部分と外皮からなるロープの構造、あるいは種類。53年にエーデルリット社が最初のカーンマントルロープを製造した。ロープ参照。

解除（p96,146）　確保をやめること、あるいは確保状態を終了する合図、または状態。

核心部　ルート、ピッチなどの最も難しい個所。

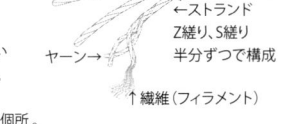

確保[ビレイ（英）、ジッヘル（独）]（p76～）　ロープで結び合った相手の墜落を、確保器などのフリクションでロープの流れを止める操作。

確保・下降器（p32）　確保用および懸垂下降用の器具。安全環付きカラビナ（ゲート開放止めの付いたカラビナ）と接続して使用することが多い。本書では確保器、下降器は同一のものとしている。製造元あるいは代理店によっては、確保器と下降器は別製品としている。

ガチャ　登攀具の金属類。持ち歩きするときにガチャガチャ音がすることから。

下降器　確保・下降器参照

荷重分散（p140-141,161-162,212）　荷重を複数の支点に分散させること、またはその方式。流動、半固定、固定分散などがある。

滑車（p11,47,196）　荷上げ、救助などで使用される器具。ストッパー内蔵のものも各種ある。

ガバ（p22,204）　大きな手がかり、ホールド。

カチ（p22,204）　指先程度のエッジのあるホールド。

カミングディバイス　カムデバイス参照

カミングアングル　カム軸の水平線とカムが岩と接する角度。カムデバイス参照。

カムデバイス[カム、カミングデバイス、スプリング・ローデット・カミングデバイス（SLCD）]（p36～43,138）　ワイルドカントリー製フレンズ（1978年レイ・ジャーダイン、マーク・ヴィレンスらが開発）が起源。カムの岩と接する面のカーブは対数螺旋曲線で、プロテクションの発想は1930年代にヴィタリー・アバラコフ(Vitaly Mikhaylovich Abalakov)による。カミング・アングルが13.75度でカムのカーブが設計されている。カミング・アングルが0度に近づけば理論的には最も強度が高くなるが、岩の表面が平らな面でないことなどで、0度に近づきすぎても強度は得られない。この値が製品ごとにどの程度違うのか、原理的な面での効きやすさが決定される。カム（3枚と4枚）、カム軸（1軸と2軸）、本体軸（1軸と2軸）など構造はさまざま。カムが3枚物は4枚物に比較して動きやすい欠点があるが、奥行き幅が狭く奥行きのないクラックには設置しやすくなる。本体軸が2軸の物は1軸に比較して動きやすい。現在本体の軸はワイヤー製のフレキシブルなもの。本体軸が鋼材製のものはなくなった。

カラビナ（独）[ムスクトン（仏）]（p28）　登山にカラビナを使用し始めたのは1910年代頃、オーストリアのオットー・ヘルツォクのようで、消防士が使用していたものを転用した。カラビナの命名、発明者は不明。多くの人々が使用するようになったのは1940年以降になる。カラビナが出現するまではピトンとロープを短い紐でその都度結んでいた。材質、形状など使用用途の影響で進化し続けている。クライミングに使用されるカラビナの材質は60年代に鉄からアルミニウム合金製に変わった。#7000番台のアルミニウム合金を主に使用している。

カンプ　イタリアのメーカー。トライカム、ヨーヨーなど独自の製品もあるがボールナッツ（p37～38）、一部ハーケンなどOEM製品も多い。

キーロック（p28）　カラビナのゲート部分の形状。ゲート部分に凸凹がないためロープが引っかかりにくいが、冬期は凹部分に氷雪が詰まりゲートが閉じにくく、氷結により開放しづらくなる。NEWALPSのジャン・ポール・フレッシャンが考案、特許をとった。特許が切れた07年以降各社から製造されている。

ギア　登攀装備全体、または金属製装備。

ギアラック（p11,48,138）　ハーネスのギアをかける部分、またはたすきがけにしてギアを下げる物。バンドリー（製品名から）と呼ばれたこともあった。ハーネスのギアラックの強度は5kN程度で体重、衝撃を支える強度はない。ギアラックで自己確保をとってはならない。

キャメロット（p36～43）　シュイナードイクイップメント社（現ブラックダイヤモンド社）開発のカムデバイス。cam a lot（カムが多い）をもじった名称。86年の初期型から4回のモデルチェンジが行われている。1軸に比較してカム幅を大ききとれる。2軸の製品は2011年にDMM社も製造（DRAGON CAM）。カミングアングルがキャメロットは14°に対してドラゴンカムはフレンズと同じ13.75°。

規格　クライミング装備の規格は、UIAAが1964年に初めてロープの規格を施行したことに始まる。これらの規格はUIAAサイトで入手できる。ただしENは著作権があり有料（タイトル、概要のみはインターネット上で知ることが可能）。カタログなどに記載されているCEやUIAAのマークがどのような内容なのか使用者が理解しているのでなければ意味のないマークだ。装備使用者は規格をよく理解する必要がある。日本の規格（JIS）はあるが、製品マークの添付など代理店の負担が少なくない。日本の規格より信頼度の高いものに、新たにマークの必要性があるのか疑問である。

木クリップ（p214）　高い位置の1本目のボルトや、1本目クリップ前に墜落の可能性があるようなとき、先に1本目に棒を使用してロープをかける人工手段。静岡のクライマーが考案したものが広まった。90年代初期は岩場に落ちている木を利用したので「木クリップ」といわれた。棒へのロープの結び方は数通りあり、使い方を完全に理解してないと、逆クリップなどになるので注意。逆クリになった場合は、やり直す、反対側にロープをたぐる、逆クリで登りかけ直す、かけ直さずそのまま登るなど、次にどこで墜落しそうかによって対応が変わる。棒クリップ専用の道具も製品化されている。

キジ打ち（p72）　野外でトイレをすること。大便を親キジ、小便を小キジ。

逆クリ（p80）　逆クリップの短縮。ロープがカラビナの外から中にクリップされた状態。

キロニュートン　物体に働く力の単位1ニュートン(N)の1000倍、質量×加速度（重力加速度）。9.8N＝1(kg)×9.8(m/s²)＝1(kgf) 9.8は標準重力加速度の近似値。90年代始めまではkg表記であったが国際単位系統一の影響で物理的に正しい表記であろうが、一般人にはイメージしにくい単位表記に変更された。カラビナなどの「22kN」は約2243kgfで2.2トンの強度があるという意味。
1(kNキロニュートン)=1000(N)≒1000(kg)/9.8(m/s²)≒102(kgfキログラム重)

クールホージ　加熱しない鍛造。ホットホージに比べて変形する割合が小さく、製造工程が少ない分、安価な製品ができる。

クーロアール（仏）　縦の凹み状の個所にたまった雪の部分（本書になし）。

クイックドロー　ヌンチャク参照

グラウンドアップ　下から上へ開拓して登る手法、あるいはラップボルトの反対語として上から下りてボルトを打たない手法。グラウンドアップでボルトを設置するためには、両手を自由にできる個所に限定され、墜落が前提とされない場合がある。上へ登るためが目的で、ラップボルトの技術を高めるのが目的ではなく、危険性は大きいものになる。ボルトルートであっても、実力相応でない場合は危険性は高く、墜落は前提でないと考えるべき。ラップボルトという手段をあえて取り入れなかった地域もあり、その地域でそれが前提となっている場合がある。また、グラウンドアップルートを横切るか、またはそのルートに近いラップボルトの開拓は、目的が違うクライミングのため、ボルダーにボルトを打つのと同じように問題となる場合がある。グラウンドアップという言葉は、ボルトの設置方法だけを指すのではなく、地面から頂へ開拓して登るという、登攀そのもののスタイルを表す言葉でもある。

クライミングシューズ（p26）　岩登りに使用する靴。60年代以前は登山靴や運動靴。現在の薄いゴム製のクライミングシューズの原型は70年代にピエール・アラン（Pierre Alain）が考案したPA。現在は岩の形状向、靴の締め方の相違などで数多くの製品がある。

クライミングシューズの原型

グラウンドフォール（p77,85,86,211）　地面に墜落すること。

グリグリ（p32～33）　ペツル社開発の自動ロック式確保器の最初の製品。1991年に製造され、2010年に小型、軽量化、使用ロープ径の範囲も広がったものに切り替わった。ロープの荷重で金具がロープを挟み止める構造。構造の原理は同社の下降器（ストップ：ケービングに使用されていた）からの応用。ロープの滑りやすさ、硬さなどで、ロープを挟むタイミングが大きく変化します。使用ロープ径だけでは的確な操作は行えない。使用者はロープとの操作性の具合を的確に把握している必要がある。また取り扱い説明書通りの使用では、クリップ時などの操作には間に合わない。

クリップ（p80,108～110）　カラビナ、ヌンチャクなどにロープをかけること。

グリップビレイ（p34）　確保器を使用せずに手でロープを握り押さえる確保。

グレード　登りの難易度。手段、国、地域により表記方法はさまざま。手段ではフリーとエイド。マルチピッチではピッチとルート全体の2つの難易度を表記したものもある。ルートとボルダーでも表記が違う。ルートのグレードにも言葉と同じように地域毎の難易度の表現がある。イギリスはEグレードという危険度を加味した別グレードもある。フランスはピッチではないルート全体を表すグレード（D,TD,ED,Abo）もある。（p228地域のフリーのルートグレード表記、横の関係は目安で正確ではない。）

地域のフリーのルートグレード表記（地域は言語、国に依存）

国＼難易度	フランス スペイン など	ドイツ（UIAA） スイス オーストリア など	イギリス	オーストラリア ニュージーランド	U.S.A. 日本 韓国 など
小 ↑↓ 大	〜 5+ 6a 6a+ 6b 6b+ 6c 〜	〜 V+ VI- VI VI+ VII- VII VII+ 〜	5a HVS 5b E1 5c E2 E3	〜 17 18 19 20 21 22 〜	〜 5.8 5.9 5.10a 5.10b 5.10c 5.10d 5.11a 〜

クローブヒッチ[マスト結び、インクノット、巻き結び、とっくり結び](p12,54)　自己確保などによく使われる結び。ロープをからませる対象がなくなるとほどけるので、ノット(結び)ではなく、ヒッチ(ひっかけ)。

ゲート(p28)　カラビナの開放する一部分。力のかかるときだけ内側に開く。ゲートには種類がある。

ケブラー　デュポン社が開発したパラ系アラミド繊維。ナイロンより強度があり、軽く熱に強い。

懸垂下降[懸垂、ラッペル(仏)、アブザイレン(独)](p165〜174)　ロープの摩擦を利用して下りること。現在は下降器を使用して下降することが多いが、下降器が普及する以前は器具を使用しない肩がらみで懸垂下降を行っていた。

懸垂下降バックアップ(p218)　下降器以外にスリングのフリクションヒッチで懸垂下降のバックアップをとる手段。運用は経験的なものが多く必要とされる。テープスリングとロープスリングでヒッチの巻き数は変化(テープの方が抵抗が小さいので巻き数が多く必要)。ロープの場合はロープ径で巻き数が変化。フリクションヒッチは巻き付けるロープ径より細くないと締め付け効果は小さくなる。バックアップは投げたロープがひっかかり、両手で作業する必要があるときなど、下降先が見えず登り返し覚悟で下降するときなどに有効。下降器のみで下降できると判断できるときなど、常にバックアップが必要ではない。懸垂下降でフリクションヒッチを使用したスリングは傷みが早くなる。

固定分散(p140-141,161-162,212)　荷重方向で均等荷重にならない分散方法。

コル(p177)　尾根上の鞍部。

コング　フォロー確保機能が付属した最初と思われる確保器ジジ(p27)などの開発したイタリアのクライミングギアメーカー。入手が困難だがコング社のカタログも充実している。

コンテ　英語のcontinuous「連続した、継続的な」が語源の日本語。リード、フォローが同時に登る、移動している状態、あるいは時間短縮技術。確保者はいない、またはお互い。お互いの間に中間支点があり崩壊しなければ最悪ロープいっぱいで止まる。岩登りより雪稜、氷河などで使用される。岩登りで「コンテで行こう」となった場合は、取付まで、終了点近い傾斜の緩やかな部分でお互いが落ちる可能性がないことが前提であろう

さ

先輪(p12)　結ぶ個所の輪が始めにできている結びの手順。引っかけられることに限定されるが後輪よりも結びやすい。

サレワ　バケツ型確保器の起源シュティヒト(p32)、ワンタッチアイゼンの開発など、クライミング装備に進化をもたらした1960年創業の旧西ドイツのメーカー。

ジャミング(p22,38,200-201)　クラックに手や足を詰まらせて固定すること。手のジャミングにはクラックのサイズによりフィンガージャム、ハンドジャム、フィストジャムなどがある。

自己確保　自分自身を支点に固定し、落下しないようにすること。

ジジ　コング社開発の最初のフォロー確保機能付確保・下降器。発売当初はフォロー確保専用品で、リードの確保方法が説明書に記載されたのはしばらくたってからだった。ある程度の使い慣れが必要。

GIGI

しびれる　危険で身動きできなくなるような状態、または内容が濃厚なこと。ニュアンスは異なるが「蝉になる」など、クライマーでないと内容の把握できない表現は数多くある。「あのルートしびれるよ」などと使用される。

シュリンゲ(独)　スリング参照

ジェードル(仏)(p177)　岩の直角に近い凹み部分。

ジャンピング(p11,47,176,195)　岩に穴を掘る道具。日本製のものはモチヅキ製のリングボルト、RCCボルト(Φ8mm)用。ヨーロッパ製(Φ10,12mm)ではペツル、カンプ各社の製品がある。ブラックダイヤモンド社は創設者イボン・シュイナードの意思を継いで、岩に穴を開ける道具は製造していない。

衝撃荷重[インパクトフォース]　墜落、落下時の衝撃の強さ。落下試験参照

人工　フリーでない手段参照

シンハンド(p22,200)　手の甲が入りきらない幅のジャミング、またはクラックの幅。オフハンドと表現する場合もある。

シングルピッチ(p14,68,76〜130)　1回だけのロープ操作で登り、下りてこられる高距のルート。スポーツルートとされるものの多くはシングルピッチだが、シングルピッチ＝スポーツルートではない。

シングルロープ(p27,69,132,178)　1本で使用するロープのこと。シングルロープ＝クライミングロープではない。

スクイズチムニー(p164,203)　体がぎりぎり入るサイズから若干広くなったサイズのチムニー。

スクウェアノット[本結び、固結び](p66)　誰もが知らない間に覚え使用している結び。結びの名称を知らないことの方が多い。間違えると縦結びになり、ほどけやすくなる。本書ではこの結び手順の記載はない。

スタティックビレイ(p87)　墜落時にロープをいったん緩めることなく、ロープを強く張る、あるいは強く引く確保方法。緊急事態の墜落時にロープを張る、引くなどを行った確保。

スタティックロープ[セミスタティックロープ]　ダイナミックロープより伸びの少ないロープ。スタティックロープは伸びが少ないため、リードでのクライミングには危険で、用途使用外となっている。荷上げ、フィックスのユマーリングなどに使用される。用途使用外だがトップロープに使用されることもある。
●ヨーロッパの規格
Standard No EN1891:1998 Title of Standard
Personal protective equipment for the prevention of falls from a height. **Low stretch kernmantel ropes**
伸び率 5％以下（50→150kgに重したとき)
破断強度22kN以上（結びなし)、15kN以上（8の字)
衝撃荷重6kN以下（100kgを60cmから落下、ロープ長さ不明)
●北米の分類（C.I.のみ)
ロースストレッチロープ／伸び率 6〜10％（破断強度の10％荷重)
スタティックロープ／伸び率 0〜6％（破断強度の10％荷重)
ヨーロッパの製品と北米の製品は規格がまったく違うため、比較ができない。
日本では従来スタティックロープと呼ばれていたものと、近年セミスタティックロープと記載されるようになったものは、ヨーロッパの規格では同じ製品（ただし衝撃荷重は近年追加されたもの)。規格にはセミスタティックロープという名称は存在しないと言う人もいる。セミスタティックロープの名称の出所は不明。北米の分類などで混乱が生じるため、製造元などが使い始めたのではないだろうか。市場で普及していなかった言葉が、規格などの影響で混乱を生じるようになった。日本ではセミスタティックの表示が多くなったが、製造元ドイツ本国のカタログにはstatikeseile(独)スタティックザイルとsemi-static rope(英)セミ・スタティックロープと並べて表示されているものもある。本書では日本の規格は対象外。

スタンス(p205)　足場、足を置く個所。

ステミング(p203)　開脚でつっぱる動作。

スポーツクライミング[スポートクライミング]　個人により解釈の相違があり確定された定義がない。すべてボルトによる中間支点のあるルートのことをスポーツクライミングとする場合もある。しかし、「天候、気象、場所などの外的要因を考慮することなく、墜落は前提とされ、墜落しても明らかに死亡することのない登りをできること」と大きく捉えた方が無難であろう。すべてボルトのルートでも墜落＝死亡の分類のルートも存在し、墜落＝死亡というような高さのあるボルダー（ボルダーにはプロテクションはない）もある。スポートクライミングとの表記も最近は多いが、本書ではスポーツクライミングと記載。「本書の利用法」p2参照。

スラブ(p177)　傾斜の強くない、表面が比較的滑らかな岩（の部分）。

スリーシグマ（3σ） 製品のばらつきの目安。

スリング[シュリンゲ（独）]（p10-11,13,31,59,133） ロープまたはテープ状の紐を輪にしたもの。ソウンスリング（市販品22kN）と切り売りのものを自分で結ぶ自家製のものがある。市販品は輪の、切り売りのものは1本の強度なので強度の正確な比較はできない。結び自体の強度低下もある。

スワミベルト ウエストベルトだけのもので、現在でも墜落が前提でない行為や高所作業に使用されている。

『生と死の分岐点』 ピット・シューベルト著。原題は「岩と氷の安全と危険」。

ゼット縫り[Z縫り] 縫り参照

セミスタティックロープ スタティックロープ参照

セルフビレイ 自己確保参照。「セルフをとれよ！」「セルフとった？」と使用される。この場合の「とれ」は外すではなくしめること。「セルフがとれない！」（→p148参照）となった場合は状況に正反対の意味になることがある。また「それセルフとれてる？」というように人だけでなくモノにも使用される。

ゼロ ワイルドカントリー製の極小カムデバイス（他社相当品は現在なし）。ゼロ1（3kN）、2（4kN）は前進用と表記されている。ナイフブレードサイズにセット可能

外足（p203） ワイドクラック（オフウィズス）でクラックに入ってない側の足で、外壁にスメアなどする。

外手（p203） ワイドクラック（オフウィズス）で、顔の前でクラックの縁にパーミングする手。手の甲に頬を当て頭の荷重も加えることもある。

た

ターンイン（p26） つま先が親指側に沿ったシューズ。親指側に重心が集中する。

タイオフ（p57,194） 支点にスリングをセットする結びのひとつ。

ダイナミックビレイ（p87,107） 確保者がロープを流す、ジャンプするなど墜落の衝撃を和らげる処置を行った確保。

ダイナミックロープ（p27） スタティックロープあるいはセミスタティックロープでないロープ。リードを行うクライミングに使用するナイロン製のカーンマントルロープ。シングル、ダブル（ハーフ）、ツインロープと使用方法の違う3種類のロープがある。規格には衝撃荷重、耐落下回数、伸び率（動、静荷重）、外皮のずれがある。落下試験も参照
●ヨーロッパの規格
Standard No EN892:2004
ENの後の数字がこの規格の番号、2004は2004年に改訂。規格は技術進歩などにより改訂されている。
Title of Standard
Mountaineering equipment. **Dynamic mountaineering ropes**.
Safety requirements and test methods

ダイニーマ 高密度ポリエチレン繊維。DMS社（米）の商品名。ケブラー同様スーパー繊維。ケブラーとの比較は、高強度、伸び率高い、折り曲げに弱い、融点が低い（溶解点160度）など。ナイロンより強度があるため幅の細いものが多く、ソウンスリング、ヌンチャクなどに使用され、小型軽量化が図れるが、細くなった分掴みにくくなる。

耐落下回数[ドロップ・レジスタンス] 墜落に耐えられる回数。落下試験ではシングル、ダブルは6回、ツインは13回からの破断。

タウロン ブラックダイヤモンド社のフック。3方向に3サイズのフックのもの。

ダウントウ（p26） つま先が地面側に沿ったシューズ、前傾壁向き、ダウントウがきついとスメアリングはしにくい。

ダブルフィギュアエイトノット 8の字結び参照

ダブルフィッシャーマンズノット（p13,59） 末端と末端を接続する結び。二重に巻かなければフィッシャーマンズノット。懸垂下降、ロープでスリングを作るときに使用する結び。締まるとゆるめにくい。

ダブルロープ[ハーフロープ]（p27,176,178） ロープの種類を指す場合と、登りのシステムを指す場合がある。「それダブルロープ？」と聞かれた場合は種類で、「ダブルで登るよ」と言われた場合はシステムを指している。種類としてのダブルロープは、2本を使うロープ。ツインロープも2本を使うが使用方法が違うので注意が必要。1本のロープでは懸垂下降できないマルチピッチの場合に、ダブルロープが多く使用される。また、ダブルロープを使用することにより、ロープの抵抗（ランナー、岩角などのロープ屈曲部分の摩擦抵抗）を軽減することが可能になる。ダブルロープでトップロープはあまり行われていないが、製造元ではトップロープで1本使用でも可としている。「ダブルロープ1本でトップロープすることは危険」は誤った考えである。規格にはダブルロープの名称の記載はないが、市場の言葉を優先した。

団子になる（p160） ロープが絡まった状態。一般的な表現は特にない。本書だけの表現。

チムニー（p203） スクイズチムニーよりも幅の広い岩の割れ目。スクイズチムニーとチムニーの境界は明確でなく、そこを登るためのムーブによるものが大きい。

チェストハーネス トロール社製の「ウィランスチェストハーネス」の製品名。トロール社倒産で現在は販売店の在庫以外はない。墜落が前提でない行為や沢登りなどには現在も使用されている。

チッピング 岩を削り、ホールドやスタンスにすること。フリーとなっているルートで行うことは大きな問題を発生させる。初登者が行った場合は、状況やセンスなどにより議論の的となることもある。

チョック パッシブプロテクション参照。パッシブプロテクションの総称としてあまり使用されなくなった単語。あるいは規格での総称、規格番号EN-12270、UIAA-124の表示がされているもの。

チョックの規格（強度試験）
チョックの強度試験は下図のように行うことが規格化されている
規格表題　CHOCKS
規格番号　EN-12270 UIAA-124

$S=bmin+[(bmax-bmin)1/3]$

強度試験位置33%　縦、横両方を行う

←このタイプはセット方向のみ

チョックは上図のような形状も含まれる
可動部分のないプロテクションのようだ

Φ10mm
最小2kN

チョックストーン クラックに詰まった小石、石、岩。大きなチムニーでは車ほどのチョックストーンもある。トポにはCSなどで記号表示される。

チューブラーテープ（p31） チューブ状に編まれたテープ。通常のテープよりしなやかだが高価。スリングの磨耗しやすい部分のカバー、補強などにも使用される。

#T6
#T7=7インチ

チューブチョック パイプのサイドに角度をつけた大きめ（#C4以上くらい）のパッシブプロテクション。トポの記号に「#T」で表記された。現在は大きなカムが製造されているので製品はなくなったが、サイズ可変のモノ（ビックブロー bigbro p39, 203）は市販されている。

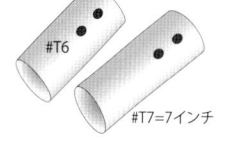

墜落（p86, 104〜107） 壁で落ちること。一般的（警察の発表、新聞などの記載）には墜落、滑落、転落の相違がないことがある。壁で墜落も、壁で転落などと記載されることがある。

ツインロープ（p11,159,179） ロープ2本をシングルロープのように使用するロープ。ダブルロープより細い。軽量化、直線性のある登りに適している。落下試験はシングル、ダブルと違い2本での試験。

つるべ（p68,158,175） マルチピッチの登り方のひとつの方法。リードする人がピッチごとに入れ代わる。つるべでない方法（リーダー、確保者一定）の名称はない。

デイジーチェーン（p10,31,139,142,191） ソウンスリングの中間部分を何カ所か縫った製品。エイドに使用されていた装備で、自己確保物として使用することは間違った使用法とする代理店もあるが、実際には自己確保物として使用されていることがほとんど。エイト環と同様のことがここでも発生している。登攀用具は登攀者の必要から生み出されるものであり、メーカーの都合に左右されたくないものである。デイジーチェーンの中間部の縫い目の強度は約3kN程度で耐衝撃強度はない。また確保の長さを短くしたい場合にデイジートラップ現象で中間部の縫い目がすべて切れると完全に外れる可能性がある。

テーピングテープ（p11,48,137,224） 指、手、肘、踝など、岩と接触する部分や筋などの保護、捻挫、骨折などの固定、装備の応急処置など用途は多く、テーピングテープは必携装備の一つとして持っていて損はない。

ティースタック(p39,201)　左右の足をTの字に組み合わせたフットジャム。

ディレクション(p143)　プロテクション(主にパッシブプロテクション)を上下2方向に効かした方法。

ディッセンダー　下降器参照

デッドポイント(p206)　瞬間的にホールドを移動する動作。移動させたホールドを触ることができないと、バランスを崩して落ちるような動き。デッドポイントをより体全体で動かすとランジとなる。

テラス(p135,155)　壁の中の平らな部分。大きさはテントが張れるぐらいから人が横になれるぐらい。レッジとの境界は明確でない。

テンション(p104)　ロープを張ること。英語圏の人はテンションとは言わずテイクなどと言う。日本でもテイクと言う地域やグループもある。

同時登攀(p193)　3人のシステムでフォロー2人が同時に登ること。またはリードとフォローがコンテのように同時に登ること。登攀時間短縮のために行われることが多い

登高器(p47,191)　ロープを登る器具。針の付いたカムがロープに食い込み、滑りを押さえる構造。ストッパーが効いている状態では片方向のみに動かせる。ケーバーがロープを登るために開発した道具(ユマール)。登高器の耐荷重は90年代は「耐荷重500kgなど」と表記されていたが、CEの規格化が固まってからは表記が消えた。登高器には墜落に対する耐久はないと考えるべきで、強い衝撃があった場合に登高器本体より先にロープの表皮、芯が激しく傷む。登高器は荷上げなどにも使用することがあるが、ボディーホールなどを行った場合には製造元では仕様範囲外とする可能性がある。現在この荷上げでの事故がないので問題視されていないが、もし事故があった場合には用途外使用という扱いになるかも。

トウジャム(p39,200)　足先でジャムすること

トップロープ(p210)　支点が常に上部にある特殊な登り方。リードに無理がある、クールダウン、トレーニング、回収のためなどに使用される。

トップロープの支点(p178)複数の確かな支点から、荷重分散、三角(名称がない)、流動分散などバックアップのある支点が必要。荷重分散、三角、流動分散それぞれ一長一短。以下、○が長所、●が短所

荷重分散
○ 2つの支点、2つのスリングでバックアップが確保されている
●荷重のかかる方向が左右に振られた場合には1点の支点荷重となる。両方の支点からの長さを均等にしにくい。
三角(名称がない)
○最も装備が少なく簡単に行える
● 1つの支点ごとに横方向の力が発生し支点にかかる力が増す
流動分散
○左右に振られた場合でも均等荷重になる。
トップロープでは均等荷重を考慮しなければならないような支点を使用しない。均等荷重は貧弱な支点において、左右や上下に分散させ支点を崩壊させないための考えである。トップロープの支点にするものは確かな支点でなければならない。フィックス社製のビレーステーションのシステムにもあるように、確かな支点では均等荷重ではなく、バックアップとして作られている。しかし均等に荷重のかかるトップロープ支点を作れることにこしたことはないだろう。
●間違って作ったとき、1つの支点が破損した場合には支点が崩壊する。ブーリンを危険な結びと考えるなら、同様に流動分散も危険と考えるべきだろう。1つの支点が崩壊したときには落下距離が他のものに比べて大きい。特に支点間の距離があるときでの地面付近での墜落は、支点が残っていてもグラウンドフォールする可能性はある

登攀　国語辞典では「這いあがって登ること」。本書ではスポーツ的な登り、スポーツクライミングに対する言葉として使用。この扱い方は本書だけなので一般には通じない。英語ではスポーツクライミングに対する言葉として、トラディショナルクライミング(traditional climbing)伝統的な登りがある。2000年代に入ってから日本でもトラディ

ショナルという言葉が使われ始めたが、ハードフリーという言葉がいまでは死語に近いように、今後どのようになるかは未知であろう。スポーツと登攀の区分はごく最近になって意識、表現化されたものにしかすぎない。

トポ　ルート図参照

ドラゴンカム(表2,p36〜39,138)　DMM社の2軸、8mmダブルループダイニーマスリングのカム。2011年発売、12年#00,0サイズが加わり8サイズ。プロトタイプはサムループ式であったが、軽量化あるいは強度のためか製品版はサムループ式でない。DRAGONはウェールズの象徴、国旗(レッドドラゴン)、DMM社のロゴにも入っている。

トラバース(p111,118-129,144,164,217)　横方向に移動すること。

内面登攀(p203)　体が入る、体半身入るような幅のクラックを登ること。

な

ナイロン　デュポン社の商名。1935年にウォーレス・カロザース開発、世界初の人造繊維(アラミド繊維)。ナイロンにも数種類あり、素材表記はナイロンとしか記載されていないが、融点ナイロン66=265℃、ナイロン6=215℃のように相違がある。多くのクライミング装備(ロープ、ハーネス、スリングなど)に使用されている。ナイロンの発明によりクライミングロープは麻からナイロン製に切り替わり、登りに大きな変化をもたらした。日本で切り替わり時期に、ナイロンロープ切断事故(1955年)が発生している。クライマーは新しい製品、材料には細心の注意を払う必要がある。

ナチュラルプロテクション[ナチュプロ](p11,36〜45,138,表1,2)　パッシブプロテクション、カミングデバイスなどの総称。ハーケン、楔は回収可能だがナチュプロとはいわない。何度もハーケンを打ち抜きされるとクラックは次第に広がり(ピトンスカー)、元の状態ではなくなる。エイドの中にはクリーンエイド(ナチュプロのみの使用)としてハーケン類の使用規制もある。またナチュプロといわれる装備も、軟らかい岩ではハーケン同様のことを生じさせるため、縄の結び目などをプロテクションに限定している場所もある。広い意味では小石、灌木、岩の穴などの自然物となるが、ナチュプロとはいわない。

ナッツ(p36,44)　大きくないパッシブプロテクション。ロックス、ストッパーなど

なんちゃってリード　トップロープでリードと同じようにロープを引きながらクリップなどの練習をしながら登ること。

ニードル(p177)　尖った岩頭。

荷上げ(p192,196)　荷物を上げること。壁での荷上げと高所登山などでの荷上げは作業内容が異なる。高所などでの場合は背負って上部のキャンプに荷物を運ぶことを指す。壁での場合はロープにぶら下がった荷物を上で引き上げる。セカンドなどがサポートしなければならない場合もある。

ヌンチャク(p10,30,69)　ソウンスリングの両端にカラビナ2枚が接続されたもの。ヌンチャク用のソウンスリングはナイロン製とダイニーマ製などがある。ダイニーマ製はナイロンより強度が高いため幅の細いものが使用され、軽量化が図られている。ハングドッグなどでヌンチャクを掴むような場合には、細いために掴みづらい。

伸び率　ロープの伸びる割合。ロープの規格の1つ。伸び率には動荷重と静荷重の2つがある。動荷重は落下試験時のロープの伸び率(40%以下)。ダイナミックロープとスタティックロープの伸び率の比較に使用されるのは、静荷重時のもの。シングルロープの伸び率は最大8%だったが、技術の向上で現在は10%。伸びない側の値はない。今後も製造技術の向上でこの値は進化していくと思われる。ツインはシングル、ダブルと測定方法が違うので、スペックの数字の比較はできない。

ダイナミックロープ伸び率(静荷重)の規格値

ロープの種類 (ダイナミックロープ)	シングル	ダブル (ハーフ)	ツイン
伸び率	10%以下	12%以下	12%以下
条件 (荷重、ロープ本数) (ロープ長さ)	5→80kg時の伸び率、ツインは2本 初期荷重時の1m		

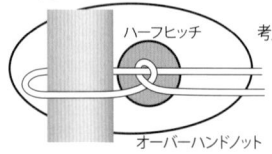

ノットとヒッチ

原理では中央部分がハーフヒッチ。全部はオーバーハンドノット。「棒にロープを回しハーフヒッチをかける」、「棒にオーバーハンドノットを結ぶ」。原理に合わないが「ハーフヒッチを結ぶ」とも使用される

黒部分がハーフヒッチ、白部分が対象 灰色四角部分を考慮しない

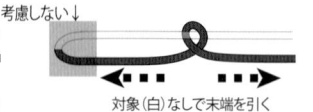

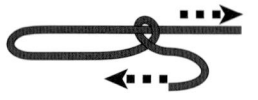

全体はオーバーハンドノット。対象が上と違う

対象(白)なしで末端を引く

対象(棒)なしで末端を引く

何も残らない

相手がなくても目(オーバーハンドノット)が残る。ハーフヒッチと説明されることもあるが原理はノット

ノット（p230下図参照）　結ぶ対象がなくなっても結び目が残る結び方。本文中の結びの名称は、ノットが省略されているものがある。

は

ハーケン（p11,46,194）　ハーケンの原型は額縁かけなどで、19世紀後半頃から登りに使用されだした。現在ハーケンはブラックダイヤモンド製の独壇場。シュイナードがトラックの板バネを切り抜いて自作したものが原型。

ハーフヒッチ（p230下図参照）　対象に対して巻き付ける引っかけ（ひと結び）

ハーフロープ　ダブルロープ参照

パーソナルアンカーシステム P.A.S（p31）　製品名でシステムではない。メトリウス社の製品。リングをつなげた自己確保用スリング。用途に応じて長さが違うもの（製品名は異なる）もある。

ハーネス（p24）　墜落を止めるための装備の1つ。体に装着する。

8の字結び[フィギュアエイトノット]（p12,50,58,76）　本文中は「8の字」。ダブルとシングルの区別をしていないが結びの名称では別になる。シングルの8の字は懸垂下降スッポ抜け防止などに使用される。ハーネスに結ぶ場合はダブルフィギュアエイトノット（後輪）。カラビナなどかける場合には先輪で結ぶ。状況により結びの手順が変化する。締まりやすく、ほどけにくい、結びの形が判別しやすいのが特長。

バットレス（p134）　胸状を成す壁、平らな大きな壁。

パッシブプロテクション（p44）　岩の割れ目に詰まらせて固定し支点とする装備（カムでないナチュラルプロテクション）。プロテクションとして河原の小さな石から始まり、ナットを使用するようになった。ナッツ（ナットの複数形）と呼ぶ場合にはパッシブプロテクションを指し、ロックス、ストッパーは製品名になる。大きなものにはヘキセントリック（1971年製造、通称ヘキセン）などがある。強度はワイヤー径に依存するものが大きく、2～3kN（リングボルト以下）のものもある。規格名はチョック。

ハンガー（p11,46）　カラビナをかけるための穴のあいたプレート。アンカー、ナット、ハンガーを含めてボルトといわれることもある。

ハングドッグ（p215）　フリーで続けて登れないときの回数の多いテンション。ムーブ解決など長時間時間をかけて登るスタイル。

半マスト結び　イタリアンヒッチ参照

バンド（p177）　帯状に平らな部分の個所または断面。幅は狭いものと広いものがある。

ヒール&ニー（p201）　踵と膝をジャムさせること。

ヒール&トウ[ヒールトウ]（p201）　踵と爪先をジャムさせること。

引き解け[ひきとけ、ひきほどく、ヌース、ヌーズ]　結びの原理の一つ。結びの末端、あるいは一部を引くことで結びがほどけるようにしたもの。使用頻度の高いものに蝶結び／ボウノット、エバンスなど。「解く」（ほどく、とく）はひらがな記述だが「引き解け」は使用されている表記として特別に使用。

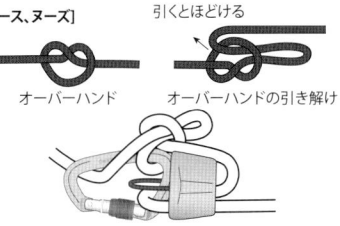

引くとほどける
オーバーハンド　オーバーハンドの引き解け
オーバーハンド引き解けの仮固定

ヒベラー　引く力でロープを抑えるデバイスの原型（登高器）。この原理は下降器（STOP PETZL社）や確保器にも使用されるようになった。

ヒッチ（p230下図参照p13,54）　対象がなくなった場合に目（結び目）が残らない結びの原理の一つ。日本語は引っかける（ヒッチ）と結ぶ（ノット）の厳密な区別なく、合わせて結びとする場合が多い。結び方を教えるためにノットをヒッチにする場合もある。またインクノット、半マスト結び（ムンターヒッチ）などのように普通に通用する名称においても厳密でない。単純なハーフヒッチ（ひと結び）とオーバーハンドノット（止め結び）の区別は英語圏でも曖昧である。本書では対象に対して巻き付けることをハーフヒッチとしている。

ピッチ（p68,132）　確保点から確保点までの長さ、数。ピッチ数はルート終了までのピッチの数。途中にロープを使用しないで歩くような場所をピッチ数に入れるかどうかはトポの記載により違う。

ピトン（仏）　ハーケン参照

ビレイ[ビレー]　確保参照

ビレイヤー　確保する人。

ビレイループ（p24）　ハーネスの中心に付いている確保器具を装着するための輪。自己確保のバックアップにも使用される。ヌンチャク、カラビナなどの強度はよく問題になるが、大元の、この輪の強度を表示している製造元は非常に少ない。

ピンクポイント　プロテクションを予め設置してノーテンションでルートを登ったこと。ピンクポイントはナチュラルプロテクションを使用する場合を指し、ボルトルートでヌンチャクがかかっているものを完登した場合は、ピンクポイントではなく「レッドポイントした」といわれる。

プーリー　滑車参照

ブーリン（p12,52,56,156）　結びの名称。主にロープをハーネスに結ぶとき、ロープで支点となるようなものに結ぶときなどに使用することが多い。ハーネスにブーリン結びで結ぶことは現在、安全性の点で世界的に否定的な傾向にあるが、本書でこの結びを扱うのは安全性だけを重視した内容ではないからである。結び方を間違えやすい、ループへの荷重はほどける（→事故につながる）という欠点があるが、荷重がかかっても容易にほどくことができ、末端が外側に向かず結び目が小さいという利点も持つ。確実に結びを習得してから使うことを勧める。

フィッシャーマンズノット　ダブルフィッシャーマンズノット参照

フィンガージャム（p200）　指先だけ、指第二関節（人差指、中指、薬指など）ぐらいまでをクラックに入れて、指2本または3本を重ねるようにしてひねり、固定する方法。

フィストジャム（p201）　拳でクラックに固定する方法。

フィフィ（p47）　あぶみ、ハーネスなどに引っかける人工用具。

フェース　傾斜の強い岩の平らな部分。スラブとフェースの境界は厳密でない。

フットジャム（p200）　足をクラックにジャミングすること。

ブッシュ（p177,190）　背の高くない植物が生えている地帯。

ブラックダイヤモンド社　米国のクライマー、イヴォン・シュイナード（Yvon Chouinard）が1965年に設立したシュイナードイクイップメント社が前身。89年にガイド中に客がハーネス（シュイナードイクイップメント社製）のバックルの折り返しをしなかったための事故により訴訟されたことで、社員に譲渡された会社。一部のクライマーが他のスポーツのように一般にクライミングを普及させたことによる最悪の事例。この事故の影響は非常に大きく、その後の各国の装備製造メーカー、小売販売に影響が及んでいる。

フラッシュ　ルートの情報を得た上で、1回でレッドポイントすること。

フリクショナルアンカー（p37）　プロテクションのセットできる幅を可変可能な装備の規格での総称、あるいは規格番号EN-12276、UIAA-125の表示されているもの（UIAA番号表示はあまりない）。カムデバイスのみではなく、スライダー類も含まれる。ビックプローも可変幅なのでチョック（規格での総称）ではないと考えられるが規格番号の表示はない。ダブルロープをハーフロープと呼ぶようになってきたように、現在でも聞き慣れない単語も規格化の影響で普通に使用される可能性もある。日本語でフリクションアンカーと使用されているものと考えて良いだろう。

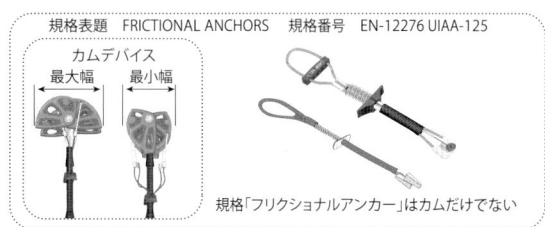

規格表題 FRICTIONAL ANCHORS　規格番号 EN-12276 UIAA-125
カムデバイス
最大幅　最小幅
規格「フリクショナルアンカー」はカムだけでない

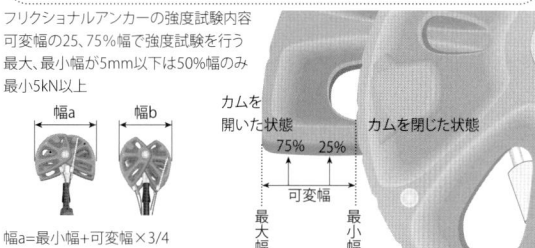

フリクショナルアンカーの強度試験内容
可変幅の25、75%幅で強度試験をする
最大、最小幅が5mm以下は50%幅のみ
最小5kN以上

幅a　幅b
カムを開いた状態　75%　25%　カムを閉じた状態
可変幅
最大幅　最小幅

幅a=最小幅+可変幅×3/4
幅b=最小幅+可変幅×1/4
可変幅=最大幅-最小幅　※最小幅が物理幅かトリガーの引き幅かは不明

索引

フリクションヒッチ（p62-63） 巻き付けの摩擦抵抗を利用する引っかけ、ヒッチ。プルージックなど。

フリークライミング[フリー] 登る手段に装備の使用を規制して登る手法（ボルダー、フリーソロは装備なし）。定義は個人により大きな相違があり、自分自身の考えを持つことが重要。口語ではラップボルトのルートを登ることも、トップロープで登ることも「フリーに行った」「フリーで来た」などと使用される。ラップボルトはプロテクションを上からぶら下がって定義的に設置するので定義的には人工にも当てはまらない。フリーと指す部分は、ボルトの設置は含まれていない。フリーといわれるものの範囲は広く、アイスクライミングでも「フリーで登ったよ」と言うこともあるが、アックスを登る前進手段として使用するので定義的にはフリーにはならない。アイスの場合もアックス、アイゼンを手、足の一部とした条件付きの規制である。

フリーソロ 装備（プロテクション、ロープ）を使用しないでルートなどを登ること。ボルダーと条件は同じであるが、ボルダーをフリーソロとは呼ばない。墜落した場合に致命傷となるハイボルダーもあるので、致命傷となる箇所を登ることも当てはまらない。また初登者がオンサイトフリーソロした場合でも、ルートとなる場合もあるので、初登者のスタイルが決定するものともいえる。フリーソロと呼ばれるものには、スポーツ的フリーソロと登攀的フリーソロという異次元のものも存在する。

フリーでない手段（p20,194～195,214～217） 登る手段、前進する手段に装備を使用する手法、手段。フリーで登ることが不可能あるいは困難な箇所にボルトやハーケンなど支点を設置し、あぶみ（ラダー、エイダー）を使用して登ること。フリーでない登りには、エイド、人工という表現を使用。多くの日本の人工エルートとアメリカンエイドと呼ばれるものには明らかに登りの相違があるためグレードが区別されている。そのような状況から人工とエイドを区別しているのは日本だけの表現。この2つの言葉は個人により表現、内容が違う場合がある。
● **人工** ボルト、ハーケンにあぶみのかけかえだけで登るような登りの手法。支点がなくなっている場合に新たに打ち直すこともあるが、打ったものすべてを回収して登ることはない。人工のグレードはあぶみを使わない（A0）、使う（A1）、ハング（A2）などで難易度を表す。
● **エイド** ピトンやカムなどの設置（ネイリング）、フックなどを使用（フッキング）しながら登るものを日本ではアメリカンエイド（AA）と表現する。設置した支点は回収する。アメリカンエイドの難易度は想定墜落距離で表される。

フリクション 摩擦を効かすこと。

振り子[振り子トラバース]（p217） 支点にぶら下がり、左右に体を振ってトラバースすること。振り子トラバースはトラバース後、振り子の支点よりも下方にプロテクションをセットしたらフォローは大変なことになる。ダブルロープやバックロープなどで振り子の残置支点があれば対応策はあり、状況により手順など大きく変化する。

プリクリップ[プリクリ]（p214） 1本目のクリップ前に墜落の可能性があるようなとき、先に1本目にロープをかけてから登ること（木クリップ参照）。よりフリーというスタイルにこだわる、あるいは実力があるならプリクリする必要はない。

プルージック（p13,62） ロープに巻きつけて使うフリクションヒッチの1つ。カウヒッチのヴァリエーション。「プルージック結び」といわれるが、原理は結び（ノット）ではなく引っかけ（ヒッチ）。1931年カール・プルージック博士がバイオリンの弦を張るために考案した、考案者名が結び名の由来。

フルボディーハーネス 腰部だけでなく、胸部までの全身のハーネス。胸部と分離できるタイプは現存している。また子供用ハーネスはフルボディー式が主流。子供は大人よりも体の重心が高いためと考えられる。

フレアードチムニー（p203） 外側が広がったチムニー。

フレンズ（p38） カムデバイス参照

プロテクション（p11,36～46,138,176） 墜落を止める確保支点となるものの総称。プロテクションとされるものは自然物（岩、岩の穴、木など）と人工物がある。人工物にはナチュラルプロテクション（カム、ナッツなど）と、それ以外のもの（ハーケン、ボルトなど）がある。人工物のプロテクションには墜落に耐えられる強度（製品自身の強度と設置したときの強度の2つの意味あり）のものと、そうでない前進用のものがある。前進用と墜落の耐えられる強度の明瞭な境界は表記がなく、実際には使用者側の判断によることが大きい。1つの参考値として、5kN未満のプロテクションを前進用プロテクションと記載してあったカタログもある。現在はその記載はない。

ヘキセントリック[ヘキセン]（p36） 6角柱のパッシブプロテクション。1つで4サイズを選択でき、サイズ約11～90mm。ブラックダイヤモンド社の製品名。この形状のオリジナル品、99年からワイヤー装着、他社からも類似品あり。

ヘルメット（p10,48） 頭部を保護する用具。

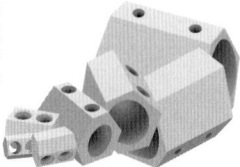

初期のヘキセントリック

ベント 結びの種類、2つをつなぐ結び。本書の2章連結部分の結びはベントになる。ベントにはノット型（フィッシャーマンズノットなど）とヒッチ型（スクウェアノットなど）がある。ヒッチ型のベントがヒッチと呼ばれないは連結部分を一つの結びとして相手を別に考えるためだろう。

ベントゲート ニューアルプのジャン・ポール・フレシャンが考案したカラビナのゲート方式。ゲート部分が湾曲していることにより、ロープ自身の荷重でクリップがしやすい。

ホールド（p22,204） 手がかり。

ボーライン ブーリン参照

ボディービレイ 体が確保支点となる確保。シングルピッチ、ロアーダウンの場合はボディービレイが通常だが、ボディービレイという言葉はあまり使用されない。

ホットホージ 熱鍛造。加熱した物を鍛造することにより変形を大きくでき、少ない材料（軽量）で強度を上げることが可能。クールホージに比べて製造工程が複雑になる分、製品価格は高価になる。ホットホージの技術の高いものはDMM社製のもの。

ボリエール スペインのシューズメーカー。1984年に初めてのスリッパタイプのクライミングシューズを開発、クライミングシューズの流れを大きく変えた。

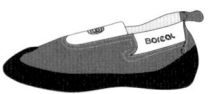

最初のスリッパタイプ

ボルダー（p4） 装備を使用しないで登るスタイル、あるいは登る岩のこと。ボルダーをする人のことをボルダーというが、ルートを登る人のことをルーターとは言わない。他の登りに比較してムーブ、力の難易度は非常に高い。また、ホールドやスタンスを限定課題を厳しくする場合もある。体の動きを習得するには最もよい方法。ハイボルダーはボルダーから落ちたら危険な高さのボルダー。フリーソロは装備を使用しないボルダーのスタイルの登り。しかしハイボルダーとフリーソロの境は明確ではない。ルートとなっている所をボルダーのスタイルで登った場合にフリーソロといわれ、10mぐらいの高さでもボルダーとなっている場合がある。ボルダーは登るために装備を使用しないので、ボルダーの課題（ルート）のある場所にボルトを設置することは大きな問題を発生させる。

ボルト（p11,46,69,176,195） 岩に穴を掘り、支点を埋め込んだもの。平らな一枚岩などで、通常は他の手段で何も支点が設置できない場合に使用される。ただしスポーツ用のロアーダウンのための支点などのように利便性だけのために設置されることもある。登りにボルトを使用されだしたのは、登りの歴史の中ではごく最近の20世紀中頃になってのこと。岩の割れ目（クラック）に設置できる支点（鉄製の「ハーケン」、木製の「楔」など）を設置して登られていた。ボルトの使用によりそれまで不可能だった箇所も登れるようになり、登りに大きな転換が訪れた。ボルトルートとされるルートを登る場合の装備は通常ヌンチャクのみとなる。

本チャン ゲレンデ以外の登りに行くことを指す。イメージ的には谷川、穂高、大雪などの日本の山のクライミング。

ボンボン アングルよりも大きい極大ピトン。現在はカムデバイスの発達で発売されていない。

BONG

| 101.6mm | 76.2mm | 63.5mm |
| 4inch | 3inch | 2.5inch |

ま

巻き付け結び[フレンチ、クレムハイスト] p218のようにただ巻き付けるだけ。p218の巻き付けをクレムハイストとしている場合もあるが、これは日本だけであろう。巻き付けているだけなのでノットでもヒッチでもない。

マスト結び（p12,54） クローブヒッチ参照。

マッシャー（p13,63） オートブロック参照。

末端処理（p52） ハーネスにロープを結んだときの末端の処理（エバンス参照）。ロープ、スリング類の末端の処理など状況で内容に相違あり。

結び緩み止め エバンス参照

マルチピッチ（p16-19,68,132～195） ピッチが複数のルートのこと。大きい壁、あるいはルートの長さがロープ1本以上の場合はマルチピッチとなる。マルチピッチにはシングルピッチにはないシステム、装備、技術が含まれる。また、壁の大きさにより登りに必要とされる時間が変化する。半日～1日の場合は壁の中で泊まるための食料、水、装備は必要ないが、壁の中で泊まらなければならない2日以上は、装備を運び上げるための装備とそのシステムなども必要となり、壁の大きさに比例して装備、労力、時間も増加する。

マントリング[マントル] (p206) 乗り越すムーブ。

ムンターヒッチ イタリアンヒッチ参照

目 編み込みで作られたロープあるいはスリング、ロープの輪の中の部分。本書では編みロープはないので後者のみ。

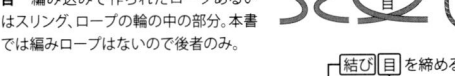

もやい結び ブーリン参照

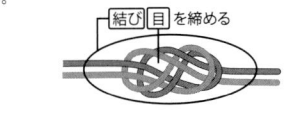

や

UIAA(UNION INTERNATIONALE DES ASSOCIATIONS D'ALPINISME) 1960年に登攀装備の安全性を科学的に究明し、品質の規格化を施行する。1932年設立された組織。

輸入 国内にはクライミング用品の製造元は少ない。ロープ、カラビナ、ナチュラルプロテクションなどはすべて輸入品。本書記載の日本製品はミゾーとモチヅキのみ。

ユマール(Jumar) (p47) ロープを登る装備、登高器の製品名。発明者ユシイ(E.Jusi)とマルティ(W.Marti)の名前からとった名称。1959年にケービング用に開発された登高器の原点。

ユマーリング (p191) 登高器またはフリクションヒッチを使用してロープを登ること。語源は登高器の製品名「ユマール」。現在あるロープを登る技術の原点はクライミングではなく、ケービングが発祥。各製造元から同類製品が製造されているが、呼び方は製品名よりユマーリングが定着している。

縒り[S縒り、Z縒り] ロープ、ワイヤー、ひもなどのねじれの状態。右、左や時計、反時計回りでは追う方向で変化するため横から見た状態(S字、Z字状)で言い分けている。カーマントルロープでは、同じ縒りだけで構成するとねじれの元になるためS,Zの縒りを組み合わせている。

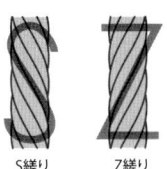

S縒り　Z縒り

ら

ラープ (p46,194) 極小のハーケン類。墜落防止のプロテクションではなく、エイドの前進用に使用。

落下距離 a(墜落開始地点)、b(静止地点)間の距離。通常ロープが伸びるのでx<y

落下係数[落下率/フォールファクター]
高度差/ロープ長(右図)。墜落の度合いを示す指数。落下距離/ロープ長さとも記載されるが、落下距離ではなく落下高度差と考えた方がより正確。規格試験方法から見ると4.8+α/(2.5+0.3)≥1.71。カタログなどには落下係数=4.6/2.6=1.77、1.7や2で落下試験が行われていると記載されている。

落下係数 2 危険な墜落の1つ。右図b/a=2の状態

落下試験[フォールテスト] ロープ規格のための強度試験。耐落下回数(ドロップ・レジスタンス)、衝撃荷重(インパクトフォース)、伸び率(動荷重)がある。右図参照。落下試験の図はUIAAサイト、『生と死の分岐点』p76などでも見ることができる。『生と死の分岐点』には空中落下高度約4.7mと記載されている。UIAAサイトのものには初期荷重時の重りの位置の記載で、落下距離は書かれていない。

ラップボルト (p235) 上からぶら下がり、ボルトを設置すること。クライミングは登山する過程の中で発生し、下から上へ登るものであったが、ラップボルトはケービングのように上から下へプロテクションを先に設置する逆方向のスタイル。ケービングスタイルのラップボルトは80年代頃になってから世界的に行われるようになった。ケービングが盛んなフランスが発祥とされるのもうなずけるところがある。クライミング技術を進歩させるために、下からでは不可能なことを上からぶら下がってボルトを設置し課題を作り、登る技術を高めた手段の一つだった。雪の中を歩き、山を登るために開発されたスキーは、現在のゲレンデスキーのように滑ることが目的と変化したように、現状のクライミングも個人の志向により細分化され、一つの手段であったラップボルトも、そのルートを登ることが目的にも変化した。口語で「フリーに行こうよ！」と言う場合はラップボルトのルートを登りに行くことが多い。

ランジ (p206) 飛びつく動作。

ランナー (p30-31) 支点とロープの距離を調整するもの。繊維製品が大半、ヌンチャク、スリングなどの総称。

ダイナミックロープの規格(落下試験)

ダイナミックロープの落下試験は下図のように行うことが規格化されている
規格表題　DYNAMIC MOUNTAINEERING ROPES
規格番号　EN-892 UIAA-101

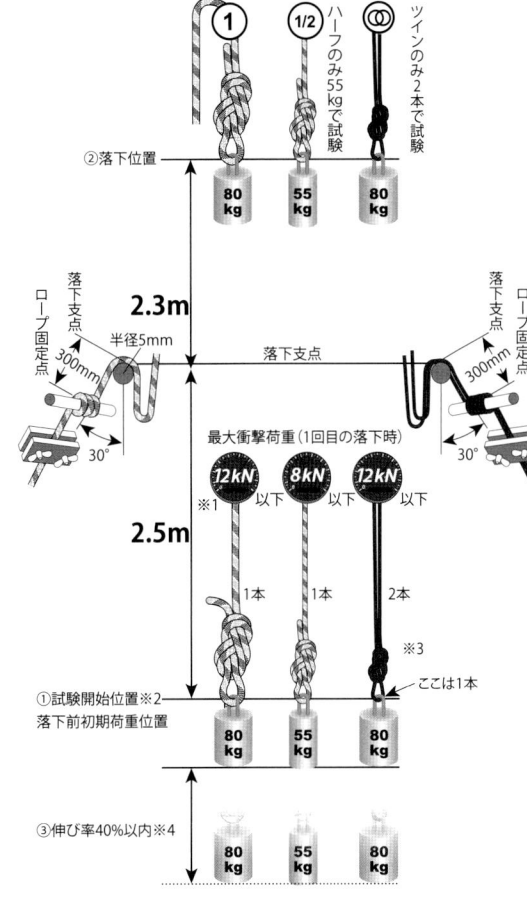

①試験開始位置※2 落下前初期荷重位置
②落下位置
③伸び率40%以内※4

ハーフのみ55kgで試験
ツインのみ2本で試験

2.3m / 2.5m

半径5mm / 300mm / 30°

最大衝撃荷重(1回目の落下時)
12kN以下　8kN以下　12kN以下
※1　　　　　　　　　　　　※3 ここは1本

1本　1本　2本
80kg　55kg　80kg
80kg　55kg　80kg

5回までは破断しない　12回までは破断しない

※1)衝撃荷重測定器をロープにどのように接続しているかはオリジナルの図に記載がないので不明。
※2)①2.5mの位置につるすことにににより、ロープ長さのばらつきをなくしている。
※3)オリジナルの図はツインの2本のロープの色は白と黒。2本という意味を強調するためと思われる。また、2本のロープ末端を8の字別々に結んでいるのではなく、1本のロープ中間に8の字を作り2本の末端でぶら下げている。重りのかかるのは1本。
※4)③伸び率は動伸び率、カタログ記載の伸び率(8～9.6など)は静的伸び率(→p230伸び率参照)。

ダイナミックロープ落下試験の規格値

ロープの種類 (ダイナミックロープ)	シングル	ダブル (ハーフ)	ツイン
最大衝撃荷重(1回目)	12kN以下	8kN以下	12kN以下
耐落下回数	≧5回※1	≧5回※1	≧12回※2
伸び率	40%以内		
条件 (落下質量、ロープ本数)	80kg、1本	55kg、1本	80kg、2本
条件 (落下物の位置)	初期荷重時、支点からの距離2.5m		

※1)5回までは破断しない　※2)12回までは破断しない

リード（p76〜89） ロープを結び、プロテクションをとりながら登る人（名詞）と、そのように登る行為（動詞）の2つの意味。正確に対応する日本語はないが、登攀者、登攀が近い意味。

リービテーション（p201） 両手のジャミング。

流動分散（140〜141,212） 荷重位置が変化しても複数の支点に均等に荷重がかかる方法。

リング荷重 輪にかかる荷重。あるいはブーリンのループの部分にかけた荷重。

リングベント（p13,59） テープ結び、ウォーターノットなど。

リングボルト（p46,195） 日本オリジナル（現在市販されている製品はモチヅキ製）のボルト。他社製ボルトのような強度表示はない。使用者はハーケンなどと同様の扱いで使用することを理解している必要がある。リング溶接部分の強度はばらつきがある。

ルート 岩や壁の「道」。あるいはボルダーに対する言葉として、装備を使用して登るスタイル。「彼はルートしかやらないからね」などと使用される。

ルート図（p70,134,159,177） 岩登り用の地図。筆者、国、地方により記号、表記方法は違う。本書のルート図のようなカラーのものは一般的でない。安易なルート図にはルートの難易度程度の表記しかされてない。ルート図の重要性を認識したものには、岩場の歴史などの情報も記載され、その岩場がどのような岩であるかを明確に明記したものもある。歴史、初登者、初登年月日の情報は、そのルート内容を知る上でも重要な情報の1つである。ルート図の情報が多ければ多いほど未知性の楽しみは減る。またルート図は経済的効果が高いため、所有権をめぐり裁判も発生している。

ルーフ（p135,177） 岩の庇状の平らな部分。オーバーハングとルーフの相違がない場合が多い。

ループ[曲げ、曲がり、バイト]（p233） ロープの曲がった状態部分、目参照。日本語では目になった状態とそうでない状態の区別は厳密でない（目参照）。

ルンゼ 岩の溝状の部分。狭いものから広いものまで差が大きい。流水口となっていることが多い。

レッジ（p135,145） 岩の腰かけられる程度の狭い平らな部分。テラスとの境界は厳密でない。

レッドポイント フリーで登ることに限定し、ルートとの終了点にクリップするまでノーテンションで登ること。ヌンチャクがかかっているかは問われない。すべてかけながら登る場合は「マスタースタイルでレッドポイントした」となる。終了点上部に平ら、なだらか、完全に休めるような部分がある場合に終了点を乗り越すか、乗り越さないかは個

ロッククライミングの種類　表1

装備使用の相違	ルート	ボルダー
	使用する	使用しない

ルート相違の条件　表2

手段の相違	エイド	人工	フリー
プロテクションの相違	ナチュプロ		ボルト
目的の相違	グラウンドアップ		ラップボルト
登降距離の相違	マルチ		シングル

ルート内容の相違　表3

登攀性	スポーツ性

フリー
中間支点をホールド、スタンスにすることも規制され、使用した場合はフリーとは言わない。後になって高グレードでフリー化が行われた場合には、両方のグレードが記載される場合がある。フリー化＝人工、エイドルートの消滅になる場合とならない場合がある

人工
ボルトなどにあぶみをかけ替えて登る。前進のためのプロテクションを大量に必要とはせず、プロテクション設置技術の要素は高くない

エイド
プロテクションを設置しながら登る。前進のためのプロテクションの設置技術の要素が高い

人の思考による所が大きい。ロアーダウンを考慮した終了点の場合、乗り越し上部に終了点を設置すると、ロアーダウンの際にロープを傷めるため、乗り越し下部に設置されることが多い。何が本当の終了点なのかを見極めることが大切です。

ロープ(p27)　Rope(英) ザイルZeile(独) Code(仏)　現在クライミングに使用されているロープは、ナイロン製のカーンマントル(独語：芯を被った)構造のダイナミックロープが使用されている。ダイナミックロープは、伸び率が規格値内のもので、シングル、ダブル(ハーフ)、ツインロープと使用方法の違う3種類のロープがある。伸びの少ないロープにスタティックロープ(セミスタティックロープ)がある。

ロープバッグ(p48)　ロープを収納するバッグ。ロープの汚れ防止、巻きの必要がないなど利点が多い装備。

ロープアッセンダー　登高器参照

ロープカット(p27)　部分的に傷んだロープのカットは製造元の推奨的使用方法(仕様外使用)ではないが、現状では多く行われている。

ロッククライミング(p4)　岩を登ること。ただし「ロッククライミングへ行こうぜ！」とは言わない。登りの種類分けなどで使用されるぐらいである。ロッククライミングとされる範囲は非常に広く、装備を使用しないボルダーとルート(p234表1)がある。本書で扱うのはルートとされるもの。
ルートといわれるものにも、4つの相違で内容は大きく変化する。ルートの相違の条件(p234表2)の白い部分が多ければ、そのルートは登攀性の強いものとなり、黒い部分が多ければスポーツ性が強くなる(p234表3)。登攀性の強いルートをスポーツ性のルートのつもりで登ると痛い目に遭うので注意が必要。

ルートの4つの相違点
●手段の相違
手段の相違は、フリーと人工、エイドに分かれる。フリーは前進手段に装備の使用を規制しているので、エイド、人工で登ることより登る技術が要求さる。支点のないスラブ、フェースのフリー個所の場合には、技術がなければ登ることが不可能になる。クラックの場合はフリーもエイドもナチュラルプロテクションの使用であるならば共存が可能。しかしフリーのルートとされている個所でのハーケン、ボルト、フッキアックス、アイゼンの使用はクラック、ホールド、スタンスなどの破壊につながり大きな問題となる。
●プロテクションの相違
プロテクションの相違は、ボルトかナチュラルプロテクションに分けられる。ボルトルート、あるいはボルトの個所は、カラビナあるいはヌンチャクをかけるだけでプロテクションをとることが可能。ナチュラルプロテクションの場合は、プロテクション自体を持って登り、登り出しの時点で装備の量に相違がある。支点の信頼性もボルトの方がはるかに高い。スポーツ用の物であるなら22kN、ナチュプロの強度は2〜14kN程度で比較にならない。また、プロテクションをセットする技術でも支点の安定性が大きく変化する。クラックを登る技術には、ボルトルートにはない技術が要求される。
自然の岩は誰もが利用できるものだが、ナチュラルプロテクションでクラックを登る人にはボルトを使わずに登るという規制が存在する。そのクラックにボルトが打たれる(クラック自体、あるいはクラックから手の届く範囲、その周辺)ことは、その登りの否定になる。クラックを無視してボルトルートを作った場合には大きな問題が発生する可能性がある。ボルトよりナチュプロもが優先的に考慮されるのは、後から登る人にも同様の条件を与えてくれるためだ。
●目的の相違
目的の相違は、プロテクションのボルトの設置方法の違いによるもので、この相違は登る目的に直結している。ボルトルートにはラップボルトとグラウンドアップがあり、目的の相違からラップボルトはスポーツ的で、グラウンドアップは登攀的な傾向になる。すべてのルートに該当するわけではない。ラップボルトの場合には、核心部とされる部分での墜落は前提の場合が多いが、グラウンドアップでは核心部で絶対に墜落が許されないなど、登りの内容に大きな差がある。
●長さの相違
長さ、登降距離の相違で、必要とされる技術、装備、時間が大きく変化する。短いものはシングルピッチでロアーダウン、ロープ1本以上の長さになればマルチピッチとなる。マルチピッチも壁の大きさによりピッチ数、登る時間が変化し、長くなるほど労力は大きくなり、短いものと長いものとでは内容に大きな差が発生する。また大きな壁の場合には場所、気候などの、登り以外の外的条件への考慮が必要となる。

ロックス　ワイルドカントリー社製のパッシブプロテクション。

ロアーダウン(p68,92〜96)　確保者に登攀者を降ろしてもらうこと。

わ

ワイドクラック[ワイド](p164,203)　フィストより幅の広いクラック。

ワイヤーゲート(p28)　カラビナのゲート部分がワイヤー(針金)のもの。

ワイルドカントリー社　カムデバイスを最初に製造した会社。

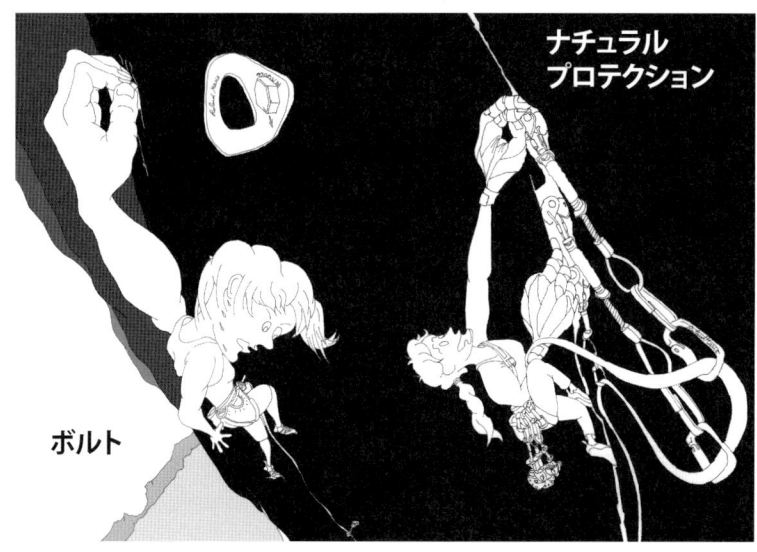

ボルト
プロテクションはボルトを利用して登る。ボルト＝フリーではない

ナチュラルプロテクション
プロテクション設置は主にクラックを利用する。プロテクションを掴むなどの場合はエイドとなり、フリーで登ったとは言わない。プロテクションの設置方法、数に規制はない

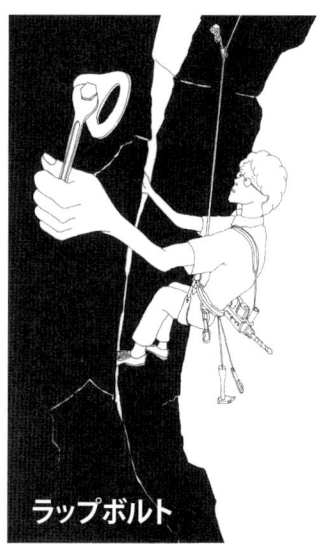

ラップボルト
上からぶら下がってボルトを設置した後に登る。スポーツ性の高いものが多い。クラックのある個所にボルトを設置することは問題を発生させる可能性が高い

A

A0（エーゼロ）エーゼロ参照
A1（エーワン）エーワン参照
A2（エーニ）エーニとエーサンは数字を日本語読みされることが多い。
A3（エーサン）
A5（エーファイブ）エーゴは日本の人工にはほとんどないので英語読みされる。
Abseilen（独）アプザイレン、懸垂下降（懸垂）p35,165-174
Aid エイド
Alien エイリアンp36-38,40-41,138,表紙
Arete アレート、リッジ
Armbar アームバー
Armlock アームロック
American triangle 三角p147,212
Anchor アンカー
Arqué（仏）アーケp204
Autoblock オートブロックp63

B

Bachman バックマンp63
Belay ビレイ、確保
Bigbro ビッグブローp39,231
Bolt ボルトp46,69,195
Boulder ボルダー
Bowline ボウライン、ブーリンp52-53,56
Buttress バットレス

C

Cam カム
Camming device カミングデバイスp36-43,138
Carabiner（英）カラビナp28-29
Clove hitch クローブヒッチp54
Chalk チョークp48
Chimney（chim）チムニーp203
Chock チョックp229
Chockstone（CS）チョックストーンp177
Continuous コンティニュアウンス、コンテ（日）
Corde（仏）コード＝ロープp27
Corner コーナーp177
Crack クラック
Crux クラックス、核心部（核心）

D

Daisy chain デイジーチェーンp10,31,139,142,191
Descend ディッセント、懸垂下降p171
Diedre（仏）ジェードル＝凹角
Dike ダイク
Double eight knot ダブルエイトノット、8の字p50
Double fisherman's knot ダブルフィッシャーマンズノットp59
Double overhand knot ダブルオーバーハンドノットp59
Double rope ダブルロープp27,176,178,233
Dynamic ダイナミック
Dyneema ダイニーマp31,229

E

Edge エッジp204
Essentials エッセンシャル、確保・下降器p32

F

Face フェース
Fall フォール、墜落p86,106
Finger フィンガーp38,200
Fist フィストp38,201
Flash フラッシュ
Flare chimney フレアーチムニーp203
Free solo フリーソロ
Friends フレンズp36-38,表紙
Friction hitch フリクションヒッチp62-63,190
Frictional anchors フリクショナルアンカーp231

G

Garda hitch ガルダーヒッチ（ガーダヒッチ）p60
Girth hitch ガースヒッチ（カウヒッチ）p57

H

Hand p38,200-201
Hangdog ハングドッグp215

Harness ハーネスp24
Headwall ヘッドウォール
Hexentric(hexe) ヘキセントリック（ヘキセン）p36,232

J

Jamming ジャミングp38,200-201

K

Kante（独）カンテp177
Karabiner（独）カラビナp28-29
Kernmantel rope カーンマントルロープp227
Klemheist クレムハイストp62
kN キロニュートンp227

L

Lead リード
Legloop レッグループp24
Lieback レイバックp202
Locking carabiner 安全環付きカラビナp28

M

Mantle マントルp206
Munter hitch ムンターヒッチ（イタリアンヒッチ、半マスト結び）p60-61
Mousqueton（仏）ムスクトン（カラビナ）p28-29

N

Nuts ナッツ、ストッパー（商品名）p36

O

Off-finger オフフィンガー
Off-width（OW）オフウィズ（オフィズス）p203
On-sight オンサイト
Opposition オポジションp143

P

Passive protection パッシブプロテクションp44
Pinkpoint ピンクポイント
Pitch ピッチ
Piton ピトン、ハーケンp46
Protection(pro) プロテクションp36-46
Prusik プルージックp62,190

Q

Quickdraw（英）クイックドロー、デゲン（仏）、ヌンチャクp30

R

R ランナウト（トポ記号）
Rappel 懸垂下降（懸垂）ラッペル（仏）、アプザイレン（独）
Roof ルーフ
Rope（英）ロープp27
Runner ランナー、スリングp30
Runout ランナウト

S

Schlinge（独）シュリンゲ＝スリングp31
Seile（独）ザイルp27
Semi-static rope セミスタティックロープ
Slab スラブ
Sling スリング、ランナーp31
Smear スメアp205
Squeeze スクイズp203
Stance スタンスp205
Staccato スタカット
Stemming ステミングp203

T

Tendu（仏）タンデューp204
Top-rope トップロープp210-213
Traverse トラバース
Twin rope ツインロープp27,159,179

U

UIAA 国際アルピニスト協会/国際山岳連盟p233

X

X エックス（トポ記号）墜落は致命的の意

あとがき

　クライミングを始めて間もない頃に、ダグ・スコットの『ビッグ・ウォール・クライミング』を手に入れました。そこにはクライミングの歴史とともに、豊富なイラストで装備、結び、システムが描かれ、内容を理解するうえでイラストの効果を大きく実感しました（もちろん技術だけでなく、クライミングの本質を考えさせてくれる本でもありました）。イラストでもっとクライミングのことが解説されている本はないものかと、初心者の頃はよく思ったものです。

　月日は流れ、2008年に私自身の手による『イラスト・クライミング』を出版する機会を東京新聞からいただき、初心に感じたことを自らの手で実現させることができました。さらに今回、このような増補改訂新版を出すことができたのは大きな喜びです。

　増補改訂新版の制作にご協力してくださった多くの方々にお礼を申し上げます。装備の規格やデータなどの情報を得るための障害は相変わらず多く、代理店、小売店の方々には再々の問い合わせなどでご面倒をおかけしました。

　爆発的に増加した情報データの処理に時間をとられ、刊行予定が大幅に遅れてしまいましたが、その都度、東京新聞出版部の原良雄氏には心温まる激励をいただきました。また旧版同様、本書の校閲に尽力してくださった「岳人」の山本修二氏に感謝いたします。

　「安全」はクライミングには存在しないと考えます。クライミングは根本的に危険な行為であり、事故は必ずついてくると覚悟して取り組むべきです。クライミングがスポーツ化、レジャー化しつつある今日、危険を認識している人が減りつつあるのではないかと危惧しています。

　旧版に「クライミングはいま、大きな曲がり角に来ているように感じます」と書きましたが、この4年でますます大きく曲がり始めてしまったような気がします。クライミングをどのような方向へ進ませるかは、真にこれからのクライマーに肩にかかっています。

2012年7月7日　阿部亮樹

表紙イラスト説明

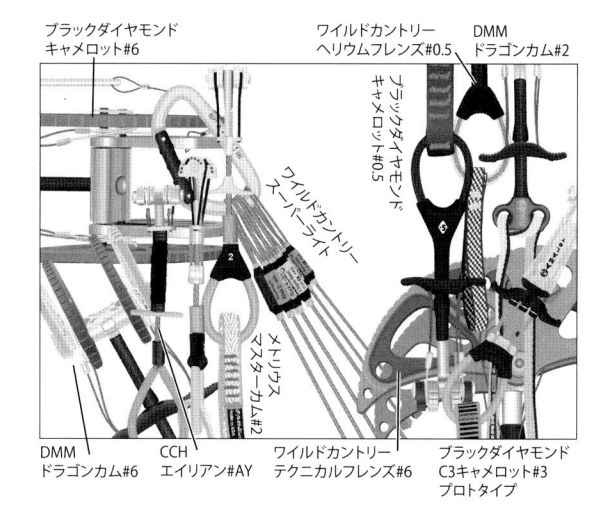

ブラックダイヤモンド キャメロット#6
ワイルドカントリー ヘリウムフレンズ#0.5
DMM ドラゴンカム#2
ブラックダイヤモンド キャメロット#0.5
ワイルドカントリー スーパーライト
メトリウス マスターカム#2
DMM ドラゴンカム#6
CCH エイリアン#AY
ワイルドカントリー テクニカルフレンズ#6
ブラックダイヤモンド C3キャメロット#3 プロトタイプ

表紙イラストは原寸。カムの大きさの目安になります

協力（五十音順、敬称略）

石田哲也
石田バーナデッテ
梅野　弘
株式会社モンベル
株式会社ロストアロー
澤田　実（カモシカスポーツ）
鈴木惠滋（アルテリア）
新倉壽行（ケーイーエム）
山岸尚将

参考文献

アウトドアですぐ役立つロープワーク　敷島悦朗（JTB）
岩と雪（山と渓谷社）
岳人（東京新聞出版部）
クライミングジャーナル（白山書房）
生と死の分岐点　ピット・シューベルト（山と渓谷社）
ビッグ・ウォール・クライミング　ダグ・スコット（山と渓谷社）
フリー・クライミング入門　マイクル・ロフマン（山と渓谷社）
ロープの結び方　東京ガラス外装クリーニング協会
Climbing　（Climbing Magazine）
Rock Climb!　John Long（Falcon）
Self-Rescue　David J.Fasulo（Falcon）
Black Diamond,CAMP,EDELWEISS,KONG,Petzl,WILD COUNTRY,LOST ARROWカタログ

増補改訂新版
イラスト・クライミング

2012年8月22日　第1刷発行
2023年7月31日　第9刷発行

著　　者　　阿部亮樹
発　行　者　　岩岡千景
発　行　所　　東京新聞

〒100-8505
東京都千代田区内幸町2-1-4
中日新聞東京本社
電話[編集]　　03-6910-2521
　　[営業]　　03-6910-2527
FAX　　　　03-3595-4831

印刷・製本　　長苗印刷株式会社

定価はカバーに表示してあります。乱丁、落丁本はお取りかえします
©2012 Ryoujyu Abe Printed in Japan
ISBN978-4-8083-0963-3 C0075

本書のコピー、スキャン、デジタル化等の無断複製は著作権法上での例外を除き禁じられています。本書を代行業者等の第三者に依頼してスキャンやデジタル化することは、たとえ個人や家庭内での利用でも著作権法違反です。